CODICE DI
PROCEDURA CIVILE

Aggiornato a D.L.vo 10 ottobre 2022, n.149 e D.L.vo 10 ottobre 2022, n.151

Mindt

LIBRO I - DISPOSIZIONI GENERALI
TITOLO I – DEGLI ORGANI GIUDIZIARI
CAPO I – DEL GIUDICE
SEZIONE I – Della giurisdizione e della competenza in generale

Art. 1. Giurisdizione dei giudici ordinari.

La giurisdizione civile, salvo speciali disposizioni di legge, è esercitata dai giudici ordinari secondo le norme del presente codice.

Art. 2. Inderogabilità convenzionale della giurisdizione

Art. 3. Pendenza di lite davanti a giudice straniero.

Art. 4. Giurisdizione rispetto allo straniero.

Art. 5. Momento determinante della giurisdizione e della competenza. La giurisdizione e la competenza si determinano con riguardo alla legge vigente e allo stato di fatto esistente al momento della proposizione della domanda, e non hanno rilevanza rispetto ad esse i successivi mutamenti della legge o dello stato medesimo.

Art. 6. Inderogabilità convenzionale della competenza.

La competenza non può essere derogata per accordo delle parti, salvo che nei casi stabiliti dalla legge.

SEZIONE II – Della competenza per materia e per valore

Art. 7. Competenza del giudice di pace .

Il giudice di pace è competente per le cause relative a beni mobili di valore non superiore a diecimila euro, quando dalla legge non sono attribuite alla competenza di altro giudice .

Il giudice di pace è altresì competente per le cause di risarcimento del danno prodotto dalla circolazione di veicoli e di natanti, purché il valore della controversia non superi venticinquemila euro .

È competente qualunque ne sia il valore:

1) per le cause relative ad apposizione di termini ed osservanza delle distanze stabilite dalla legge, dai regolamenti o dagli usi riguardo al piantamento degli alberi e delle siepi ;

2) per le cause relative alla misura ed alle modalità d'uso dei servizi di condominio di case ;

3) per le cause relative a rapporti tra proprietari o detentori di immobili adibiti a civile abitazione in materia di immissioni di fumo o di calore, esalazioni, rumori, scuotimenti e simili propagazioni che superino la normale tollerabilità;

3-bis) per le cause relative agli interessi o accessori da ritardato pagamento di prestazioni previdenziali o assistenziali.

Art. 8. Competenza del pretore.

Art. 9. Competenza del tribunale.

Il tribunale è competente per tutte le cause che non sono di competenza di altro giudice.

Il tribunale è altresì esclusivamente competente per tutte le cause in materia di imposte e tasse, per quelle relative allo stato e alla capacità delle persone e ai diritti onorifici, per la querela di falso, per l'esecuzione forzata e, in generale, per ogni causa di valore indeterminabile.

Art. 10. Determinazione del valore.

Il valore della causa, ai fini della competenza, si determina dalla domanda a norma delle disposizioni seguenti.

A tale effetto le domande proposte nello stesso processo contro la medesima persona si sommano tra loro, e gli interessi scaduti, le spese e i danni anteriori alla proposizione si sommano col capitale.

Art. 11. Cause relative a quote di obbligazione tra più parti. Se è chiesto da più persone o contro più persone l'adempimento per quote di un'obbligazione, il valore della causa si determina dall'intera obbligazione.

Art. 12. Cause relative a rapporti obbligatori, a locazioni e a divisioni. Il valore delle cause relative all'esistenza, alla validità o alla risoluzione di un rapporto giuridico obbligatorio si determina in base a quella parte del rapporto che è in contestazione.

Il valore delle cause per divisione si determina da quello della massa attiva da dividersi.

Art. 13. Cause relative a prestazioni alimentari e a rendite. Nelle cause per prestazioni alimentari periodiche, se il titolo è controverso, il valore si determina in base all'ammontare delle somme dovute per due anni.

Nelle cause relative a rendite perpetue, se il titolo è controverso, il valore si determina cumulando venti annualità; nelle cause relative a rendite temporanee o vitalizie, cumulando le annualità domandate fino a un massimo di dieci.

Le regole del comma precedente si applicano anche per determinare il valore delle cause relative al diritto del concedente.

Art. 14. Cause relative a somme di danaro e a beni mobili. Nelle cause relative a somme di danaro o a beni mobili, il valore si determina in base alla somma indicata o al valore dichiarato dall'attore; in mancanza di indicazione o dichiarazione, la causa si presume di competenza del giudice adito.

Il convenuto può contestare, ma soltanto nella prima difesa, il valore come sopra dichiarato o presunto; in tal caso il giudice decide, ai soli fini della competenza, in base a quello che risulta dagli atti e senza apposita istruzione.

Se il convenuto non contesta il valore dichiarato o presunto, questo rimane fissato, anche agli effetti del merito, nei limiti della competenza del giudice adito.

Art. 15. Cause relative a beni immobili.

Il valore delle cause relative a beni immobili è determinato moltiplicando il reddito dominicale del terreno e la rendita catastale del fabbricato alla data della proposizione della domanda: per duecento per le cause relative alla proprietà; per cento per le cause relative all'usufrutto, all'uso, all'abitazione, alla nuda proprietà e al diritto dell'enfiteuta; per cinquanta con riferimento al fondo servente per le cause relative alle servitù.

Il valore delle cause per il regolamento di confini si desume dal valore della parte di proprietà controversa, se questa è determinata; altrimenti il giudice lo determina a norma del comma seguente.

Se per l'immobile all'atto della proposizione della domanda non risulta il reddito dominicale o la rendita catastale, il giudice determina il valore della causa secondo quanto emerge dagli atti, se questi non offrono elementi per la stima, ritiene la causa di valore indeterminabile.

Art. 15 bis. Esecuzione forzata

Per l'espropriazione forzata di cose mobili è competente il giudice di pace.

Per l'espropriazione forzata di cose immobili e di crediti è competente il tribunale.

Se cose mobili sono soggette all'espropriazione forzata insieme con l'immobile nel quale si trovano, per l'espropriazione è competente il tribunale anche relativamente ad esse.

Per la consegna e il rilascio di cose nonché per l'esecuzione forzata degli obblighi di fare e di non fare è competente il tribunale.

Art. 16. Esecuzione forzata.

Art. 17. Cause relative all'esecuzione forzata.

Il valore delle cause di opposizione all'esecuzione forzata si determina dal credito per cui si procede: quello delle cause relative alle opposizioni proposte da terzi a norma dell'articolo 619, dal valore dei beni controversi; quello delle cause relative a controversie sorte in sede di distribuzione, dal valore del maggiore dei crediti contestati.

SEZIONE III – Della competenza per territorio

Art. 18. Foro generale delle persone fisiche.

Salvo che la legge disponga altrimenti, è competente il giudice del luogo in cui il convenuto ha la residenza o il domicilio, e, se questi sono sconosciuti, quello del luogo in cui il convenuto ha la dimora.

Se il convenuto non ha residenza, nè domicilio, né dimora nello Stato o se la dimora è sconosciuta, è competente il giudice del luogo in cui risiede l'attore.

Art. 19. Foro generale delle persone giuridiche e delle associazioni non riconosciute.

Salvo che la legge disponga altrimenti, qualora sia convenuta una persona giuridica, è competente il giudice del luogo dove essa ha sede. E' competente altresì il giudice del luogo dove la persona giuridica ha uno stabilimento e un rappresentante autorizzato a stare in giudizio per l'oggetto della domanda.

Ai fini della competenza, le società non aventi personalità giuridica, le associazioni non riconosciute e i comitati di cui agli articoli 36 ss. del codice civile hanno sede dove svolgono attività in modo continuativo.

Art. 20. Foro facoltativo per le cause relative a diritti di obbligazione.
Per le cause relative a diritti di obbligazione è anche competente il giudice del luogo in cui è sorta o deve eseguirsi l'obbligazione dedotta in giudizio.

Art. 21. Foro per le cause relative a diritti reali e ad azioni possessorie.
Per le cause relative a diritti reali su beni immobili, per le cause in materia di locazione e comodato di immobili e di affitto di aziende, nonché per le cause relative ad apposizione di termini ed osservanza delle distanze stabilite dalla legge, dai regolamenti o dagli usi riguardo al piantamento degli alberi e delle siepi, è competente il giudice del luogo dove è posto l'immobile o l'azienda. Qualora l'immobile sia compreso in più circoscrizioni giudiziarie, è competente il giudice della circoscrizione nella quale è compresa la parte soggetta a maggior tributo verso lo Stato; quando non è sottoposto a tributo, è competente ogni giudice nella cui circoscrizione si trova una parte dell'immobile.

Per le azioni possessorie e per la denuncia di nuova opera e di danno temuto è competente il giudice del luogo nel quale è avvenuto il fatto denunciato.

Art. 22. Foro per le cause ereditarie.
E' competente il giudice del luogo dell'aperta successione per le cause: 1) relative a petizione o divisione di eredità e per qualunque altra tra coeredi fino alla divisione;

2) relative alla rescissione della divisione e alla garanzia delle quote, purché proposte entro un biennio dalla divisione;

3) relative a crediti verso il defunto o a legati dovuti dall'erede, purché proposte prima della divisione e in ogni caso entro un biennio dall'apertura della successione;

4) contro l'esecutore testamentario, purché proposte entro i termini indicati nel numero precedente.

Se la successione si è aperta fuori della Repubblica, le cause suindicate sono di competenza del giudice del luogo in cui è posta la maggior parte dei beni situati nella Repubblica, o, in mancanza di questi, del luogo di residenza del convenuto o di alcuno dei convenuti.

Art. 23. Foro per le cause tra soci e tra condomini.

Per le cause tra soci è competente il giudice del luogo dove ha sede la società; per le cause tra condomini, ovvero tra condomini e condominio, il giudice del luogo dove si trovano i beni comuni o la maggior parte di essi. Tale norma si applica anche dopo lo scioglimento della società o del condominio, purché la domanda sia proposta entro un biennio dalla divisione.

Art. 24. Foro per le cause relative alle gestioni tutelari e patrimoniali.
Per le cause relative alla gestione di una tutela o di un'amministrazione patrimoniale conferita per legge o per provvedimento dell'autorità è competente il giudice del luogo d'esercizio della tutela o dell'amministrazione.

Art. 25. Foro della pubblica amministrazione.

Per le cause nelle quali è parte un'amministrazione dello Stato è competente, a norma delle leggi speciali sulla rappresentanza e difesa dello Stato in giudizio e nei casi ivi previsti, il giudice del luogo dove ha sede l'ufficio dell'Avvocatura dello Stato, nel cui distretto si trova il giudice che sarebbe competente secondo le norme ordinarie. Quando l'amministrazione è convenuta, tale distretto si determina con riguardo al giudice del luogo in cui è sorta o deve eseguirsi l'obbligazione o in cui si trova la cosa mobile o immobile oggetto della domanda.

Art. 26. Foro dell'esecuzione forzata.

Per l'esecuzione forzata su cose mobili o immobili è competente il giudice del luogo in cui le cose si trovano. Se le cose immobili soggette all'esecuzione non sono interamente comprese nella circoscrizione di un solo tribunale, si applica l'art. 21.

Per l'esecuzione forzata su autoveicoli, motoveicoli e rimorchi è competente il giudice del luogo in cui il debitore ha la residenza, il domicilio, la dimora o la sede.

Per l'esecuzione forzata degli obblighi di fare e di non fare è competente il giudice del luogo dove l'obbligo deve essere adempiuto.

Art. 26-bis. Foro relativo all'espropriazione forzata di crediti.
Quando il debitore è una delle pubbliche amministrazioni indicate dall'articolo 413, quinto comma, per l'espropriazione forzata di crediti è competente, salvo quanto disposto dalle leggi speciali, il giudice del luogo dove ha sede l'ufficio dell'Avvocatura dello Stato nel cui distretto il creditore ha la residenza, il domicilio, la dimora o la sede.

Fuori dei casi di cui al primo comma, per l'espropriazione forzata di crediti è competente il giudice del luogo in cui il debitore ha la residenza, il domicilio, la dimora o la sede.

Art. 27. Foro relativo alle opposizioni all'esecuzione.
Per le cause di opposizione all'esecuzione forzata di cui agli artt. 615 e 619 è competente il giudice del luogo dell'esecuzione, salva la disposizione dell'art. 480 terzo comma.

Per le cause di opposizione a singoli atti esecutivi è competente il giudice davanti al quale si svolge l'esecuzione.

Art. 28. Foro stabilito per accordo delle parti.

La competenza per territorio può essere derogata per accordo delle parti, salvo che per le cause previste nei nn. 1, 2, 3 e 5 dell'art. 70, per i casi di esecuzione forzata, di opposizione alla stessa, di procedimenti cautelari e possessori, di procedimenti in camera di consiglio e per ogni altro caso in cui l'inderogabilità sia disposta espressamente dalla legge.

Art. 29. Forma ed effetti dell'accordo delle parti.

L'accordo delle parti per la deroga della competenza territoriale deve riferirsi ad uno o più affari determinati e risultare da atto scritto. L'accordo non attribuisce al giudice designato competenza esclusiva quando ciò non è espressamente stabilito.

Art. 30. Foro del domicilio eletto.

Chi ha eletto domicilio a norma dell'art. 47 c.c. può essere convenuto davanti al giudice del domicilio stesso.

Art. 30-bis. Foro per le cause in cui sono parti i magistrati.

Le cause in cui sono comunque parti magistrati, che secondo le norme del presente capo sarebbero attribuite alla competenza di un ufficio giudiziario compreso nel distretto di corte d'appello in cui il magistrato esercita le proprie funzioni, sono di competenza del giudice, ugualmente competente per materia, che ha sede nel capoluogo del distretto di corte d'appello determinato ai sensi dell'articolo 11 del codice di procedura penale. Se nel distretto determinato ai sensi del primo comma il magistrato è venuto ad esercitare le proprie funzioni successivamente alla sua chiamata in giudizio, è competente il giudice che ha sede nel capoluogo del diverso distretto di corte d'appello individuato ai sensi dell'articolo 11 del codice di procedura penale con riferimento alla nuova destinazione.

SEZIONE IV - Delle modificazioni della competenza per ragione di connessione
Art. 31. Cause accessorie.
La domanda accessoria può essere proposta al giudice territorialmente competente per la domanda principale affinché sia decisa nello stesso processo, osservata, quanto alla competenza per valore, la disposizione dell'art. 10 secondo comma.

Art. 32. Cause di garanzia.
La domanda di garanzia può essere proposta al giudice competente per la causa principale affinché sia decisa nello stesso processo. Qualora essa ecceda la competenza per valore del giudice adito, questi rimette entrambe le cause al giudice superiore assegnando alle parti un termine perentorio per la riassunzione.

Art. 33. Cumulo soggettivo.
Le cause contro più persone che a norma degli artt. 18 e 19 dovrebbero essere proposte davanti a giudici diversi, se sono connesse per l'oggetto o per il titolo possono essere proposte davanti al giudice del luogo di residenza o domicilio di una di esse, per essere decise nello stesso processo.

Art. 34. Accertamenti incidentali.
Il giudice, se per legge o per esplicita domanda di una delle parti è necessario decidere con efficacia di giudicato una questione pregiudiziale che appartiene per materia o valore alla competenza di un giudice superiore, rimette tutta la causa a quest'ultimo, assegnando alle parti un termine perentorio per la riassunzione della causa davanti a lui.

Art. 35. Eccezione di compensazione.
Quando è opposto in compensazione un credito che è contestato ed eccede la competenza per valore del giudice adito, questi, se la domanda è fondata su titolo non controverso o facilmente accertabile, può decidere su di essa e rimettere le parti al giudice competente per la decisione relativa all'eccezione di compensazione, subordinando, quando occorre, l'esecuzione della sentenza alla prestazione di una cauzione; altrimenti provvede a norma dell'articolo precedente.

Art. 36. Cause riconvenzionali.
Il giudice competente per la causa principale conosce anche delle domande riconvenzionali che dipendono dal titolo dedotto in giudizio dall'attore o da quello che già appartiene alla causa come mezzo di eccezione, purché non eccedano la sua competenza per materia o valore; altrimenti applica le disposizioni dei due articoli precedenti.

SEZIONE V – Del difetto di giurisdizione, dell'incompetenza e della litispendenza
Art. 37. Difetto di giurisdizione.
Il difetto di giurisdizione del giudice ordinario nei confronti della pubblica amministrazione è rilevato, anche d'ufficio, in qualunque stato e grado del processo. Il difetto di giurisdizione del giudice ordinario nei confronti del giudice amministrativo o dei giudici speciali è rilevato anche d'ufficio nel giudizio di primo grado. Nei giudizi di impugnazione può essere rilevato solo se oggetto di specifico motivo, ma l'attore non può impugnare la sentenza per denunciare il difetto di giurisdizione del giudice da lui adito.

Art. 38. Incompetenza.
L'incompetenza per materia, quella per valore e quella per territorio sono eccepite, a pena di decadenza, nella comparsa di risposta tempestivamente depositata. L'eccezione di incompetenza per territorio si ha per non proposta se non contiene l'indicazione del giudice che la parte ritiene competente.
Fuori dei casi previsti dall'articolo 28, quando le parti costituite aderiscono all'indicazione del giudice competente per territorio, la competenza del giudice indicato rimane ferma se la causa è riassunta entro tre mesi dalla cancellazione della stessa dal ruolo.
L'incompetenza per materia, quella per valore e quella per territorio nei casi previsti dall'articolo 28 sono rilevate d'ufficio non oltre l'udienza di cui all'articolo 183.
Le questioni di cui ai commi precedenti sono decise, ai soli fini della competenza, in base a quello che risulta dagli atti e, quando sia reso necessario dall'eccezione del convenuto o dal rilievo del giudice, assunte sommarie informazioni.

Art. 39. Litispendenza e continenza di cause.
Se una stessa causa è proposta davanti a giudici diversi, quello successivamente adito, in qualunque stato e grado del processo, anche d'ufficio, dichiara con ordinanza la

litispendenza e dispone la cancellazione della causa dal ruolo.

Nel caso di continenza di cause, se il giudice preventivamente adito è competente anche per la causa proposta successivamente, il giudice di questa dichiara con ordinanza la continenza e fissa un termine perentorio entro il quale le parti debbono riassumere la causa davanti al primo giudice. Se questi non è competente anche per la causa successivamente proposta, la dichiarazione della continenza e la fissazione del termine sono da lui pronunciate.

La prevenzione è determinata dalla notificazione della citazione ovvero dal deposito del ricorso.

Art. 40. Connessione.

Se sono proposte davanti a giudici diversi più cause le quali, per ragione di connessione, possono essere decise in un solo processo, il giudice fissa con ordinanza alle parti un termine perentorio per la riassunzione della causa accessoria, davanti al giudice della causa principale, e negli altri casi davanti a quello preventivamente adito .

La connessione non può essere eccepita dalle parti né rilevata d'ufficio dopo la prima udienza, e la rimessione non può essere ordinata quando lo stato della causa principale o preventivamente proposta non consente l'esauriente trattazione e decisione delle cause connesse.

Nei casi previsti negli articoli 31, 32, 34, 35 e 36, le cause, cumulativamente proposte o successivamente riunite, debbono essere trattate e decise col rito ordinario, salva l'applicazione del solo rito speciale quando una di tali cause rientri fra quelle indicate negli articoli 409 e 442. In caso di connessione ai sensi degli articoli 31, 32, 34, 35 e 36 tra causa sottoposta al rito semplificato di cognizione e causa sottoposta a rito speciale diverso da quello previsto dal primo periodo, le cause debbono essere trattate e decise con il rito semplificato di cognizione .

Qualora le cause connesse siano assoggettate a differenti riti speciali debbono essere trattate e decise col rito previsto per quella tra esse in ragione della quale viene determinata la competenza o, in subordine, col rito previsto per la causa di maggior valore .

Se la causa è stata trattata con un rito diverso da quello divenuto applicabile ai sensi del terzo comma, il giudice provvede a norma degli articoli 426, 427 e 439 .

Se una causa di competenza del giudice di pace sia connessa per i motivi di cui agli articoli 31, 32, 34, 35 e 36 con altra causa di competenza del tribunale, le relative domande possono essere proposte innanzi al tribunale affinché siano decise nello stesso processo .

Se le cause connesse ai sensi del sesto comma sono proposte davanti al giudice di pace e al tribunale, il giudice di pace deve pronunziare anche d'ufficio la connessione a favore del tribunale .

SEZIONE VI – Del regolamento di giurisdizione e di competenza
Art. 41. Regolamento di giurisdizione.

Finché la causa non sia decisa nel merito in primo grado, ciascuna parte può chiedere alle Sezioni unite della Corte di cassazione che risolvano le questioni di giurisdizione di cui all'art. 37. L'istanza si propone con ricorso a norma degli artt. 364 ss., e produce gli effetti di cui all'art. 367. La pubblica amministrazione che non è parte in causa può chiedere in ogni stato e grado del processo che sia dichiarato dalle Sezioni unite della Corte di cassazione il difetto di giurisdizione del giudice ordinario a causa dei poteri attribuiti dalla legge all'amministrazione stessa, finché la giurisdizione non sia stata affermata con sentenza passata in giudicato.

Art. 42 Regolamento necessario di competenza.

L'ordinanza che, pronunciando sulla competenza anche ai sensi degli articoli 39 e 40, non decide il merito della causa e i provvedimenti che dichiarano la sospensione del processo ai sensi dell'articolo 295 possono essere impugnati soltanto con istanza di regolamento di competenza.

Art. 43. Regolamento facoltativo di competenza.

Il provvedimento che ha pronunciato sulla competenza insieme col merito può essere impugnato con l'istanza di regolamento di competenza, oppure nei modi ordinari quando insieme con la pronuncia sulla competenza si impugna quella sul merito.

La proposizione dell'impugnazione ordinaria non toglie alle altre parti la facoltà di proporre l'istanza di regolamento.

Se l'istanza di regolamento è proposta prima dell'impugnazione ordinaria, i termini per la proposizione di questa riprendono a decorrere dalla comunicazione della ordinanza che regola la competenza; se è proposta dopo, si applica la disposizione dell'articolo 48.

Art. 44. Efficacia dell'ordinanza che pronuncia sulla competenza.

L'ordinanza che, anche a norma degli articoli 39 e 40, dichiara l'incompetenza del giudice che l'ha pronunciata, se non è impugnata con la istanza di regolamento rende incontestabile l'incompetenza dichiarata e la competenza del giudice in essa indicato se la causa è riassunta nei termini di cui all'art. 50, salvo che si tratti di incompetenza per materia o di incompetenza per territorio nei casi previsti nell'articolo 28.

Art. 45. Conflitto di competenza.

Quando, in seguito alla ordinanza che dichiara la incompetenza del giudice adito per ragione di materia o per territorio nei casi di cui all'articolo 28, la causa nei termini di cui all'articolo 50 è riassunta davanti ad altro giudice, questi, se ritiene di essere a sua volta incompetente, richiede d'ufficio il regolamento di competenza.

Art. 46. Casi di inapplicabilità del regolamento di competenza.
Le disposizioni degli artt. 42 e 43 non si applicano nei giudizi davanti ai giudici di pace.

Art. 47. Procedimento del regolamento di competenza.
L'istanza di regolamento di competenza si propone alla Corte di cassazione con ricorso sottoscritto dal procuratore o dalla parte, se questa si è costituita personalmente.

Il ricorso deve essere notificato alle parti che non vi hanno aderito entro il termine perentorio di trenta giorni dalla comunicazione dell'ordinanza che abbia pronunciato sulla competenza o dalla notificazione dell'impugnazione ordinaria nel caso previsto nell'articolo 43 secondo comma. L'adesione delle parti può risultare anche dalla sottoscrizione del ricorso .

La parte che propone l'istanza deve depositare il ricorso, con i documenti necessari, nel termine perentorio di venti giorni dall'ultima notificazione alle altre parti .

Il regolamento d'ufficio è richiesto con ordinanza dal giudice . Le parti alle quali è notificato il ricorso o comunicata l'ordinanza del giudice, possono, nei venti giorni successivi, depositare alla Corte di cassazione scritture difensive e documenti .

Art. 48. Sospensione dei processi.

I processi relativamente ai quali è chiesto il regolamento di competenza sono sospesi dal giorno in cui è depositata innanzi al giudice davanti al quale pende la causa, a cura della parte, copia del ricorso notificato o è pronunciata l'ordinanza che richiede il regolamento .

Il giudice può autorizzare il compimento degli atti che ritiene urgenti.

Art. 49. Ordinanza di regolamento di competenza.

L'ordinanza con cui la Corte di cassazione statuisce sulla competenza dà i provvedimenti necessari per la prosecuzione del processo davanti al giudice che dichiara competente e rimette, quando occorre, le parti in termini affinché provvedano alla loro difesa .

Art. 50. Riassunzione della causa.

Se la riassunzione della causa davanti al giudice dichiarato competente avviene nel termine fissato nella ordinanza dal giudice e, in mancanza, in quello di tre mesi dalla comunicazione dell'ordinanza di regolamento o dell'ordinanza che dichiara l'incompetenza del giudice adito il processo continua davanti al nuovo giudice.

Se la riassunzione non avviene nei termini su indicati, il processo si estingue.

SEZIONE VI-bis - Della composizione del tribunale
Art. 50-bis. Cause nelle quali il tribunale giudica in composizione collegiale.

Il tribunale giudica in composizione collegiale:

1) nelle cause nelle quali è obbligatorio l'intervento del pubblico ministero, salvo che sia altrimenti disposto;

2) nelle cause di opposizione, impugnazione, revocazione e in quelle conseguenti a dichiarazioni tardive di crediti di cui al regio decreto 16 marzo 1942, n. 267, e alle altre leggi speciali disciplinanti la liquidazione coatta amministrativa ;

3) nelle cause devolute alle sezioni specializzate;

4) nelle cause di omologazione del concordato fallimentare e del concordato preventivo;

5) nelle cause di impugnazione delle deliberazioni dell'assemblea e del consiglio di amministrazione, nonché nelle cause di responsabilità da chiunque promosse contro gli organi amministrativi e di controllo, i direttori generali, i dirigenti preposti alla redazione dei documenti contabili societari e i liquidatori delle società, delle mutue assicuratrici e società cooperative, delle associazioni in partecipazione e dei consorzi ;]

6) nelle cause di impugnazione dei testamenti e di riduzione per lesione di legittima;]

7) nelle cause di cui alla legge 13 aprile 1988, n. 117;

7-bis) nelle cause di cui all'articolo 140-bis del codice del consumo, di cui al decreto legislativo 6 settembre 2005, n. 206 .

Il tribunale giudica altresì in composizione collegiale nei procedimenti in camera di consiglio disciplinati dagli articoli 737 e seguenti, salvo che sia altrimenti disposto .

Art. 50-ter. Cause nelle quali il tribunale giudica in composizione monocratica.

Fuori dei casi previsti dall'articolo 50-bis, il tribunale giudica in composizione monocratica.

Art. 50-quater. Inosservanza delle disposizioni sulla composizione collegiale o monocratica del tribunale.

Le disposizioni di cui agli articoli 50 bis e 50 ter non si considerano attinenti alla costituzione del giudice. Alla nullità derivante dalla loro inosservanza si applica l'articolo 161, primo comma.

SEZIONE VII - Dell'astensione, della ricusazione e della responsabilità dei giudici

Art. 51. Astensione del giudice.

Il giudice ha l'obbligo di astenersi:

1) se ha interesse nella causa o in altra vertente su identica questione di diritto;

2) se egli stesso o la moglie è parente fino al quarto grado o legato da vincoli di affiliazione , o è convivente o commensale abituale di una delle parti o di alcuno dei difensori;

3) se egli stesso o la moglie ha causa pendente o grave inimicizia o rapporti di credito o debito con una delle parti o alcuno dei suoi difensori;

4) se ha dato consiglio o prestato patrocinio nella causa, o ha deposto in essa come testimone, oppure ne ha conosciuto come magistrato in altro grado del processo o come arbitro o vi ha prestato assistenza come consulente tecnico;

5) se è tutore, curatore, amministratore di sostegno , procuratore, agente o datore di lavoro di una delle parti; se, inoltre, è amministratore o gerente di un ente, di un'associazione anche non riconosciuta, di un comitato, di una società o stabilimento che ha interesse nella causa.

In ogni altro caso in cui esistono gravi ragioni di convenienza, il giudice può richiedere al capo dell'ufficio l'autorizzazione ad astenersi; quando l'astensione riguarda il capo dell'ufficio, l'autorizzazione è chiesta al capo dell'ufficio superiore.

Art. 52. Ricusazione del giudice.

Nei casi in cui è fatto obbligo al giudice di astenersi, ciascuna delle parti può proporne la ricusazione mediante ricorso contenente i motivi specifici e i mezzi di prova.

Il ricorso, sottoscritto dalla parte o dal difensore, deve essere depositato in cancelleria due giorni prima dell'udienza, se al ricusante è noto il nome dei giudici che sono chiamati a trattare o decidere la causa, e prima dell'inizio della trattazione o discussione di questa nel caso contrario. La ricusazione sospende il processo.

Art. 53. Giudice competente.

Sulla ricusazione decide il presidente del tribunale se è ricusato un giudice di pace; il collegio se è ricusato uno dei componenti del tribunale o della corte.

La decisione è pronunciata con ordinanza non impugnabile, udito il giudice ricusato e assunte, quando occorre, le prove offerte.

Art. 54. Ordinanza sulla ricusazione.

L'ordinanza che accoglie il ricorso designa il giudice che deve sostituire quello ricusato.

La ricusazione è dichiarata inammissibile, se non è stata proposta nelle forme e nei termini fissati nell'art. 52.

Il giudice, con l'ordinanza con cui dichiara inammissibile o rigetta la ricusazione, provvede sulle spese e può condannare la parte che l'ha proposta ad una pena pecuniaria non superiore a euro 250.

Dell'ordinanza è data notizia dalla cancelleria al giudice e alle parti, le quali debbono provvedere alla riassunzione della causa nel termine perentorio di sei mesi.

Art. 55. Responsabilità civile del giudice.
Art. 56. Autorizzazione.

CAPO II - DEL CANCELLIERE, DELL'UFFICIO PER IL PROCESSO E DELL'UFFICIALE GIUDIZIARIO

Art. 57. Attività del cancelliere.

Il cancelliere documenta a tutti gli effetti, nei casi e nei modi previsti dalla legge, le attività proprie e quelle degli organi giudiziari e delle parti . Egli assiste il giudice in tutti gli atti dei quali deve essere formato processo verbale.

Quando il giudice provvede per iscritto, salvo che la legge disponga altrimenti, il cancelliere stende la scrittura e vi appone la sua sottoscrizione dopo quella del giudice.

Art. 58. Altre attività del cancelliere.

Il cancelliere attende al rilascio di copie ed estratti autentici dei documenti prodotti, all'iscrizione delle cause a ruolo, alla formazione del fascicolo d'ufficio e alla conservazione di quelli delle parti, alle comunicazioni e alle notificazioni prescritte dalla legge o dal giudice, nonché alle altre incombenze che la legge gli attribuisce.

Art. 58-bis. Ufficio per il processo

L'ufficio per il processo presso i tribunali ordinari, le corti di appello e la Corte di cassazione e l'ufficio spoglio, analisi e documentazione presso la Procura generale della Corte di cassazione operano secondo le disposizioni della legge speciale

Art. 59. Attività dell'ufficiale giudiziario.

L'ufficiale giudiziario assiste il giudice in udienza, provvede all'esecuzione dei suoi ordini, esegue la notificazione degli atti e attende alle altre incombenze che la legge gli attribuisce.

Art. 60. Responsabilità del cancelliere e dell'ufficiale giudiziario.

Il cancelliere e l'ufficiale giudiziario sono civilmente responsabili:

1) quando, senza giusto motivo, ricusano di compiere gli atti che sono loro legalmente richiesti oppure omettono di compierli nel termine che, su istanza di parte, è fissato

dal giudice dal quale dipendono o dal quale sono stati delegati;

2) quando hanno compiuto un atto nullo con dolo o colpa grave.

CAPO III - DEL CONSULENTE TECNICO, DEL CUSTODE E DEGLI ALTRI AUSILIARI DEL GIUDICE

Art. 61. Consulente tecnico.

Quando è necessario, il giudice può farsi assistere, per il compimento di singoli atti o per tutto il processo, da uno o più consulenti di particolare competenza tecnica.

La scelta dei consulenti tecnici deve essere normalmente fatta tra le persone iscritte in albi speciali formati a norma delle disposizioni di attuazione al presente codice.

Art. 62. Attività del consulente.

Il consulente compie le indagini che gli sono commesse dal giudice e fornisce, in udienza e in camera di consiglio, i chiarimenti che il giudice gli richiede a norma degli artt. 194 ss. e degli artt. 441 e 463.

Art. 63. Obbligo di assumere l'incarico e ricusazione del consulente.

Il consulente scelto tra gli iscritti in un albo ha l'obbligo di prestare il suo ufficio, tranne che il giudice riconosca che ricorre un giusto motivo di astensione.

Il consulente può essere ricusato dalle parti per i motivi indicati nell'art. 51. Della ricusazione del consulente conosce il giudice che l'ha nominato.

Art. 64. Responsabilità del consulente.

Si applicano al consulente tecnico le disposizioni del codice penale relative ai periti.

In ogni caso, il consulente tecnico che incorre in colpa grave nell'esecuzione degli atti che gli sono richiesti, è punito con l'arresto fino a un anno o con l'ammenda fino a € 10.329. Si applica l'art. 35 del codice penale. In ogni caso è dovuto il risarcimento dei danni causati alle parti.

Art. 65. Custode.

La conservazione e l'amministrazione dei beni pignorati o sequestrati sono affidate a un custode, quando la legge non dispone altrimenti. Il compenso al custode è stabilito, con decreto, dal giudice dell'esecuzione nel caso di nomina fatta dall'ufficiale giudiziario e in ogni altro caso dal giudice che l'ha nominato.

Art. 66. Sostituzione del custode.

Il giudice, d'ufficio o su istanza di parte, può disporre in ogni tempo la sostituzione del custode.

Il custode che non ha diritto a compenso può chiedere in ogni tempo di essere sostituito; altrimenti può chiederlo soltanto per giusti motivi. Il provvedimento di sostituzione è dato, con ordinanza non impugnabile, dal giudice di cui all'art. 65, secondo comma.

Art. 67. Responsabilità del custode.

Ferme le disposizioni del codice penale, il custode che non esegue l'incarico assunto può essere condannato dal giudice a una pena pecuniaria da euro 250 a euro 500.

Egli è tenuto al risarcimento dei danni cagionati alle parti, se non esercita la custodia da buon padre di famiglia.

Art. 68. Altri ausiliari.

Nei casi previsti dalla legge o quando ne sorga necessità, il giudice, il cancelliere o l'ufficiale giudiziario si può fare assistere da esperti in una determinata arte o professione e, in generale, da persona idonea al compimento di atti che non è in grado di compiere da sé solo.

Il giudice può commettere a un notaio il compimento di determinati atti nei casi previsti dalla legge.

Il giudice può sempre richiedere l'assistenza della forza pubblica.

TITOLO II - DEL PUBBLICO MINISTERO

Art. 69. Azione del pubblico ministero.

Il pubblico ministero esercita l'azione civile nei casi stabiliti dalla legge.

Art. 70. Intervento in causa del pubblico ministero.

Il pubblico ministero deve intervenire, a pena di nullità rilevabile d'ufficio:

1) nelle cause che egli stesso potrebbe proporre;
2) nelle cause matrimoniali, comprese quelle di separazione personale dei coniugi;
3) nelle cause riguardanti lo stato e la capacità delle persone;
4) negli altri casi previsti dalla legge.

Deve intervenire nelle cause davanti alla corte di cassazione nei casi stabiliti dalla legge.

Può infine intervenire in ogni altra causa in cui ravvisa un pubblico interesse.

Art. 71. Comunicazione degli atti processuali al pubblico ministero.

Il giudice, davanti al quale è proposta una delle cause indicate nel primo comma dell'articolo precedente, ordina la comunicazione degli atti al pubblico ministero affinché possa intervenire.

Lo stesso ordine il giudice può dare ogni volta che ravvisi uno dei casi previsti nell'ultimo comma dell'articolo precedente.

Art. 72. Poteri del pubblico ministero.

Il pubblico ministero, che interviene nelle cause che avrebbe potuto proporre, ha gli stessi poteri che competono alle parti e li esercita nelle forme che la legge stabilisce per queste ultime.

Negli altri casi di intervento previsti nell'art. 70, tranne che nelle cause davanti alla Corte di cassazione, il pubblico ministero può produrre documenti, dedurre prove, prendere conclusioni nei limiti delle domande proposte dalle parti.

Il pubblico ministero può proporre impugnazioni contro le sentenze relative a cause matrimoniali, salvo che per quelle di separazione personale dei coniugi.

Lo stesso potere spetta al pubblico ministero contro le sentenze che dichiarino l'efficacia o l'inefficacia di sentenze straniere relative a cause matrimoniali, salvo che per quelle di separazione personale dei coniugi. Nelle ipotesi prevedute nei commi terzo e quarto, la facoltà di impugnazione spetta tanto al pubblico ministero presso il giudice che ha pronunciato la sentenza quanto a quello presso il giudice competente a decidere sull'impugnazione.

Il termine decorre dalla comunicazione della sentenza a norma dell'art. 133. Restano salve le disposizioni dell'art. 397.

Art. 73. Astensione del pubblico ministero.

Ai magistrati del pubblico ministero che intervengono nel processo civile si applicano le disposizioni del presente codice relative all'astensione dei giudici, ma non quelle relative alla ricusazione.

Art. 74. Responsabilità del pubblico ministero.
TITOLO III - DELLE PARTI E DEI DIFENSORI
CAPO I - DELLE PARTI
Art. 75. Capacità processuale.

Sono capaci di stare in giudizio le persone che hanno il libero esercizio dei diritti che vi si fanno valere.

Le persone che non hanno il libero esercizio dei diritti non possono stare in giudizio se non rappresentate, assistite o autorizzate secondo le norme che regolano la loro capacità.

Le persone giuridiche stanno in giudizio per mezzo di chi le rappresenta a norma della legge o dello statuto.

Le associazioni e i comitati, che non sono persone giuridiche, stanno in giudizio per mezzo delle persone indicate negli artt. 36 e seguenti del codice civile.

Art. 76. Famiglia Reale

Art. 77. Rappresentanza del procuratore e dell'institore.

Il procuratore generale e quello preposto a determinati affari non possono stare in giudizio per il preponente, quando questo potere non è stato loro conferito espressamente per iscritto, tranne che per gli atti urgenti e per le misure cautelari.

Tale potere si presume conferito al procuratore generale di chi non ha residenza o domicilio nello Stato e all'institore.

Art. 78. Curatore speciale.

Se manca la persona a cui spetta la rappresentanza o l'assistenza, e vi sono ragioni d'urgenza, può essere nominato all'incapace, alla persona giuridica o all'associazione non riconosciuta un curatore speciale che li rappresenti o assista finché subentri colui al quale spetta la rappresentanza o l'assistenza. Si procede altresì alla nomina di un curatore speciale al rappresentato, quando vi è conflitto d'interessi col rappresentante.

Il giudice provvede alla nomina del curatore speciale del minore, anche

d'ufficio e a pena di nullità degli atti del procedimento:

1. con riguardo ai casi in cui il pubblico ministero abbia chiesto la decadenza dalla responsabilità genitoriale di entrambi i genitori, o in cui uno dei genitori abbia chiesto la decadenza dell'altro;
2. in caso di adozione di provvedimenti ai sensi dell'articolo 403 del codice civile o di affidamento del minore ai sensi degli articoli 2 e seguenti della legge 4 maggio 1983, n. 184;
3. nel caso in cui dai fatti emersi nel procedimento venga alla luce una situazione di pregiudizio per il minore tale da precluderne l'adeguata rappresentanza processuale da parte di entrambi i genitori;
4. quando ne faccia richiesta il minore che abbia compiuto quattordici anni .

In ogni caso il giudice può nominare un curatore speciale quando i genitori appaiono per gravi ragioni temporaneamente inadeguati a rappresentare gli interessi del minore; il provvedimento di nomina del curatore deve essere succintamente motivato .

Art. 79. Istanza di nomina del curatore speciale.

La nomina del curatore speciale di cui all'articolo precedente può essere in ogni caso chiesta dal pubblico ministero. Può essere chiesta anche dalla persona che deve essere rappresentata o assistita, sebbene incapace, nonché dai suoi prossimi congiunti e, in caso di conflitto di interessi, dal rappresentante.

Può essere inoltre chiesta da qualunque altra parte in causa che vi abbia interesse.

Art. 80. Provvedimento di nomina del curatore speciale.

L'istanza per la nomina del curatore speciale si propone al giudice di pace o al presidente dell'ufficio giudiziario davanti al quale si intende proporre la causa. Se la necessità di nominare un curatore speciale sorge nel corso di un procedimento, anche di natura cautelare, alla nomina provvede, d'ufficio, il giudice che procede .

Il giudice, assunte le opportune informazioni e sentite possibilmente le persone interessate, provvede con decreto. Questo è comunicato al pubblico ministero affinché provochi, quando occorre, i provvedimenti per la costituzione della normale rappresentanza o assistenza dell'incapace, della persona giuridica o dell'associazione non riconosciuta.

Art. 81. Sostituzione processuale.

Fuori dei casi espressamente previsti dalla legge, nessuno può far valere nel processo in nome proprio un diritto altrui.

CAPO II - DEI DIFENSORI
Art. 82. Patrocinio.

Davanti al giudice di pace le parti possono stare in giudizio personalmente nelle cause il cui valore non eccede € 1.100.

Negli altri casi, le parti non possono stare in giudizio se non col ministero o con l'assistenza di un difensore. Il giudice di pace tuttavia, in considerazione della natura ed entità della causa, con decreto emesso anche su istanza verbale della parte, può autorizzarla a stare in giudizio di persona. Salvi i casi in cui la legge dispone altrimenti, davanti al tribunale e alla corte d'appello le parti debbono stare in giudizio col ministero di un procuratore legalmente esercente; e davanti alla Corte di cassazione col ministero di un avvocato iscritto nell'apposito albo.

Art. 83. Procura alle liti

Quando la parte sta in giudizio col ministero di un difensore, questi deve essere munito di procura.

La procura alle liti può essere generale o speciale e deve essere conferita con atto pubblico o scrittura privata autenticata.

La procura speciale può essere anche apposta in calce o a margine della citazione, del ricorso, del controricorso, della comparsa di risposta o d'intervento del precetto o della domanda d'intervento nell'esecuzione, ovvero della memoria di nomina del nuovo difensore, in aggiunta o in sostituzione del difensore originariamente designato. In tali casi l'autografia della sottoscrizione della parte deve essere certificata dal difensore. La procura si considera apposta in calce anche se rilasciata su foglio separato che sia però congiunto materialmente all'atto cui si riferisce, o su documento informatico separato sottoscritto con firma

digitale e congiunto all'atto cui si riferisce mediante strumenti informatici, individuati con apposito decreto del Ministero della giustizia. Se la procura alle liti è stata conferita su supporto cartaceo, il difensore che si costituisce attraverso strumenti telematici ne trasmette la copia informatica autenticata con firma digitale, nel rispetto della normativa, anche regolamentare, concernente la sottoscrizione, la trasmissione e la ricezione dei documenti informatici e trasmessi in via telematica.

La procura speciale si presume conferita soltanto per un determinato grado del processo, quando nell'atto non è espressa volontà diversa.

Art. 84. Poteri del difensore.

Quando la parte sta in giudizio col ministero del difensore, questi può compiere e ricevere, nell'interesse della parte stessa, tutti gli atti del processo che dalla legge non sono ad essa espressamente riservati.

In ogni caso non può compiere atti che importano disposizione del diritto in contesa, se non ne ha ricevuto espressamente il potere.

Art. 85. Revoca e rinuncia alla procura.

La procura può essere sempre revocata e il difensore può sempre rinunciarvi, ma la revoca e la rinuncia non hanno effetto nei confronti dell'altra parte finché non sia avvenuta la sostituzione del difensore.

Art. 86. Difesa personale della parte.

La parte o la persona che la rappresenta o assiste, quando ha la qualità necessaria per esercitare l'ufficio di difensore con procura presso il giudice adito, può stare in giudizio senza il ministero di altro difensore.

Art. 87. Assistenza degli avvocati e del consulente tecnico.
La parte può farsi assistere da uno o più avvocati, e anche da un consulente tecnico nei casi e con i modi stabiliti nel presente codice.

CAPO III - DEI DOVERI DELLE PARTI E DEI DIFENSORI
Art. 88. Dovere di lealtà e di probità.

Le parti e i loro difensori hanno il dovere di comportarsi in giudizio con lealtà e probità.

In caso di mancanza dei difensori a tale dovere, il giudice deve riferirne alle autorità che esercitano il potere disciplinare su di essi.

Art. 89. Espressioni sconvenienti od offensive.

Negli scritti presentati e nei discorsi pronunciati davanti al giudice, le parti e i loro difensori non debbono usare espressioni sconvenienti od offensive. Il giudice, in ogni stato dell'istruzione, può disporre con ordinanza che si cancellino le espressioni sconvenienti od offensive, e, con la sentenza che decide la causa, può inoltre assegnare alla persona offesa una somma a titolo di risarcimento del danno anche non patrimoniale sofferto, quando le espressioni offensive non riguardano l'oggetto della causa.

CAPO IV - DELLE RESPONSABILITA' DELLE PARTI PER LE SPESE E PER I DANNI PROCESSUALI
Art. 90. Onere delle spese

Art. 91. Condanna alle spese.
Il giudice, con la sentenza che chiude il processo davanti a lui, condanna la parte soccombente al rimborso delle spese a favore dell'altra parte e ne liquida l'ammontare insieme con gli onorari di difesa. Se accoglie la domanda in misura non superiore all'eventuale proposta conciliativa, condanna la parte che ha rifiutato senza giustificato motivo la proposta al pagamento delle spese del processo maturate dopo la formulazione della proposta, salvo quanto disposto dal secondo comma dell'articolo 92.

Le spese della sentenza sono liquidate dal cancelliere con nota in margine alla stessa; quelle della notificazione della sentenza del titolo esecutivo e del precetto sono liquidate dall'ufficiale giudiziario con nota in margine all'originale e alla copia notificata.

I reclami contro le liquidazioni di cui al comma precedente sono decisi con le forme previste negli articoli 287 e 288 dal capo dell'ufficio a cui appartiene il cancelliere o l'ufficiale giudiziario.

Nelle cause previste dall'articolo 82, primo comma, le spese, competenze ed onorari liquidati dal giudice non possono superare il valore della domanda.

Art. 92. Condanna alle spese per singoli atti. Compensazione delle spese.
Il giudice, nel pronunciare la condanna di cui all'articolo precedente, può escludere la ripetizione delle spese sostenute dalla parte vincitrice, se le ritiene eccessive o superflue; e può, indipendentemente dalla soccombenza, condannare una parte al rimborso delle spese, anche non ripetibili, che, per trasgressione al dovere di cui all'articolo 88, essa ha causato all'altra parte.

Se vi è soccombenza reciproca ovvero nel caso di assoluta novità della questione trattata o mutamento della giurisprudenza rispetto alle questioni dirimenti, il giudice può compensare le spese tra le parti, parzialmente o per intero.

Se le parti si sono conciliate, le spese si intendono compensate, salvo che le parti stesse abbiano diversamente convenuto nel processo verbale di conciliazione.

Art. 93. Distrazione delle spese.
Il difensore con procura può chiedere che il giudice, nella stessa sentenza in cui condanna alle spese, distragga in favore suo e degli altri difensori gli onorari non riscossi e le spese che dichiara di avere anticipate. Finché il difensore non abbia conseguito il rimborso che gli è stato attribuito, la parte può chiedere al giudice, con le forme stabilite per la correzione delle sentenze, la revoca del provvedimento, qualora dimostri di aver soddisfatto il credito del difensore per gli onorari e le spese.

Art. 94. Condanna di rappresentanti o curatori.
Gli eredi beneficiati, i tutori, i curatori e in generale coloro che rappresentano o assistono la parte in giudizio possono essere condannati personalmente, per motivi gravi che il giudice deve specificare nella sentenza, alle spese dell'intero processo o di singoli atti, anche in solido con la parte rappresentata o assistita.

Art. 95. Spese del processo di esecuzione.
Le spese sostenute dal creditore procedente e da quelli intervenuti che partecipano utilmente alla distribuzione sono a carico di chi ha subito l'esecuzione, fermo il privilegio stabilito dal codice civile.

Art. 96. Responsabilità aggravata.
Se risulta che la parte soccombente ha agito o resistito in giudizio con mala fede o colpa grave, il giudice, su istanza dell'altra parte, la condanna, oltre che alle spese, al risarcimento dei danni, che liquida, anche d'ufficio, nella sentenza.

Il giudice che accerta l'inesistenza del diritto per cui è stato eseguito un provvedimento cautelare, o trascritta domanda giudiziale, o iscritta ipoteca giudiziale, oppure iniziata o compiuta l'esecuzione forzata, su istanza della parte danneggiata condanna al risarcimento dei danni l'attore o il creditore procedente, che ha agito senza la normale prudenza. La liquidazione dei danni è fatta a norma del comma precedente .

In ogni caso, quando pronuncia sulle spese ai sensi dell'articolo 91, il giudice, anche d'ufficio, può altresì condannare la parte soccombente al pagamento, a favore della controparte, di una somma equitativamente determinata .

Nei casi previsti dal primo, secondo e terzo comma, il giudice condanna altresì la parte al pagamento, in favore della cassa delle ammende, di una somma di denaro non inferiore ad euro 500 e non superiore ad euro 5.000

Art. 97. Responsabilità di più soccombenti.
Se le parti soccombenti sono più, il giudice condanna ciascuna di esse alle spese e ai danni in proporzione del

rispettivo interesse nella causa. Può anche pronunciare condanna solidale di tutte o di alcune tra esse, quando hanno interesse comune.

Se la sentenza non statuisce sulla ripartizione delle spese e dei danni, questa si fa per quote uguali.

Art. 98. Cauzione per le spese

TITOLO IV – DELL'ESERCIZIO DELL'AZIONE
Art. 99. Principio della domanda.

Chi vuole far valere un diritto in giudizio deve proporre domanda al giudice competente.

Art. 100. Interesse ad agire.

Per proporre una domanda o per contraddire alla stessa è necessario avervi interesse.

Art. 101. Principio del contraddittorio.

Il giudice, salvo che la legge disponga altrimenti, non può statuire sopra alcuna domanda, se la parte contro la quale è proposta non è stata regolarmente citata e non è comparsa.

Il giudice assicura il rispetto del contraddittorio e, quando accerta che dalla sua violazione è derivata una lesione del diritto di difesa, adotta i provvedimenti opportuni. Se ritiene di porre a fondamento della decisione una questione rilevata d'ufficio, il giudice riserva la decisione, assegnando alle parti, a pena di nullità, un termine, non inferiore a venti giorni e non superiore a quaranta giorni dalla comunicazione, per il deposito in cancelleria di memorie contenenti osservazioni sulla medesima questione .

Art. 102. Litisconsorzio necessario.

Se la decisione non può pronunciarsi che in confronto di più parti, queste debbono agire o essere convenute nello stesso processo.

Se questo è promosso da alcune o contro alcune soltanto di esse, il giudice ordina l'integrazione del contraddittorio in un termine perentorio da lui stabilito.

Art. 103. Litisconsorzio facoltativo.

Più parti possono agire o essere convenute nello stesso processo, quando tra le cause che si propongono esiste connessione per l'oggetto o per il titolo dal quale dipendono, oppure quando la decisione dipende, totalmente o parzialmente, dalla risoluzione di identiche questioni.

Il giudice può disporre, nel corso della istruzione o nella decisione, la separazione delle cause, se vi è istanza di tutte le parti, ovvero quando la continuazione della loro riunione ritarderebbe o renderebbe più gravoso il processo, e può rimettere al giudice inferiore le cause di sua competenza.

Art. 104. Pluralità di domande contro la stessa parte.

Contro la stessa parte possono proporsi nel medesimo processo più domande anche non altrimenti connesse, purché sia osservata la norma dell'articolo 10 secondo comma.

E' applicabile la disposizione del secondo comma dell'articolo precedente.

Art. 105. Intervento volontario.

Ciascuno può intervenire in un processo tra altre persone per far valere, in confronto di tutte le parti o di alcune di esse, un diritto relativo all'oggetto o dipendente dal titolo dedotto nel processo medesimo.

Può altresì intervenire per sostenere le ragioni di alcuna delle parti, quando vi ha un proprio interesse.

Art. 106. Intervento su istanza di parte.

Ciascuna parte può chiamare nel processo un terzo al quale ritiene comune la causa o dal quale pretende essere garantita.

Art. 107. Intervento per ordine del giudice.

Il giudice, quando ritiene opportuno che il processo si svolga in confronto di un terzo al quale la causa è comune, ne ordina l'intervento.

Art. 108. Estromissione del garantito.

Se il garante comparisce e accetta di assumere la causa in luogo del garantito, questi può chiedere, qualora le altre parti non si oppongano, la propria estromissione. Questa è disposta dal giudice con ordinanza; ma la sentenza di merito pronunciata nel giudizio spiega i suoi effetti anche contro l'estromesso.

Art. 109. Estromissione dell'obbligato.

Se si contende a quale di più parti spetta una prestazione e l'obbligato si dichiara pronto a eseguirla a favore di chi ne ha diritto, il giudice può ordinare il deposito della cosa o della somma dovuta e, dopo il deposito, può estromettere l'obbligato dal processo.

Art. 110. Successione nel processo.

Quando la parte vien meno per morte o per altra causa, il processo è proseguito dal successore universale o in suo confronto.

Art. 111. Successione a titolo particolare nel diritto controverso. Se nel corso del processo si trasferisce il diritto controverso per atto tra vivi a titolo particolare, il

processo prosegue tra le parti originarie. Se il trasferimento a titolo particolare avviene a causa di morte il processo è proseguito dal successore universale o in suo confronto.

In ogni caso il successore a titolo particolare può intervenire o essere chiamato nel processo e, se le altre parti vi consentono, l'alienante o il successore universale può esserne estromesso.

La sentenza pronunciata contro questi ultimi spiega sempre i suoi effetti anche contro il successore a titolo particolare ed è impugnabile anche da lui, salve le norme sull'acquisto in buona fede dei mobili e sulla trascrizione.

TITOLO V – DEI POTERI DEL GIUDICE

Art. 112. Corrispondenza tra il chiesto e il pronunciato.

Il giudice deve pronunciare su tutta la domanda e non oltre i limiti di essa; e non può pronunciare d'ufficio su eccezioni, che possono essere proposte soltanto dalle parti.

Art. 113. Pronuncia secondo diritto.

Nel pronunciare sulla causa il giudice deve seguire le norme del diritto, salvo che la legge gli attribuisca il potere di decidere secondo equità. Il giudice di pace decide secondo equità le cause il cui valore non eccede millecento euro, salvo quelle derivanti da rapporti giuridici relativi a contratti conclusi secondo le modalità di cui all'articolo 1342 del codice civile

Art. 114. Pronuncia secondo equità a richiesta di parte.

Il giudice, sia in primo grado che in appello, decide il merito della causa secondo equità quando esso riguarda diritti disponibili delle parti e queste gliene fanno concorde richiesta.

Art. 115. Disponibilità delle prove.

Salvi i casi previsti dalla legge, il giudice deve porre a fondamento della decisione le prove proposte dalle parti o dal pubblico ministero nonché i fatti non specificatamente contestati dalla parte costituita.

Il giudice può tuttavia, senza bisogno di prova, porre a fondamento della decisione le nozioni di fatto che rientrano nella comune esperienza.

Art. 116. Valutazione delle prove.

Il giudice deve valutare le prove secondo il suo prudente apprezzamento, salvo che la legge disponga altrimenti.

Il giudice può desumere argomenti di prova dalle risposte che le parti gli danno a norma dell'articolo seguente, dal loro rifiuto ingiustificato a consentire le ispezioni che egli ha ordinate e, in generale, dal contegno delle parti stesse nel processo.

Art. 117. Interrogatorio non formale delle parti.

Il giudice, in qualunque stato e grado del processo, ha facoltà di ordinare la comparizione personale delle parti in contraddittorio tra loro per interrogarle liberamente sui fatti della causa. Le parti possono farsi assistere dai difensori.

Art. 118. Ordine d'ispezione di persone e di cose.

Il giudice può ordinare alle parti e ai terzi di consentire sulla loro persona o sulle cose in loro possesso le ispezioni che appaiono indispensabili per conoscere i fatti della causa, purché ciò possa compiersi senza grave danno per la parte o per il terzo, e senza costringerli a violare uno dei segreti previsti negli articoli 351 e 352 del Codice di procedura penale.

Se la parte rifiuta di eseguire tale ordine senza giusto motivo, il giudice la condanna a una pena pecuniaria da euro 500 a euro 3.000 e può da questo rifiuto desumere argomenti di prova a norma dell'articolo 116 secondo comma .

Se rifiuta il terzo, il giudice lo condanna a una pena pecuniaria da euro 250 a euro 1.500 .

Art. 119. Imposizione di cauzione.

Il giudice, nel provvedimento col quale impone una cauzione, deve indicare l'oggetto di essa, il modo di prestarla, e il termine entro il quale la prestazione deve avvenire.

Art. 120. Pubblicità della sentenza.

Nei casi in cui la pubblicità della decisione di merito può contribuire a riparare il danno, compreso quello derivante per effetto di quanto previsto all'articolo 96, il giudice, su istanza di parte, può ordinarla a cura e spese del soccombente, mediante inserzione per estratto, ovvero mediante comunicazione, nelle forme specificamente indicate, in una o più testate giornalistiche, radiofoniche o televisive e in siti internet da lui designati.

Se l'inserzione non avviene nel termine stabilito dal giudice, può procedervi la parte a favore della quale è stata disposta, con diritto a ripetere le spese dall'obbligato.

TITOLO VI – DEGLI ATTI PROCESSUALI
CAPO I - DELLE FORME DEGLI ATTI E DEI PROVVEDIMENTI
SEZIONE I - Degli atti in generale
Art. 121. Chiarezza e sinteticità degli atti

Gli atti del processo , per i quali la legge non richiede forme determinate, possono essere compiuti nella forma più idonea al raggiungimento del loro scopo. Tutti gli atti del processo sono redatti in modo chiaro e sintetico .

Art. 122. Uso della lingua italiana. Nomina dell'interprete.

In tutto il processo è prescritto l'uso della lingua italiana. Quando deve essere sentito chi non conosce la lingua italiana, il giudice può nominare un interprete.

Questi, prima di esercitare le sue funzioni, presta giuramento davanti al giudice di adempiere fedelmente il suo ufficio.

Art. 123. Nomina del traduttore.

Quando occorre procedere all'esame di documenti che non sono scritti in lingua italiana, il giudice può nominare un traduttore, il quale presta giuramento a norma dell'articolo precedente.

Art. 124. Interrogazione del sordo e del muto.

Se nel procedimento deve essere sentito un sordo, un muto o un sordomuto, le interrogazioni e le risposte possono essere fatte per iscritto. Quando occorre, il giudice nomina un interprete, il quale presta giuramento a norma dell'art. 122 ultimo comma.

Art. 125. Contenuto e sottoscrizione degli atti di parte.

Salvo che la legge disponga altrimenti, la citazione, il ricorso, la comparsa, il controricorso, il precetto debbono indicare l'Ufficio giudiziario, le parti, l'oggetto, le ragioni della domanda e le conclusioni o la istanza, e, tanto nell'originale quanto nelle copie da notificare, debbono essere sottoscritti dalla parte, se essa sta in giudizio personalmente, oppure dal difensore che indica il proprio codice fiscale. Il difensore deve altresì indicare il proprio numero di fax.

La procura al difensore dell'attore può essere rilasciata in data posteriore alla notificazione dell'atto, purché anteriormente alla costituzione della parte rappresentata. La disposizione del comma precedente non si applica quando la legge richiede che la citazione sia sottoscritta dal difensore munito di mandato speciale.

Art. 126. Contenuto del processo verbale.

Il processo verbale deve contenere l'indicazione delle persone intervenute e delle circostanze di luogo e di tempo nelle quali gli atti che documenta sono compiuti; deve inoltre contenere la descrizione delle attività svolte e delle rilevazioni fatte, nonché le dichiarazioni ricevute.

Il processo verbale è sottoscritto dal cancelliere. Se vi sono altri intervenuti, il cancelliere, quando la legge non dispone altrimenti, dà loro lettura del processo verbale.

SEZIONE II - Delle udienze
Art. 127. Direzione dell'udienza.

L'udienza è diretta dal giudice singolo o dal presidente del collegio.

Il giudice può disporre, nei casi e secondo le disposizioni di cui agli articoli 127-bis e 127-ter, che l'udienza si svolga mediante collegamenti audiovisivi a distanza o sia sostituita dal deposito di note scritte .

Il giudice che la dirige può fare o prescrivere quanto occorre affinché la trattazione delle cause avvenga in modo ordinato e proficuo, regola la discussione, determina i punti sui quali essa deve svolgersi e la dichiara chiusa quando la ritiene sufficiente.

Art. 127-bis. Udienza mediante collegamenti audiovisivi

Lo svolgimento dell'udienza, anche pubblica, mediante collegamenti audiovisivi a distanza può essere disposto dal giudice quando non è richiesta la presenza di soggetti diversi dai difensori, dalle parti, dal pubblico ministero e dagli ausiliari del giudice.

Il provvedimento di cui al primo comma è comunicato alle parti almeno quindici giorni prima dell'udienza. Ciascuna parte costituita, entro cinque giorni dalla comunicazione, può chiedere che l'udienza si svolga in presenza. Il giudice, tenuto conto dell'utilità e dell'importanza della presenza delle parti in relazione agli adempimenti da svolgersi in udienza, provvede nei cinque giorni successivi con decreto non impugnabile, con il quale può anche disporre che l'udienza si svolga alla presenza delle parti che ne hanno fatto richiesta e con collegamento audiovisivo per le altre parti. In tal caso resta ferma la possibilità per queste ultime di partecipare in presenza.

Se ricorrono particolari ragioni di urgenza, delle quali il giudice dà atto nel provvedimento, i termini di cui al secondo comma possono essere abbreviati.

art. 127-ter. Deposito di note scritte in sostituzione dell'udienza

L'udienza, anche se precedentemente fissata, può essere sostituita dal deposito di note scritte, contenenti le sole istanze e conclusioni, se non richiede la presenza di soggetti diversi dai difensori, dalle parti, dal pubblico ministero e dagli ausiliari del giudice. Negli stessi casi, l'udienza è sostituita dal deposito di note scritte se ne fanno richiesta tutte le parti costituite..

Con il provvedimento con cui sostituisce l'udienza il giudice assegna un termine perentorio non inferiore a quindici giorni per il deposito delle note. Ciascuna parte costituita può opporsi entro cinque giorni dalla comunicazione; il giudice provvede nei cinque giorni successivi con decreto non impugnabile e, in caso di istanza proposta congiuntamente da tutte le parti, dispone in conformità. Se ricorrono particolari ragioni di urgenza, delle quali il giudice dà atto nel provvedimento, i termini di cui al primo e secondo periodo possono essere abbreviati.

Il giudice provvede entro trenta giorni dalla scadenza del termine per il deposito delle note.

Se nessuna delle parti deposita le note nel termine assegnato il giudice assegna un nuovo termine perentorio per il deposito delle note scritte o fissa udienza. Se nessuna delle parti deposita le note nel nuovo termine o compare all'udienza, il giudice ordina che la causa sia cancellata dal ruolo e dichiara l'estinzione del processo.

Il giorno di scadenza del termine assegnato per il deposito delle note di cui al presente articolo è considerato data di udienza a tutti gli effetti.

Art. 128. Udienza pubblica.

L'udienza in cui si discute la causa è pubblica a pena di nullità, ma il giudice che la dirige può disporre che si svolga a porte chiuse, se ricorrono ragioni di sicurezza dello Stato, di ordine pubblico o di buon costume. Il giudice esercita i poteri di polizia per il mantenimento dell'ordine e del decoro e può allontanare chi contravviene alle sue prescrizioni.

Art. 129. Doveri di chi interviene o assiste all'udienza.

Chi interviene o assiste all'udienza non può portare armi o bastoni e deve stare a capo scoperto e in silenzio.

E' vietato fare segni di approvazione o di disapprovazione o cagionare in qualsiasi modo disturbo.

Art. 130. Redazione del processo verbale.

Il cancelliere redige il processo verbale di udienza sotto la direzione del giudice.

Il processo verbale è sottoscritto da chi presiede l'udienza e dal cancelliere; di esso non si dà lettura, salvo espressa istanza di parte.

SEZIONE III - Dei provvedimenti
Art. 131. Forma dei provvedimenti in generale.

La legge prescrive in quali casi il giudice pronuncia sentenza, ordinanza o decreto.

In mancanza di tali prescrizioni, i provvedimenti sono dati in qualsiasi forma idonea al raggiungimento del loro scopo.

Dei provvedimenti collegiali è compilato sommario processo verbale, il quale deve contenere la menzione della unanimità della decisione o del dissenso, succintamente motivato, che qualcuno dei componenti del collegio, da indicarsi nominativamente, abbia eventualmente espresso su ciascuna delle questioni decise. Il verbale, redatto dal meno anziano dei componenti togati del collegio e sottoscritto da tutti i componenti del collegio stesso, è conservato a cura del presidente in plico sigillato presso la cancelleria dell'ufficio.

Art. 132. Contenuto della sentenza.

La sentenza è pronunciata in nome del popolo italiano e reca l'intestazione:

Repubblica Italiana.

Essa deve contenere:

1) l'indicazione del giudice che l'ha pronunciata;

2) l'indicazione delle parti e dei loro difensori;

3) le conclusioni del pubblico ministero e quelle delle parti;

4) la concisa esposizione delle ragioni di fatto e di diritto della decisione; 5) il dispositivo, la data della deliberazione e la sottoscrizione del giudice. La sentenza emessa dal giudice collegiale è sottoscritta soltanto dal presidente e dal giudice estensore. Se il presidente non può sottoscrivere per morte o per altro impedimento, la sentenza viene sottoscritta dal componente più anziano del collegio, purché prima della sottoscrizione sia menzionato l'impedimento; se l'estensore non può sottoscrivere la sentenza per morte o altro impedimento è sufficiente la sottoscrizione del solo presidente, purché prima della sottoscrizione sia menzionato l'impedimento.

Art. 133. Pubblicazione e comunicazione della sentenza.

La sentenza è resa pubblica mediante deposito nella cancelleria del giudice che l'ha pronunciata.

Il cancelliere dà atto del deposito in calce alla sentenza e vi appone la data e la firma, ed entro cinque giorni, mediante biglietto contenente il testo integrale della sentenza, ne dà notizia alle parti che si sono costituite. La comunicazione non è idonea a far decorrere i termini per le impugnazioni di cui all'articolo 325.

Art. 134. Forma, contenuto e comunicazione dell'ordinanza.

L'ordinanza è succintamente motivata. Se è pronunciata in udienza, è inserita nel processo verbale; se è pronunciata fuori dell'udienza, è scritta in calce al processo verbale oppure in foglio separato, munito della data e della sottoscrizione del giudice o, quando questo è collegiale, del presidente. Il cancelliere comunica alle parti l'ordinanza pronunciata fuori dell'udienza, salvo che la legge ne prescriva la notificazione.

Art. 135. Forma e contenuto del decreto.

Il decreto è pronunciato d'ufficio o su istanza anche verbale della parte. Se è pronunciato su ricorso, è scritto in calce al medesimo.

Quando l'istanza è proposta verbalmente, se ne redige processo verbale e il decreto è inserito nello stesso.

Il decreto non è motivato, salvo che la motivazione sia prescritta espressamente dalla legge; è datato ed è sottoscritto dal giudice o, quando questo è collegiale, dal presidente.

SEZIONE IV - Delle comunicazioni e delle notificazioni
Art. 136. Comunicazioni.

Il cancelliere, con biglietto di cancelleria, fa le comunicazioni che sono prescritte dalla legge o dal giudice al pubblico ministero, alle parti, al consulente, agli altri ausiliari del giudice e ai testimoni, e dà notizia di quei provvedimenti per i quali è disposta dalla legge tale forma abbreviata di comunicazione .

Il biglietto è consegnato dal cancelliere al destinatario, che ne rilascia ricevuta, ovvero trasmesso a mezzo posta elettronica certificata, nel rispetto della normativa, anche regolamentare, concernente la sottoscrizione, la trasmissione e la ricezione dei documenti informatici .

Salvo che la legge disponga diversamente, se non è possibile procedere ai sensi del comma che precede, il biglietto è rimesso all'ufficiale giudiziario per la notifica .

Tutte le comunicazioni alle parti devono essere effettuate con le modalità di cui al terzo comma .

Art. 137. Notificazioni.

Le notificazioni, quando non è disposto altrimenti, sono eseguite dall'ufficiale giudiziario, su istanza di parte o su richiesta del pubblico ministero o del cancelliere.

L'ufficiale giudiziario o l'avvocato esegue la notificazione mediante consegna al destinatario di copia conforme all'originale dell'atto da notificarsi

.

Se l'atto da notificare o comunicare è costituito da un documento informatico e il destinatario non possiede indirizzo di posta elettronica certificata, l'ufficiale giudiziario esegue la notificazione mediante consegna di una copia dell'atto su supporto cartaceo, da lui dichiarata conforme all'originale, e conserva il documento informatico per i due anni successivi. Se richiesto, l'ufficiale giudiziario invia l'atto notificato anche attraverso strumenti telematici all'indirizzo di posta elettronica dichiarato dal destinatario della notifica o dal suo procuratore, ovvero consegna ai medesimi, previa esazione dei relativi diritti, copia dell'atto notificato, su supporto informatico non riscrivibile .

Se la notificazione non può essere eseguita in mani proprie del destinatario, tranne che nel caso previsto dal secondo comma dell'articolo 143, l'ufficiale giudiziario consegna o deposita la copia dell'atto da notificare in busta che provvede a sigillare e su cui trascrive il numero cronologico della notificazione, dandone atto nella relazione in calce all'originale e alla copia dell'atto stesso. Sulla busta non sono apposti segni o indicazioni dai quali possa desumersi il contenuto dell'atto .

Le disposizioni di cui al quarto comma si applicano anche alle comunicazioni effettuate con biglietto di cancelleria ai sensi degli articoli 133 e 136 . L'avvocato esegue le notificazioni nei casi e con le modalità previste dalla legge

.

L'ufficiale giudiziario esegue la notificazione su richiesta dell'avvocato se quest'ultimo non deve eseguirla a mezzo di posta elettronica certificata o servizio elettronico di recapito certificato qualificato, o con altra modalità prevista dalla legge, salvo che l'avvocato dichiari che la notificazione con le predette modalità non è possibile o non ha avuto esito positivo per cause non imputabili al destinatario. Della dichiarazione è dato atto nella relazione di notificazione .

Art. 138. Notificazione in mani proprie.

L'ufficiale giudiziario esegue la notificazione di regola mediante consegna della copia nelle mani proprie del destinatario, presso la casa di abitazione oppure, se ciò non è possibile, ovunque lo trovi nell'ambito della circoscrizione dell'ufficio giudiziario al quale è addetto.

Se il destinatario rifiuta di ricevere la copia, l'ufficiale giudiziario ne dà atto nella relazione, e la notificazione si considera fatta in mani proprie.

Art. 139. Notificazione nella residenza, nella dimora o nel domicilio.
Se non avviene nel modo previsto nell'articolo precedente, la notificazione deve essere fatta nel comune di residenza del destinatario, ricercandolo nella casa di abitazione o dove ha l'ufficio o esercita l'industria o il commercio.

Se il destinatario non viene trovato in uno di tali luoghi, l'ufficiale giudiziario consegna copia dell'atto a una persona di famiglia o addetta alla casa, all'ufficio o all'azienda, purché non minore di quattordici anni o non palesemente incapace.

In mancanza delle persone indicate nel comma precedente, la copia è consegnata al portiere dello stabile dove è l'abitazione, l'ufficio o l'azienda e, quando anche il portiere manca, a un vicino di casa che accetti di riceverla. Se la copia è consegnata al portiere o al vicino, l'ufficiale giudiziario ne dà atto nella relazione di notificazione, specificando le modalità con le quali ne ha accertato l'identità, e dà notizia al destinatario dell'avvenuta notificazione dell'atto, a mezzo di lettera raccomandata .

Se il destinatario vive abitualmente a bordo di una nave mercantile, l'atto può essere consegnato al capitano o a chi ne fa le veci.

Quando non è noto il comune di residenza, la notificazione si fa nel comune di dimora, e, se anche questa è ignota, nel comune di domicilio, osservate in quanto è possibile le disposizioni precedenti .

Art. 140. Irreperibilità o rifiuto di ricevere la copia.

Se non è possibile eseguire la consegna per irreperibilità o per incapacità o rifiuto delle persone indicate nell'articolo precedente, l'ufficiale giudiziario deposita la copia nella casa del comune dove la notificazione deve eseguirsi, affigge avviso del deposito in busta chiusa e sigillata alla porta dell'abitazione o dell'ufficio o dell'azienda del destinatario, e gliene dà notizia per raccomandata con avviso di ricevimento.

Art. 141. Notificazione presso il domiciliatario.

La notificazione degli atti a chi ha eletto domicilio presso una persona o un ufficio può essere fatta mediante consegna di copia alla persona o al capo dell'ufficio in qualità di domiciliatario, nel luogo indicato nell'elezione. Quando l'elezione di domicilio è stata inserita in un contratto, la notificazione presso il domiciliatario è obbligatoria, se così è stato espressamente dichiarato.

La consegna, a norma dell'art. 138, della copia nelle mani della persona o del capo dell'ufficio presso i quali si è eletto domicilio, equivale a consegna nelle mani del destinatario. La notificazione non può essere fatta nel domicilio eletto se è chiesta dal domiciliatario o questi è morto o si è trasferito fuori della sede indicata nell'elezione di domicilio o è cessato l'ufficio.

Art. 142. Notificazione a persona non residente, né dimorante, né domiciliata nella Repubblica.

Salvo quanto disposto nel secondo comma, se il destinatario non ha residenza, dimora o domicilio nello Stato e non vi ha eletto domicilio o costituito un procuratore a norma dell'art. 77, l'atto è notificato mediante spedizione al destinatario per mezzo della posta con raccomandata e mediante consegna di altra copia al pubblico ministero che e cura la trasmissione al Ministero degli affari esteri per la consegna alla persona alla quale e' diretta.

Le disposizioni di cui al primo comma si applicano soltanto nei casi in cui risulta impossibile eseguire la notificazione in uno dei modi consentiti dalle Convenzioni internazionali e dagli artt. 30 e 75 del D.P.R. 5 gennaio 1967, n. 200.

Art. 143. Notificazione a persona di residenza, dimora e domicilio sconosciuti.

Se non sono conosciuti la residenza, la dimora e il domicilio del destinatario e non vi è il procuratore previsto nell'art. 77, l'ufficiale giudiziario esegue la notificazione mediante deposito di copia dell'atto nella casa comunale dell'ultima residenza o, se questa è ignota, in quella del luogo di nascita del destinatario .

Se non sono noti né il luogo dell'ultima residenza né quello di nascita, l'ufficiale giudiziario consegna una copia dell'atto al pubblico ministero. Nei casi previsti nel presente articolo e nei primi due commi dell'articolo precedente, la notificazione si ha per eseguita nel ventesimo giorno successivo a quello in cui sono compiute le formalità prescritte.

Art. 144. Notificazione alle amministrazioni dello Stato.

Per le amministrazioni dello Stato si osservano le disposizioni delle leggi speciali che prescrivono la notificazione presso uffici dell'Avvocatura dello Stato.

Fuori dei casi previsti nel comma precedente, le notificazioni si fanno direttamente, presso l'amministrazione destinataria, a chi la rappresenta nel luogo in cui risiede il giudice davanti al quale si procede. Esse si eseguono mediante consegna di copia nella sede dell'ufficio al titolare o alle persone indicate nell'articolo seguente.

Art. 145. Notificazione alle persone giuridiche.

La notificazione alle persone giuridiche si esegue nella loro sede, mediante consegna di copia dell'atto al rappresentante o alla persona incaricata di ricevere le notificazioni o, in mancanza, ad altra persona addetta alla sede stessa ovvero al portiere dello stabile in cui è la sede. La notificazione può anche essere eseguita, a norma degli articoli 138, 139 e 141, alla persona fisica che rappresenta l'ente qualora nell'atto da notificare ne sia indicata la qualità e risultino specificati residenza, domicilio e dimora abituale. La notificazione alle società non aventi personalità giuridica, alle associazioni non riconosciute e ai comitati di cui agli artt. 36 ss. c.c. si fa a norma del comma precedente, nella sede indicata nell'art. 19, secondo comma, ovvero alla persona fisica che rappresenta l'ente qualora nell'atto da notificare ne sia indicata la qualità e risultino specificati residenza, domicilio e dimora abituale.

Se la notificazione non può essere eseguita a norma dei commi precedenti, la notificazione alla persona fisica indicata nell'atto, che rappresenta l'ente, può essere eseguita anche a norma degli articoli 140 o 143.

Art. 146. Notificazione a militari in attività di servizio.

Se il destinatario è militare in attività di servizio e la notificazione non è eseguita in mani proprie, osservate le disposizioni di cui agli artt. 139 ss., si consegna una copia al pubblico ministero, che ne cura l'invio al comandante del corpo al quale il militare appartiene.

Art. 147. Tempo delle notificazioni.

Le notificazioni non possono farsi prima delle ore 7 e dopo le ore 21 . Le notificazioni a mezzo posta elettronica certificata o servizio elettronico di recapito certificato qualificato possono essere eseguite senza limiti orari .

Le notificazioni eseguite ai sensi del secondo comma si intendono perfezionate, per il notificante, nel momento in cui è generata la ricevuta di accettazione e, per il destinatario, nel momento in cui è generata la ricevuta di avvenuta consegna. Se quest'ultima è generata tra le ore 21 e le ore 7 del mattino del giorno successivo, la notificazione si intende perfezionata per il destinatario alle ore 7 .

Art. 148. Relazione di notificazione.

L'ufficiale giudiziario certifica l'eseguita notificazione mediante relazione da lui datata e sottoscritta, apposta in calce all'originale e alla copia dell'atto. La relazione indica la persona alla quale è consegnata la copia e le sue qualità, nonché il luogo della consegna, oppure le ricerche, anche anagrafiche, fatte dall'ufficiale giudiziario, i motivi della mancata consegna e le notizie raccolte sulla reperibilità del destinatario.

Art. 149. Notificazione a mezzo del servizio postale.

Se non ne è fatto espresso divieto dalla legge, la notificazione può eseguirsi anche a mezzo del servizio postale.

In tal caso l'ufficiale giudiziario scrive la relazione di notificazione sull'originale e sulla copia dell'atto, facendovi menzione dell'Ufficio postale per mezzo del quale spedisce la copia al destinatario in piego raccomandato con avviso di ricevimento. Quest'ultimo è allegato all'originale. La notifica si perfeziona, per il soggetto notificante, al momento della consegna del plico all'ufficiale giudiziario e, per il destinatario, dal momento in cui lo stesso ha la legale conoscenza dell'atto.

Art. 149-bis. Notificazione a mezzo posta elettronica certificata eseguita dall'ufficiale giudiziario

L'ufficiale giudiziario esegue la notificazione a mezzo posta elettronica certificata o servizio elettronico di recapito certificato qualificato, anche previa estrazione di copia informatica del documento cartaceo, quando il destinatario è un soggetto per il quale la legge prevede l'obbligo di munirsi di un indirizzo di posta elettronica certificata o servizio elettronico di recapito certificato qualificato risultante dai pubblici elenchi oppure quando il destinatario ha eletto domicilio digitale ai sensi dell'articolo 3-bis, comma 1-bis, del codice dell'amministrazione digitale di cui al decreto legislativo 7 marzo 2005, n. 82 .

Se procede ai sensi del primo comma, l'ufficiale giudiziario trasmette copia informatica dell'atto sottoscritta con firma digitale all'indirizzo di posta elettronica certificata del destinatario risultante da pubblici elenchi o comunque accessibili alle pubbliche amministrazioni .

La notifica si intende perfezionata nel momento in cui il gestore rende disponibile il documento informatico nella casella di posta elettronica certificata del destinatario.

L'ufficiale giudiziario redige la relazione di cui all'articolo 148, primo comma, su documento informatico separato, sottoscritto con firma digitale e congiunto all'atto cui si riferisce mediante strumenti informatici, individuati con apposito decreto del Ministero della giustizia. La relazione contiene le informazioni di cui all'articolo 148, secondo comma, sostituito il luogo della consegna con l'indirizzo di posta elettronica presso il quale l'atto è stato inviato.

Al documento informatico originale o alla copia informatica del documento cartaceo sono allegate, con le modalità previste dal quarto comma, le ricevute di invio e di consegna previste dalla normativa, anche regolamentare, concernente la trasmissione e la ricezione dei documenti informatici trasmessi in via telematica.

Eseguita la notificazione, l'ufficiale giudiziario restituisce all'istante o al richiedente, anche per via telematica, l'atto notificato, unitamente alla relazione di notificazione e agli allegati previsti dal quinto comma .

Art. 150. Notificazione per pubblici proclami.

Quando la notificazione nei modi ordinari è sommamente difficile per il rilevante numero dei destinatari o per la difficoltà di identificarli tutti, il capo dell'ufficio giudiziario davanti al quale si procede può autorizzare, su istanza della parte interessata e sentito il pubblico ministero, la notificazione per pubblici proclami.

L'autorizzazione è data con decreto stesso in calce all'atto da notificarsi; in esso sono designati, quando occorre, i destinatari ai quali la notificazione deve farsi nelle forme ordinarie e sono indicati i modi che appaiono più opportuni per portare l'atto a conoscenza degli altri interessati.

In ogni caso, copia dell'atto è depositata nella casa comunale del luogo in cui ha sede l'ufficio giudiziario davanti al quale si promuove o si svolge il processo, e un estratto di esso è inserito nella Gazzetta Ufficiale della Repubblica e nel Foglio degli annunzi legali delle province dove risiedono i destinatari o si presume che risieda la maggior parte di essi.

La notificazione si ha per avvenuta quando, eseguito ciò che è prescritto nel presente articolo, l'ufficiale giudiziario deposita una copia dell'atto, con la relazione e i documenti giustificativi dell'attività svolta, nella cancelleria del giudice davanti al quale si procede.

Questa forma di notificazione non è ammessa nei procedimenti davanti al giudice di Pace.

Art. 151. Forme di notificazione ordinate dal giudice.

Il giudice può prescrivere, anche d'ufficio, con decreto steso in calce all'atto, che la notificazione sia eseguita in modo diverso da quello stabilito dalla legge, e anche per mezzo di telegramma collazionato con avviso di ricevimento quando lo consigliano circostanze particolari o esigenze di maggiore celerità, di riservatezza o di tutela della dignità.

CAPO II - DEI TERMINI
Art. 152. Termini legali e termini giudiziari.

I termini per il compimento degli atti del processo sono stabiliti dalla legge; possono essere stabiliti dal giudice anche a pena di decadenza, soltanto se la legge lo permette espressamente.

I termini stabiliti dalla legge sono ordinatori, tranne che la legge stessa li dichiari espressamente perentori.

Art. 153. Improrogabilità dei termini perentori.

I termini perentori non possono essere abbreviati o prorogati, nemmeno sull'accordo delle parti.

La parte che dimostra di essere incorsa in decadenze per causa ad essa non imputabile può chiedere al giudice di essere rimessa in termini. Il giudice provvede a norma dell'articolo 294, secondo e terzo comma.

Art. 154. Prorogabilità del termine ordinatorio.

Il giudice, prima della scadenza, può abbreviare, o prorogare anche d'ufficio, il termine che non sia stabilito a pena di decadenza. La proroga non può avere una durata superiore al termine originario. Non può essere consentita proroga ulteriore, se non per motivi particolarmente gravi e con provvedimento motivato.

Art. 155. Computo dei termini.

Nel computo dei termini a giorni o ad ore, si escludono il giorno o l'ora iniziali.

Per il computo dei termini a mesi o ad anni, si osserva il calendario comune. I giorni festivi si computano nel termine.

Se il giorno di scadenza è festivo la scadenza è prorogata di diritto al primo giorno seguente non festivo.

La proroga prevista dal quarto comma si applica altresì ai termini per il compimento degli atti processuali svolti fuori dell'udienza che scadono nella giornata del sabato.

Resta fermo il regolare svolgimento delle udienze e di ogni altra attività giudiziaria, anche svolta da ausiliari, nella giornata del sabato, che ad ogni effetto è considerata lavorativa.

CAPO III - DELLA NULLITA' DEGLI ATTI
Art. 156. Rilevanza della nullità.

Non può essere pronunciata la nullità per inosservanza di forme di alcun atto del processo, se la nullità non è comminata dalla legge.

Può tuttavia essere pronunciata quando l'atto manca dei requisiti formali indispensabili per il raggiungimento dello scopo.

La nullità non può mai essere pronunciata, se l'atto ha raggiunto lo scopo a cui è destinato.

Art. 157. Rilevabilità e sanatoria della nullità.

Non può pronunciarsi la nullità senza istanza di parte, se la legge non dispone che sia pronunciata d'ufficio.

Soltanto la parte nel cui interesse è stabilito un requisito può opporre la nullità dell'atto per la mancanza del requisito stesso, ma deve farlo nella prima istanza o difesa successiva all'atto o alla notizia di esso. La nullità non può essere opposta dalla parte che vi ha dato causa, né da quella che vi ha rinunciato anche tacitamente.

Art. 158. Nullità derivante dalla costituzione del giudice.

La nullità derivante da vizi relativi alla costituzione del giudice o all'intervento del pubblico ministero è insanabile e deve essere rilevata d'ufficio, salva la disposizione dell'art. 161.

Art. 159. Estensione della nullità.

La nullità di un atto non importa quella degli atti precedenti, né di quelli successivi che ne sono indipendenti.

La nullità di una parte dell'atto non colpisce le altre parti che ne sono indipendenti.

Se il vizio impedisce un determinato effetto, l'atto può tuttavia produrre gli altri effetti ai quali è idoneo.

Art. 160. Nullità della notificazione.

La notificazione è nulla se non sono osservate le disposizioni circa la persona alla quale deve essere consegnata la copia, o se vi è incertezza assoluta sulla persona a cui è fatta o sulla data, salva l'applicazione degli artt. 156 e 157.

Art. 161. Nullità della sentenza.

La nullità delle sentenze soggette ad appello o a ricorso per cassazione può essere fatta valere soltanto nei limiti e secondo le regole proprie di questi mezzi di impugnazione.

Questa disposizione non si applica quando la sentenza manca della sottoscrizione del giudice.

Art. 162. Pronuncia sulla nullità.

Il giudice che pronuncia la nullità deve disporre, quando sia possibile, la rinnovazione degli atti ai quali la nullità si estende.

Se la nullità degli atti del processo è imputabile al cancelliere, all'ufficiale giudiziario o al difensore, il giudice, col provvedimento col quale la pronuncia, pone le spese della rinnovazione a carico del responsabile e, su istanza di parte, con la sentenza che decide la causa può condannare quest'ultimo al risarcimento dei danni causati dalla nullità a norma dell'art. 60, n. 2.

LIBRO SECONDO – DEL PROCESSO DI COGNIZIONE

TITOLO I – DEL PROCEDIMENTO DAVANTI AL TRIBUNALE

CAPO I - DELL'INTRODUZIONE DELLA CAUSA

SEZIONE I – Della citazione e della costituzione delle parti

Art. 163. Contenuto della citazione.

La domanda si propone mediante citazione a comparire a udienza fissa.

Il presidente del tribunale stabilisce al principio dell'anno giudiziario, con decreto approvato dal primo presidente della corte di appello, i giorni della settimana e le ore delle udienze destinate esclusivamente alla prima comparizione delle parti.

L'atto di citazione deve contenere:

1) l'indicazione del tribunale davanti al quale la domanda è proposta;

2) il nome, il cognome, la residenza e il codice fiscale dell'attore, il nome, il cognome, il codice fiscale, la residenza o il domicilio o la dimora del convenuto e delle persone che rispettivamente li rappresentano o li assistono. Se attore o convenuto è una persona giuridica, un'associazione non riconosciuta o un comitato, la citazione deve contenere la denominazione o la ditta, con l'indicazione dell'organo o ufficio che ne ha la rappresentanza in giudizio ;

3) la determinazione della cosa oggetto della domanda;

3-bis) l'indicazione, nei casi in cui la domanda è soggetta a condizione di procedibilità, dell'assolvimento degli oneri previsti per il suo superamento ;

4) l'esposizione in modo chiaro e specifico dei fatti e degli elementi di diritto costituenti le ragioni della domanda, con le relative conclusioni ;

5) l'indicazione specifica dei mezzi di prova dei quali l'attore intende valersi e in particolare dei documenti che offre in comunicazione;

6) il nome e il cognome del procuratore e l'indicazione della procura, qualora questa sia stata già rilasciata;

7) l'indicazione del giorno dell'udienza di comparizione; l'invito al convenuto a costituirsi nel termine di settanta giorni prima dell'udienza indicata ai sensi e nelle forme stabilite dall'articolo 166 e a comparire, nell'udienza indicata, dinanzi al giudice designato ai sensi dell'articolo 168bis, con l'avvertimento che la costituzione oltre i suddetti termini implica le decadenze di cui agli articoli 38 e 167, che la difesa tecnica mediante avvocato è obbligatoria in tutti i giudizi davanti al tribunale, fatta eccezione per i casi previsti dall'articolo 86 o da leggi speciali, e che la parte, sussistendone i presupposti di legge, può presentare istanza per l'ammissione al patrocinio a spese dello Stato .

L'atto di citazione, sottoscritto a norma dell'articolo 125, è consegnato dalla parte o dal procuratore all'ufficiale giudiziario, il quale lo notifica a norma degli articoli 137 e seguenti .

Art. 163-bis. Termini per comparire.

Tra il giorno della notificazione della citazione e quello dell'udienza di comparizione debbono intercorrere termini liberi non minori di centoventi giorni se il luogo della notificazione si trova in Italia e di centocinquanta giorni se si trova all'estero .

Se il termine assegnato dall'attore ecceda il minimo indicato dal primo comma, il convenuto, costituendosi prima della scadenza del termine minimo, può chiedere al presidente del tribunale che, sempre osservata la misura di quest'ultimo termine, l'udienza per la comparizione delle parti sia fissata con congruo anticipo su quella indicata dall'attore. Il presidente provvede con decreto, che deve essere comunicato dal cancelliere all'attore, almeno cinque giorni liberi prima dell'udienza fissata dal presidente. In questo caso i termini di cui all'articolo 171-ter decorrono dall'udienza così fissata .

Art. 164. Nullità della citazione.

La citazione è nulla se è omesso o risulta assolutamente incerto alcuno dei requisiti stabiliti nei numeri 1) e 2) dell'art. 163, se manca l'indicazione della data dell'udienza di comparizione, se è stato assegnato un termine a comparire inferiore a quello stabilito dalla legge ovvero se manca l'avvertimento previsto dal n. 7) dell'art. 163 .

Se il convenuto non si costituisce in giudizio, il giudice, rilevata la nullità della citazione ai sensi del primo comma, ne dispone d'ufficio la rinnovazione entro un termine perentorio. Questa sana i vizi e gli effetti sostanziali e processuali della domanda si producono sin dal momento della prima notificazione. Se la rinnovazione non viene eseguita, il giudice ordina la cancellazione della causa dal ruolo e il processo si estingue a norma dell'art. 307, comma terzo.

La costituzione del convenuto sana i vizi della citazione e restano salvi gli effetti sostanziali e processuali di cui al secondo comma; tuttavia, se il convenuto deduce l'inosservanza dei termini a comparire o la mancanza dell'avvertimento previsto dal n. 7) dell'art. 163, il giudice fissa una nuova udienza nel rispetto dei termini.

La citazione è altresì nulla se è omesso o risulta assolutamente incerto il requisito stabilito nel n. 3) dell'art. 163 ovvero se manca l'esposizione dei fatti di cui al n. 4) dello stesso articolo.

Il giudice, rilevata la nullità ai sensi del comma precedente, fissa all'attore un termine perentorio per rinnovare la citazione o, se il convenuto si è costituito, per integrare la domanda. Restano ferme le decadenze maturate e salvi i diritti quesiti anteriormente alla rinnovazione o alla integrazione. Nel caso di integrazione della domanda, il giudice fissa l'udienza ai sensi del secondo comma dell'articolo 171-bis e si applica l'art. 167.

Art. 165. Costituzione dell'attore.

L'attore, entro dieci giorni dalla notificazione della citazione al convenuto, deve costituirsi in giudizio a mezzo del procuratore, o personalmente nei casi consentiti dalla legge, depositando la nota d'iscrizione a ruolo e il proprio fascicolo contenente l'originale della citazione, la procura e i documenti offerti in comunicazione. Se si costituisce personalmente, deve dichiarare la residenza o eleggere domicilio nel comune ove ha sede il tribunale o indicare l'indirizzo presso cui ricevere le comunicazioni e notificazioni anche in forma telematica.

Se la citazione è notificata a più persone, l'originale della citazione deve essere inserito nel fascicolo entro dieci giorni dall'ultima notificazione.

Art. 166. Costituzione del convenuto.

Il convenuto deve costituirsi a mezzo del procuratore, o personalmente nei casi consentiti dalla legge, almeno settanta giorni prima dell'udienza di comparizione fissata nell'atto di citazione depositando la comparsa di cui all'articolo 167 con la copia della citazione notificata, la procura e i documenti che offre in comunicazione.

Art. 167. Comparsa di risposta.

Nella comparsa di risposta il convenuto deve proporre tutte le sue difese prendendo posizione in modo chiaro e specifico sui fatti posti dall'attore a fondamento della domanda, indicare le proprie generalità e il codice fiscale, i mezzi di prova di cui intende valersi e i documenti che offre in comunicazione, formulare le conclusioni.

A pena di decadenza deve proporre le eventuali domande riconvenzionali e le eccezioni processuali e di merito che non siano rilevabili d'ufficio. Se è omesso o risulta assolutamente incerto l'oggetto o il titolo della domanda riconvezionale, il giudice, rilevata la nullità, fissa al convenuto un termine perentorio per integrarla. Restano ferme le decadenze maturate e salvi i diritti acquisiti anteriormente alla integrazione.

Se intende chiamare un terzo in causa, deve farne dichiarazione nella stessa comparsa e provvedere ai sensi dell'art. 269.

Art. 168. Iscrizione della causa a ruolo e formazione del fascicolo d'ufficio.

All'atto della costituzione dell'attore, o, se questi non si è costituito, all'atto della costituzione del convenuto, su presentazione della nota d'iscrizione a ruolo, il cancelliere iscrive la causa nel ruolo generale.

Contemporaneamente il cancelliere forma il fascicolo d'ufficio, nel quale inserisce la nota d'iscrizione a ruolo, copia dell'atto di citazione, delle comparse e delle memorie in carta non bollata e, successivamente, i processi verbali di udienza, i provvedimenti del giudice, gli atti di istruzione e la copia del dispositivo delle sentenze.

Art. 168-bis. Designazione del giudice istruttore.

Formato un fascicolo d'ufficio a norma dell'articolo precedente, il cancelliere lo presenta senza indugio al presidente del tribunale, il quale designa il giudice istruttore davanti al quale le parti debbono comparire, se non creda di procedere egli stesso all'istruzione. Nei tribunali divisi in più sezioni il presidente assegna la causa ad una di esse, e il presidente di questa provvede nelle stesse forme alla designazione del giudice istruttore. La designazione del giudice istruttore deve in ogni caso avvenire non oltre il secondo giorno successivo alla costituzione della parte più diligente. Subito dopo la designazione del giudice istruttore il cancelliere iscrive la causa sul ruolo della sezione e su quello del giudice istruttore.

Se nel giorno fissato per la comparizione il giudice istruttore designato non tiene udienza, la comparizione delle parti è d'ufficio rimandata all'udienza immediatamente successiva tenuta dal giudice designato.

Art. 169. Ritiro dei fascicoli di parte.

Ciascuna parte può ottenere dal giudice istruttore l'autorizzazione di ritirare il proprio fascicolo dalla cancelleria; ma il fascicolo deve essere di nuovo depositato ogni volta che il giudice lo disponga.

Ciascuna parte ha la facoltà di ritirare il fascicolo all'atto della rimessione della causa al collegio a norma dell'articolo 189, ma deve restituirlo al più tardi al momento del deposito della comparsa conclusionale.

Art. 170. Notificazioni e comunicazioni nel corso del procedimento.
Dopo la costituzione in giudizio tutte le notificazioni e le comunicazioni si fanno al procuratore costituito, salvo che la legge disponga altrimenti. E' sufficiente la consegna di una sola copia dell'atto, anche se il procuratore è costituito per più parti.

Le notificazioni e le comunicazioni alla parte che sia costituita personalmente si fanno nella residenza dichiarata o nel domicilio eletto.

Le comparse e le memorie consentite dal giudice si comunicano mediante deposito in cancelleria oppure mediante notificazione o mediante scambio documentato con l'apposizione sull'originale, in calce o in margine, del visto della parte o del procuratore.

Art. 171. Ritardata costituzione delle parti.

Se nessuna delle parti si costituisce nei termini stabiliti, si applicano le disposizioni dell'articolo 307, primo e secondo comma.

Se una delle parti si è costituita entro il termine rispettivamente a lei assegnato, l'altra parte può costituirsi successivamente ma restano ferme per il convenuto le decadenze di cui all'art. 167 .

La parte che non si costituisce entro il termine di cui all'articolo 166 è dichiarata contumace con ordinanza del giudice istruttore, salva la disposizione dell'articolo 291 .

Art. 171-bis. Verifiche preliminari

Scaduto il termine di cui all'articolo 166, il giudice istruttore, entro i successivi quindici giorni, verificata d'ufficio la regolarità del contraddittorio, pronuncia, quando occorre, i provvedimenti previsti dagli articoli 102, secondo comma, 107, 164, secondo, terzo, quinto e sesto comma, 167, secondo e terzo comma, 171, terzo comma, 182, 269, secondo comma, 291 e 292, e indica alle parti le questioni rilevabili d'ufficio di cui ritiene opportuna la trattazione, anche con riguardo alle condizioni di procedibilità della domanda e alla sussistenza dei presupposti per procedere con rito semplificato. Tali questioni sono trattate dalle parti nelle memorie integrative di cui all'articolo 171-ter.

Quando pronuncia i provvedimenti di cui al primo comma, il giudice, se necessario, fissa la nuova udienza per la comparizione delle parti, rispetto alla quale decorrono i termini indicati dall'articolo 171-ter.

Se non provvede ai sensi del secondo comma, conferma o differisce, fino ad un massimo di quarantacinque giorni, la data della prima udienza rispetto alla quale decorrono i termini indicati dall'articolo 171-ter.

Il decreto è comunicato alle parti costituite a cura della cancelleria.

Art. 171-ter. Memorie integrative

Le parti, a pena di decadenza, con memorie integrative possono:

1)   almeno quaranta giorni prima dell'udienza di cui all'articolo 183, proporre le domande e le eccezioni che sono conseguenza della domanda riconvenzionale o delle eccezioni proposte dal convenuto o dal terzo, nonché precisare o modificare le domande, eccezioni e conclusioni già proposte. Con la stessa memoria l'attore può chiedere di essere autorizzato a chiamare in causa un terzo, se l'esigenza è sorta a seguito delle difese svolte dal convenuto nella comparsa di risposta;

2)   almeno venti giorni prima dell'udienza, replicare alle domande e alle eccezioni nuove o modificate dalle altre parti, proporre le eccezioni che sono conseguenza delle domande nuove da queste formulate nella memoria di cui al numero 1), nonché indicare i mezzi di prova ed effettuare le produzioni documentali;

3)   almeno dieci giorni prima dell'udienza, replicare alle eccezioni nuove e indicare la prova contraria.

SEZIONE II – Della designazione del giudice istruttore

Art. 172. Istanza per la designazione del giudice istruttore.

Art. 173. Immutabilità del giudice istruttore.

Art. 174. Immutabilità del giudice istruttore.

Il giudice designato è investito di tutta l'istruzione della causa e della relazione al collegio.

Soltanto in caso di assoluto impedimento o di gravi esigenze di servizio può essere sostituito con decreto del presidente. La sostituzione può essere disposta, quando è indispensabile, anche per il compimento di singoli atti.

CAPO II – DELL'ISTRUZIONE DELLA CAUSA SEZIONE I Dei poteri del giudice istruttore in generale

Art. 175. Direzione del procedimento.

Il giudice istruttore esercita tutti i poteri intesi al più sollecito e leale svolgimento del procedimento.

Egli fissa le udienze successive e i termini entro i quali le parti debbono compiere gli atti processuali.

Quando il giudice ha omesso di provvedere a norma del comma precedente, si applica la disposizione dell'articolo 289.

Art. 176. Forma dei provvedimenti.

Tutti i provvedimenti del giudice istruttore salvo che la legge disponga altrimenti hanno la forma dell'ordinanza.

Le ordinanze pronunciate in udienza si ritengono conosciute dalle parti presenti e da quelle che dovevano comparirvi; quelle pronunciate fuori dell'udienza sono comunicate a cura del cancelliere entro i tre giorni successivi.

Art. 177. Effetti e revoca delle ordinanze.

Le ordinanze, comunque motivate, non possono mai pregiudicare la decisione della causa.

Salvo quanto disposto dal seguente comma, le ordinanze possono essere sempre modificate o revocate dal giudice che le ha pronunciate. Non sono modificabili né revocabili dal giudice che le ha pronunciate: 1) le ordinanze pronunciate sull'accordo delle parti, in materia della quale queste possono disporre; esse sono tuttavia revocabili dal giudice istruttore o dal collegio, quando vi sia l'accordo di tutte le parti; 2) le ordinanze dichiarate espressamente non impugnabili dalla legge; 3) le ordinanze per le quali la legge predisponga uno speciale mezzo di reclamo;

Art. 178. Controllo del collegio sulle ordinanze.

Le parti, senza bisogno di mezzi di impugnazione, possono proporre al collegio, quando la causa è rimessa a questo a norma dell'art. 189, tutte le questioni risolute dal giudice istruttore con ordinanza revocabile. L'ordinanza del giudice istruttore, che non operi in funzione di giudice unico, quando dichiara l'estinzione del processo è impugnabile dalle parti con reclamo immediato al collegio. Il reclamo deve essere proposto nel termine perentorio di dieci giorni decorrente dalla pronuncia della ordinanza se avvenuta in udienza, o altrimenti decorrente dalla comunicazione dell'ordinanza medesima. Il reclamo è presentato con semplice dichiarazione nel verbale d'udienza, o con ricorso al giudice istruttore.

Se il reclamo è presentato in udienza, il giudice assegna nella stessa udienza, ove le parti lo richiedono, il termine per la comunicazione di una memoria, e quello successivo per la comunicazione di una replica. Se il reclamo è proposto con ricorso, questo è comunicato a mezzo della cancelleria alle altre parti, insieme con decreto, in calce, del giudice istruttore, che assegna un termine per la comunicazione dell'eventuale memoria di risposta. Scaduti tali termini, il collegio provvede entro i quindici giorni successivi.

Art. 179. Ordinanze di condanna a pene pecuniarie.

Se la legge non dispone altrimenti, le condanne a pene pecuniarie previste nel presente codice sono pronunciate con ordinanza del giudice istruttore. L'ordinanza pronunciata in udienza in presenza dell'interessato e previa contestazione dell'addebito non è impugnabile; altrimenti il cancelliere la notifica al condannato, il quale, nel termine perentorio di tre giorni, può proporre reclamo con ricorso allo stesso giudice che l'ha pronunciata. Questi, valutate le giustificazioni addotte, pronuncia sul reclamo con ordinanza non impugnabile.

Le ordinanze di condanna previste nel presente articolo costituiscono titolo esecutivo.

SEZIONE II - Della trattazione della causa
Art. 180. Forma di trattazione.

La trattazione della causa è orale. Della trattazione della causa si redige processo verbale.

Art. 181. Mancata comparizione delle parti.

Se nessuna delle parti compare alla prima udienza, il giudice fissa un'udienza successiva, di cui il cancelliere dà comunicazione alle parti costituite. Se nessuna delle parti compare alla nuova udienza, il giudice ordina che la causa sia cancellata dal ruolo e dichiara l'estinzione del processo. Se l'attore costituito non comparisce alla prima udienza, e il convenuto non chiede che si proceda in assenza di lui, il giudice fissa una nuova udienza, della quale il cancelliere dà comunicazione all'attore. Se questi non comparisce alla nuova udienza, il giudice, se il convenuto non chiede che si proceda in assenza di lui, ordina che la causa sia cancellata dal ruolo e dichiara l'estinzione del processo.

Art. 182. Difetto di rappresentanza o di autorizzazione.

Il giudice istruttore verifica d'ufficio la regolarità della costituzione delle parti e, quando occorre, le invita a completare o a mettere in regola gli atti e i documenti che riconosce difettosi.

Quando rileva la mancanza della procura al difensore oppure un difetto di rappresentanza, di assistenza o di autorizzazione che ne determina la nullità, il giudice assegna alle parti un termine perentorio per la costituzione della persona alla quale spetta la rappresentanza o l'assistenza, per il rilascio delle necessarie autorizzazioni, ovvero per il rilascio della procura alle liti o per la rinnovazione della stessa. L'osservanza del termine sana i vizi, e gli effetti sostanziali e processuali della domanda si producono fin dal momento della prima notificazione .

Art. 183. Prima comparizione delle parti e trattazione della causa.

All'udienza fissata per la prima comparizione e la trattazione le parti devono comparire personalmente. La mancata comparizione delle parti senza giustificato motivo costituisce comportamento valutabile ai sensi dell'articolo 116, secondo comma.

Salva l'applicazione dell'articolo 187, il giudice, se autorizza l'attore a chiamare in causa un terzo, fissa una nuova udienza a norma dell'articolo 269, terzo comma.

Il giudice interroga liberamente le parti, richiedendo, sulla base dei fatti allegati, i chiarimenti necessari e tenta la conciliazione a norma dell'articolo 185.

Se non provvede ai sensi del secondo comma il giudice provvede sulle richieste istruttorie e, tenuto conto della natura, dell'urgenza e della complessità della causa, predispone, con ordinanza, il calendario delle udienze successive sino a quella di rimessione della causa in decisione, indicando gli incombenti che verranno espletati in ciascuna di esse. L'udienza per l'assunzione dei mezzi di prova ammessi è fissata entro novanta giorni. Se l'ordinanza di cui al primo periodo è emanata fuori udienza, deve essere pronunciata entro trenta giorni.

Se con l'ordinanza di cui al quarto comma vengono disposti d'ufficio mezzi di prova, ciascuna parte può dedurre, entro un termine perentorio assegnato dal giudice con la medesima ordinanza, i mezzi di prova che si rendono necessari in relazione ai primi, nonché depositare memoria di replica nell'ulteriore termine perentorio parimenti assegnato dal giudice, che si riserva di provvedere a norma del quarto comma ultimo periodo.

Art. 183-bis. Passaggio dal rito ordinario al rito sommario di cognizione.

All'udienza di trattazione il giudice, valutata la complessità della lite e dell'istruzione probatoria e sentite le parti, se rileva che in relazione a tutte le domande proposte ricorrono i presupposti di cui al primo comma dell'articolo 281-decies, dispone con ordinanza non impugnabile la prosecuzione del processo nelle forme del rito semplificato e si applica il comma quinto dell'articolo 281-duodecies.

Art. 183-ter. Ordinanza di accoglimento della domanda.

Nelle controversie di competenza del tribunale aventi ad oggetto diritti disponibili il giudice, su istanza di parte, nel corso del giudizio di primo grado può pronunciare ordinanza di accoglimento della domanda quando i fatti costitutivi sono provati e le difese della controparte appaiono manifestamente infondate. In caso di pluralità di domande l'ordinanza può essere pronunciata solo se tali presupposti ricorrono per tutte.

L'ordinanza di accoglimento è provvisoriamente esecutiva, è reclamabile ai sensi dell'articolo 669-terdecies e non acquista efficacia di giudicato ai sensi dell'articolo 2909 del codice civile, né la sua autorità può essere invocata in altri processi. Con la stessa ordinanza il giudice liquida le spese di lite. L'ordinanza di cui al secondo comma, se non è reclamata o se il reclamo è respinto, definisce il giudizio e non è ulteriormente impugnabile.

In caso di accoglimento del reclamo, il giudizio prosegue innanzi a un magistrato diverso da quello che ha emesso l'ordinanza reclamata.

Art. 183-quater. Ordinanza di rigetto della domanda

Nelle controversie di competenza del tribunale che hanno ad oggetto diritti disponibili, il giudice, su istanza di parte, nel corso del giudizio di primo grado, all'esito dell'udienza di cui all'articolo 183, può pronunciare ordinanza di rigetto della domanda quando questa è manifestamente infondata, ovvero se è omesso o risulta assolutamente incerto il requisito di cui all'articolo 163, terzo comma, n. 3), e la nullità non è stata sanata o se, emesso l'ordine di rinnovazione della citazione o di integrazione della domanda, persiste la mancanza dell'esposizione dei fatti di cui al numero 4), terzo comma del predetto articolo 163. In caso di pluralità di domande l'ordinanza può essere pronunciata solo se tali presupposti ricorrano per tutte.

L'ordinanza che accoglie l'istanza di cui al primo comma è reclamabile ai sensi dell'articolo 669-terdecies e non acquista efficacia di giudicato ai sensi dell'articolo 2909 del codice civile, né la sua autorità può essere invocata in altri processi. Con la stessa ordinanza il giudice liquida le spese di lite.

L'ordinanza di cui al secondo comma, se non è reclamata o se il reclamo è respinto, definisce il giudizio e non è ulteriormente impugnabile.

In caso di accoglimento del reclamo, il giudizio prosegue davanti a un magistrato diverso da quello che ha emesso l'ordinanza reclamata.

Art. 184. Udienza di assunzione dei mezzi di prova.
Art. 184-bis. Rimessione in termini.

Art. 185. Tentativo di conciliazione.

Il giudice istruttore, in caso di richiesta congiunta delle parti, fissa la comparizione delle medesime al fine di interrogarle liberamente e di provocarne la conciliazione. Il giudice istruttore ha altresì facoltà di fissare la predetta udienza di comparizione personale a norma dell'articolo 117. Quando è disposta la comparizione personale, le parti hanno facoltà di farsi rappresentare da un procuratore generale o speciale il quale deve essere a conoscenza dei fatti della causa. La procura deve essere conferita con atto pubblico o scrittura privata autenticata e deve attribuire al procuratore il potere di conciliare o transigere la controversia. Se la procura è conferita con scrittura privata, questa può essere autenticata anche dal difensore della parte. La mancata conoscenza, senza giustificato motivo, dei fatti della causa da parte del procuratore è valutata ai sensi del secondo comma dell'articolo 116.

Il tentativo di conciliazione può essere rinnovato in qualunque momento dell'istruzione, nel rispetto del calendario del processo .

Quando le parti si sono conciliate, si forma processo verbale della convenzione conclusa. Il processo verbale costituisce titolo esecutivo.

Art. 185-bis. Proposta di conciliazione del giudice

Il giudice, fino al momento in cui fissa l'udienza di rimessione della causa in decisione, formula alle parti ove possibile, avuto riguardo alla natura del giudizio, al valore della controversia e all'esistenza di questioni di facile e pronta soluzione di diritto, una proposta transattiva o conciliativa. La proposta di conciliazione non può costituire motivo di ricusazione o astensione del giudice .

Art. 186. Pronuncia dei provvedimenti.

Sulle domande e sulle eccezioni delle parti, il giudice istruttore, sentite le loro ragioni, dà in udienza i provvedimenti opportuni; ma può anche riservarsi di pronunciarli entro i cinque giorni successivi.

Art. 186-bis. Ordinanza per il pagamento di somme non contestate.

Su istanza di parte il giudice istruttore può disporre, fino al momento della precisazione delle conclusioni, il pagamento delle somme non contestate dalle parti costituite. Se l'istanza è proposta fuori dall'udienza il giudice dispone la comparizione delle parti ed assegna il termine per la notificazione.

L'ordinanza costituisce titolo esecutivo e conserva la sua efficacia in caso di estinzione del processo.

L'ordinanza è soggetta alla disciplina delle ordinanze revocabili di cui agli articoli 177, primo e secondo comma, e 178, primo comma.

Art. 186-ter. Istanza di ingiunzione.

Fino al momento della precisazione delle conclusioni, quando ricorrano i presupposti di cui all'art. 633, primo comma, n. 1), e secondo comma, e di cui all'art. 634, la parte può chiedere al giudice istruttore, in ogni stato del processo, di pronunciare con ordinanza ingiunzione di pagamento o di consegna. Se l'istanza è proposta fuori dall'udienza il giudice dispone la comparizione delle parti ed assegna il termine per la notificazione. L'ordinanza deve contenere i provvedimenti previsti dall'art. 641, ultimo comma, ed è dichiarata provvisoriamente esecutiva ove ricorrano i presupposti di cui all'art. 642, nonché, ove la controparte non sia rimasta contumace, quelli di cui all'art. 648, primo comma. La provvisoria esecutorietà non può essere mai disposta ove la controparte abbia disconosciuto la scrittura privata prodotta contro di lei o abbia proposto querela di falso contro l'atto pubblico.

L'ordinanza è soggetta alla disciplina delle ordinanze revocabili di cui agli articoli 177 e 178, primo comma.

Se il processo si estingue l'ordinanza che non ne sia già munita acquista efficacia esecutiva ai sensi dell'art. 653, primo comma.

Se la parte contro cui è pronunciata l'ingiunzione è contumace, l'ordinanza deve essere notificata ai sensi e per gli effetti dell'art. 644. In tal caso l'ordinanza deve altresì contenere l'espresso avvertimento che, ove la parte non si costituisca entro il termine di venti giorni dalla notifica, diverrà esecutiva ai sensi dell'art. 647.

L'ordinanza dichiarata esecutiva costituisce titolo per l'iscrizione dell'ipoteca giudiziale.

Art. 186-quater. Ordinanza successiva alla chiusura dell'istruzione.

Esaurita l'istruzione, il giudice istruttore, su istanza della parte che ha proposto domanda di condanna al pagamento di somme ovvero alla consegna, o al rilascio di beni, può disporre con ordinanza il pagamento, ovvero la consegna o il rilascio, nei limiti per cui ritiene già raggiunta la prova. Con l'ordinanza il giudice provvede sulle spese processuali.

L'ordinanza è titolo esecutivo. Essa è revocabile con la sentenza che definisce il giudizio.

Se, dopo la pronuncia dell'ordinanza, il processo si estingue, l'ordinanza acquista l'efficacia della sentenza impugnabile sull'oggetto dell'istanza. L'ordinanza acquista l'efficacia della sentenza impugnabile sull'oggetto dell'istanza se la parte intimata non manifesta entro trenta giorni dalla sua pronuncia in udienza o dalla comunicazione, con ricorso notificato all'altra parte e depositato in cancelleria, la volontà che sia pronunciata la sentenza.

Art. 187. Provvedimenti del giudice istruttore.

Il giudice istruttore, se ritiene che la causa sia matura per la decisione di merito senza bisogno di assunzione di mezzi di prova, rimette le parti davanti al collegio.

Può rimettere le parti al collegio affinché sia decisa separatamente una questione di merito avente carattere preliminare, solo quando la decisione di essa può definire il giudizio.

Il giudice provvede analogamente se sorgono questioni attinenti alla giurisdizione o alla competenza o ad altre pregiudiziali, ma può anche disporre che siano decise unitamente al merito.

Qualora il collegio provveda a norma dell'art. 279, secondo comma, n. 4), i termini di cui all'art. 183, quarto comma, non concessi prima della rimessione al collegio sono assegnati dal giudice istruttore, su istanza di parte, nella prima udienza dinnanzi a lui .

Il giudice dà ogni altra disposizione relativa al processo .

Art. 188. Attività istruttoria del giudice

Il giudice istruttore, nel rispetto del calendario del processo, provvede all'assunzione dei mezzi di prova e, esaurita l'istruzione, rimette le parti al collegio per la decisione a norma dell'articolo 189 o dell'articolo 275-bis.

Art. 189. Rimessione al collegio.

Il giudice istruttore, quando procede a norma dei primi tre commi dell'articolo 187 o dell'articolo 188, fissa davanti a sé l'udienza per la rimessione della causa al collegio per la decisione e assegna alle parti, salvo che queste vi rinuncino, i seguenti termini perentori:

1) un termine non superiore a sessanta giorni prima dell'udienza per il deposito di note scritte contenenti la sola precisazione delle conclusioni che le parti intendono sottoporre al collegio, nei limiti di quelle formulate negli atti introduttivi o a norma dell'articolo 171-ter. Le conclusioni di merito debbono essere interamente formulate anche nei casi previsti dell'articolo 187, secondo e terzo comma.

2) un termine non superiore a trenta giorni prima dell'udienza per il deposito delle comparse conclusionali;

3) un termine non superiore a quindici giorni prima dell'udienza per il deposito delle memorie di replica.

La rimessione investe il collegio di tutta la causa, anche quando avviene a norma dell'articolo 187, secondo e terzo comma.

All'udienza fissata ai sensi del primo comma la causa è rimessa al collegio per la decisione.

Art. 190. Comparse conclusionali e memorie.
Art. 190-bis. Decisione del giudice istruttore in funzione di giudice unico.

SEZIONE III – Dell'istruzione probatoria
§ 1 – Della nomina e delle indagini del consulente tecnico
Art. 191. Nomina del consulente tecnico.

Nei casi previsti dagli articoli 61 e seguenti il giudice istruttore, con ordinanza ai sensi dell'articolo 183, quarto comma, o con altra successiva ordinanza, nomina un consulente, formula i quesiti e fissa l'udienza nella quale il consulente deve comparire .

Possono essere nominati più consulenti soltanto in caso di grave necessità o quando la legge espressamente lo dispone.

Art. 192. Astensione e ricusazione del consulente.

L'ordinanza è notificata al consulente tecnico a cura del cancelliere, con invito a comparire all'udienza fissata dal giudice.

Il consulente che non ritiene di accettare l'incarico o quello che, obbligato a prestare il suo ufficio, intende astenersi, deve farne denuncia o istanza al giudice che l'ha nominato almeno tre giorni prima dell'udienza di comparizione; nello stesso termine le parti debbono proporre le loro istanze di ricusazione, depositando nella cancelleria ricorso al giudice istruttore.   Questi provvede con ordinanza non impugnabile.

Art. 193. Giuramento del consulente.

Alla udienza di comparizione il giudice istruttore ricorda al consulente l'importanza delle funzioni che è chiamato ad adempiere, e ne riceve il giuramento di bene e fedelmente adempiere le funzioni affidategli al solo scopo di fare conoscere ai giudici la verità.

In luogo della fissazione dell'udienza di comparizione per il giuramento del consulente tecnico d'ufficio il giudice può assegnare un termine per il deposito di una dichiarazione sottoscritta dal consulente con firma digitale, recante il giuramento previsto dal primo comma. Con il medesimo provvedimento il giudice fissa i termini previsti dall'articolo 195, terzo comma .

Art. 194. Attività del consulente.

Il consulente tecnico assiste alle udienze alle quali è invitato dal giudice istruttore; compie, anche fuori della circoscrizione giudiziaria, le indagini di cui all'articolo 62, da sé solo o insieme col giudice secondo che questi dispone. Può essere autorizzato a domandare chiarimenti alle parti, ad assumere informazioni da terzi e a eseguire piante, calchi e rilievi.

Anche quando il giudice dispone che il consulente compia indagini da sé solo, le parti possono intervenire alle operazioni in persona e a mezzo dei propri consulenti tecnici e dei difensori, e possono presentare al consulente, per iscritto o a voce, osservazioni e istanze.

Art. 195. Processo verbale e relazione.

Delle indagini del consulente si forma processo verbale, quando sono compiute con l'intervento del giudice istruttore, ma questi può anche disporre che il consulente rediga relazione scritta.

Se le indagini sono compiute senza l'intervento del giudice, il consulente deve farne relazione, nella quale inserisce anche le osservazioni e le istanze delle parti.

La relazione deve essere trasmessa dal consulente alle parti costituite nel termine stabilito dal giudice con ordinanza resa all'udienza di cui all'articolo 193. Con la medesima ordinanza il giudice fissa il termine entro il quale le parti devono trasmettere al consulente le proprie osservazioni sulla relazione e il termine, anteriore alla successiva udienza, entro il quale il consulente deve depositare in cancelleria la relazione, le osservazioni delle parti e una sintetica valutazione sulle stesse.

Art. 196. Rinnovazione delle indagini e sostituzione del consulente.
Il giudice ha sempre la facoltà di disporre la rinnovazione delle indagini e, per gravi motivi, la sostituzione del consulente tecnico.

Art. 197. Assistenza all'udienza e audizione in camera di consiglio.

Quando lo ritiene opportuno il presidente invita il consulente tecnico ad assistere alla discussione davanti al collegio e ad esprimere il suo parere in camera di consiglio in presenza delle parti, le quali possono chiarire e svolgere le loro ragioni per mezzo dei difensori.

Art. 198. Esame contabile.

Quando è necessario esaminare documenti contabili e registri, il giudice istruttore può darne incarico al consulente tecnico, affidandogli il compito di tentare la conciliazione delle parti.

Il consulente sente le parti e, previo consenso di tutte, può esaminare anche documenti e registri non prodotti in causa. Di essi tuttavia senza il consenso di tutte le parti non può fare menzione nei processi verbali o nella relazione di cui all'articolo 195.

Art. 199. Processo verbale di conciliazione.

Se le parti si conciliano, si redige processo verbale della conciliazione, che è sottoscritto dalle parti e dal consulente tecnico e inserito nel fascicolo d'ufficio.

Il giudice istruttore attribuisce con decreto efficacia di titolo esecutivo al processo verbale.

Art. 200. Mancata conciliazione.

Se la conciliazione delle parti non riesce, il consulente espone i risultati delle indagini compiute e il suo parere in una relazione, che deposita in cancelleria nel termine fissato dal giudice istruttore.

Le dichiarazioni delle parti, riportate dal consulente nella relazione, possono essere valutate dal giudice a norma dell'articolo 116 secondo comma.

Art. 201. Consulente tecnico di parte.

Il giudice istruttore, con l'ordinanza di nomina del consulente, assegna alle parti un termine entro il quale possono nominare, con dichiarazione ricevuta dal cancelliere, un loro consulente tecnico.

Il consulente della parte, oltre ad assistere a norma dell'articolo 194 alle operazioni del consulente del giudice, partecipa all'udienza e alla camera di consiglio ogni volta che vi interviene il consulente del giudice, per chiarire e svolgere, con l'autorizzazione del presidente, le sue osservazioni sui risultati delle indagini tecniche.

§ 2 – Dell'assunzione dei mezzi di prova in generale
202. Tempo, luogo e modo dell'assunzione.

Quando dispone mezzi di prova, il giudice istruttore, se non può assumerli nella stessa udienza, stabilisce il tempo, il luogo e il modo dell'assunzione. Se questa non si esaurisce nell'udienza fissata, il giudice ne differisce la prosecuzione ad un giorno prossimo.

Art. 203. Assunzione fuori della circoscrizione del tribunale.
Se i mezzi di prova debbono assumersi fuori della circoscrizione del tribunale, il giudice istruttore delega a procedervi il giudice istruttore del luogo, salvo che le parti richiedano concordemente e il presidente del tribunale consente che vi si trasferisca il giudice stesso.

Nell'ordinanza di delega, il giudice delegante fissa il termine entro il quale la prova deve assumersi e l'udienza di comparizione delle parti per la prosecuzione del giudizio.

Il giudice delegato, su istanza della parte interessata, procede all'assunzione del mezzo di prova e d'ufficio ne rimette il processo verbale al giudice delegante prima dell'udienza fissata per la prosecuzione del giudizio, anche se l'assunzione non è esaurita.

Le parti possono rivolgere al giudice delegante, direttamente o a mezzo del giudice delegato, istanza per la proroga del termine.

Art. 204. Rogatorie alle autorità estere e ai consoli italiani.
Le rogatorie dei giudici italiani alle autorità estere per l'esecuzione di provvedimenti istruttori sono trasmesse per via diplomatica.

Quando la rogatoria riguarda cittadini italiani residenti all'estero, il giudice istruttore delega il console competente, che provvede a norma della legge consolare. Per l'assunzione dei mezzi di prova e la prosecuzione del giudizio il giudice pronuncia i provvedimenti previsti negli ultimi tre commi dell'articolo precedente.

Art. 205. Risoluzione degli incidenti relativi alla prova.

Il giudice che procede all'assunzione dei mezzi di prova, anche se delegato a norma dell'articolo 203, pronuncia con ordinanza su tutte le questioni che sorgono nel corso della stessa.

Art. 206. Assistenza delle parti all'assunzione.

Le parti possono assistere personalmente all'assunzione dei mezzi di prova.

Art. 207. Processo verbale dell'assunzione.

Dell'assunzione dei mezzi di prova si redige processo verbale sotto la direzione del giudice.

Le dichiarazioni delle parti e dei testimoni sono riportate in prima persona e sono lette al dichiarante.

Il giudice, quando lo ritiene opportuno, nel riportare le dichiarazioni descrive il contegno della parte e del testimone.

Art. 208. Decadenza dall'assunzione.

Se non si presenta la parte su istanza della quale deve iniziarsi o proseguirsi la prova, il giudice istruttore la dichiara decaduta dal diritto di farla assumere, salvo che l'altra parte presente non ne chieda l'assunzione. La parte interessata può chiedere nell'udienza successiva al giudice la revoca dell'ordinanza che ha pronunciato la sua decadenza dal diritto di assumere la prova. Il giudice dispone la revoca con ordinanza, quando riconosce che la mancata comparizione è stata cagionata da causa non imputabile alla stessa parte.

Art. 209. Chiusura dell'assunzione.

Il giudice istruttore dichiara chiusa l'assunzione quando sono eseguiti i mezzi ammessi o quando, dichiarata la decadenza di cui all'articolo precedente, non vi sono altri mezzi da assumere, oppure quando egli ravvisa superflua, per i risultati già raggiunti, la ulteriore assunzione.

§ 3 - Dell'esibizione delle prove

Art. 210. Ordine di esibizione alla parte o al terzo.

Negli stessi limiti entro i quali può essere ordinata a norma dell'articolo 118 l'ispezione di cose in possesso di una parte o di un terzo, il giudice istruttore, su istanza di parte può ordinare all'altra parte o a un terzo di esibire in giudizio un documento o altra cosa di cui ritenga necessaria l'acquisizione al processo.

Nell'ordinare l'esibizione, il giudice dà i provvedimenti opportuni circa il tempo, il luogo e il modo dell'esibizione. Se l'esibizione importa una spesa, questa deve essere in ogni caso anticipata dalla parte che ha proposta l'istanza di esibizione.

Se la parte non adempie senza giustificato motivo all'ordine di esibizione, il giudice la condanna a una pena pecuniaria da euro 500 a euro 3.000 e può da questo comportamento desumere argomenti di prova a norma dell'articolo 116, secondo comma .

Se non adempie il terzo, il giudice lo condanna a una pena pecuniaria da euro 250 a euro 1.500 .

Art. 211. Tutela dei diritti del terzo.

Quando l'esibizione è ordinata ad un terzo, il giudice istruttore deve cercare di conciliare nel miglior modo possibile l'interesse della giustizia col riguardo dovuto ai diritti del terzo, e prima di ordinare l'esibizione può disporre che il terzo sia citato in giudizio, assegnando alla parte istante un termine per provvedervi.

Il terzo può sempre fare opposizione contro l'ordinanza di esibizione, intervenendo nel giudizio prima della scadenza del termine assegnatogli.

Art. 212. Esibizione di copia del documento e dei libri di commercio.

Il giudice istruttore può disporre che, in sostituzione dell'originale, si esibisca una copia anche fotografica o un estratto autentico del documento.

Nell'ordinare l'esibizione di libri di commercio o di registri al fine di estrarne determinate partite, il giudice, su istanza dell'interessato, può disporre che siano prodotti estratti, per la formazione dei quali nomina un notaio e, quando occorre, un esperto affinché lo assista.

Art. 213. Richiesta d'informazioni alla pubblica amministrazione.

Fuori dei casi previsti negli articoli 210 e 211, il giudice può richiedere d'ufficio alla pubblica amministrazione le informazioni scritte relative ad atti e documenti dell'amministrazione stessa, che è necessario acquisire al processo.

L'amministrazione entro sessanta giorni dalla comunicazione del provvedimento di cui al primo comma trasmette le informazioni richieste o comunica le ragioni del diniego .

§ 4 – Del riconoscimento e della verificazione della scrittura privata

Art. 214. Disconoscimento della scrittura privata.

Colui contro il quale è prodotta una scrittura privata, se intende disconoscerla, è tenuto a negare formalmente la propria scrittura o la propria sottoscrizione.

Gli eredi o aventi causa possono limitarsi a dichiarare di non conoscere la scrittura o la sottoscrizione del loro autore.

Art. 215. Riconoscimento tacito della scrittura privata.

La scrittura privata prodotta in giudizio si ha per riconosciuta: 1) se la parte, alla quale la scrittura è attribuita o contro la quale è prodotta, è contumace, salva la disposizione dell'articolo 293 terzo comma; 2) se la parte comparsa non la disconosce o non dichiara di non conoscerla nella prima udienza o nella prima risposta successiva alla produzione. Quando nei casi ammessi dalla legge la scrittura è prodotta in copia autentica, il giudice istruttore può concedere un termine per deliberare alla parte che ne fa istanza nei modi di cui al numero 2.

Art. 216. Istanza di verificazione.

La parte che intende valersi della scrittura disconosciuta deve chiederne la verificazione, proponendo i mezzi di prova che ritiene utili e producendo o indicando le scritture che possono servire di comparazione. L'istanza per la verificazione può anche proporsi in via principale con citazione, quando la parte dimostra di avervi interesse; ma se il convenuto riconosce la scrittura, le spese sono poste a carico dell'attore.

Art.217. Custodia della scrittura e provvedimenti istruttori.

Quando è chiesta la verificazione, il giudice istruttore dispone le cautele opportune per la custodia del documento, stabilisce il termine per il deposito in cancelleria delle scritture di comparazione, nomina, quando occorre, un consulente tecnico e provvede all'ammissione delle altre prove. Nel determinare le scritture che debbono servire di comparazione, il giudice ammette, in mancanza di accordo delle parti, quella la cui provenienza dalla persona che si afferma autrice della scrittura è riconosciuta oppure accertata per sentenza di giudice o per atto pubblico.

Art. 218. Scritture di comparazione presso depositari.

Se le scritture di comparazione si trovano presso depositari pubblici o privati e l'asportazione non ne è vietata, il giudice istruttore può disporne il deposito in cancelleria in un termine da lui fissato.

Se la comparazione deve eseguirsi nel luogo dove si trovano le scritture, il giudice dà le disposizioni necessarie per le operazioni, che debbono compiersi in presenza del depositario.

Art. 219. Redazione di scritture di comparazione.

Il giudice istruttore può ordinare alla parte di scrivere sotto dettatura, anche alla presenza del consulente tecnico.

Se la parte invitata a comparire personalmente non si presenta o rifiuta di scrivere senza giustificato motivo, la scrittura si può ritenere riconosciuta.

Art. 220. Pronuncia del collegio.

Sull'istanza di verificazione pronuncia sempre il collegio.

Il collegio, nella sentenza che dichiara la scrittura o la sottoscrizione di mano della parte che l'ha negata, può condannare quest'ultima a una pena pecuniaria non inferiore a € 2 e non superiore a € 20.

§ 5 - Della querela di falso

Art. 221. Modo di proposizione e contenuto della querela.

La querela di falso può proporsi tanto in via principale quanto in corso di causa in qualunque stato e grado di giudizio, finché la verità del documento non sia stata accertata con sentenza passata in giudicato.

La querela deve contenere, a pena di nullità, l'indicazione degli elementi e delle prove della falsità e deve essere proposta personalmente dalla parte oppure a mezzo di procuratore speciale, con atto di citazione o con dichiarazione da unirsi al verbale d'udienza.

È obbligatorio l'intervento nel processo del pubblico ministero.

Art. 222. Interpello della parte che ha prodotto la scrittura.

Quando è proposta querela di falso in corso di causa, il giudice istruttore interpella la parte che ha prodotto il documento se intende valersene in giudizio. Se la risposta è negativa, il documento non è utilizzabile in causa; se è affermativa, il giudice, che ritiene il documento rilevante, autorizza la presentazione della querela nella stessa udienza o in una successiva; ammette i mezzi istruttori che ritiene idonei, e dispone i modi e i termini della loro assunzione.

Art. 223. Processo verbale di deposito del documento.

Nell'udienza in cui è presentata la querela, si forma processo verbale di deposito nelle mani del cancelliere del documento impugnato. Il processo verbale è redatto in presenza del pubblico ministero e delle parti, e deve contenere la descrizione dello stato in cui il documento si trova, con indicazione delle cancellature, abrasioni, aggiunte, scritture interlineari e di ogni altra particolarità che vi si riscontra.

Il giudice istruttore, il pubblico ministero e il cancelliere appongono la firma sul documento. Il giudice può anche ordinare che di esso sia fatta copia fotografica.

Art. 224. Sequestro del documento.

Se il documento impugnato di falso si trova presso un depositario, il giudice istruttore può ordinarne il sequestro con le forme previste nel codice di procedura penale, dopo di che si redige il processo verbale di cui all'articolo precedente.

Se non è possibile il deposito del documento in cancelleria, il giudice dispone le necessarie cautele per la conservazione di esso e redige il processo verbale alla presenza del depositario, nel luogo dove il documento si trova.

225. Decisione sulla querela.

Sulla querela di falso pronuncia sempre il collegio.

Il giudice istruttore può rimettere le parti al collegio per la decisione sulla querela indipendentemente dal merito. In tal caso, su istanza di parte, può disporre che la trattazione della causa continui davanti a sé relativamente a quelle domande che possono essere decise indipendentemente dal documento impugnato.

Art. 226. Contenuto della sentenza.

Il tribunale, con la sentenza che rigetta la querela di falso, ordina la restituzione del documento e dispone che, a cura del cancelliere, sia fatta menzione della sentenza sull'originale o sulla copia che ne tiene luogo; condanna inoltre la parte querelante a una pena pecuniaria non inferiore a euro 2 e non superiore a euro 20 .

Con la sentenza che accerta la falsità il tribunale, anche d'ufficio, dà le disposizioni di cui all'articolo 537 del codice di procedura penale .

Art. 227. Esecuzione della sentenza che ha pronunciato sulla querela.
L'esecuzione delle sentenze previste nell'articolo precedente non può aver luogo prima che siano passate in giudicato.

Se non è richiesta dalle parti, l'esecuzione è promossa dal pubblico ministero a spese del soccombente con l'osservanza, in quanto applicabili, delle norme dell'articolo 481 del codice di procedura penale.

§ 6 – Della confessione giudiziale e dell'interrogatorio formale
Art. 228. Confessione giudiziale.

La confessione giudiziale è spontanea o provocata mediante interrogatorio formale.

Art. 229. Confessione spontanea.

La confessione spontanea può essere contenuta in qualsiasi atto processuale firmato dalla parte personalmente, salvo il caso dell'articolo 117.

Art. 230. Modo dell'interrogatorio.

L'interrogatorio deve essere dedotto per articoli separati e specifici. Il giudice istruttore procede all'assunzione dell'interrogatorio nei modi e termini stabiliti nell'ordinanza che lo ammette.

Non possono farsi domande su fatti diversi da quelli formulati nei capitoli, a eccezione delle domande su cui le parti concordano e che il giudice ritiene utili; ma il giudice può sempre chiedere i chiarimenti opportuni sulle risposte date.

Art. 231. Risposta.

La parte interrogata deve rispondere personalmente. Essa non può servirsi di scritti preparati, ma il giudice istruttore può consentirle di valersi di note o appunti, quando deve fare riferimento a nomi o a cifre, o quando particolari circostanze lo consigliano.

232. Mancata risposta.

Se la parte non si presenta o rifiuta di rispondere senza giustificato motivo, il collegio, valutato ogni altro elemento di prova, può ritenere come ammessi i fatti dedotti nell'interrogatorio.

Il giudice istruttore, che riconosce giustificata la mancata presentazione della parte per rispondere all'interrogatorio, dispone per l'assunzione di esso anche fuori della sede giudiziaria.

§ 7 – Del giuramento
Art. 233. Deferimento del giuramento decisorio.

Il giuramento decisorio può essere deferito in qualunque stato della causa davanti al giudice istruttore, con dichiarazione fatta all'udienza dalla parte o dal procuratore munito di mandato speciale o con atto sottoscritto dalla parte.

Esso deve essere formulato in articoli separati, in modo chiaro e specifico.

Art. 234. Riferimento.

Finché non abbia dichiarato di essere pronta a giurare, la parte, alla quale il giuramento decisorio è stato deferito, può riferirlo all'avversario nei limiti fissati dal codice civile.

Art. 235. Irrevocabilità.

La parte, che ha deferito o riferito il giuramento decisorio, non può più revocarlo quando l'avversario ha dichiarato di essere pronto a prestarlo.

Art. 236. Caso di revocabilità.

Se nell'ammettere il giuramento decisorio il giudice modifica la formula proposta dalla parte, questa può revocarlo.

Art. 237. Risoluzione delle contestazioni.

Le contestazioni sorte tra le parti circa l'ammissione del giuramento decisorio sono decise dal collegio.

L'ordinanza del collegio che ammette il giuramento deve essere notificata personalmente alla parte.

Art. 238. Prestazione.

Il giuramento decisorio è prestato personalmente dalla parte ed è ricevuto dal giudice istruttore. Questi ammonisce il giurante sull'importanza religiosa e morale dell'atto e sulle conseguenze penali delle dichiarazioni false, e quindi lo invita a giurare.

Il giurante, in piedi, pronuncia a chiara voce le parole: "consapevole della responsabilità che col giuramento assumo davanti a Dio e agli uomini , giuro...", e continua ripetendo le parole della formula su cui giura.

Art. 239. Mancata prestazione.

La parte alla quale il giuramento decisorio è deferito, se non si presenta senza giustificato motivo all'udienza all'uopo fissata, o, comparendo, rifiuta di prestarlo o non lo riferisce all'avversario, soccombe rispetto alla domanda o al punto di fatto relativamente al quale il giuramento è stato ammesso; e del pari soccombe la parte avversaria, se rifiuta di prestare il giuramento che le è riferito.

Il giudice istruttore, se ritiene giustificata la mancata comparizione della parte che deve prestare il giuramento, provvede a norma dell'articolo 232 secondo comma.

Art. 240. Deferimento del giuramento suppletorio.

Nelle cause riservate alla decisione collegiale, il giuramento suppletorio può essere deferito esclusivamente dal collegio.

Art. 241. Ammissibilità e contenuto del giuramento d'estimazione. Il giuramento sul valore della cosa domandata può essere deferito dal collegio a una delle parti, soltanto se non è possibile accertare altrimenti il valore della cosa stessa. In questo caso il collegio deve anche determinare la somma fino a concorrenza della quale il giuramento avrà efficacia.

Art. 242. Divieto di riferire il giuramento suppletorio.

Il giuramento deferito d'ufficio a una delle parti non può da questa essere riferito all'altra.

Art. 243. Rinvio alle norme sul giuramento decisorio.

Per la prestazione del giuramento deferito d'ufficio si applicano le disposizioni relative al giuramento decisorio.

244. Modo di deduzione.

La prova per testimoni deve essere dedotta mediante indicazione specifica delle persone da interrogare e dei fatti, formulati in articoli separati, sui quali ciascuna di esse deve essere interrogata.

Art. 245. Ordinanza di ammissione.

Con l'ordinanza che ammette la prova il giudice istruttore riduce le liste dei testimoni sovrabbondanti ed elimina i testimoni che non possono essere sentiti per legge.

La rinuncia fatta da una parte all'audizione dei testimoni da essa indicati non ha effetto se le altre non vi aderiscono e se il giudice non vi consente.

Art. 246. Incapacità a testimoniare.

Non possono essere assunte come testimoni le persone aventi nella causa un interesse che potrebbe legittimare la loro partecipazione al giudizio.

Art. 247. Divieto di testimoniare.

Non possono deporre il coniuge ancorché separato, i parenti, o affini in linea retta e coloro che sono legati a una delle parti da vincoli di affiliazione, salvo che la causa verta su questioni di stato, di separazione personale o relative a rapporti di famiglia.

Art. 248. Audizione dei minori degli anni quattordici.

I minori degli anni quattordici possono essere sentiti solo quando la loro audizione è resa necessaria da particolari circostanze. Essi non prestano giuramento.

Art. 249. Facoltà d'astensione.

Si applicano all'audizione dei testimoni le disposizioni degli articoli 200, 201 e 202 del codice di procedura penale relative alla facoltà d'astensione dei testimoni.

Art. 250. Intimazione ai testimoni.

L'ufficiale giudiziario, su richiesta della parte interessata, intima ai testimoni ammessi dal giudice istruttore di comparire nel luogo, nel giorno e nell'ora fissati, indicando il giudice che assume la prova e la causa nella quale debbono essere sentiti.

L'intimazione di cui al primo comma, se non è eseguita in mani proprie del destinatario o mediante servizio postale, è effettuata in busta chiusa e sigillata.

L'intimazione al testimone ammesso su richiesta delle parti private a comparire in udienza può essere effettuata dal difensore attraverso l'invio di copia dell'atto mediante lettera raccomandata con avviso di ricevimento o a mezzo posta elettronica certificata o a mezzo telefax.

Il difensore che ha spedito l'atto da notificare con lettera raccomandata deposita nella cancelleria del giudice copia dell'atto inviato, attestandone la conformità all'originale, e l'avviso di ricevimento.

Art. 251. Giuramento dei testimoni.

I testimoni sono esaminati separatamente.

Il giudice istruttore ammonisce il testimone sulla importanza religiosa e morale del giuramento e sulle conseguenze penali delle dichiarazioni false o reticenti, e legge la formula: "consapevole della responsabilità che con il giuramento assumete davanti a Dio, se credente, e agli uomini, giurate di dire la verità, null'altro che la verità". Quindi il testimone, in piedi, presta il giuramento pronunciando le parole: "Lo giuro".

Art. 252. Identificazione dei testimoni.

Il giudice istruttore richiede al testimone il nome, il cognome, la paternità, l'età e la professione, e lo invita a dichiarare se ha rapporti di parentela, affinità, affiliazione o dipendenza con alcuna delle parti, oppure interesse nella causa.

Le parti possono fare osservazioni sull'attendibilità del testimone, e questi deve fornire in proposito i chiarimenti necessari. Delle osservazioni e dei chiarimenti si fa menzione nel processo verbale prima dell'audizione del testimone.

Art. 253. Interrogazioni e risposte.

Il giudice istruttore interroga il testimone sui fatti intorno ai quali è chiamato a deporre. Può altresì rivolgergli, d'ufficio o su istanza di parte, tutte le domande che ritiene utili a chiarire i fatti medesimi.

È vietato alle parti e al pubblico ministero di interrogare direttamente i testimoni.

Alle risposte dei testimoni si applica la disposizione dell'articolo 231.

Art. 254. Confronto dei testimoni.

Se vi sono divergenze tra le deposizioni di due o più testimoni, il giudice istruttore, su istanza di parte o d'ufficio, può disporre che essi siano messi a confronto.

Art. 255. Mancata comparizione dei testimoni.

Se il testimone regolarmente intimato non si presenta, il giudice istruttore può ordinare una nuova intimazione oppure disporre l'accompagnamento all'udienza stessa o ad altra successiva. Con la medesima ordinanza il giudice, in caso di mancata comparizione senza giustificato motivo, può condannarlo ad una pena pecuniaria non inferiore a 100 euro e non superiore a 1.000 euro. In caso di ulteriore mancata comparizione senza giustificato motivo, il giudice dispone l'accompagnamento del testimone all'udienza stessa o ad altra successiva e lo condanna a una pena pecuniaria non inferiore a 200 euro e non superiore a 1.000 euro.

Se il testimone si trova nell'impossibilità di presentarsi o ne è esentato dalla legge o dalle convenzioni internazionali, il giudice si reca nella sua abitazione o nel suo ufficio; e, se questi sono situati fuori della circoscrizione del tribunale, delega all'esame il giudice istruttore del luogo.

256. Rifiuto di deporre e falsità della testimonianza.

Se il testimone, presentandosi, rifiuta di giurare o di deporre senza giustificato motivo, o se vi è fondato sospetto che egli non abbia detto la verità o sia stato reticente, il giudice istruttore lo denuncia al pubblico ministero, al quale trasmette copia del processo verbale.

Art. 257. Assunzione di nuovi testimoni e rinnovazione dell'esame.

Se alcuno dei testimoni si riferisce, per la conoscenza dei fatti, ad altre persone, il giudice istruttore può disporre d'ufficio che esse siano chiamate a deporre.

Il giudice può anche disporre che siano sentiti i testimoni dei quali ha ritenuto l'audizione superflua a norma dell'articolo 245 o dei quali ha consentito la rinuncia; e del pari può disporre che siano nuovamente esaminati i testimoni già interrogati, al fine di chiarire la loro deposizione o di correggere irregolarità avveratesi nel precedente esame.

Art. 257-bis. Testimonianza scritta.

Il giudice, su accordo delle parti, tenuto conto della natura della causa e di ogni altra circostanza, può disporre di assumere la deposizione chiedendo al testimone, anche nelle ipotesi di cui all'articolo 203, di fornire, per iscritto e nel termine fissato, le risposte ai quesiti sui quali deve essere interrogato. Il giudice, con il provvedimento di cui al primo comma, dispone che la parte che ha richiesto l'assunzione predisponga il modello di testimonianza in conformità agli articoli ammessi e lo faccia notificare al testimone.

Il testimone rende la deposizione compilando il modello di testimonianza in ogni sua parte, con risposta separata a ciascuno dei quesiti, e precisa quali sono quelli cui non è in grado di rispondere, indicandone la ragione. Il testimone sottoscrive la deposizione apponendo la propria firma autenticata su ciascuna delle facciate del foglio di testimonianza, che spedisce in busta chiusa con plico raccomandato o consegna alla cancelleria del giudice. Quando il testimone si avvale della facoltà d'astensione di cui all'articolo 249, ha l'obbligo di compilare il modello di testimonianza, indicando le complete generalità e i motivi di astensione.

Quando il testimone non spedisce o non consegna le risposte scritte nel termine stabilito, il giudice può condannarlo alla pena pecuniaria di cui all'articolo 255, primo comma.

Quando la testimonianza ha ad oggetto documenti di spesa già depositati dalle parti, essa può essere resa mediante dichiarazione sottoscritta dal testimone e trasmessa al difensore della parte nel cui interesse la prova è stata ammessa, senza il ricorso al modello di cui al secondo comma. Il giudice, esaminate le risposte o le dichiarazioni, può sempre disporre che il testimone sia chiamato a deporre davanti a lui o davanti al giudice delegato.

Art. 257-ter. Dichiarazioni scritte.

§ 9 – Delle ispezioni, delle riproduzioni meccaniche e degli esperimenti

Art. 258. Ordinanza d'ispezione.

L'ispezione di luoghi, di cose mobili e immobili, o delle persone è disposta dal giudice istruttore, il quale fissa il tempo, il luogo e il modo dell'ispezione.

Art. 259. Modo dell'ispezione.

All'ispezione procede personalmente il giudice istruttore, assistito, quando occorre, da un consulente tecnico, anche se l'ispezione deve eseguirsi fuori della circoscrizione del tribunale, tranne che esigenze di servizio gli impediscano di allontanarsi dalla sede. In tal caso delega il giudice istruttore a norma dell'articolo 203.

Art. 260. Ispezione corporale.

Il giudice istruttore può astenersi dal partecipare all'ispezione corporale e disporre che vi proceda il solo consulente tecnico.

All'ispezione corporale deve procedersi con ogni cautela diretta a garantire il rispetto della persona.

Art. 261. Riproduzioni, copie ed esperimenti.

Il giudice istruttore può disporre che siano eseguiti rilievi, calchi e riproduzioni anche fotografiche di oggetti, documenti e luoghi, e, quando occorre, rilevazioni cinematografiche o altre che richiedono l'impiego di mezzi, strumenti o procedimenti meccanici.

Egualmente, per accertare se un fatto sia o possa essersi verificato in un dato modo, il giudice può ordinare di procedere alla riproduzione del fatto stesso, facendone eventualmente eseguire la rilevazione fotografica o cinematografica.

Il giudice presiede all'esperimento e, quando occorre, ne affida l'esecuzione a un esperto che presta giuramento a norma dell'articolo 193.

Art. 262. Poteri del giudice istruttore.

Nel corso dell'ispezione o dell'esperimento il giudice istruttore può sentire testimoni per informazioni e dare i provvedimenti necessari per l'esibizione della cosa o per accedere alla località.

Può anche disporre l'accesso in luoghi appartenenti a persone estranee al processo, sentite se è possibile queste ultime, e prendendo in ogni caso le cautele necessarie alla tutela dei loro interessi.

§ 10 – Del rendimento dei conti

Art. 263. Presentazione e accettazione del conto.

Se il giudice ordina la presentazione di un conto, questo deve essere depositato in cancelleria con i documenti giustificativi, almeno cinque giorni prima dell'udienza fissata per la discussione di esso.

Se il conto viene accettato, il giudice istruttore ne dà atto nel processo verbale e ordina il pagamento delle somme che risultano dovute. L'ordinanza non è impugnabile e costituisce titolo esecutivo.

Art. 264. Impugnazione e discussione.

La parte che impugna il conto deve specificare le partite che intende contestare. Se chiede un termine per la specificazione, il giudice istruttore fissa un'udienza per tale scopo.

Se le parti, in seguito alla discussione, concordano nel risultato del conto, il giudice provvede a norma del secondo comma dell'articolo precedente. In ogni caso il giudice può disporre, con ordinanza non impugnabile, il pagamento del sopravanzo che risulta dal conto o dalla discussione dello stesso.

Art. 265. Giuramento.

Il collegio può ammettere il creditore a determinare con giuramento le somme a lui dovute, se la parte tenuta al rendiconto non lo presenta o rimane contumace. Si applica in tal caso la disposizione dell'articolo 241. Il collegio può altresì ordinare a chi rende il conto di asseverare con giuramento le partite per le quali non si può o non si suole richiedere ricevuta; ma può anche ammetterle senza giuramento, quando sono verosimili e ragionevoli.

Art. 266. Revisione del conto approvato.

La revisione del conto che la parte ha approvato può essere chiesta, anche in separato processo, soltanto in caso di errore materiale, omissione, falsità o duplicazione di partite.

SEZIONE IV – Dell'intervento di terzi e della riunione di procedimenti

Art. 267. Costituzione del terzo interveniente.

Per intervenire nel processo a norma dell'articolo 105, il terzo deve costituirsi depositando una comparsa formata a norma dell'articolo 167 con i documenti e la procura .

Il cancelliere dà notizia dell'intervento alle altre parti.

Art. 268. Termine per l'intervento.

L'intervento può aver luogo sino al momento in cui il giudice fissa l'udienza di rimessione della causa in decisione .

Il terzo non può compiere atti che al momento dell'intervento non sono più consentiti ad alcuna altra parte, salvo che comparisca volontariamente per l'integrazione necessaria del contraddittorio .

Art. 269. Chiamata di un terzo in causa.

Alla chiamata di un terzo nel processo a norma dell'art. 106, la parte provvede mediante citazione a comparire nell'udienza fissata dal giudice istruttore ai sensi del presente articolo, osservati i termini dell'art. 163-bis.

Il convenuto che intenda chiamare un terzo in causa deve, a pena di decadenza, farne dichiarazione nella comparsa di risposta e contestualmente chiedere al giudice istruttore lo spostamento della prima udienza allo scopo di consentire la citazione del terzo nel rispetto dei termini dell'art. 163-bis. Il giudice istruttore, nel termine previsto dall'articolo 171-bis, provvede con decreto a fissare la data della nuova udienza. Il decreto è comunicato dal cancelliere alle parti costituite. La citazione è notificata al terzo a cura del convenuto .

Ove, a seguito delle difese svolte dal convenuto nella comparsa di risposta, sia sorto l'interesse dell'attore a chiamare in causa un terzo, l'attore deve, a pena di decadenza, chiederne l'autorizzazione al giudice istruttore nella memoria di cui all'articolo 171-ter, primo comma, numero 1. Il giudice istruttore, se concede l'autorizzazione, fissa una nuova udienza allo scopo di consentire la citazione del terzo nel rispetto dei termini dell'art. 163-bis. La citazione è notificata al terzo a cura dell'attore entro il termine perentorio stabilito dal giudice .

La parte che chiama in causa il terzo, deve depositare la citazione notificata entro il termine pervisto dall'art. 165, e il terzo deve costituirsi a norma dell'art. 166.

Nell'ipotesi prevista dal terzo camma restano ferme per le parti le preclusioni maturate anteriormente alla chiamata in causa del terzo e i termini indicati dall'articolo 171-ter decorrono nuovamente rispetto all'udienza fissata per la citazione del terzo .

Art. 270. Chiamata di un terzo per ordine del giudice.

La chiamata di un terzo nel processo a norma dell'articolo 107 può essere ordinata in ogni momento dal giudice istruttore per una udienza che all'uopo egli fissa.

Se nessuna delle parti provvede alla citazione del terzo, il giudice istruttore dispone con ordinanza non impugnabile la cancellazione della causa dal ruolo.

Art. 271. Costituzione del terzo chiamato.

Al terzo si applicano, con riferimento all'udienza per la quale è citato, le disposizioni degli articoli 166, 167, primo comma e 171-ter. Se intende chiamare a sua volta in causa un terzo, deve farne dichiarazione a pena di decadenza nella comparsa di risposta ed essere poi autorizzato dal giudice ai sensi del terzo comma dell'art. 269 .

Art. 272. Decisione delle questioni relative all'intervento.

Le questioni relative all'intervento sono decise dal collegio insieme col merito, salvo che il giudice istruttore disponga a norma dell'articolo 187 secondo comma.

Art. 273. Riunione di procedimenti relativi alla stessa causa. Se più procedimenti relativi alla stessa causa pendono davanti allo stesso giudice, questi, anche d'ufficio, ne ordina la riunione.

Se il giudice istruttore o il presidente della sezione ha notizia che per la stessa causa pende procedimento davanti ad altro giudice o ad altra sezione dello stesso tribunale, ne riferisce al presidente, il quale, sentite le parti, ordina con decreto la riunione, determinando la sezione o designando il giudice davanti al quale il procedimento deve proseguire.

Art. 274. Riunione di procedimenti relativi a cause connesse. Se più procedimenti relativi a cause connesse pendono davanti allo stesso giudice, questi, anche d'ufficio, può disporne la riunione.

Se il giudice istruttore o il presidente della sezione ha notizia che per una causa connessa pende procedimento davanti ad altro giudice o davanti ad altra sezione dello stesso tribunale, ne riferisce al presidente, il quale, sentite le parti, ordina con decreto che le cause siano chiamate alla medesima udienza davanti allo stesso giudice o alla stessa sezione per i provvedimenti opportuni.

Art. 274-bis. Rapporti tra collegio e giudice istruttore in funzione di giudice unico.

CAPO III - DELLA DECISIONE DELLA CAUSA
Art. 275. Decisione del collegio.

Rimessa la causa al collegio, la sentenza è depositata entro sessanta giorni dall'udienza di cui all'articolo 189.

Ciascuna delle parti, con la nota di precisazione delle conclusioni, può chiedere al presidente del tribunale che la causa sia discussa oralmente dinanzi al collegio. In tal caso, resta fermo il rispetto dei termini indicati nell'articolo 189 per il deposito delle sole comparse conclusionali.

Il presidente provvede sulla richiesta revocando l'udienza di cui all'articolo 189 e fissando con decreto la data dell'udienza di discussione davanti al collegio, da tenersi entro sessanta giorni.

Nell'udienza il giudice istruttore fa la relazione orale della causa. Dopo la relazione, il presidente ammette le parti alla discussione e la sentenza è depositata in cancelleria entro i sessanta giorni successivi.

Art. 275-bis. Decisione a seguito di discussione orale davanti al collegio

Il giudice istruttore, quando ritiene che la causa può essere decisa a seguito di discussione orale, fissa udienza davanti al collegio e assegna alle parti termine, anteriore all'udienza, non superiore a trenta giorni per il deposito di note limitate alla precisazione delle conclusioni e un ulteriore termine non superiore a quindici giorni per note conclusionali.

All'udienza il giudice istruttore fa la relazione orale della causa e il presidente ammette le parti alla discussione.

All'esito della discussione il collegio pronuncia sentenza dando lettura del dispositivo e della concisa esposizione delle ragioni di fatto e di diritto della decisione.

In tal caso, la sentenza si intende pubblicata con la sottoscrizione da parte del presidente del verbale che la contiene ed è immediatamente depositata in cancelleria.

Se non provvede ai sensi del secondo comma, il collegio deposita la sentenza nei successivi sessanta giorni.

Art. 276. Deliberazione.

La decisione è deliberata in segreto nella camera di consiglio. Ad essa possono partecipare soltanto i giudici che hanno assistito alla discussione. Il collegio, sotto la direzione del presidente, decide gradatamente le questioni pregiudiziali proposte dalle parti o rilevabili d'ufficio e quindi il merito della causa.

La decisione è presa a maggioranza di voti. Il primo a votare è il relatore, quindi l'altro giudice e infine il presidente.

Se intorno a una questione si prospettano più soluzioni e non si forma la maggioranza alla prima votazione, il presidente mette ai voti due delle soluzioni per escluderne una, quindi mette ai voti la non esclusa e quella eventualmente restante, e così successivamente finché le soluzioni siano ridotte a due, sulle quali avviene la votazione definitiva.

Chiusa la votazione, il presidente scrive e sottoscrive il dispositivo. La motivazione è quindi stesa dal relatore, a meno che il presidente non creda di stenderla egli stesso o affidarla all'altro giudice.

Art. 277. Pronuncia sul merito.

Il collegio nel deliberare sul merito deve decidere tutte le domande proposte e le relative eccezioni, definendo il giudizio.

Tuttavia il collegio, anche quando il giudice istruttore gli ha rimesso la causa a norma dell'articolo 187 primo comma, può limitare la decisione ad alcune domande, se riconosce che per esse soltanto non sia necessaria un'ulteriore istruzione, e se la loro sollecita definizione è di interesse apprezzabile per la parte che ne ha fatto istanza.

Art. 278. Condanna generica. Provvisionale.

Quando è già accertata la sussistenza di un diritto, ma è ancora controversa la quantità della prestazione dovuta, il collegio, su istanza di parte, può limitarsi a pronunciare con sentenza la condanna generica alla prestazione, disponendo con ordinanza che il processo prosegua per la liquidazione. In tal caso il collegio, con la stessa sentenza e sempre su istanza di parte, può altresì condannare il debitore al pagamento di una provvisionale, nei limiti della quantità per cui ritiene già raggiunta la prova.

Art. 279. Forma dei provvedimenti del collegio.

Il collegio pronuncia ordinanza quando provvede soltanto su questioni relative all'istruzione della causa, senza definire il giudizio, nonché quando decide soltanto questioni di competenza. In tal caso, se non definisce il giudizio, impartisce con la stessa ordinanza i provvedimenti per l'ulteriore istruzione della causa. Il collegio pronuncia sentenza:

1) quando definisce il giudizio, decidendo questioni di giurisdizione; 2) quando definisce il giudizio decidendo questioni pregiudiziali attinenti al processo o questioni preliminari di merito;

3) quando definisce il giudizio, decidendo totalmente il merito; 4) quando, decidendo alcune delle questioni di cui ai numeri 1, 2 e 3, non definisce il giudizio e impartisce distinti provvedimenti per l'ulteriore istruzione della causa;

5) quando, valendosi della facoltà di cui agli articoli 103, secondo comma, e 104, secondo comma, decide solo alcune delle cause fino a quel momento riunite, e con distinti provvedimenti dispone la separazione delle altre cause e l'ulteriore istruzione riguardo alle medesime, ovvero la rimessione al giudice inferiore delle cause di sua competenza.

I provvedimenti per l'ulteriore istruzione, previsti dai numeri 4 e 5 sono dati con separata ordinanza.

I provvedimenti del collegio, che hanno forma di ordinanza, comunque motivati, non possono mai pregiudicare la decisione della causa; salvo che la legge disponga altrimenti, essi sono modificabili e revocabili dallo stesso collegio, e non sono soggetti ai mezzi di impugnazione previsti per le sentenze. Le ordinanze del collegio sono sempre immediatamente esecutive. Tuttavia, quando sia stato proposto appello immediato contro una delle sentenze previste dal n. 4 del secondo comma, il giudice istruttore, su istanza concorde delle parti, qualora ritenga che i provvedimenti dell'ordinanza collegiale, siano dipendenti da quelli contenuti nella sentenza impugnata, può disporre con ordinanza non impugnabile che l'esecuzione o la prosecuzione dell'ulteriore istruttoria sia sospesa sino alla definizione del giudizio di appello.

L'ordinanza è depositata in cancelleria insieme con la sentenza.

Art. 280. Contenuto e disciplina dell'ordinanza del collegio.

Con la sua ordinanza il collegio fissa l'udienza per la comparizione delle parti davanti al giudice istruttore o davanti a sè nel caso previsto nell'articolo seguente.

Il cancelliere inserisce l'ordinanza nel fascicolo di ufficio e ne dà tempestiva comunicazione alle parti a norma dell'articolo 176 secondo comma. Per effetto dell'ordinanza il giudice istruttore è investito di tutti i poteri per l'ulteriore trattazione della causa.

Art. 281. Rinnovazione di prove davanti al collegio.

Quando ne ravvisa la necessità, il collegio, anche d'ufficio, può disporre la riassunzione davanti a sé di uno o più mezzi di prova.

CAPO III-BIS - DEL PROCEDIMENTO DAVANTI AL TRIBUNALE IN COMPOSIZIONE MONOCRATICA
Art. 281-bis. Norme applicabili.

Nel procedimento davanti al tribunale in composizione monocratica si osservano, in quanto applicabili, le disposizioni dei capi precedenti, ove non derogate dalle disposizioni del presente capo.

Art. 281-ter. Poteri istruttori del giudice.

Il giudice può disporre d'ufficio la prova testimoniale formulandone i capitoli, quando le parti nella esposizione dei fatti si sono riferite a persone che appaiono in grado di conoscere la verità.

Art. 281-quater. Decisione del tribunale in composizione monocratica.
Le cause nelle quali il tribunale giudica in composizione monocratica sono decise, con tutti i poteri del collegio, dal giudice designato

a norma dell'articolo 168-bis o dell'articolo 484, secondo comma.

Art. 281-quinquies. Decisione a seguito di trattazione scritta o mista.
Quando la causa è matura per la decisione il giudice fissa davanti a sé l'udienza di rimessione della causa in decisione assegnando alle parti i termini di cui all'articolo 189. All'udienza trattiene la causa in decisione e la sentenza è depositata entro i trenta giorni successivi.

Se una delle parti lo richiede, il giudice, disposto lo scambio dei soli scritti difensivi a norma dell'articolo 189 numeri 1) e 2), fissa l'udienza di discussione orale non oltre trenta giorni dalla scadenza del termine per il deposito delle comparse conclusionali e la sentenza è depositata entro trenta giorni.

c.p.c. art. 281-sexies. Decisione a seguito di trattazione orale

Se non dispone a norma dell'articolo 281-quinquies, il giudice, fatte precisare le conclusioni, può ordinare la discussione orale della causa nella stessa udienza o, su istanza di parte, in un'udienza successiva e pronunciare sentenza al termine della discussione, dando lettura del dispositivo e della concisa esposizione delle ragioni di fatto e di diritto della decisione.

In tal caso, la sentenza si intende pubblicata con la sottoscrizione da parte del giudice del verbale che la contiene ed è immediatamente depositata in cancelleria .

Al termine della discussione orale il giudice, se non provvede ai sensi del primo comma, deposita la sentenza nei successivi trenta giorni .

CAPO III-ter - DEI RAPPORTI TRA COLLEGIO E GIUDICE MONOCRATICO
Art. 281-septies. Rimessione della causa al giudice monocratico.
Il collegio, quando rileva che una causa, rimessa davanti a lui per la decisione, deve essere decisa dal tribunale in composizione monocratica, pronuncia ordinanza non impugnabile con cui rimette la causa davanti al giudice istruttore perché decida la causa quale giudice monocratico. La sentenza è depositata entro i successivi trenta giorni.

Art. 281-octies. Rimessione della causa al tribunale in composizione collegiale

Il giudice, quando rileva che una causa, riservata per la decisione davanti a sé in funzione di giudice monocratico, deve essere decisa dal tribunale in composizione collegiale, rimette la causa al collegio per la decisione, con ordinanza comunicata alle parti .

Entro dieci giorni dalla comunicazione, ciascuna parte può chiedere la fissazione dell'udienza di discussione davanti al collegio, e in questo caso il giudice istruttore procede ai sensi dell'articolo 275-bis .

Art. 281-nonies. Connessione

In caso di connessione tra cause che debbono essere decise dal tribunale in composizione collegiale e cause che debbono essere decise dal tribunale in composizione monocratica, il giudice istruttore ne ordina la riunione e, all'esito dell'istruttoria, le rimette, a norma dell'articolo 189, al collegio, il quale pronuncia su tutte le domande, a meno che disponga la separazione a norma dell'articolo 279, secondo comma, numero 5).

Alle cause riunite si applica il rito previsto per la causa in cui il tribunale giudica in composizione collegiale e restano ferme le decadenze e le preclusioni già maturate in ciascun procedimento prima della riunione .

CAPO III-QUATER - DEL PROCEDIMENTO SEMPLIFICATO DI COGNIZIONE

Art. 281-decies. Ambito di applicazione

Quando i fatti di causa non sono controversi, oppure quando la domanda è fondata su prova documentale, o è di pronta soluzione o richiede un'istruzione non complessa, il giudizio è introdotto nelle forme del procedimento semplificato.

Nelle cause in cui il tribunale giudica in composizione monocratica la domanda può sempre essere proposta nelle forme del procedimento semplificato.

c.p.c. art. 281-undecies. Forma della domanda e costituzione delle parti
La domanda si propone con ricorso, sottoscritto a norma dell'articolo 125, che deve contenere le indicazioni di cui ai numeri 1), 2), 3), 3-bis), 4), 5), 6) e l'avvertimento di cui al numero 7) del terzo comma dell'articolo 163.

Il giudice, entro cinque giorni dalla designazione, fissa con decreto l'udienza di comparizione delle parti assegnando il termine per la costituzione del convenuto, che deve avvenire non oltre dieci giorni prima dell'udienza. Il ricorso, unitamente al decreto di fissazione dell'udienza, deve essere notificato al convenuto a cura dell'attore. Tra il giorno della notificazione del ricorso e quello dell'udienza di comparizione debbono intercorrere termini liberi non minori di quaranta giorni se il luogo della notificazione si trova in Italia e di sessanta giorni se si trova all'estero.

Il convenuto si costituisce mediante deposito della comparsa di risposta, nella quale deve proporre le sue difese e prendere posizione in modo chiaro e specifico sui fatti posti dall'attore a fondamento della domanda, indicare i mezzi di prova di cui intende avvalersi e i documenti che offre in comunicazione, nonché formulare le conclusioni. A pena di decadenza deve proporre le eventuali domande riconvenzionali e le eccezioni processuali e di merito che non sono rilevabili d'ufficio.

Se il convenuto intende chiamare un terzo deve, a pena di decadenza, farne dichiarazione nella comparsa di costituzione e chiedere lo spostamento dell'udienza. Il giudice, con decreto comunicato dal cancelliere alle parti costituite, fissa la data della nuova udienza assegnando un termine perentorio per la citazione del terzo. La costituzione del terzo in giudizio avviene a norma del terzo comma.

c.p.c. art. 281-duodecies. Procedimento

Alla prima udienza il giudice se rileva che per la domanda principale o per la domanda riconvenzionale non ricorrono i presupposti di cui al primo comma dell'articolo 281-decies, dispone con ordinanza non impugnabile la prosecuzione del processo nelle forme del rito ordinario fissando l'udienza di cui all'articolo 183, rispetto alla quale decorrono i termini previsti dall'articolo 171-ter. Nello stesso modo procede quando, valutata la complessità della lite e dell'istruzione probatoria, ritiene che la causa debba essere trattata con il rito ordinario .

Entro la stessa udienza l'attore può chiedere di essere autorizzato a chiamare in causa un terzo, se l'esigenza è sorta dalle difese del convenuto. Il giudice, se lo autorizza, fissa la data della nuova udienza assegnando un termine perentorio per la citazione del terzo. Se procede ai sensi del primo comma il giudice provvede altresì sulla autorizzazione alla chiamata del terzo. La costituzione del terzo in giudizio avviene a norma del terzo comma dell'articolo 281-undecies.

Alla stessa udienza, a pena di decadenza, le parti possono proporre le eccezioni che sono conseguenza della domanda riconvenzionale e delle eccezioni proposte dalle altre parti.

Se richiesto e sussiste giustificato motivo, il giudice può concedere alle parti un termine perentorio non superiore a venti giorni per precisare e modificare le domande, le eccezioni e le conclusioni, per indicare i mezzi di prova e produrre documenti, e un ulteriore termine non superiore a dieci giorni per replicare e dedurre prova contraria.

Se non provvede ai sensi del secondo e del quarto comma e non ritiene la causa matura per la decisione il giudice ammette i mezzi di prova rilevanti per la decisione e procede alla loro assunzione.

c.p.c. art. 281-terdecies. Decisione

Il giudice quando rimette la causa in decisione procede a norma dell'articolo 281-sexies. Nelle cause in cui il tribunale giudica in composizione collegiale, procede a norma dell'articolo 275-bis.

La sentenza è impugnabile nei modi ordinari.

CAPO IV - DELL'ESECUTORIETÀ E DELLA NOTIFICAZIONE DELLE SENTENZE

Art. 282. Esecuzione provvisoria.

La sentenza di primo grado è provvisoriamente esecutiva tra le parti.

Art. 283. Provvedimenti sull'esecuzione provvisoria in appello.

Il giudice d'appello, su istanza di parte proposta con l'impugnazione principale o con quella incidentale, sospende in tutto o in parte l'efficacia esecutiva o l'esecuzione della sentenza impugnata, con o senza cauzione, se l'impugnazione appare manifestamente fondata o se dall'esecuzione della sentenza può derivare un pregiudizio grave e irreparabile, pur quando la condanna ha ad oggetto il pagamento di una somma di denaro, anche in relazione alla possibilità di insolvenza di una delle parti .

L'istanza di cui al primo comma può essere proposta o riproposta nel corso del giudizio di appello se si verificano mutamenti nelle circostanze, che devono essere specificamente indicati nel ricorso, a pena di inammissibilità . Se l'istanza prevista dal primo e dal secondo comma è inammissibile o manifestamente infondata il giudice, con ordinanza non impugnabile, può condannare la parte che l'ha proposta al pagamento in favore della cassa delle ammende di una pena pecuniaria non inferiore ad euro 250 e non superiore ad euro 10.000. L'ordinanza è revocabile con la sentenza che definisce il giudizio .

Art. 284. Concessione o revoca dell'esecuzione provvisoria relativa a sentenze parziali.

Art. 285. Modo di notificazione della sentenza.

La notificazione della sentenza, al fine della decorrenza del termine per l'impugnazione, si fa, su istanza di parte, a norma dell'articolo 170.

Art. 286. Notificazione nel caso d'interruzione.

Se dopo la chiusura della discussione si è avverato uno dei casi previsti nell'articolo 299, la notificazione della sentenza si può fare, anche a norma dell'articolo 303, secondo comma, a coloro ai quali spetta stare in giudizio. Se si è avverato uno dei casi previsti nell'articolo 301, la notificazione si fa alla parte personalmente.

CAPO V - DELLA CORREZIONE DELLE SENTENZE E DELLE ORDINANZE

Art. 287. Casi di correzione.

Le sentenze contro le quali non sia stato proposto appello e le ordinanze non revocabili possono essere corrette, su ricorso di parte, dallo stesso giudice che le ha pronunciate, qualora egli sia incorso in omissioni o in errori materiali o di calcolo.

Art. 288. Procedimento di correzione.

Se tutte le parti concordano nel chiedere la stessa correzione, il giudice provvede con decreto.

Se è chiesta da una delle parti, il giudice, con decreto da notificarsi insieme col ricorso a norma dell'articolo 170 primo e terzo comma, fissa l'udienza nella quale le parti debbono comparire davanti a lui. Sull'istanza il giudice provvede con ordinanza, che deve essere annotata sull'originale del provvedimento.

Se è chiesta la correzione di una sentenza dopo un anno dalla pubblicazione, il ricorso e il decreto debbono essere notificati alle altre parti personalmente.

Le sentenze possono essere impugnate relativamente alle parti corrette nel termine ordinario decorrente dal giorno in cui è stata notificata l'ordinanza di correzione.

Art. 289. Integrazione dei provvedimenti istruttori.

I provvedimenti istruttori, che non contengono la fissazione dell'udienza successiva o del termine entro il quale le parti debbono compiere gli atti processuali, possono essere integrati, su istanza di parte o d'ufficio, entro il termine perentorio di sei mesi dall'udienza in cui i provvedimenti furono pronunciati, oppure dalla loro notificazione o comunicazione se prescritte. L'integrazione è disposta dal presidente del collegio nel caso di provvedimento collegiale e dal giudice istruttore negli altri casi, con decreto che è comunicato a tutte le parti a cura del cancelliere.

CAPO VI - DEL PROCEDIMENTO IN CONTUMACIA

Art. 290. Contumacia dell'attore.

Nel dichiarare la contumacia dell'attore a norma dell'articolo 171 ultimo comma, il giudice istruttore, se il convenuto ne fa richiesta, ordina che sia proseguito il giudizio e dà le disposizioni previste nell'articolo 187, altrimenti dispone che la causa sia cancellata dal ruolo, e il processo si estingue.

Art. 291. Contumacia del convenuto.

Se il convenuto non si costituisce e il giudice istruttore rileva un vizio che importi nullità nella notificazione della citazione fissa all'attore un termine perentorio per rinnovarla. La rinnovazione impedisce ogni decadenza .

Se il convenuto non si costituisce neppure anteriormente alla pronuncia del decreto di cui all'articolo 171-bis, secondo comma, il giudice provvede a norma dell'articolo 171, ultimo comma .

Se l'ordine di rinnovazione della citazione di cui al primo comma non è eseguito, il giudice ordina la cancellazione della causa dal ruolo e il processo si estingue a norma dell'articolo 307, comma terzo .

Art. 292. Notificazione e comunicazione di atti al contumace.

L'ordinanza che ammette l'interrogatorio o il giuramento, e le comparse contenenti domande nuove o riconvenzionali da chiunque proposte sono notificate personalmente al contumace nei termini che il giudice istruttore fissa con ordinanza.

Le altre comparse si considerano comunicate con il deposito in cancelleria e con l'apposizione del visto del cancelliere sull'originale.

Tutti gli altri atti non sono soggetti a notificazione o comunicazione.

Le sentenze sono notificate alla parte personalmente.

Art. 293. Costituzione del contumace.

La parte che è stata dichiarata contumace può costituirsi in ogni momento del procedimento fino all'udienza di precisazione delle conclusioni. La costituzione può avvenire mediante deposito di una comparsa, della procura e dei documenti in cancelleria o mediante comparizione all'udienza. In ogni caso il contumace che si costituisce può disconoscere, nella prima udienza o nel termine assegnatogli dal giudice istruttore, le scritture contro di lui prodotte.

Art. 294. Rimessione in termini.

Il contumace che si costituisce può chiedere al giudice istruttore di essere ammesso a compiere attività che gli sarebbero precluse, se dimostra che la nullità della citazione o della sua notificazione gli ha impedito di avere conoscenza del processo o che la costituzione è stata impedita da causa a lui non imputabile.

Il giudice, se ritiene verosimili i fatti allegati, ammette, quando occorre, la prova dell'impedimento, e quindi provvede sulla rimessione in termini delle parti.

I provvedimenti previsti nel comma precedente sono pronunciati con ordinanza.

Le disposizioni dei commi precedenti si applicano anche se il contumace che si costituisce intende svolgere, senza il consenso delle altre parti, attività difensive che producono

ritardo nella rimessione al collegio della causa che sia già matura per la decisione rispetto alle parti già costituite.

CAPO VII - DELLA SOSPENSIONE, INTERRUZIONE ED ESTINZIONE DEL PROCESSO
SEZIONE I - Della sospensione del processo
Art. 295. Sospensione necessaria.

Il giudice dispone che il processo sia sospeso in ogni caso in cui egli stesso o altro giudice deve risolvere una controversia, dalla cui definizione dipende la decisione della causa.

Art. 296. Sospensione su istanza delle parti.

Il giudice istruttore, su istanza di tutte le parti, ove sussistano giustificati motivi, può disporre, per una sola volta, che il processo rimanga sospeso per un periodo non superiore a tre mesi, fissando l'udienza per la prosecuzione del processo medesimo.

Art. 297. Fissazione della nuova udienza dopo la sospensione. Se col provvedimento di sospensione non è stata fissata l'udienza in cui il processo deve proseguire, le parti debbono chiederne la fissazione entro il termine perentorio di tre mesi dalla cessazione della causa di sospensione di cui all'articolo 3 del codice di procedura penale o dal passaggio in giudicato della sentenza che definisce la controversia civile o amministrativa di cui all'articolo 295 .

Nell'ipotesi dell'articolo precedente l'istanza deve essere proposta dieci giorni prima della scadenza del termine di sospensione.

L'istanza si propone con ricorso al giudice istruttore o, in mancanza, al presidente del tribunale.

Il ricorso, col decreto che fissa l'udienza, è notificato a cura dell'istante alle altre parti nel termine stabilito dal giudice.

Art. 298. Effetti della sospensione.

Durante la sospensione non possono essere compiuti atti del procedimento. La sospensione interrompe i termini in corso, i quali ricominciano a decorrere dal giorno della nuova udienza fissata nel provvedimento di sospensione o nel decreto di cui all'articolo precedente.

SEZIONE II - Dell'interruzione del processo
Art. 299. Morte o perdita della capacità prima della costituzione.

Se prima della costituzione in cancelleria o all'udienza davanti al giudice istruttore, sopravviene la morte oppure la perdita della capacità di stare in giudizio di una delle parti o del suo rappresentante legale o la cessazione di tale rappresentanza, il processo è interrotto, salvo che coloro ai quali spetta di proseguirlo si costituiscano volontariamente, oppure l'altra parte provveda a citarli in riassunzione, osservati i termini di cui all'articolo 163-bis.

Art. 300. Morte o perdita della capacità della parte costituita o del contumace.

Se alcuno degli eventi previsti nell'articolo precedente si avvera nei riguardi della parte che si è costituita a mezzo di procuratore, questi lo dichiara in udienza o lo notifica alle altre parti.

Dal momento di tale dichiarazione o notificazione il processo è interrotto, salvo che avvenga la costituzione volontaria o la riassunzione a norma dell'articolo precedente.

Se la parte è costituita personalmente, il processo è interrotto al momento dell'evento.

Se l'evento riguarda la parte dichiarata contumace, il processo è interrotto dal momento in cui il fatto interruttivo è documentato dall'altra parte, o è notificato ovvero è certificato dall'ufficiale giudiziario nella relazione di notificazione di uno dei provvedimenti di cui all'articolo 292. Se alcuno degli eventi previsti nell'articolo precedente si avvera o è notificato dopo la chiusura della discussione davanti al collegio, esso non produce effetto se non nel caso di riapertura dell'istruzione.

Art. 301. Morte o impedimento del procuratore.

Se la parte è costituita a mezzo di procuratore, il processo è interrotto dal giorno della morte, radiazione o sospensione del procuratore stesso.

In tal caso si applica la disposizione dell'articolo 299.

Non sono cause d'interruzione la revoca della procura o la rinuncia ad essa.

Art. 302. Prosecuzione del processo.

Nei casi previsti negli articoli precedenti la costituzione per proseguire il processo può avvenire all'udienza o a norma dell'articolo 166. Se non è fissata alcuna udienza, la parte può chiedere con ricorso al giudice istruttore o, in mancanza, al presidente del tribunale la fissazione dell'udienza. Il ricorso e il decreto sono notificati alle altre parti a cura dell'istante.

Art. 303. Riassunzione del processo.

Se non avviene la prosecuzione del processo a norma dell'articolo precedente, l'altra parte può chiedere la fissazione dell'udienza, notificando quindi il ricorso e il decreto a coloro che debbono costituirsi per proseguirlo.

In caso di morte della parte il ricorso deve contenere gli estremi della domanda, e la notificazione entro un anno dalla morte può essere fatta collettivamente e impersonalmente agli eredi, nell'ultimo domicilio del defunto.

Se vi sono altre parti in causa, il decreto è notificato anche ad esse. Se la parte che ha ricevuto la notificazione non comparisce all'udienza fissata, si procede in sua contumacia.

Art. 304. Effetti dell'interruzione.

In caso d'interruzione del processo si applica la disposizione dell'articolo 298.

Art. 305. Mancata prosecuzione o riassunzione.

Il processo deve essere proseguito o riassunto entro il termine perentorio di tre mesi dall'interruzione, altrimenti si estingue.

SEZIONE III - Dell'estinzione del processo
Art. 306. Rinuncia agli atti del giudizio.

Il processo si estingue per rinuncia agli atti del giudizio quando questa è accettata dalle parti costituite che potrebbero aver interesse alla prosecuzione. L'accettazione non è efficace se contiene riserve o condizioni. Le dichiarazioni di rinuncia e di accettazione sono fatte dalle parti o da loro procuratori speciali, verbalmente all'udienza o con atti sottoscritti e notificati alle altre parti.

Il giudice, se la rinuncia e l'accettazione sono regolari, dichiara l'estinzione del processo.

Il rinunciante deve rimborsare le spese alle altre parti, salvo diverso accordo tra loro. La liquidazione delle spese è fatta dal giudice istruttore con ordinanza non impugnabile.

Art. 307. Estinzione del processo per inattività delle parti.

Se dopo la notificazione della citazione nessuna delle parti siasi costituita entro il termine stabilito dall'articolo 166, ovvero, se, dopo la costituzione delle stesse, il giudice, nei casi previsti dalla legge, abbia ordinata la cancellazione della causa dal ruolo, il processo, salvo il disposto dell'articolo 181 e dell'articolo 290, deve essere riassunto davanti allo stesso giudice nel termine perentorio di tre mesi che decorre rispettivamente dalla scadenza del termine per la costituzione del convenuto a norma dell'articolo 166, o dalla data del provvedimento di cancellazione; altrimenti il processo si estingue.

Il processo, una volta riassunto a norma del precedente comma, si estingue se nessuna delle parti siasi costituita, ovvero se nei casi previsti dalla legge il giudice ordini la cancellazione della causa dal ruolo.

Oltre che nei casi previsti dai commi precedenti, e salvo diverse disposizioni di legge, il processo si estingue altresì qualora le parti alle quali spetta di rinnovare la citazione, o di proseguire, riassumere o integrare il giudizio, non vi abbiano provveduto entro il termine perentorio stabilito dalla legge, o dal giudice che dalla legge sia autorizzato a fissarlo. Quando la legge autorizza il giudice a fissare il termine, questo non può essere inferiore ad un mese né superiore a tre.

L'estinzione opera di diritto ed è dichiarata, anche d'ufficio, con ordinanza del giudice istruttore ovvero con sentenza del collegio.

Art. 308. Comunicazione e impugnabilità dell'ordinanza.

L'ordinanza che dichiara l'estinzione è comunicata a cura del cancelliere se è pronunciata fuori della udienza. Contro di essa è ammesso reclamo nei modi di cui all'articolo 178 commi terzo, quarto e quinto.

Il collegio provvede in camera di consiglio con sentenza, se respinge il reclamo, e con ordinanza non impugnabile, se l'accoglie.

Art. 309. Mancata comparizione all'udienza.

Se nel corso del processo nessuna delle parti si presenta all'udienza, il giudice provvede a norma del primo comma dell'articolo 181.

Art. 310. Effetti dell'estinzione del processo.

L'estinzione del processo non estingue l'azione.

L'estinzione rende inefficaci gli atti compiuti, ma non le sentenze di merito pronunciate nel corso del processo e le pronunce che regolano la competenza.

Le prove raccolte sono valutate dal giudice a norma dell'articolo 116 secondo comma.

Le spese del processo estinto stanno a carico delle parti che le hanno anticipate.

TITOLO II - DEL PROCEDIMENTO DAVANTI AL GIUDICE DI PACE

Art. 311. Rinvio alle norme relative al procedimento davanti al tribunale.
Il procedimento davanti al giudice di pace, per tutto ciò che non è regolato nel presente titolo o in altre espresse disposizioni, è retto dalle norme relative al procedimento davanti al tribunale in composizione monocratica, in quanto applicabili.

Art. 312. Poteri istruttori del giudice.

Art. 313. Querela di falso.

Se è proposta querela di falso, il giudice di pace, quando ritiene il documento impugnato rilevante per la decisione, sospende il giudizio e rimette le parti davanti al tribunale per il relativo procedimento. Può anche disporre a norma dell'articolo 225 secondo comma.

Art. 314. Decisione a seguito di trattazione scritta.
Art. 315. Decisione a seguito di discussione orale.

Art. 316. Forma della domanda.

Davanti al giudice di pace la domanda si propone nelle forme del procedimento semplificato di cognizione, in quanto compatibili .

La domanda si può anche proporre verbalmente. Di essa il giudice di pace fa redigere processo verbale che, a cura dell'attore, è notificato unitamente al decreto di cui all'articolo 318 .

Art. 317. Rappresentanza davanti al giudice di pace.

Davanti al giudice di pace le parti possono farsi rappresentare da persona munita di mandato salvo che il giudice ordini la loro comparizione personale.

Il mandato a rappresentare comprende sempre quello a transigere e a conciliare.

Art. 318. Contenuto della domanda

La domanda si propone con ricorso, sottoscritto a norma dell'articolo 125, che deve contenere, oltre all'indicazione del giudice e delle parti, l'esposizione dei fatti e l'indicazione del suo oggetto.

Il giudice di pace, entro cinque giorni dalla designazione, fissa con decreto l'udienza di comparizione delle parti a norma del comma secondo dell'articolo 281-undecies.

CAPO II - DISPOSIZIONI SPECIALI PER IL PROCEDIMENTO DAVANTI AL CONCILIATORE
Art. 319. Costituzione delle parti.

L'attore si costituisce depositando il ricorso notificato o il processo verbale di cui all'articolo 316 unitamente al decreto di cui all'articolo 318 e con la relazione della notificazione e, quando occorre, la procura. Il convenuto si costituisce a norma dei commi terzo e quarto dell'articolo 281-undecies mediante deposito della comparsa di risposta e, quando occorre, la procura.

Le parti, che non hanno precedentemente dichiarato la residenza o eletto domicilio nel comune in cui ha sede l'ufficio del giudice di pace, debbono farlo con dichiarazione ricevuta nel processo verbale al momento della costituzione .

Art. 320. Trattazione della causa

Nella prima udienza il giudice di pace interroga liberamente le parti e tenta la conciliazione.

Se la conciliazione riesce se ne redige processo verbale a norma dell'art. 185, ultimo comma.

Se la conciliazione non riesce, il giudice di pace procede ai sensi dell'articolo 281-duodecies, commi secondo, terzo e quarto, e se non ritiene la causa matura per la decisione, procede agli atti di istruzione rilevanti per la decisione.

I documenti prodotti dalle parti possono essere inseriti nel fascicolo di ufficio ed ivi conservati fino alla definizione del giudizio .

Art. 321. Decisione

Il giudice di pace, quando ritiene matura la causa per la decisione, procede ai sensi dell'articolo 281-sexies.

La sentenza è depositata in cancelleria entro quindici giorni dalla discussione.

Art. 322. Conciliazione in sede non contenziosa.

L'istanza per la conciliazione in sede non contenziosa è proposta anche verbalmente al giudice di pace competente per territorio secondo le disposizioni della sezione III, capo I, titolo I, del libro primo.

Il processo verbale di conciliazione in sede non contenziosa costituisce titolo esecutivo a norma dell'articolo 185, ultimo comma, se la controversia rientra nella competenza del giudice di pace.

Negli altri casi il processo verbale ha valore di scrittura privata riconosciuta in giudizio.

TITOLO III - DELLE IMPUGNAZIONI
CAPO I - DELLE IMPUGNAZIONI IN GENERALE
Art. 323. Mezzi di impugnazione.

I mezzi per impugnare le sentenze, oltre al regolamento di competenza nei casi previsti dalla legge, sono: l'appello, il ricorso per cassazione, la revocazione e l'opposizione di terzo.

Art. 324. Cosa giudicata formale.

Si intende passata in giudicato la sentenza che non è più soggetta né a regolamento di competenza, né ad appello, né a ricorso per cassazione, né a revocazione per i motivi di cui ai numeri 4 e 5 dell'articolo 395.

Art. 325. Termini per le impugnazioni.

Il termine per proporre l'appello, la revocazione e l'opposizione di terzo di cui all'art. 404, secondo comma, è di trenta giorni. E' anche di trenta giorni il termine per proporre la revocazione e l'opposizione di terzo sopra menzionata contro le sentenze delle corti di appello.

Il termine per proporre il ricorso per cassazione è di giorni sessanta.

Art. 326. Decorrenza dei termini.

I termini stabiliti nell'articolo 325 sono perentori e decorrono dalla notificazione della sentenza, sia per il soggetto notificante che per il destinatario della notificazione, dal momento in cui il relativo procedimento si perfeziona per il destinatario, tranne per i casi previsti nei numeri 1, 2, 3 e 6 dell'art. 395 e negli artt. 397 e 404 secondo comma, riguardo ai quali il termine decorre dal giorno in cui è stato scoperto il dolo o la falsità o la collusione o è stato recuperato il documento o è passata in giudicato la sentenza di cui al numero 6 dell'art. 395, o il pubblico ministero ha avuto conoscenza della sentenza .

Nel caso previsto nell'articolo 332, l'impugnazione proposta contro una parte fa decorrere nei confronti dello stesso soccombente il termine per proporla contro le altri parti.

Art. 327. Decadenza dall'impugnazione.

Indipendentemente dalla notificazione l'appello, il ricorso per Cassazione e la revocazione per i motivi indicati nei numeri 4 e 5 dell'articolo 395 non

possono proporsi dopo decorsi sei mesi   dalla pubblicazione della sentenza

Questa disposizione non si applica quando la parte contumace dimostra di non aver avuto conoscenza del processo per nullità della citazione o della notificazione di essa, e per nullità della notificazione degli atti di cui all'art. 292.

Art. 328. Decorrenza dei termini contro gli eredi della parte defunta

Se, durante la decorrenza del termine di cui all'art. 325, sopravviene alcuno degli eventi previsti nell'art. 299, il termine stesso è interrotto e il nuovo decorre dal giorno in cui la notificazione della sentenza è rinnovata.   Tale rinnovazione può essere fatta agli eredi collettivamente e impersonalmente, nell'ultimo domicilio del defunto.

Se dopo sei mesi dalla pubblicazione della sentenza si verifica alcuno degli eventi previsti nell'art. 299, il termine di cui all'articolo precedente è prorogato per tutte le parti di sei mesi dal giorno dell'evento.

Art. 329. Acquiescenza totale o parziale.

Salvi i casi di cui ai numeri 1, 2, 3 e 6 dell'art. 395, l'acquiescenza risultante da accettazione espressa o da atti incompatibili con la volontà di avvalersi delle impugnazioni ammesse dalla legge ne esclude la proponibilità.

L'impugnazione parziale importa acquiescenza alle parti della sentenza non impugnate.

Art. 330. Luogo di notificazione della impugnazione.

Se nell'atto di notificazione della sentenza la parte ha dichiarato la sua residenza o eletto domicilio nella circoscrizione del giudice che l'ha pronunciata, l'impugnazione deve essere notificata nel luogo indicato; altrimenti si notifica ai sensi dell'art. 170   presso il procuratore costituito o nella residenza dichiarata o nel domicilio eletto per il giudizio.

L'impugnazione può essere notificata nei luoghi sopra menzionati collettivamente e impersonalmente agli eredi della parte defunta dopo la notificazione della sentenza.

Quando manca la dichiarazione di residenza o l'elezione di domicilio e, in ogni caso, dopo un anno dalla pubblicazione della sentenza, l'impugnazione, se è ancora ammessa dalla legge, si notifica personalmente a norma degli articoli 137 e seguenti.

Art. 331. Integrazione del contraddittorio in cause inscindibili.
Se la sentenza pronunciata tra più parti in causa inscindibile o in cause tra loro dipendenti non è stata impugnata nei confronti di tutte, il giudice ordina l'integrazione del contraddittorio fissando il termine nel quale la notificazione deve essere fatta e, se è necessario, l'udienza di comparizione. L'impugnazione è dichiarata inammissibile se nessuna delle parti provvede all'integrazione nel termine fissato.

Art. 332. Notificazione dell'impugnazione relativa a cause scindibili
Se l'impugnazione di una sentenza pronunciata in cause scindibili è stata proposta soltanto da alcuna delle parti o nei confronti di alcuna di esse, il giudice ne ordina la notificazione alle altre, in confronto delle quali l'impugnazione non è preclusa o esclusa, fissando il termine nel quale la notificazione deve essere fatta e, se è necessario, l'udienza di comparizione. Se la notificazione ordinata dal giudice non avviene, il processo rimane sospeso fino a che non siano decorsi i termini previsti negli articoli 325 e 327 primo comma.

Art. 333. Impugnazioni incidentali.
Le parti alle quali sono state fatte le notificazioni previste negli articoli precedenti debbono proporre, a pena di decadenza, le loro impugnazioni in via incidentale nello stesso processo.

Art. 334. Impugnazioni incidentali tardive.
Le parti, contro le quali è stata proposta impugnazione e quelle chiamate ad integrare il contraddittorio a norma dell'articolo 331, possono proporre impugnazione incidentale anche quando per esse è decorso il termine o hanno fatto acquiescenza alla sentenza.

In tal caso, se l'impugnazione principale è dichiarata inammissibile o improcedibile, l'impugnazione incidentale perde ogni efficacia .

Art. 335. Riunione delle impugnazioni separate.
Tutte le impugnazioni proposte separatamente contro la stessa sentenza debbono essere riunite, anche d'ufficio, in un solo processo.

Art. 336. Effetti della riforma o della cassazione.
La riforma o la cassazione parziale ha effetto anche sulle parti della sentenza dipendenti dalla parte riformata o cassata.

La riforma o la cassazione estende i suoi effetti ai provvedimenti e agli atti dipendenti dalla sentenza riformata o cassata.

.

Art. 337. Sospensione dell'esecuzione e dei processi
L'esecuzione della sentenza non è sospesa per effetto dell'impugnazione di essa, salve le disposizioni degli articoli 283, 373, 401 e 407. Quando l'autorità di una sentenza è invocata in un diverso processo, questo può essere sospeso se tale sentenza è impugnata.

Art. 338. Effetti dell'estinzione del procedimento di impugnazione
L'estinzione del procedimento di appello o di revocazione nei casi previsti nei numeri 4 e 5 dell'art. 395 fa passare in giudicato la sentenza impugnata, salvo che ne siano stati modificati gli effetti con provvedimenti pronunciati nel procedimento estinto.

CAPO II - DELL'APPELLO
Art. 339. Appellabilità delle sentenze
Possono essere impugnate con appello le sentenze pronunciate in primo grado, purché l'appello non sia escluso dalla legge o dall'accordo delle parti a norma dell'articolo 360, secondo comma.

E' inappellabile la sentenza che il giudice ha pronunciato secondo equità a norma dell'articolo 114.

Le sentenze del giudice di pace pronunciate secondo equità a norma dell'articolo 113, secondo comma, sono appellabili esclusivamente per violazione delle norme sul procedimento, per violazione di norme costituzionali o comunitarie ovvero dei principi regolatori della materia.

Art. 340. Riserva facoltativa d'appello contro sentenze non definitive.
Contro le sentenze previste dall'articolo 278 e dal n. 4 del secondo comma dell'articolo 279, l'appello può essere differito, qualora la parte soccombente ne faccia riserva, a pena di decadenza, entro il termine per appellare e, in ogni caso, non oltre la prima udienza dinanzi al giudice istruttore successiva alla comunicazione della sentenza stessa.

Quando sia stata fatta la riserva di cui al precedente comma, l'appello deve essere proposto unitamente a quello contro la sentenza che definisce il giudizio o con quello che venga proposto, dalla stessa o da altra parte, contro altra sentenza successiva che non definisca il giudizio.

La riserva non può più farsi, e se già fatta rimane priva di effetto, quando contro la stessa sentenza da alcuna delle parti sia proposto immediatamente appello.

Art. 341. Giudice dell'appello.

L'appello contro le sentenze del giudice di pace e del tribunale si propone rispettivamente al tribunale e alla corte di appello nella cui circoscrizione ha sede il giudice che ha pronunciato la sentenza.

Art. 342. Forma dell'appello.

L'appello si propone con citazione contenente le indicazioni prescritte nell'articolo 163. L'appello deve essere motivato, e per ciascuno dei motivi deve indicare a pena di inammissibilità, in modo chiaro, sintetico e specifico:

1) il capo della decisione di primo grado che viene impugnato;

2) le censure proposte alla ricostruzione dei fatti compiuta dal giudice di primo grado;

3) le violazioni di legge denunciate e la loro rilevanza ai fini della decisione impugnata.

Tra il giorno della citazione e quello della prima udienza di trattazione devono intercorrere termini liberi non minori di novanta giorni se il luogo della notificazione si trova in Italia e di centocinquanta giorni se si trova all'estero.

Art. 343. Modo e termine dell'appello incidentale

L'appello incidentale si propone, a pena di decadenza, nella comparsa di risposta depositata almeno venti giorni prima dell'udienza di comparizione fissata nell'atto di citazione o dell'udienza fissata a norma dell'articolo 349bis, secondo comma .

Se l'interesse a proporre l'appello incidentale sorge dall'impugnazione proposta da altra parte che non sia l'appellante principale, tale appello si propone nella prima udienza successiva alla proposizione dell'impugnazione stessa.

Art. 344. Intervento in appello.

Nel giudizio d'appello è ammesso soltanto l'intervento dei terzi che potrebbero proporre opposizione a norma dell'articolo 404.

Art. 345. Domande ed eccezioni nuove.

Nel giudizio d'appello non possono proporsi domande nuove e, se proposte, debbono essere dichiarate inammissibili d'ufficio. Possono tuttavia domandarsi gli interessi, i frutti e gli accessori maturati dopo la sentenza impugnata, nonché il risarcimento dei danni sofferti dopo la sentenza stessa.

Non possono proporsi nuove eccezioni, che non siano rilevabili anche d'ufficio.

Non sono ammessi nuovi mezzi di prova e non possono essere prodotti nuovi documenti , salvo che la parte dimostri di non aver potuto proporli o produrli nel giudizio di primo grado per causa ad essa non imputabile. Può sempre deferirsi il giuramento decisorio.

Art. 346. Decadenza dalle domande e dalle eccezioni non riproposte.
Le domande e le eccezioni non accolte nella sentenza di primo grado, che non sono espressamente riproposte in appello, si intendono rinunciate.

Art. 347. Forme e termini della costituzione in appello.

La costituzione in appello avviene secondo le forme e i termini per i procedimenti davanti al tribunale.

L'appellante deve inserire nel proprio fascicolo copia della sentenza appellata.

Il cancelliere provvede a norma dell'art. 168 e richiede la trasmissione del fascicolo d'ufficio al cancelliere del giudice di primo grado.

Art. 348. Improcedibilità dell'appello.

L'appello è dichiarato improcedibile, anche d'ufficio, se l'appellante non si costituisce in termini.

Se l'appellante non compare alla prima udienza, benché si sia anteriormente costituito, il collegio, con ordinanza non impugnabile, rinvia la causa ad una prossima udienza, della quale il cancelliere dà comunicazione all'appellante. Se anche alla nuova udienza l'appellante non compare, l'appello è dichiarato improcedibile anche d'ufficio. L'improcedibilità dell'appello è dichiarata con sentenza. Davanti alla corte di appello l'istruttore, se nominato, provvede con ordinanza reclamabile nelle forme e nei termini previsti dal terzo, quarto e quinto comma dell'articolo 178, e il collegio procede ai sensi dell'articolo 308, secondo comma .

Art. 348-bis. Inammissibilità e manifesta infondatezza dell'appello
Quando ravvisa che l'impugnazione è inammissibile o manifestamente infondata, il giudice dispone la discussione orale della causa secondo quanto previsto dall'articolo 350-bis.

Se è proposta impugnazione incidentale, si provvede ai sensi del primo comma solo quando i presupposti ivi indicati ricorrono sia per l'impugnazione principale che per quella incidentale.

In mancanza, il giudice procede alla trattazione di tutte le impugnazioni comunque proposte contro la sentenza.

Art. 348-ter. Pronuncia sull'inammissibilità dell'appello

Art. 349. Nomina dell'istruttore. .

Art. 349-bis. Nomina dell'istruttore

Quando l'appello è proposto davanti alla corte di appello, il presidente, se non ritiene di nominare il relatore e disporre la comparizione delle parti davanti al collegio per la discussione orale, designa un componente di questo per la trattazione e l'istruzione della causa.

Il presidente o il giudice istruttore può differire, con decreto da emettere entro cinque giorni dalla presentazione del fascicolo, la data della prima udienza fino a un massimo di quarantacinque giorni. In tal caso il cancelliere comunica alle parti costituite la nuova data della prima udienza.

Art. 350. Trattazione

Davanti alla corte di appello la trattazione dell'appello è affidata all'istruttore, se nominato, e la decisione è collegiale; davanti al tribunale l'appello è trattato e deciso dal giudice monocratico.

Nella prima udienza di trattazione il giudice verifica la regolare costituzione del giudizio e, quando occorre, ordina l'integrazione di esso o la notificazione prevista dall'articolo 332, dichiara la contumacia dell'appellato oppure dispone che si rinnovi la notificazione dell'atto di appello, e provvede alla riunione degli appelli proposti contro la stessa sentenza.

Quando rileva che ricorre l'ipotesi di cui all'articolo 348-bis il giudice, sentite le parti, dispone la discussione orale della causa ai sensi dell'articolo 350bis. Allo stesso modo può provvedere quando l'impugnazione appare manifestamente fondata, o comunque quando lo ritenga opportuno in ragione della ridotta complessità o dell'urgenza della causa.

Quando non provvede ai sensi del terzo comma, nella stessa udienza il giudice procede al tentativo di conciliazione ordinando, quando occorre, la comparizione personale delle parti; provvede inoltre sulle eventuali richieste istruttorie, dando le disposizioni per l'assunzione davanti a sé delle prove ammesse.

Art. 350-bis. Decisione a seguito di discussione orale

Nei casi di cui agli articoli 348-bis e 350, terzo comma, il giudice procede ai sensi dell'articolo 281-sexies.

Dinanzi alla corte di appello l'istruttore, fatte precisare le conclusioni, fissa udienza davanti al collegio e assegna alle parti termine per note conclusionali antecedente alla data dell'udienza. All'udienza l'istruttore svolge la relazione orale della causa.

La sentenza è motivata in forma sintetica, anche mediante esclusivo riferimento al punto di fatto o alla questione di diritto ritenuti risolutivi o mediante rinvio a precedenti conformi.

Art. 351. Provvedimenti sull'esecuzione provvisoria

Sull'istanza prevista dal primo e dal secondo comma dell'articolo 283 il giudice provvede con ordinanza non impugnabile nella prima udienza. Davanti alla corte di appello, i provvedimenti sull'esecuzione provvisoria sono adottati con ordinanza collegiale. Se nominato, l'istruttore, sentite le parti, riferisce al collegio .

La parte può, con ricorso al giudice, chiedere che la decisione sulla sospensione sia pronunciata prima dell'udienza di comparizione. Davanti alla corte di appello il ricorso è presentato al presidente del collegio.

Il presidente del collegio o il tribunale, con decreto in calce al ricorso, ordina la comparizione delle parti in camera di consiglio, rispettivamente, davanti all'istruttore o davanti a sé. Con lo stesso decreto, se ricorrono giusti motivi di urgenza, può disporre provvisoriamente l'immediata sospensione dell'efficacia esecutiva o dell'esecuzione della sentenza; in tal caso, con l'ordinanza non impugnabile pronunciata all'esito dell'udienza in camera di consiglio il collegio o il tribunale conferma, modifica o revoca il decreto con ordinanza non impugnabile .

Il giudice, all'udienza prevista dal primo comma, se ritiene la causa matura per la decisione, può provvedere ai sensi dell'articolo 281-sexies. Davanti alla corte di appello, se l'udienza è stata tenuta dall'istruttore il collegio, con l'ordinanza con cui adotta i provvedimenti sull'esecuzione provvisoria, fissa udienza davanti a sé per la precisazione delle conclusioni e la discussione orale e assegna alle parti un termine per note conclusionali. Se per la decisione sulla sospensione è stata fissata l'udienza di cui al terzo comma, il giudice fissa apposita udienza per la decisione della causa nel rispetto dei termini a comparire .

Art. 352. Decisione

Esaurita l'attività prevista negli articoli 350 e 351, l'istruttore, quando non ritiene di procedere ai sensi dell'articolo 350-bis, fissa davanti a sé l'udienza di rimessione della causa in decisione e assegna alle parti, salvo che queste non vi rinuncino, i seguenti termini perentori:

1) un termine non superiore a sessanta giorni prima dell'udienza per il deposito di note scritte contenenti la sola precisazione delle conclusioni; 2) un termine non superiore a trenta giorni prima dell'udienza per il deposito delle comparse conclusionali;

3) un termine non superiore a quindici giorni prima per il deposito delle note di replica.

All'udienza la causa è trattenuta in decisione. Davanti alla corte di appello, l'istruttore riserva la decisione al collegio. La sentenza è depositata entro sessanta giorni.

Art. 353. Rimessione al primo giudice per ragioni di giurisdizione

Art. 354. Rimessione al primo giudice

Il giudice d'appello, se dichiara la nullità della notificazione dell'atto introduttivo, riconosce che nel giudizio di primo grado doveva essere integrato il contraddittorio o non doveva essere estromessa una parte, oppure dichiara la nullità della sentenza di primo grado a norma dell'articolo 161 secondo comma, pronuncia sentenza con cui rimette la causa al primo giudice.

Nei casi di rimessione al primo giudice, le parti devono riassumere il processo nel termine perentorio di tre mesi dalla notificazione della sentenza. Se contro la sentenza d'appello è proposto ricorso per cassazione, il termine è interrotto.

Se il giudice d'appello riconosce sussistente la giurisdizione negata dal primo giudice o dichiara la nullità di altri atti compiuti in primo grado, ammette le parti a compiere le attività che sarebbero precluse e ordina, in quanto possibile, la rinnovazione degli atti a norma dell'articolo 356.

Art. 355. Provvedimenti sulla querela di falso.

Se nel giudizio d'appello è proposta querela di falso, il giudice, quando ritiene il documento impugnato rilevante per la decisione della causa, sospende con ordinanza il giudizio e fissa alle parti un termine perentorio entro il quale debbono riassumere la causa di falso davanti al tribunale.

Art. 356. Ammissione e assunzione di prove.

Ferma l'applicabilità della norma di cui al n. 4) del secondo comma dell'art. 279, il giudice d'appello, se dispone l'assunzione di una prova oppure la rinnovazione totale o parziale dell'assunzione già avvenuta in primo grado o comunque dà disposizioni per effetto delle quali il procedimento deve continuare, pronuncia ordinanza e provvede a norma degli articoli 191 e seguenti. Davanti alla corte di appello il collegio delega l'assunzione delle prove all'istruttore, se nominato, o al relatore e, quando ne ravvisa la necessità, può anche d'ufficio disporre la rinnovazione davanti a sé di uno o più mezzi di prova assunti dall'istruttore ai sensi dell'articolo 350, quarto comma .

Quando sia stato proposto appello immediato contro una delle sentenze previste dal n. 4 del secondo comma dell'articolo 279, il giudice d'appello non può disporre

nuove prove riguardo alle domande e alle questioni, rispetto alle quali il giudice di primo grado, non definendo il giudizio, abbia disposto, con separata ordinanza, la prosecuzione dell'istruzione.

Art. 357. Reclamo contro ordinanze

Art. 358. Non riproponibilità di appello dichiarato inammissibile o improcedibile.

L'appello dichiarato inammissibile o improcedibile non può essere riproposto, anche se non è decorso il termine fissato dalla legge.

Art. 359. Rinvio alle norme relative al procedimento davanti al tribunale. Nei procedimenti d'appello davanti alla Corte o al tribunale si osservano, in quanto applicabili, le norme dettate per il procedimento di primo grado davanti al tribunale, se non sono incompatibili con le disposizioni del presente capo.

CAPO III - DEL RICORSO PER CASSAZIONE
SEZIONE I - Dei provvedimenti impugnabili e dei ricorsi
Art. 360. Sentenze impugnabili e motivi di ricorso.

Le sentenze pronunciate in grado d'appello o in unico grado, possono essere impugnate con ricorso per cassazione:

1) per motivi attinenti alla giurisdizione;

2) per violazione delle norme sulla competenza, quando non è prescritto il regolamento di competenza;

3) per violazione o falsa applicazione di norme di diritto e dei contratti e accordi collettivi nazionali di lavoro;

4) per nullità della sentenza o del procedimento;

5) per omesso esame circa un fatto decisivo per il giudizio che è stato oggetto di discussione tra le parti .

Può inoltre essere impugnata con ricorso per cassazione una sentenza appellabile del tribunale, se le parti sono d'accordo per omettere l'appello; ma in tale caso l'impugnazione può proporsi soltanto a norma del primo comma, n. 3.

Non sono immediatamente impugnabili con ricorso per cassazione le sentenze che decidono di questioni insorte senza definire, neppure parzialmente, il giudizio. Il ricorso per cassazione avverso tali sentenze può essere proposto, senza necessità di riserva, allorché sia impugnata la sentenza che definisce, anche parzialmente, il giudizio.

Quando la pronuncia di appello conferma la decisione di primo grado per le stesse ragioni, inerenti ai medesimi fatti, poste a base della decisione impugnata, il ricorso per cassazione può essere proposto esclusivamente per i motivi di cui al primo comma, numeri 1), 2), 3) e 4). Tale disposizione non si applica relativamente alle cause di cui all'articolo 70, primo comma .

Le disposizioni di cui al primo, al terzo e al quarto comma si applicano alle sentenze ed ai provvedimenti diversi dalla sentenza contro i quali è ammesso il ricorso per cassazione per violazione di legge .

Art. 360-bis. Inammissibilità del ricorso.

Il ricorso è inammissibile:

1) quando il provvedimento impugnato ha deciso le questioni di diritto in modo conforme alla giurisprudenza della Corte e l'esame dei motivi non offre elementi per confermare o mutare l'orientamento della stessa; 2) quando è manifestamente infondata la censura relativa alla violazione dei princìpi regolatori del giusto processo.

Art. 361. Riserva facoltativa di ricorso contro sentenze non definitive.
Contro le sentenze previste dall'articolo 278 e contro quelle che decidono una o alcune delle domande senza definire l'intero giudizio, il ricorso per cassazione può essere differito, qualora la parte soccombente ne faccia riserva, a pena di decadenza, entro il termine per la proposizione del ricorso, e in ogni caso non oltre la prima udienza successiva alla comunicazione della sentenza stessa.

Qualora sia stata fatta la riserva di cui al precedente comma, il ricorso deve essere proposto unitamente a quello contro la sentenza che definisce il giudizio, o con quello che venga proposto, dalla stessa o da altra parte, contro altra sentenza successiva che non definisca il giudizio.

La riserva non può farsi, e se già fatta rimane priva di effetto, quando contro la stessa sentenza da alcuna delle parti sia proposto immediatamente ricorso.

Art. 362. Altri casi di ricorso.

Possono essere impugnate con ricorso per cassazione, nel termine di cui all'articolo 325 secondo comma, le decisioni in grado di appello o in unico grado del giudice amministrativo o di un giudice speciale, per motivi attinenti alla giurisdizione del giudice stesso .

Possono essere denunciati in ogni tempo con ricorso per cassazione:

1. i conflitti positivi o negativi di giurisdizione tra giudici speciali, o tra giudice amministrativo e giudice speciale, o tra questi e i giudici ordinari; 2. i conflitti negativi di attribuzione tra la pubblica amministrazione e il giudice ordinario .

Le decisioni dei giudici ordinari passate in giudicato possono altresì essere impugnate per revocazione ai sensi dell'articolo 391-quater quando il loro contenuto è stato dichiarato dalla Corte europea dei diritti dell'uomo contrario alla Convenzione ovvero ad uno dei suoi Protocolli .

Art. 363. Principio di diritto nell'interesse della legge.
Quando le parti non hanno proposto ricorso nei termini di legge o vi hanno rinunciato, ovvero quando il provvedimento non è ricorribile in cassazione e non è altrimenti impugnabile, il Procuratore generale presso la Corte di cassazione può chiedere che la Corte enunci nell'interesse della legge il principio di diritto al quale il giudice di merito avrebbe dovuto attenersi.

La richiesta del procuratore generale, contenente una sintetica esposizione del fatto e delle ragioni di diritto poste a fondamento dell'istanza, è rivolta al primo presidente, il quale può disporre che la Corte si pronunci a sezioni unite se ritiene che la questione è di particolare importanza.

Il principio di diritto può essere pronunciato dalla Corte anche d'ufficio, quando il ricorso proposto dalle parti è dichiarato inammissibile, se la Corte ritiene che la questione decisa è di particolare importanza. La pronuncia della Corte non ha effetto sul provvedimento del giudice di merito.

Art. 363-bis. Rinvio pregiudiziale

Il giudice di merito può disporre con ordinanza, sentite le parti costituite, il rinvio pregiudiziale degli atti alla Corte di cassazione per la risoluzione di una questione esclusivamente di diritto, quando concorrono le seguenti condizioni:

1) la questione è necessaria alla definizione anche parziale del giudizio e non è stata ancora risolta dalla Corte di cassazione; 2) la questione presenta gravi difficoltà interpretative; 3) la questione è suscettibile di porsi in numerosi giudizi.

L'ordinanza che dispone il rinvio pregiudiziale è motivata, e con riferimento alla condizione di cui al numero 2) del primo comma reca specifica indicazione delle diverse interpretazioni possibili. Essa è immediatamente trasmessa alla Corte di cassazione ed è comunicata alle parti. Il procedimento è sospeso dal giorno in cui è depositata l'ordinanza, salvo il compimento degli atti urgenti e delle attività istruttorie non dipendenti dalla soluzione della questione oggetto del rinvio pregiudiziale.

Il primo presidente, ricevuta l'ordinanza di rinvio pregiudiziale, entro novanta giorni assegna la questione alle sezioni unite o alla sezione semplice per l'enunciazione del principio di diritto, o dichiara con decreto l'inammissibilità della questione per la mancanza di una o più delle condizioni di cui al primo comma.

La Corte, sia a sezioni unite che a sezione semplice, pronuncia in pubblica udienza, con la requisitoria scritta del pubblico ministero e con facoltà per le parti costituite di depositare brevi memorie, nei termini di cui all'articolo 378.

Con il provvedimento che definisce la questione è disposta la restituzione degli atti al giudice.

Il principio di diritto enunciato dalla Corte è vincolante nel procedimento nell'ambito del quale è stata rimessa la questione e, se questo si estingue, anche nel nuovo processo in cui è proposta la medesima domanda tra le stesse parti.

Art. 364. Deposito per il caso di soccombenza.

Art. 365. Sottoscrizione del ricorso.

Il ricorso è diretto alla corte e sottoscritto, a pena d'inammissibilità, da un avvocato iscritto nell'apposito albo, munito di procura speciale.

Art. 366. Contenuto del ricorso.

Il ricorso deve contenere, a pena di inammissibilità:

1) l'indicazione delle parti;
2) l'indicazione della sentenza o decisione impugnata;
3) la chiara esposizione dei fatti della causa essenziali alla illustrazione dei motivi di ricorso ;
4) la chiara e sintetica esposizione dei motivi per i quali si chiede la cassazione, con l'indicazione delle norme di diritto su cui si fondano ;
5) l'indicazione della procura, se conferita con atto separato e, nel caso di ammissione al gratuito patrocinio, del relativo decreto;
6) la specifica indicazione, per ciascuno dei motivi, degli atti processuali, dei documenti e dei contratti o accordi collettivi sui quali il motivo si fonda e l'illustrazione del contenuto rilevante degli stessi .

Nel caso previsto nell'articolo 360, secondo comma, l'accordo delle parti deve risultare mediante visto apposto sul ricorso dalle altre parti o dai loro difensori muniti di procura speciale, oppure mediante atto separato, anche anteriore alla sentenza impugnata, da unirsi al ricorso stesso.

Art. 366-bis. Formulazione dei motivi.

Art. 367. Sospensione del processo di merito.

Una copia del ricorso per cassazione proposto a norma dell'articolo 41, primo comma, è depositata, dopo la notificazione alle altre parti, nella cancelleria del giudice davanti a cui pende la causa, il quale sospende il processo se non ritiene l'istanza manifestamente inammissibile o la contestazione della giurisdizione manifestamente infondata. Il giudice istruttore o il collegio provvede con ordinanza.

Se la Corte di cassazione dichiara la giurisdizione del giudice ordinario, le parti debbono riassumere il processo entro il termine perentorio di sei mesi dalla comunicazione della sentenza.

Art. 368. Questione di giurisdizione sollevata dal prefetto. Nel caso previsto nell'art. 41 secondo comma, la richiesta per la decisione della Corte di cassazione è fatta dal prefetto con decreto motivato.

Il decreto è notificato, su richiesta del prefetto, alle parti e al procuratore della Repubblica presso il tribunale, se la causa pende davanti a questo , oppure al procuratore generale presso la Corte di appello, se pende davanti alla Corte.

Il pubblico ministero comunica il decreto del prefetto al capo dell'ufficio giudiziario davanti al quale pende la causa. Questi sospende il procedimento con decreto che è notificato alle parti a cura del pubblico ministero entro dieci giorni dalla sua pronuncia, sotto pena di decadenza della richiesta. La Corte di cassazione è investita della questione di giurisdizione con ricorso a cura della parte più diligente, nel termine perentorio di trenta giorni dalla notificazione del decreto.

Si applica la disposizione dell'ultimo comma dell'articolo precedente.

Art. 369. Deposito del ricorso I ricorso è depositato, a pena di improcedibilità, nel termine di giorni venti dall'ultima notificazione alle parti contro le quali è proposto . Insieme col ricorso debbono essere depositati, sempre a pena di improcedibilità:

1. il decreto di concessione del gratuito patrocinio ;
2. copia autentica della sentenza o della decisione impugnata con la relazione di notificazione, se questa è avvenuta, tranne che nei casi di cui ai due articoli precedenti; oppure copia autentica dei provvedimenti dai quali risulta il conflitto nei casi di cui ai nn. 1 e 2 dell'articolo 362;
3. la procura speciale, se questa è conferita con atto separato;
4. Gli atti processuali, i documenti, i contratti o accordi collettivi sui quali il ricorso si fonda .

Art. 370. Controricorso

La parte contro la quale il ricorso è diretto, se intende contraddire, deve farlo mediante controricorso da depositare entro quaranta giorni dalla notificazione del ricorso. In mancanza, essa non può presentare memorie, ma soltanto partecipare alla discussione orale .

Al controricorso si applicano le norme degli articoli 365 e 366, in quanto è possibile.

Il controricorso è depositato insieme con gli atti e i documenti e con la procura speciale, se conferita con atto separato .

Art. 371. Ricorso incidentale

La parte di cui all'articolo precedente deve proporre con l'atto contenente il controricorso l'eventuale ricorso incidentale contro la stessa sentenza .

La parte alla quale è stato notificato il ricorso per integrazione a norma degli articoli 331 e 332 deve proporre l'eventuale ricorso incidentale con atto depositato nel termine di quaranta giorni dalla notificazione . Al ricorso incidentale si applicano le disposizioni degli articoli 365, 366 e 369

.

Per resistere al ricorso incidentale può essere depositato un controricorso a norma dell'articolo precedente .

Se il ricorrente principale deposita la copia della sentenza o della decisione impugnata, non è necessario che la depositi anche il ricorrente per incidente .

Art. 371-bis. Deposito dell'atto di integrazione del contraddittorio.
Qualora la Corte abbia ordinato l'integrazione del contraddittorio, assegnando alle parti un termine perentorio per provvedervi, il ricorso notificato, contenente nell'intestazione le parole "atto di integrazione del contraddittorio", deve essere depositato nella cancelleria della Corte stessa, a pena di improcedibilità, entro venti giorni dalla scadenza del termine assegnato.

Art. 372. Produzione di altri documenti.

Non è ammesso il deposito di atti e documenti non prodotti nei precedenti gradi del processo, tranne di quelli che riguardano la nullità della sentenza impugnata e l'ammissibilità del ricorso e del controricorso.

Il deposito dei documenti relativi all'ammissibilità può avvenire indipendentemente da quello del ricorso e del controricorso, fino a quindici giorni prima dell'udienza o dell'adunanza in camera di consiglio .

Art. 373. Sospensione dell'esecuzione.

Il ricorso per cassazione non sospende l'esecuzione della sentenza. Tuttavia il giudice che ha pronunciato la sentenza impugnata può, su istanza di parte e qualora dall'esecuzione possa derivare grave e irreparabile danno, disporre con ordinanza non impugnabile che la esecuzione sia sospesa o che sia prestata congrua cauzione.

L'istanza si propone con ricorso al giudice di pace, al tribunale in composizione monocratica o al presidente del collegio, il quale, con decreto in calce al ricorso, ordina la comparizione delle parti rispettivamente d'innanzi a sè o al collegio in camera di consiglio. Copia del ricorso e del

decreto sono notificate al procuratore dell'altra parte, ovvero alla parte stessa, se questa sia stata in giudizio senza ministero di difensore o non si sia costituita nel giudizio definito con la sentenza impugnata. Con lo stesso decreto, in caso di eccezionale urgenza può essere disposta provvisoriamente l'immediata sospensione dell'esecuzione.

SEZIONE II - Del procedimento e dei provvedimenti
Art. 374. Pronuncia a sezioni unite.

La Corte pronuncia a sezioni unite nei casi previsti nel n. 1) dell'articolo 360 e nell'articolo 362. Tuttavia, tranne che nei casi di impugnazione delle decisioni del Consiglio di Stato e della Corte dei conti, il ricorso può essere assegnato alle sezioni semplici, se sulla questione di giurisdizione proposta si sono già pronunciate le sezioni unite.

Inoltre il primo presidente può disporre che la Corte pronunci a sezioni unite sui ricorsi che presentano una questione di diritto già decisa in senso difforme dalle sezioni semplici, e su quelli che presentano una questione di massima di particolare importanza.

Se la sezione semplice ritiene di non condividere il principio di diritto enunciato dalle sezioni unite, rimette a queste ultime, con ordinanza motivata, la decisione del ricorso.

In tutti gli altri casi la Corte pronuncia a sezione semplice.

Art. 375. Pronuncia in udienza pubblica o in camera di consiglio
La Corte, sia a sezioni unite che a sezione semplice, pronuncia in pubblica udienza quando la questione di diritto è di particolare rilevanza, nonché nei casi di cui all'articolo 391-quater .

La Corte, sia a sezioni unite che a sezione semplice, pronuncia con ordinanza in camera di consiglio quando riconosce di dovere:

1) dichiarare l'inammissibilità del ricorso principale e di quello incidentale eventualmente proposto, anche per mancanza dei motivi previsti dall'articolo 360 ;

1-bis) dichiarare l'improcedibilità del ricorso ;

2) Abrogato

3) Abrogato

4) pronunciare sulle istanze di regolamento di competenza e di giurisdizione, salva l'applicazione del primo comma ;

4-bis) pronunciare nei casi di correzione di errore materiale ;

4-ter) pronunciare sui ricorsi per revocazione e per opposizione di terzo, salva l'applicazione del primo comma ;

4-quater) in ogni altro caso in cui non pronuncia in pubblica udienza

Art. 376. Assegnazione dei ricorsi alle sezioni

Il primo presidente assegna i ricorsi alle sezioni unite o alla sezione semplice

La parte, che ritiene di competenza delle sezioni unite un ricorso assegnato a una sezione semplice, può proporre al primo presidente istanza di rimessione alle sezioni unite, fino a quindici giorni prima dell'udienza o dell'adunanza .

All'udienza o all'adunanza della sezione semplice, la rimessione può essere disposta con ordinanza soltanto su richiesta del pubblico ministero o d'ufficio .

Art. 377. Fissazione dell'udienza o dell'adunanza in camera di consiglio e decreto preliminare del presidente

Il primo presidente, su presentazione del ricorso a cura del cancelliere, fissa l'udienza o l'adunanza della camera di consiglio e nomina il relatore per i ricorsi assegnati alle sezioni unite. Per i ricorsi assegnati alle sezioni semplici provvede allo stesso modo, il presidente della sezione.

Dell'udienza è data comunicazione dal cancelliere al pubblico ministero e agli avvocati delle parti almeno sessanta giorni prima .

Il primo presidente o il presidente della sezione, quando occorre, ordina con decreto l'integrazione del contraddittorio o dispone che sia eseguita la notificazione dell'impugnazione a norma dell'articolo 332, ovvero che essa sia rinnovata .

Art. 378. Deposito di memorie

Il pubblico ministero può depositare una memoria non oltre venti giorni prima dell'udienza .

Le parti possono depositare sintetiche memorie illustrative non oltre dieci giorni prima dell'udienza .

Art. 379. Discussione

L'udienza si svolge sempre in presenza .

All'udienza il relatore espone in sintesi le questioni della causa .

Dopo la relazione il presidente invita il pubblico ministero a esporre oralmente le sue conclusioni motivate e, quindi, i difensori delle parti a svolgere le loro difese. Il presidente dirige la discussione, indicandone ove necessario i punti e i tempi .

Non sono ammesse repliche .

Art. 380. Deliberazione della sentenza

La Corte, dopo la discussione della causa, delibera nella stessa seduta, la sentenza in camera di consiglio .

Si applica alla deliberazione della corte la disposizione dell'articolo 276.

La sentenza è depositata nei novanta giorni successivi .

Art. 380-bis. Procedimento per la decisione accelerata dei ricorsi inammissibili, improcedibili o manifestamente infondati

Se non è stata ancora fissata la data della decisione, il presidente della sezione o un consigliere da questo delegato può formulare una sintetica proposta di definizione del giudizio, quando ravvisa la inammissibilità, improcedibilità o manifesta infondatezza del ricorso principale e di quello incidentale eventualmente proposto. La proposta è comunicata ai difensori delle parti.

Entro quaranta giorni dalla comunicazione la parte ricorrente, con istanza sottoscritta dal difensore munito di una nuova procura speciale, può chiedere la decisione. In mancanza, il ricorso si intende rinunciato e la Corte provvede ai sensi dell'articolo 391.

Se entro il termine indicato al secondo comma la parte chiede la decisione, la Corte procede ai sensi dell'articolo 380-bis.1 e quando definisce il giudizio in conformità alla proposta applica il terzo e il quarto comma dell'articolo 96.

Art. 380-bis.1. Procedimento per la decisione in camera di consiglio

Della fissazione del ricorso in camera di consiglio dinanzi alle sezioni unite o alla sezione semplice è data comunicazione agli avvocati delle parti e al pubblico ministero almeno sessanta giorni prima dell'adunanza. Il pubblico ministero può depositare le sue conclusioni scritte non oltre venti giorni prima dell'adunanza in camera di consiglio. Le parti possono depositare le loro sintetiche memorie illustrative non oltre dieci giorni prima dell'adunanza. La Corte giudica senza l'intervento del pubblico ministero e delle parti.

L'ordinanza, sinteticamente motivata, è depositata al termine della camera di consiglio, ma il collegio può riservarsi il deposito nei successivi sessanta giorni.

Art. 380-ter. Procedimento per la decisione sulle istanze di regolamento di giurisdizione e di competenza

Nei casi previsti dall'articolo 375, secondo comma, numero 4, si applica l'articolo 380-bis.1; il pubblico ministero deposita le sue conclusioni scritte nel termine ivi stabilito .

Art. 381. Provvedimento sul deposito.

Art. 382. Decisione delle questioni di giurisdizione e di competenza.

La Corte, quando decide una questione di giurisdizione, statuisce su questa, determinando, quando occorre, il giudice competente.

Quando cassa per violazione delle norme sulla competenza, statuisce su questa.

Se riconosce che il giudice del quale si impugna il provvedimento e ogni altro giudice difettano di giurisdizione, cassa senza rinvio. Egualmente provvede in ogni altro caso in cui ritiene che la causa non poteva essere proposta o il processo proseguito.

Art. 383. Cassazione con rinvio.

La corte, quando accoglie il ricorso per motivi diversi da quelli richiamati nell'articolo precedente, rinvia la causa ad altro giudice di grado pari a quello che ha pronunciato la sentenza cassata.

Nel caso previsto nell'articolo 360 secondo comma, la causa può essere rinviata al giudice che avrebbe dovuto pronunciare sull'appello al quale le parti hanno rinunciato. La Corte, se riscontra una nullità del giudizio di primo grado per la quale il giudice d'appello avrebbe dovuto rimettere le parti al primo giudice, rinvia la causa a quest'ultimo.

Art. 384. Enunciazione del principio di diritto e decisione della causa nel merito.

La Corte enuncia il principio di diritto quando decide il ricorso proposto a norma dell'articolo 360, primo comma, n. 3), e in ogni altro caso in cui, decidendo su altri motivi del ricorso, risolve una questione di diritto di particolare importanza.

La Corte, quando accoglie il ricorso, cassa la sentenza rinviando la causa ad altro giudice, il quale deve uniformarsi al principio di diritto e comunque a quanto statuito dalla Corte, ovvero decide la causa nel merito qualora non siano necessari ulteriori accertamenti di fatto.

Se ritiene di porre a fondamento della sua decisione una questione rilevata d'ufficio, la Corte riserva la decisione, assegnando con ordinanza al pubblico ministero e alle parti un termine non inferiore a venti e non superiore a sessanta giorni dalla comunicazione per il deposito in cancelleria di osservazioni sulla medesima questione.

Non sono soggette a cassazione le sentenze erroneamente motivate in diritto, quando il dispositivo sia conforme al diritto; in tal caso la Corte si limita a correggere la motivazione.

Art. 385. Provvedimenti sulle spese.

La Corte, se rigetta il ricorso, condanna il ricorrente alle spese. Se cassa senza rinvio o per violazione delle norme sulla competenza provvede sulle spese di tutti i precedenti giudizi, liquidandole essa stessa o rimettendone la liquidazione al giudice che ha pronunciato la sentenza cassata.

Se rinvia la causa ad altro giudice, può provvedere sulle spese del giudizio di cassazione o rimetterne la pronuncia al giudice di rinvio.

Art. 386. Effetti della decisione sulla giurisdizione.

La decisione sulla giurisdizione è determinata dall'oggetto della domanda e, quando prosegue il giudizio, non pregiudica le questioni sulla pertinenza del diritto e sulla proponibilità della domanda.

Art. 387. Non riproponibilità del ricorso dichiarato inammissibile o improcedibile.

Il ricorso dichiarato inammissibile o improcedibile, non può essere riproposto, anche se non è scaduto il termine fissato dalla legge.

Art. 388. Trasmissione di copia del dispositivo al giudice di merito. Copia della sentenza è trasmessa dal cancelliere della Corte a quello del giudice che ha pronunciato la sentenza impugnata, affinché ne sia presa nota in margine all'originale di quest'ultima. La trasmissione può avvenire anche in via telematica.

Art. 389. Domande conseguenti alla cassazione.

Le domande di restituzione o di riduzione in pristino e ogni altra conseguente alla sentenza di cassazione si propongono al giudice di rinvio e, in caso di cassazione senza rinvio, al giudice che ha pronunciato la sentenza cassata.

Art. 390. Rinuncia.

La parte può rinunciare al ricorso principale o incidentale finché non sia cominciata la relazione all'udienza, o sino alla data dell'adunanza camerale

.

La rinuncia deve farsi con atto sottoscritto dalla parte e dal suo avvocato o anche da questo solo se è munito di mandato speciale a tale effetto.

Del deposito dell'atto di rinuncia è data comunicazione alle parti costituite a cura della cancelleria .

Art. 391. Pronuncia sulla rinuncia.

Sulla rinuncia e nei casi di estinzione del processo disposta per legge la Corte provvede con ordinanza in camera di consiglio, salvo che debba decidere altri ricorsi contro lo stesso provvedimento fissati per la pubblica udienza. Provvede il presidente, con decreto, se non è stata ancora fissata la data della decisione.

Il decreto, l'ordinanza o la sentenza che dichiara l'estinzione può condannare la parte che vi ha dato causa alle spese.

Il decreto ha efficacia di titolo esecutivo se nessuna delle parti chiede la fissazione dell'udienza nel termine di dieci giorni dalla comunicazione. La condanna non è pronunciata se alla rinuncia hanno aderito le altre parti personalmente o i loro avvocati autorizzati con mandato speciale.

Art. 391-bis. Correzione degli errori materiali e revocazione delle sentenze della Corte di cassazione.

Se la sentenza, l'ordinanza o il decreto di cui all'articolo 380-bis pronunciati dalla Corte di cassazione sono affetti da errore materiale o di calcolo ai sensi dell'articolo 287, ovvero da errore di fatto ai sensi dell'articolo 395, numero 4), la parte interessata può chiederne la correzione o la revocazione con ricorso ai sensi degli articoli 365 e seguenti. La correzione può essere chiesta, e può essere rilevata d'ufficio dalla Corte, in qualsiasi tempo. La revocazione può essere chiesta entro il termine perentorio di sessanta giorni dalla notificazione ovvero di sei mesi dalla pubblicazione del provvedimento .

La pendenza del termine per la revocazione della sentenza della Corte di cassazione non impedisce il passaggio in giudicato della sentenza impugnata con ricorso per cassazione respinto.

In caso di impugnazione per revocazione della sentenza della Corte di cassazione non è ammessa la sospensione dell'esecuzione della sentenza passata in giudicato, né è sospeso il giudizio di rinvio o il termine per riassumerlo .

Art. 391-ter. Altri casi di revocazione ed opposizione di terzo. Il provvedimento con il quale la Corte ha deciso la causa nel merito è, altresì, impugnabile per revocazione per i motivi di cui ai numeri 1, 2, 3 e 6 del primo comma dell'articolo 395 e per opposizione di terzo. I relativi ricorsi si propongono alla stessa Corte e debbono contenere gli elementi, rispettivamente, degli articoli 398, commi secondo e terzo, e 405, comma secondo. Quando pronuncia la revocazione o accoglie l'opposizione di terzo, la Corte decide la causa nel merito qualora non siano necessari ulteriori accertamenti di fatto; altrimenti, pronunciata la revocazione ovvero dichiarata ammissibile l'opposizione di terzo, rinvia la causa al giudice che ha pronunciato la sentenza cassata.

Art. 391-quater. Revocazione per contrarietà alla Convenzione europea dei diritti dell'uomo

Le decisioni passate in giudicato il cui contenuto è stato dichiarato dalla Corte europea dei diritti dell'uomo contrario alla Convenzione per la salvaguardia dei Diritti dell'Uomo e delle Libertà fondamentali ovvero ad uno dei suoi Protocolli, possono essere impugnate per revocazione se concorrono le seguenti condizioni:

1)   la violazione accertata dalla Corte europea ha pregiudicato un diritto di stato della persona;

2)   l'equa indennità eventualmente accordata dalla Corte europea ai sensi dell'articolo 41 della Convenzione non è idonea a compensare le conseguenze della violazione.

Il ricorso si propone nel termine di sessanta giorni dalla comunicazione o, in mancanza, dalla pubblicazione della sentenza della Corte europea ai sensi del regolamento della Corte stessa. Si applica l'articolo 391-ter, secondo comma.

L'accoglimento della revocazione non pregiudica i diritti acquisiti dai terzi di buona fede che non hanno partecipato al giudizio svoltosi innanzi alla Corte europea.

SEZIONE III - Del giudizio di rinvio
Art. 392. Riassunzione della causa.
La riassunzione della causa davanti al giudice di rinvio può essere fatta da ciascuna delle parti non oltre tre mesi dalla pubblicazione della sentenza della Corte di cassazione.

La riassunzione si fa con citazione, la quale è notificata personalmente a norma degli articoli 137 e seguenti.

Art. 393. Estinzione del processo.
Se la riassunzione non avviene entro il termine di cui all'articolo precedente, o si avvera successivamente a essa una causa di estinzione del giudizio di rinvio, l'intero processo si estingue; ma la sentenza della Corte di cassazione conserva il suo effetto vincolante anche nel nuovo processo che sia instaurato con la riproposizione della domanda.

Art. 394. Procedimento in sede di rinvio.
In sede di rinvio si osservano le norme stabilite per il procedimento davanti al giudice al quale la Corte ha rinviato la causa. In ogni caso deve essere prodotta copia autentica della sentenza di cassazione.

Le parti conservano la stessa posizione processuale che avevano nel procedimento in cui fu pronunciata la sentenza cassata.

Nel giudizio di rinvio può deferirsi il giuramento decisorio, ma le parti non possono prendere conclusioni diverse da quelle prese nel giudizio nel quale fu pronunciata la sentenza cassata, salvo che la necessità delle nuove conclusioni sorga dalla sentenza di cassazione.

CAPO IV - DELLA REVOCAZIONE
Art. 395. Casi di revocazione.
Le sentenze pronunciate in grado di appello o in unico grado possono essere impugnate per revocazione:
1) se sono l'effetto del dolo di una delle parti in danno dell'altra;
2) se si è giudicato in base a prove riconosciute o comunque dichiarate false dopo la sentenza oppure che la parte soccombente ignorava essere state riconosciute o dichiarate tali prima della sentenza;
3) se dopo la sentenza sono stati trovati uno o più documenti decisivi che la parte non aveva potuto

produrre in giudizio per causa di forza maggiore o per fatto dell'avversario;

4) se la sentenza è l'effetto di un errore di fatto risultante dagli atti o documenti della causa. Vi è questo errore quando la decisione è fondata sulla supposizione di un fatto la cui verità è incontrastabilmente esclusa, oppure quando è supposta l'inesistenza di un fatto la cui verità è positivamente stabilita, e tanto nell'uno quanto nell'altro caso se il fatto non costituì un punto controverso sul quale la sentenza ebbe a pronunciare; 5) se la sentenza è contraria ad altra precedente avente fra le parti autorità di cosa giudicata, purché non abbia pronunciato sulla relativa eccezione; 6) se la sentenza è effetto del dolo del giudice, accertato con sentenza passata in giudicato.

Art. 396. Revocazione delle sentenze per le quali è scaduto il termine per l'appello.

Le sentenze per le quali è scaduto il termine per l'appello possono essere impugnate per revocazione nei casi dei nn. 1, 2, 3 e 6 dell'articolo precedente, purché la scoperta del dolo o della falsità o il recupero dei documenti o la pronuncia della sentenza di cui al n. 6 siano avvenuti dopo la scadenza del termine suddetto.

Se i fatti menzionati nel comma precedente avvengono durante il corso del termine per l'appello, il termine stesso è prorogato dal giorno dell'avvenimento in modo da raggiungere i trenta giorni da esso.

Art. 397. Revocazione proponibile dal pubblico ministero.

Nelle cause in cui l'intervento del pubblico ministero è obbligatorio a norma dell'articolo 70 primo comma, le sentenze previste nei due articoli precedenti possono essere impugnate per revocazione dal pubblico ministero: 1. quando la sentenza è stata pronunciata senza che egli sia stato sentito; 2. quando la sentenza è l'effetto della collusione posta in opera dalle parti per frodare la legge .

Nei casi di cui all'articolo 391-quater, la revocazione può essere promossa anche dal procuratore generale presso la Corte di cassazione .

Art. 398. Proposizione della domanda.

La revocazione si propone con citazione davanti allo stesso giudice che ha pronunciato la sentenza impugnata.

La citazione deve indicare, a pena d'inammissibilità, il motivo della revocazione e le prove relative alla dimostrazione dei fatti di cui ai numeri 1, 2, 3 e 6 dell'articolo 395, del giorno della scoperta o dell'accertamento del dolo o della falsità o del recupero dei documenti.

La citazione deve essere sottoscritta da un difensore munito di procura speciale.

La proposizione della revocazione non sospende il termine per proporre il ricorso per cassazione o il procedimento relativo. Tuttavia il giudice davanti a cui è proposta la revocazione, su istanza di parte, può sospendere l'uno o l'altro fino alla comunicazione della sentenza che abbia pronunciato sulla revocazione, qualora ritenga non manifestamente infondata la revocazione proposta.

Art. 399. Deposito della citazione e della risposta.

Se la revocazione è proposta davanti al tribunale o alla corte d'appello, la citazione deve essere depositata, a pena di improcedibilità, entro venti giorni dalla notificazione, nella cancelleria del giudice adito insieme con la copia autentica della sentenza impugnata.

Le altre parti debbono costituirsi nello stesso termine mediante deposito in cancelleria di una comparsa contenente le loro conclusioni. Se la revocazione è proposta davanti al giudice di pace il deposito e la costituzione di cui ai due commi precedenti debbono farsi a norma dell'articolo 319.

Art. 400. Procedimento.

Davanti al giudice adito si osservano le norme stabilite per il procedimento davanti a lui in quanto non derogate da quelle del presente capo.

Art. 401. Sospensione dell'esecuzione.

Il giudice della revocazione può pronunciare, su istanza di parte inserita nell'atto di citazione, l'ordinanza prevista nell'articolo 373, con lo stesso procedimento in camera di consiglio ivi stabilito.

Art. 402. Decisione.

Con la sentenza che pronuncia la revocazione il giudice decide il merito della causa e dispone l'eventuale restituzione di ciò che siasi conseguito con la sentenza revocata.

Il giudice, se per la decisione del merito della causa ritiene di dover disporre nuovi mezzi istruttori, pronuncia, con sentenza, la revocazione della sentenza impugnata e rimette con ordinanza le parti davanti all'istruttore.

Art. 403. Impugnazione della sentenza di revocazione.

Non può essere impugnata per revocazione la sentenza pronunciata nel giudizio di revocazione.

Contro di essa sono ammessi i mezzi d'impugnazione ai quali era originariamente soggetta la sentenza impugnata per revocazione.

CAPO V - DELL'OPPOSIZIONE DI TERZO
Art. 404. Casi di opposizione di terzo.

Un terzo può fare opposizione contro la sentenza passata in giudicato o comunque esecutiva pronunciata tra altre persone quando pregiudica i suoi diritti.

Gli aventi causa e i creditori di una delle parti possono fare opposizione alla sentenza, quando è l'effetto di dolo o collusione a loro danno.

Art. 405. Domanda di opposizione.

L'opposizione è proposta davanti allo stesso giudice che ha pronunciato la sentenza, secondo le forme prescritte per il procedimento davanti a lui. La citazione deve contenere, oltre agli elementi di cui all'art. 163, anche l'indicazione della sentenza impugnata e, nel caso del secondo comma dell'articolo precedente, l'indicazione del giorno in cui il terzo è venuto a conoscenza del dolo o della collusione, e della relativa prova.

Art. 406. Procedimento.

Davanti al giudice adito si osservano le norme stabilite per il procedimento davanti a lui, in quanto non derogate da quelle del presente capo.

Art. 407. Sospensione dell'esecuzione.

Il giudice dell'opposizione può pronunciare, su istanza di parte inserita nell'atto di citazione, l'ordinanza prevista nell'art. 373, con lo stesso procedimento in camera di consiglio ivi stabilito.

Art. 408. Decisione.

Il giudice, se dichiara inammissibile o improcedibile la domanda o la rigetta per infondatezza dei motivi, condanna l'opponente al pagamento di una pena pecuniaria di € 2 se la sentenza impugnata è del giudice di pace, di € 2 se è del tribunale e di € 2 in ogni altro caso.

TITOLO IV – NORME PER LE CONTROVERSIE IN MATERIA DI LAVORO
CAPO I – DELLE CONTROVERSIE INDIVIDUALI DI LAVORO
SEZIONE I - Disposizioni generali
Art. 409. Controversie individuali di lavoro.

Si osservano le disposizioni del presente capo nelle controversie relative a: 1) rapporti di lavoro subordinato privato, anche se non inerenti all'esercizio di una impresa; 2) rapporti di mezzadria, di colonia parziaria, di compartecipazione agraria, di affitto a coltivatore diretto, nonché rapporti derivanti da altri contratti agrari, salva la competenza delle sezioni specializzate agrarie; 3) rapporti di agenzia, di rappresentanza commerciale ed altri rapporti di collaborazione che si concretino in una prestazione di opera continuativa e coordinata, prevalentemente personale, anche se non a carattere subordinato. La collaborazione si intende coordinata quando, nel rispetto delle modalità di coordinamento stabilite di comune accordo dalle parti, il collaboratore organizza autonomamente l'attività lavorativa; 4) rapporti di lavoro dei dipendenti di enti pubblici che svolgono esclusivamente o prevalentemente attività economica;

5) rapporti di lavori dei dipendenti di enti pubblici ed altri rapporti di lavoro pubblico, sempreché non siano devoluti dalla legge ad altro giudice.

Art. 410. Tentativo di conciliazione.

Chi intende prorre in giudizio una domanda relativa ai rapporti previsti dall'articolo 409 può promuovere, anche tramite l'associazione sindacale alla quale aderisce o conferisce mandato, un previo tentativo di conciliazione presso la commissione di conciliazione individuata secondo i criteri di cui all'articolo 413.

La comunicazione della richiesta di espletamento del tentativo di conciliazione interrompe la prescrizione e sospende, per la durata del tentativo di conciliazione e per i venti giorni successivi alla sua conclusione, il decorso di ogni termine di decadenza.

Le commissioni di conciliazione sono istituite presso la Direzione provinciale del lavoro. La commissione è composta dal direttore dell'ufficio stesso o da un suo delegato o da un magistrato collocato a riposo, in qualità di presidente, da quattro rappresentanti effettivi e da quattro supplenti dei datori di lavoro e da quattro rappresentanti effettivi e da quattro supplenti dei lavoratori, designati dalle rispettive organizzazioni sindacali maggiormente rappresentative a livello territoriale.

Le commissioni, quando se ne ravvisi la necessità, affidano il tentativo di conciliazione a proprie sottocommissioni, presiedute dal direttore della Direzione provinciale del lavoro o da un suo delegato, che rispecchino la composizione prevista dal terzo comma. In ogni caso per la validità della riunione è necessaria la presenza del presidente e di almeno un rappresentante dei datori di lavoro e almeno un rappresentante dei lavoratori. La richiesta del tentativo di conciliazione, sottoscritta dall'istante, è consegnata o spedita mediante raccomandata con avviso di ricevimento. Copia della richiesta del tentativo di conciliazione deve essere consegnata o spedita con raccomandata con ricevuta di ritorno a cura della stessa parte istante alla controparte. La richiesta deve precisare:

1) nome, cognome e residenza dell'istante e del convenuto; se l'istante o il convenuto sono una persona giuridica, un'associazione non riconosciuta o un comitato, l'istanza deve indicare la denominazione o la ditta nonché la sede;

2)   il luogo dove è sorto il rapporto ovvero dove si trova l'azienda o sua dipendenza alla quale è addetto il lavoratore o presso la quale egli prestava la sua opera al momento della fine del rapporto;

3)   il luogo dove devono essere fatte alla parte istante le comunicazioni inerenti alla procedura;

4)   l'esposizione dei fatti e delle ragioni posti a fondamento della pretesa. Se la controparte intende accettare la procedura di conciliazione, deposita presso la commissione di conciliazione, entro venti giorni dal ricevimento della copia della richiesta, una memoria contenente le difese e le eccezioni in fatto e in diritto, nonché le eventuali domande in via riconvenzionale. Ove ciò non avvenga, ciascuna delle parti é libera di adire l'autorità giudiziaria. Entro i dieci giorni successivi al deposito, la commissione fissa la comparizione delle parti per il tentativo di conciliazione, che deve essere tenuto entro i successivi trenta giorni. Dinanzi alla commissione il lavoratore può farsi assistere anche da un'organizzazione cui aderisce o conferisce mandato.

La conciliazione della lite da parte di chi rappresenta la pubblica amministrazione, anche in sede giudiziale ai sensi dell'articolo 420, commi primo, secondo e terzo, non può dar luogo a responsabilità, salvi i casi di dolo e colpa grave.

Art. 410-bis. Termine per l'espletamento del tentativo di conciliazione.

Art. 411. Processo verbale di conciliazione.

Se la conciliazione esperita ai sensi dell'articolo 410 riesce, anche limitatamente ad una parte della domanda, viene redatto separato processo verbale sottoscritto dalle parti e dai componenti della commissione di conciliazione. Il giudice, su istanza della parte interessata, lo dichiara esecutivo con decreto.

Se non si raggiunge l'accordo tra le parti, la commissione di conciliazione deve formulare una proposta per la bonaria definizione della controversia. Se la proposta non è accettata, i termini di essa sono riassunti nel verbale con indicazione delle valutazioni espresse dalle parti. Delle risultanze della proposta formulata dalla commissione e non accettata senza adeguata motivazione il giudice tiene conto in sede di giudizio.

Ove il tentativo di conciliazione sia stato richiesto dalle parti, al ricorso depositato ai sensi dell'articolo 415 devono essere allegati i verbali e le memorie concernenti il tentativo di conciliazione non riuscito. Se il tentativo di conciliazione si è svolto in sede sindacale, ad esso non si applicano le disposizioni di cui all'articolo 410. Il processo verbale di avvenuta conciliazione è depositato presso la Direzione provinciale del lavoro a cura di una delle parti o per il tramite di un'associazione sindacale. Il direttore, o un

suo delegato, accertatane l'autenticità, provvede a depositarlo nella cancelleria del tribunale nella cui circoscrizione è stato redatto. Il giudice, su istanza della parte interessata, accertata la regolarità formale del verbale di conciliazione, lo dichiara esecutivo con decreto.

Art. 412. Risoluzione arbitrale della controversia.

In qualunque fase del tentativo di conciliazione, o al suo termine in caso di mancata riuscita, le parti possono indicare la soluzione, anche parziale, sulla quale concordano, riconoscendo, quando è possibile, il credito che spetta al lavoratore, e possono accordarsi per la risoluzione della lite, affidando alla commissione di conciliazione il mandato a risolvere in via arbitrale la controversia.

Nel conferire il mandato per la risoluzione arbitrale della controversia, le parti devono indicare:

1)   il termine per l'emanazione del lodo, che non può comunque superare i sessanta giorni dal conferimento del mandato, spirato il quale l'incarico deve intendersi revocato;

2)   le norme invocate dalle parti a sostegno delle loro pretese e l'eventuale richiesta di decidere secondo equità, nel rispetto dei principi generali dell'ordinamento e dei principi regolatori della materia, anche derivanti da obblighi comunitari.

Il lodo emanato a conclusione dell'arbitrato, sottoscritto dagli arbitri e autenticato, produce tra le parti gli effetti di cui all'articolo 1372 e all'articolo 2113, quarto comma, del codice civile.

Il lodo è impugnabile ai sensi dell'articolo 808-ter. Sulle controversie aventi ad oggetto la validità del lodo arbitrale irrituale, ai sensi dell'articolo 808ter, decide in unico grado il tribunale, in funzione di giudice del lavoro, nella cui circoscrizione è la sede dell'arbitrato. Il ricorso è depositato entro il termine di trenta giorni dalla notificazione del lodo. Decorso tale termine, o se le parti hanno comunque dichiarato per iscritto di accettare la decisione arbitrale, ovvero se il ricorso è stato respinto dal tribunale, il lodo è depositato nella cancelleria del tribunale nella cui circoscrizione è la sede dell'arbitrato. Il giudice, su istanza della parte interessata, accertata la regolarità formale del lodo arbitrale, lo dichiara esecutivo con decreto.

Art. 412-bis. Procedibilità della domanda.

Art. 412-ter. Altre modalità di conciliazione e arbitrato previste dalla contrattazione collettiva.

La conciliazione e l'arbitrato, nelle materie di cui all'articolo 409, possono essere svolti altresì presso le sedi e con le modalità previste dai contratti collettivi sottoscritti dalle associazioni sindacali maggiormente rappresentative.

Art. 412-quater. Altre modalità di conciliazione e arbitrato.

Ferma restando la facoltà di ciascuna delle parti di adire l'autorità giudiziaria e di avvalersi delle procedure di conciliazione e di arbitrato previste dalla legge, le controversie di cui all'articolo 409 possono essere altresì proposte innanzi al collegio di conciliazione e arbitrato irrituale costituito secondo quanto previsto dai commi seguenti.

Il collegio di conciliazione e arbitrato è composto da un rappresentante di ciascuna delle parti e da un terzo membro, in funzione di presidente, scelto di comune accordo dagli arbitri di parte tra i professori universitari di materie giuridiche e gli avvocati ammessi al patrocinio davanti alla Corte di cassazione.

La parte che intenda ricorrere al collegio di conciliazione e arbitrato deve notificare all'altra parte un ricorso sottoscritto, salvo che si tratti di una pubblica amministrazione, personalmente o da un suo rappresentante al quale abbia conferito mandato e presso il quale deve eleggere il domicilio. Il ricorso deve contenere la nomina dell'arbitro di parte e indicare l'oggetto della domanda, le ragioni di fatto e di diritto sulle quali si fonda la domanda stessa, i mezzi di prova e il valore della controversia entro il quale si intende limitare la domanda. Il ricorso deve contenere il riferimento alle norme invocate dal ricorrente a sostegno della sua pretesa e l'eventuale richiesta di decidere secondo equità, nel rispetto dei principi generali dell'ordinamento e dei principi regolatori della materia, anche derivanti da obblighi comunitari.

Se la parte convenuta intende accettare la procedura di conciliazione e arbitrato nomina il proprio arbitro di parte, il quale entro trenta giorni dalla notifica del ricorso procede, ove possibile, concordemente con l'altro arbitro, alla scelta del presidente e della sede del collegio. Ove ciò non avvenga, la parte che ha presentato ricorso può chiedere che la nomina sia fatta dal presidente del tribunale nel cui circondario è la sede dell'arbitrato. Se le parti non hanno ancora determinato la sede, il ricorso è presentato al presidente del tribunale del luogo in cui è sorto il rapporto di lavoro o ove si trova l'azienda o una sua dipendenza alla quale è addetto il lavoratore o presso la quale egli prestava la sua opera al momento della fine del rapporto. In caso di scelta concorde del terzo arbitro e della sede del collegio, la parte convenuta, entro trenta giorni da tale scelta, deve depositare presso la sede del collegio una memoria difensiva sottoscritta, salvo che si tratti di una pubblica amministrazione, da un avvocato cui abbia conferito mandato e presso il quale deve eleggere il domicilio. La memoria deve contenere le difese e le eccezioni in fatto e in diritto, le eventuali domande in via riconvenzionale e l'indicazione dei mezzi di prova.

Entro dieci giorni dal deposito della memoria difensiva il ricorrente può depositare presso la sede del collegio una memoria di replica senza modificare il contenuto del ricorso. Nei successivi dieci giorni il convenuto può depositare presso la sede del collegio una controreplica senza modificare il contenuto della memoria difensiva.

Il collegio fissa il giorno dell'udienza, da tenere entro trenta giorni dalla scadenza del termine per la controreplica del convenuto, dandone comunicazione alle parti, nel domicilio eletto, almeno dieci giorni prima. All'udienza il collegio esperisce il tentativo di conciliazione. Se la conciliazione riesce, si applicano le disposizioni dell'articolo 411, commi primo e terzo. Se la conciliazione non riesce, il collegio provvede, ove occorra, a interrogare le parti e ad ammettere e assumere le prove, altrimenti invita all'immediata discussione orale. Nel caso di ammissione delle prove, il collegio può rinviare ad altra udienza, a non più di dieci giorni di distanza, l'assunzione delle stesse e la discussione orale.

La controversia è decisa, entro venti giorni dall'udienza di discussione, mediante un lodo. Il lodo emanato a conclusione dell'arbitrato, sottoscritto dagli arbitri e autenticato, produce tra le parti gli effetti di cui agli articoli 1372 e 2113, quarto comma, del codice civile. Il lodo è impugnabile ai sensi dell'articolo 808-ter. Sulle controversie aventi ad oggetto la validità del lodo arbitrale irrituale, ai sensi dell'articolo 808-ter, decide in unico grado il tribunale, in funzione di giudice del lavoro, nella cui circoscrizione è la sede dell'arbitrato. Il ricorso è depositato entro il termine di trenta giorni dalla notificazione del lodo. Decorso tale termine, o se le parti hanno comunque dichiarato per iscritto di accettare la decisione arbitrale, ovvero se il ricorso è stato respinto dal tribunale, il lodo è depositato nella cancelleria del tribunale nella cui circoscrizione è la sede dell'arbitrato. Il giudice, su istanza della parte interessata, accertata la regolarità formale del lodo arbitrale, lo dichiara esecutivo con decreto.

Il compenso del presidente del collegio è fissato in misura pari al 2 per cento del valore della controversia dichiarato nel ricorso ed è versato dalle parti, per metà ciascuna, presso la sede del collegio mediante assegni circolari intestati al presidente almeno cinque giorni prima dell'udienza. Ciascuna parte provvede a compensare l'arbitro da essa nominato. Le spese legali e quelle per il compenso del presidente e dell'arbitro di parte, queste ultime nella misura dell'1 per cento del suddetto valore della controversia, sono liquidate nel lodo ai sensi degli articoli 91, primo comma, e 92. I contratti collettivi nazionali di categoria possono istituire un fondo per il rimborso al lavoratore delle spese per il compenso del presidente del collegio e del proprio arbitro di parte.

SEZIONE II – Del procedimento

§ 1 - Del procedimento di primo grado

Art. 413. Giudice competente.

Le controversie previste dall'articolo 409 sono in primo grado di competenza del tribunale in funzione di giudice del lavoro.

Competente per territorio è il giudice nella cui circoscrizione è sorto il rapporto ovvero si trova l'azienda o una sua dipendenza alla quale è addetto il lavoratore o presso la quale egli prestava la sua opera al momento della fine del rapporto.

Tale competenza permane dopo il trasferimento dell'azienda o la cessazione di essa o della sua dipendenza, purché la domanda sia proposta entro sei mesi dal trasferimento o dalla cessazione.

Competente per territorio per le controversie previste dal numero 3) dell'articolo 409 è il giudice nella cui circoscrizione si trova il domicilio dell'agente, del rappresentante di commercio ovvero del titolare degli altri rapporti di collaborazione di cui al predetto numero 3) dell'articolo 409. Competente per territorio per le controversie relative ai rapporti di lavoro alle dipendenze delle pubbliche amministrazioni è il giudice nella cui circoscrizione ha sede l'ufficio al quale il dipendente è addetto o era addetto al momento della cessazione del rapporto.

Nelle controversie nelle quali è parte una Amministrazione dello Stato non si applicano le disposizioni dell'articolo 6 del regio decreto 30 ottobre 1933, n. 1611.

Qualora non trovino applicazione le disposizioni dei commi precedenti, si applicano quelle dell'articolo 18.

Sono nulle le clausole derogative della competenza per territorio.

Art. 414. Forma della domanda.

La domanda si propone con ricorso, il quale deve contenere:

1) l'indicazione del giudice;

2) il nome, il cognome, nonché la residenza o il domicilio eletto del ricorrente nel comune in cui ha sede il giudice adito, il nome, il cognome e la residenza o il domicilio o la dimora del convenuto; se ricorrente o convenuto è una persona giuridica, un'associazione non riconosciuta o un comitato, il ricorso deve indicare la denominazione o ditta nonché la sede del ricorrente o del convenuto;

3) la determinazione dell'oggetto della domanda;

4) l'esposizione dei fatti e degli elementi di diritto sui quali si fonda la domanda con le relative conclusioni;

5) l'indicazione specifica dei mezzi di prova di cui il ricorrente intende avvalersi e in particolare dei documenti che si offrono in comunicazione.

Art. 415. Deposito del ricorso e decreto di fissazione dell'udienza.

Il ricorso è depositato nella cancelleria del giudice competente insieme con i documenti in esso indicati.

Il giudice, entro cinque giorni dal deposito del ricorso, fissa, con decreto, l'udienza di discussione, alla quale le parti sono tenute a comparire personalmente.

Tra il giorno del deposito del ricorso e l'udienza di discussione non devono decorrere più di sessanta giorni.

Il ricorso, unitamente al decreto di fissazione dell'udienza, deve essere notificato al convenuto, a cura dell'attore, entro dieci giorni dalla data di pronuncia del decreto, salvo quanto disposto dall'articolo 417. Tra la data di notificazione al convenuto e quella dell'udienza di discussione deve intercorrere un termine non minore di trenta giorni.

Il termine di cui al comma precedente è elevato a quaranta giorni e quello di cui al terzo comma è elevato a ottanta giorni nel caso in cui la notificazione prevista dal quarto comma debba effettuarsi all'estero.

Nelle controversie relative ai rapporti di lavoro dei dipendenti delle pubbliche amministrazioni di cui al quinto comma dell'articolo 413, il ricorso è notificato direttamente presso l'amministrazione destinataria ai sensi dell'articolo 144, secondo comma. Per le amministrazioni statali o ad esse equiparate, ai fini della rappresentanza e difesa in giudizio, si osservano le disposizioni delle leggi speciali che prescrivono la notificazione presso gli uffici dell'Avvocatura dello Stato competente per territorio.

Art. 416. Costituzione del convenuto.

Il convenuto deve costituirsi almeno dieci giorni prima della udienza, dichiarando la residenza o eleggendo domicilio nel comune in cui ha sede il giudice adito.

La costituzione del convenuto si effettua mediante deposito in cancelleria di una memoria difensiva, nella quale devono essere proposte, a pena di decadenza, le eventuali domande in via riconvenzionale e le eccezioni processuali e di merito che non siano rilevabili d'ufficio.

Nella stessa memoria il convenuto deve prendere posizione, in maniera precisa e non limitata ad una generica contestazione, circa i fatti affermati dall'attore a fondamento della domanda, proporre tutte le sue difese in fatto e in diritto ed indicare specificamente, a pena di decadenza, i mezzi di prova dei quali intende avvalersi ed in particolare i documenti che deve contestualmente depositare.

Art. 417. Costituzione e difesa personali delle parti.

In primo grado la parte può stare in giudizio personalmente quando il valore della causa non eccede gli € 129,11.

La parte che sta in giudizio personalmente propone la domanda nelle forme di cui all'articolo 414 o si costituisce nelle forme di cui all'articolo 416 con elezione di domicilio nell'ambito del territorio della Repubblica. Può proporre la domanda anche verbalmente davanti al giudice che ne fa redigere processo verbale.

Il ricorso o il processo verbale con il decreto di fissazione dell'udienza devono essere notificati al convenuto e allo stesso attore a cura della cancelleria entro i termini di cui all'articolo 415.

Alle parti che stanno in giudizio personalmente ogni ulteriore atto o memoria deve essere notificato dalla cancelleria.

Art. 417-bis. Difesa delle pubbliche amministrazioni

Nelle controversie relative ai rapporti di lavoro dei dipendenti delle pubbliche amministrazioni di cui al quinto comma dell'articolo 413, limitatamente al giudizio di primo grado le amministrazioni stesse possono stare in giudizio avvalendosi direttamente di propri dipendenti .

Per le amministrazioni statali o ad esse equiparate, ai fini della rappresentanza e difesa in giudizio, le disposizioni di cui al comma precedente si applica salvo che l'Avvocatura dello Stato competente per territorio, ove vengano in rilievo questioni di massima o aventi notevoli riflessi economici, determini di assumere direttamente la trattazione della causa dandone immediata comunicazione ai competenti uffici dell'amministrazione interessata, nonché al Dipartimento della funzione pubblica, anche per l'eventuale emanazione di direttive agli uffici per la gestione del contenzioso del lavoro. In ogni altro caso l'Avvocatura dello Stato trasmette immediatamente, e comunque non oltre 7 giorni dalla notifica degli atti introduttivi, gli atti stessi ai competenti uffici dell'amministrazione interessata per gli adempimenti di cui al comma precedente.

Gli enti locali, anche al fine di realizzare economie di gestione, possono utilizzare le strutture dell'amministrazione civile del Ministero dell'interno, alle quali conferiscono mandato nei limiti di cui al primo comma .

Art. 418. Notificazione della domanda riconvenzionale.

Il convenuto che abbia proposta domanda in via riconvenzionale a norma del secondo comma dell'articolo 416 deve, con istanza contenuta nella stessa memoria, a pena di decadenza dalla riconvenzionale medesima, chiedere al giudice che, a modifica del decreto di cui al secondo comma dell'articolo 415, pronunci, non oltre cinque giorni, un nuovo decreto per la fissazione dell'udienza.

Tra la proposizione della domanda riconvenzionale e l'udienza di discussione non devono decorrere più di cinquanta giorni.

Il decreto che fissa l'udienza deve essere notificato all'attore a cura dell'ufficio, unitamente alla memoria difensiva, entro dieci giorni dalla data in cui è stato pronunciato.

Tra la data di notificazione all'attore del decreto pronunciato a norma del primo comma e quella dell'udienza di discussione deve intercorrere un termine non minore di venticinque giorni.

Nel caso in cui la notificazione del decreto debba farsi all'estero il termine di cui al secondo comma è elevato a settanta giorni, e quello di cui al comma precedente è elevato a trentacinque giorni.

Art. 419. Intervento volontario.

Salvo che sia effettuato per l'integrazione necessaria del contraddittorio, l'intervento del terzo ai sensi dell'articolo 105 non può aver luogo oltre il termine stabilito per la costituzione del convenuto, con le modalità previste dagli articoli 414 e 416 in quanto applicabili.

Art. 420. Udienza di discussione della causa.

Nell'udienza fissata per la discussione della causa il giudice interroga liberamente le parti presenti, tenta la conciliazione della lite e formula alle parti una proposta transattiva o conciliativa. La mancata comparizione personale delle parti, o il rifiuto della proposta transattiva o conciliativa del giudice, senza giustificato motivo, costituiscono comportamento valutabile dal giudice ai fini del giudizio. Le parti possono, se ricorrono gravi motivi, modificare le domande, eccezioni e conclusioni già formulate, previa autorizzazione del giudice .

Le parti hanno facoltà di farsi rappresentare da un procuratore generale o speciale, il quale deve essere a conoscenza dei fatti della causa. La procura deve essere conferita con atto pubblico o scrittura privata autenticata e deve attribuire al procuratore il potere di conciliare o transigere la controversia. La mancata conoscenza, senza gravi ragioni, dei fatti della causa da parte del procuratore è valutata dal giudice ai fini della decisione.

Il verbale di conciliazione ha efficacia di titolo esecutivo.

Se la conciliazione non riesce e il giudice ritiene la causa matura per la decisione, o se sorgono questioni attinenti alla giurisdizione o alla competenza o ad altre pregiudiziali la cui decisione può definire il giudizio, il giudice invita le parti alla discussione e pronuncia sentenza anche non definitiva dando lettura del dispositivo.

Nella stessa udienza ammette i mezzi di prova già proposti dalle parti e quelli che le parti non abbiano potuto proporre prima, se ritiene che siano rilevanti, disponendo, con ordinanza resa nell'udienza, per la loro immediata assunzione.

Qualora ciò non sia possibile, fissa altra udienza, non oltre dieci giorni dalla prima, concedendo alle parti, ove ricorrano giusti motivi, un termine perentorio non superiore a cinque giorni prima dell'udienza di rinvio per il deposito in cancelleria di note difensive.

Nel caso in cui vengano ammessi nuovi mezzi di prova, a norma del quinto comma, la controparte può dedurre i mezzi di prova che si rendano necessari in relazione a quelli ammessi, con assegnazione di un termine perentorio di cinque giorni. Nell'udienza fissata a norma del precedente comma il giudice ammette, se rilevanti, i nuovi mezzi di prova dedotti dalla controparte e provvede alla loro assunzione.

L'assunzione delle prove deve essere esaurita nella stessa udienza o, in caso di necessità, in udienza da tenersi nei giorni feriali immediatamente successivi.

Nel caso di chiamata in causa a norma degli articoli 102, secondo comma, 106 e 107 il giudice fissa una nuova udienza e dispone che, entro cinque giorni, siano notificati al terzo il provvedimento nonché il ricorso introduttivo e l'atto di costituzione del convenuto, osservati i termini di cui ai commi terzo, quinto e sesto dell'articolo 415. Il termine massimo entro il quale deve tenersi la nuova udienza decorre dalla pronuncia del provvedimento di fissazione.

Il terzo chiamato deve costituirsi non meno di dieci giorni prima dell'udienza fissata, depositando la propria memoria a norma dell'articolo 416.

A tutte le notificazioni e comunicazioni occorrenti provvede l'ufficio.

Le udienze di mero rinvio sono vietate.

Art. 420-bis. Accertamento pregiudiziale sull'efficacia, validità ed interpretazione dei contratti e accordi collettivi.
Quando per la definizione di una controversia di cui all'articolo 409 è necessario risolvere in via pregiudiziale una questione concernente l'efficacia, la validità o l'interpretazione delle clausole di un contratto o accordo collettivo nazionale, il giudice decide con sentenza tale questione, impartendo distinti provvedimenti per l'ulteriore istruzione o, comunque, per la prosecuzione della causa fissando una successiva udienza in data non anteriore a novanta giorni.

La sentenza è impugnabile soltanto con ricorso immediato per cassazione da proporsi entro sessanta giorni dalla comunicazione dell'avviso di deposito della sentenza.

Copia del ricorso per cassazione deve, a pena di inammissibilità del ricorso, essere depositata presso la cancelleria del giudice che ha emesso la sentenza impugnata entro venti giorni dalla notificazione del ricorso alle altre parti; il processo è sospeso dalla data del deposito.

Art. 421. Poteri istruttori del giudice.
Il giudice indica alle parti in ogni momento le irregolarità degli atti e dei documenti che possono essere sanate assegnando un termine per provvedervi, salvo gli eventuali diritti quesiti.

Può altresì disporre d'ufficio in qualsiasi momento l'ammissione di ogni mezzo di prova, anche fuori dei limiti stabiliti dal codice civile, ad eccezione del giuramento decisorio, nonché la richiesta di informazioni e osservazioni, sia scritte che orali, alle associazioni sindacali indicate dalle parti. Si osserva la disposizione del comma sesto dell'articolo 420.

Dispone, su istanza di parte, l'accesso sul luogo di lavoro, purché necessario al fine dell'accertamento dei fatti, e dispone altresì, se ne ravvisa l'utilità, l'esame dei testimoni sul luogo stesso.

Il giudice, ove lo ritenga necessario, può ordinare la comparizione, per interrogarle liberamente sui fatti della causa, anche di quelle persone che siano incapaci di testimoniare a norma dell'articolo 246 o a cui sia vietato a norma dell'articolo 247.

Art. 422. Registrazione su nastro.
Il giudice può autorizzare la sostituzione della verbalizzazione da parte del cancelliere con la registrazione su nastro delle deposizioni di testi e delle audizioni delle parti o di consulenti.

Art. 423. Ordinanze per il pagamento di somme.
Il giudice, su istanza di parte, in ogni stato del giudizio, dispone con ordinanza il pagamento delle somme non contestate.

Egualmente, in ogni stato del giudizio, il giudice può, su istanza del lavoratore, disporre con ordinanza il pagamento di una somma a titolo provvisorio quando ritenga il diritto accertato e nei limiti della quantità per cui ritiene già raggiunta la prova.

Le ordinanze di cui ai commi precedenti costituiscono titolo esecutivo. L'ordinanza di cui al secondo comma è revocabile con la sentenza che decide la causa.

Art. 424. Assistenza del consulente tecnico.

Se la natura della controversia lo richiede, il giudice, in qualsiasi momento, nomina uno o più consulenti tecnici, scelti in albi speciali, a norma dell'articolo 61.

A tal fine il giudice può disporre ai sensi del sesto comma dell'articolo 420. Il consulente può essere autorizzato a riferire verbalmente ed in tal caso le sue dichiarazioni sono integralmente raccolte a verbale, salvo quanto previsto dal precedente articolo 422.

Se il consulente chiede di presentare relazione scritta, il giudice fissa un termine non superiore a venti giorni, non prorogabile, rinviando la trattazione ad altra udienza.

Art. 425. Richiesta di informazioni e osservazioni alle associazioni sindacali.

Su istanza di parte, l'associazione sindacale indicata dalla stessa ha facoltà di rendere in giudizio, tramite un suo rappresentante, informazioni e osservazioni orali o scritte. Tali informazioni e osservazioni possono essere rese anche nel luogo di lavoro ove sia stato disposto l'accesso ai sensi del terzo comma dell'articolo 421.

A tal fine, il giudice può disporre ai sensi del sesto comma dell'articolo 420. Il giudice può richiedere alle associazioni sindacali il testo dei contratti e accordi collettivi di lavoro, anche aziendali, da applicare nella causa.

Art. 426. Passaggio dal rito ordinario al rito speciale.

Il giudice , quando rileva che una causa promossa nelle forme ordinarie riguarda uno dei rapporti previsti dall'articolo 409, fissa con ordinanza l'udienza di cui all'articolo 420 e il termine perentorio entro il quale le parti dovranno provvedere all'eventuale integrazione degli atti introduttivi mediante deposito di memorie e documenti in cancelleria.

Nell'udienza come sopra fissata provvede a norma degli articoli che precedono.

Art. 427. Passaggio dal rito speciale al rito ordinario.

Il giudice , quando rileva che una causa promossa nelle forme stabilite dal presente capo riguarda un rapporto diverso da quelli previsti dall'articolo 409, se la causa stessa rientra nella sua competenza dispone che gli atti siano messi in regola con le disposizioni tributarie, altrimenti la rimette con ordinanza al giudice competente, fissando un termine perentorio non superiore a trenta giorni per la riassunzione con il rito ordinario. In tal caso le prove acquisite durante lo stato di rito speciale avranno l'efficacia consentita dalle norme ordinarie.

Art. 428. Incompetenza del giudice.

Quando una causa relativa ai rapporti di cui all'articolo 409 sia stata proposta a giudice incompetente, l'incompetenza può essere eccepita dal convenuto soltanto nella memoria difensiva di cui all'articolo 416 ovvero rilevata d'ufficio dal giudice non oltre l'udienza di cui all'articolo 420. Quando l'incompetenza sia stata eccepita o rilevata ai sensi del comma precedente, il giudice rimette la causa al tribunale in funzione di giudice del lavoro, fissando un termine perentorio non superiore a trenta giorni per la riassunzione con rito speciale.

Art. 429. Pronuncia della sentenza.

Nell'udienza il giudice, esaurita la discussione orale e udite le conclusioni delle parti, pronuncia sentenza con cui definisce il giudizio dando lettura del dispositivo e della esposizione delle ragioni di fatto e di diritto della decisione. In caso di particolare complessità della controversia, il giudice fissa nel dispositivo un termine, non superiore a sessanta giorni, per il deposito della sentenza.

Se il giudice lo ritiene necessario, su richiesta delle parti, concede alle stesse un termine non superiore a dieci giorni per il deposito di note difensive, rinviando la causa all'udienza immediatamente successiva alla scadenza del termine suddetto, per la discussione e la pronuncia della sentenza.

Il giudice, quando pronuncia sentenza di condanna al pagamento di somme di denaro per crediti di lavoro, deve determinare, oltre gli interessi nella misura legale, il maggior danno eventualmente subito dal lavoratore per la diminuzione di valore del suo credito, condannando al pagamento della somma relativa con decorrenza dal giorno della maturazione del diritto.

Art. 430. Deposito della sentenza.

Quando la sentenza è depositata fuori udienza, il cancelliere ne dà immediata comunicazione alle parti.

Art. 431. Esecutorietà della sentenza.

Le sentenze che pronunciano condanna a favore del lavoratore per crediti derivanti dai rapporti di cui all'articolo 409 sono provvisoriamente esecutive.

All'esecuzione si può procedere con la sola copia del dispositivo, in pendenza del termine per il deposito della sentenza.

Il giudice di appello può disporre con ordinanza non impugnabile che l'esecuzione sia sospesa quando dalla stessa possa derivare all'altra parte gravissimo danno.

La sospensione disposta a norma del comma precedente può essere anche parziale e, in ogni caso, l'esecuzione provvisoria resta autorizzata fino alla somma di € 258,23.

Le sentenze che pronunciano condanna a favore del datore di lavoro sono provvisoriamente esecutive e sono soggette alla disciplina degli articoli 282 e 283 .

Il giudice di appello può disporre con ordinanza non impugnabile che l'esecuzione sia sospesa in tutto o in parte quando ricorrono gravi motivi . Se l'istanza per la sospensione di cui al terzo ed al sesto comma è inammissibile o manifestamente infondata il giudice, con ordinanza non impugnabile, può condannare la parte che l'ha proposta ad una pena pecuniaria non inferiore ad euro 250 e non superiore ad euro 10.000. L'ordinanza è revocabile con la sentenza che definisce il giudizio .

Art. 432. Valutazione equitativa delle prestazioni.

Quando sia certo il diritto ma non sia possibile determinare la somma dovuta, il giudice la liquida con valutazione equitativa.

§ 2 – Delle impugnazioni
Art. 433. Giudice d'appello.

L'appello contro le sentenze pronunciate nei processi relativi alle controversie previste nell'articolo 409 deve essere proposto con ricorso davanti alla corte di appello territorialmente competente in funzione di giudice del lavoro.

Ove l'esecuzione sia iniziata, prima della notificazione della sentenza, l'appello può essere proposto con riserva dei motivi che dovranno essere presentati nel termine di cui all'articolo 434.

Art. 434. Deposito del ricorso in appello.

Il ricorso deve contenere le indicazioni prescritte dall'articolo 414. L'appello deve essere motivato, e per ciascuno dei motivi deve indicare a pena di inammissibilità, in modo chiaro, sintetico e specifico:
1) il capo della decisione di primo grado che viene impugnato; 2) le censure proposte alla ricostruzione dei fatti compiuta dal giudice di primo grado;
3) le violazioni di legge denunciate e la loro rilevanza ai fini della decisione impugnata .

Il ricorso deve essere depositato nella cancelleria della corte di appello entro trenta giorni dalla notificazione della sentenza, oppure entro quaranta giorni nel caso in cui la notificazione abbia dovuto effettuarsi all'estero.

Art. 435. Decreto del presidente.

Il presidente della corte di appello entro cinque giorni dalla data di deposito del ricorso nomina il giudice relatore e fissa, non oltre sessanta giorni dalla data medesima, l'udienza di discussione dinanzi al collegio. L'appellante, nei dieci giorni successivi al deposito del decreto, provvede alla notifica del ricorso e del decreto all'appellato.

Tra la data di notificazione all'appellato e quella dell'udienza di discussione deve intercorrere un termine non minore di venticinque giorni . Nel caso in cui la notificazione prevista dal secondo comma deve effettuarsi all'estero, i termini di cui al primo e al terzo comma sono elevati, rispettivamente, a ottanta e sessanta giorni.

Art. 436. Costituzione dell'appellato e appello incidentale.

L'appellato deve costituirsi almeno dieci giorni prima della udienza.

La costituzione dell'appellato si effettua mediante deposito in cancelleria del fascicolo e di una memoria difensiva, nella quale deve essere contenuta dettagliata esposizione di tutte le sue difese.

Se propone appello incidentale, l'appellato deve esporre nella stessa memoria i motivi specifici su cui fonda l'impugnazione. L'appello incidentale deve essere proposto, a pena di decadenza, nella memoria di costituzione, da notificarsi, a cura dell'appellato, alla controparte almeno dieci giorni prima dell'udienza fissata a norma dell'articolo precedente. Si osservano, in quanto applicabili, le disposizioni dell'articolo 416.

Art. 436-bis. Inammissibilità, improcedibilità, manifesta fondatezza o infondatezza dell'appello

Nei casi previsti dagli articoli 348, 348-bis e 350, terzo comma, all'udienza di discussione il collegio, sentiti i difensori delle parti, pronuncia sentenza dando lettura del dispositivo e della motivazione redatta in forma sintetica, anche mediante esclusivo riferimento al punto di fatto o alla questione di diritto ritenuti risolutivi o mediante rinvio a precedenti conformi.

Art. 437. Udienza di discussione

Nell'udienza il giudice incaricato fa la relazione orale della causa. Quando non provvede ai sensi dell'articolo 436-bis, il collegio, sentiti i difensori delle parti, pronuncia sentenza dando lettura del dispositivo nella stessa udienza

.

Non sono ammesse nuove domande ed eccezioni. Non sono ammessi nuovi mezzi di prova, tranne il giuramento estimatorio, salvo che il collegio, anche d'ufficio, li ritenga indispensabili ai fini della decisione della causa. E' salva la facoltà delle parti di deferire il giuramento decisorio in qualsiasi momento della causa .

Qualora ammetta le nuove prove, il collegio fissa entro venti giorni, l'udienza nella quale esse debbono essere assunte e deve essere pronunciata la sentenza. In tal caso il collegio con la stessa ordinanza può adottare i provvedimenti di cui all'articolo 423.

Sono applicabili le disposizioni di cui ai commi secondo e terzo, dell'articolo 429.

Art. 438. Deposito della sentenza di appello

Fuori dei casi di cui all'articolo 436-bis, la sentenza deve essere depositata entro sessanta giorni dalla pronuncia. Il cancelliere ne dà immediata comunicazione alle parti .

Si applica il disposto del secondo comma dell'articolo 431 .

Art. 439. Cambiamento del rito in appello.

La corte di appello , se ritiene che il provvedimento in primo grado non si sia svolto secondo il rito prescritto, procede a norma degli articoli 426 e 427.

Art. 440. Appellabilità delle sentenze.

Sono inappellabili le sentenze che hanno deciso una controversia di valore non superiore a € 25,82.

Art. 441. Consulente tecnico in appello.

Il collegio, nell'udienza di cui al primo comma dell'articolo 437, può nominare un consulente tecnico rinviando ad altra udienza da fissarsi non oltre trenta giorni. In tal caso con la stessa ordinanza può adottare i provvedimenti di cui all'articolo 423.

Il consulente deve depositare il proprio parere almeno dieci giorni prima della nuova udienza.

CAPO I-BIS - DELLE CONTROVERSIE RELATIVE AI LICENZIAMENTI

Art. 441-bis. Controversie in materia di licenziamento

La trattazione e la decisione delle controversie aventi ad oggetto l'impugnazione dei licenziamenti nelle quali è proposta domanda di reintegrazione nel posto di lavoro hanno carattere prioritario rispetto alle altre pendenti sul ruolo del giudice, anche quando devono essere risolte questioni relative alla qualificazione del rapporto.

Salvo quanto stabilito nel presente articolo, le controversie di cui al primo comma sono assoggettate alle norme del capo primo.

Tenuto conto delle circostanze esposte nel ricorso il giudice può ridurre i termini del procedimento fino alla metà, fermo restando che tra la data di notificazione al convenuto o al terzo chiamato e quella della udienza di discussione deve intercorrere un termine non minore di venti giorni e che, in tal caso, il termine per la costituzione del convenuto o del terzo chiamato è ridotto della metà.

All'udienza di discussione il giudice dispone, in relazione alle esigenze di celerità anche prospettate dalle parti, la trattazione congiunta di eventuali domande connesse e riconvenzionali ovvero la loro separazione, assicurando in ogni caso la concentrazione della fase istruttoria e di quella decisoria in relazione alle domande di reintegrazione nel posto di lavoro. A tal fine il giudice riserva particolari giorni, anche ravvicinati, nel calendario delle udienze.

I giudizi di appello e di cassazione sono decisi tenendo conto delle medesime esigenze di celerità e di concentrazione.

Art. 441-ter. Licenziamento del socio della cooperativa

Le controversie aventi ad oggetto l'impugnazione dei licenziamenti dei soci delle cooperative sono assoggettate alle norme di cui agli articoli 409 e seguenti e, in tali casi, il giudice decide anche sulle questioni relative al rapporto associativo eventualmente proposte. Il giudice del lavoro decide sul rapporto di lavoro e sul rapporto associativo, altresì, nei casi in cui la cessazione del rapporto di lavoro deriva dalla cessazione del rapporto associativo.

Art. 441-quater. Licenziamento discriminatorio

Le azioni di nullità dei licenziamenti discriminatori, ove non siano proposte con ricorso ai sensi dell'articolo 414, possono essere introdotte, ricorrendone i presupposti, con i riti speciali. La proposizione della domanda relativa alla nullità del licenziamento discriminatorio e alle sue conseguenze, nell'una o nell'altra forma, preclude la possibilità di agire successivamente in giudizio con rito diverso per quella stessa domanda.

CAPO II - DELLE CONTROVERSIE IN MATERIA DI PREVIDENZA E DI ASSISTENZA OBBLIGATORIE

Art. 442. Controversie in materia di previdenza e di assistenza obbligatorie.

Nei procedimenti relativi a controversie derivanti dall'applicazione delle norme riguardanti le assicurazioni sociali, gli infortuni sul lavoro, le malattie professionali, gli assegni familiari nonché ogni altra forma di previdenza e di assistenza obbligatorie, si osservano le disposizioni di cui al capo primo di questo titolo.

Anche per le controversie relative alla inosservanza degli obblighi di assistenza e di previdenza derivanti da contratti e accordi collettivi si osservano le disposizioni di cui al capo primo di questo titolo.

Per le controversie di cui all'articolo 7, terzo comma, numero 3-bis), non si osservano le disposizioni di questo capo, né quelle di cui al capo primo di questo titolo.

Art. 443. Rilevanza del procedimento amministrativo.

La domanda relativa alle controversie in materia di previdenza e assistenza obbligatorie di cui al primo comma dell'articolo 442 non è procedibile se non quando siano esauriti i procedimenti prescritti dalle leggi speciali per la composizione in sede amministrativa o siano decorsi i termini ivi fissati per il compimento dei procedimenti stessi o siano, comunque, decorsi centottanta giorni dalla data in cui è stato proposto il ricorso amministrativo. Se il giudice nella prima udienza di discussione rileva l'improcedibilità della domanda a norma del comma precedente, sospende il giudizio e fissa all'attore un termine perentorio di sessanta giorni per la presentazione del ricorso in sede amministrativa.

Il processo deve essere riassunto, a cura dell'attore, nel termine perentorio di centottanta giorni che decorre dalla cessazione della causa della sospensione.

Art. 444. Giudice competente.

Le controversie in materia di previdenza e di assistenza obbligatorie indicate nell'articolo 442 sono di competenza del tribunale, in funzione di giudice del lavoro, nella cui circoscrizione ha la residenza l'attore.

Se l'attore è residente all'estero la competenza è del tribunale, in funzione di giudice del lavoro, nella cui circoscrizione l'attore aveva l'ultima residenza prima del trasferimento all'estero ovvero, quando la prestazione è chiesta dagli eredi, nella cui circoscrizione il defunto aveva la sua ultima residenza.

Se la controversia in materia di infortuni sul lavoro e malattie professionali riguarda gli addetti alla navigazione marittima o alla pesca marittima, è competente il tribunale, in funzione di giudice del lavoro, del luogo in cui ha sede l'ufficio del porto di iscrizione della nave.

Per le controversie relative agli obblighi dei datori di lavoro e all'applicazione delle sanzioni civili per l'inadempimento di tali obblighi, è competente il tribunale, in funzione di giudice del lavoro, del luogo in cui ha sede l'ufficio dell'ente.

Art. 445. Consulente tecnico.

Nei processi regolati nel presente capo, relativi a domande di prestazioni previdenziali o assistenziali che richiedano accertamenti tecnici, il giudice nomina uno o più consulenti tecnici scelti in appositi albi, ai sensi dell'articolo 424.

Nei casi di particolare complessità il termine di cui all'articolo 424 può essere prorogato fino a sessanta giorni.

Art. 445-bis. Accertamento tecnico preventivo obbligatorio. Nelle controversie in materia di invalidità civile, cecità civile, sordità civile, handicap e disabilità, nonché di pensione di inabilità e di assegno di invalidità, disciplinati dalla legge 12 giugno 1984, n. 222, chi intende proporre in giudizio domanda per il riconoscimento dei propri diritti presenta con ricorso al giudice competente ai sensi dell'articolo 442 codice di procedura civile, presso il Tribunale nel cui circondario risiede l'attore, istanza di accertamento tecnico per la verifica preventiva delle condizioni sanitarie legittimanti la pretesa fatta valere. Il

giudice procede a norma dell'articolo 696 - bis codice di procedura civile, in quanto compatibile nonché secondo le previsioni inerenti all'accertamento peritale di cui all'articolo 10, comma 6-bis, del decreto-legge 30 settembre 2005, n. 203, convertito, con modificazioni, dalla legge 2 dicembre 2005, n. 248, e all'articolo 195.

L'espletamento dell'accertamento tecnico preventivo costituisce condizione di procedibilità della domanda di cui al primo comma. L'improcedibilità deve essere eccepita dal convenuto a pena di decadenza o rilevata d'ufficio dal giudice, non oltre la prima udienza. Il giudice ove rilevi che l'accertamento tecnico preventivo non è stato espletato ovvero che è iniziato ma non si è concluso, assegna alle parti il termine di quindici giorni per la presentazione dell'istanza di accertamento tecnico ovvero di completamento dello stesso. La richiesta di espletamento dell'accertamento tecnico interrompe la prescrizione.

Il giudice, terminate le operazioni di consulenza, con decreto comunicato alle parti, fissa un termine perentorio non superiore a trenta giorni, entro il quale le medesime devono dichiarare, con atto scritto depositato in cancelleria, se intendono contestare le conclusioni del consulente tecnico dell'ufficio.

In assenza di contestazione, il giudice, se non procede ai sensi dell'articolo 196, con decreto pronunciato fuori udienza entro trenta giorni dalla scadenza del termine previsto dal comma precedente omologa l'accertamento del requisito sanitario secondo le risultanze probatorie indicate nella relazione del consulente tecnico dell'ufficio provvedendo sulle spese. Il decreto, non impugnabile né modificabile, è notificato agli enti competenti, che provvedono, subordinatamente alla verifica di tutti gli ulteriori requisiti previsti dalla normativa vigente, al pagamento delle relative prestazioni, entro 120 giorni.

Nei casi di mancato accordo la parte che abbia dichiarato di contestare le conclusioni del consulente tecnico dell'ufficio deve depositare, presso il giudice di cui al comma primo, entro il termine perentorio di trenta giorni dalla formulazione della dichiarazione di dissenso, il ricorso introduttivo del giudizio, specificando, a pena di inammissibilità, i motivi della contestazione.

La sentenza che definisce il giudizio previsto dal comma precedente è inappellabile.

Art. 446. Istituti di patronato e di assistenza sociale.

Gli istituti di patronato e di assistenza sociale legalmente riconosciuti, possono, su istanza dell'assistito, in ogni grado del giudizio, rendere informazioni e osservazioni orali o scritte nella forma di cui all'articolo 425.

Art. 447. Esecuzione provvisoria.

Le sentenze pronunciate nei giudizi relativi alle controversie di cui all'articolo 442 sono provvisoriamente esecutive. Si applica il disposto dell'articolo 431.

Art. 447-bis. Norme applicabili alle controversie in materia di locazione, di comodato e di affitto

Le controversie in materia di locazione e di comodato di immobili urbani e quelle di affitto di aziende sono disciplinate dagli articoli 414, 415, 416, 417, 418, 419, 420, 421, primo comma, 422, 423, primo e terzo comma, 424, 425, 426, 427, 428, 429, primo e secondo comma, 430, 433, 434, 435, 436, 436-bis, 437, 438, 439, 440, 441, in quanto applicabili. Sono nulle le clausole di deroga alla competenza.

Il giudice può disporre d'ufficio, in qualsiasi momento, l'ispezione della cosa e l'ammissione di ogni mezzo di prova, ad eccezione del giuramento decisorio, nonché la richiesta di informazioni, sia scritte che orali, alle associazioni di categoria indicate dalle parti.

Le sentenze di condanna di primo grado sono provvisoriamente esecutive. All'esecuzione si può procedere con la sola copia del dispositivo in pendenza del termine per il deposito della sentenza. Il giudice d'appello può disporre con ordinanza non impugnabile che l'efficacia esecutiva o l'esecuzione siano sospese quando dalle stesse possa derivare all'altra parte gravissimo danno.

Art. 448. Rimessione al collegio.
Art. 449. Disposizioni sulle spese.
Art. 450. Giudice d'appello.
Art. 451. Cambiamento del rito in appello.
(...)

L'articolo che così recitava: "La sezione della corte di cui all'articolo precedente, se ritiene che il procedimento in primo grado non si è svolto secondo il rito prescritto, provvede, quando occorre, a norma degli articoli 445 e 446." è stato abrogato dalla L. 11 agosto 1973, n. 533.
Art. 452. Appellabilità delle sentenze.
Art. 453. Consulente tecnico in appello.
Art. 454. Ricorso per cassazione.
Art. 455. Arbitrato dei consulenti tecnici.
Art. 456. Pronuncia dei consulenti tecnici.
Art. 457. Decadenza dei consulenti tecnici.
Art. 458. Impugnazione delle sentenze dei consulenti.
Art. 459. Controversie in materia di previdenza e di assistenza obbligatorie.
Art. 460. Improponibilità della domanda.
Art. 461. Giudice competente.
Art. 462. Patrocinio.
Art. 463. Assistenza del consulente tecnico.
Art. 464. Rinvio.

Art. 465. Giudice d'appello.
Art. 466. Appellabilità delle sentenze.
Art. 467. Denuncia all'associazione sindacale.
Art. 468. Nomina del consulente tecnico.
Art. 469. Intervento delle associazioni sindacali.
Art. 470. Sospensione del procedimento.
Art. 471. Ricorso per cassazione.
Art. 472. Accertamento tecnico preventivo.
Art. 473. Procedimento ed efficacia dell'accertamento.

TITOLO IV-BIS - norme per il procedimento in materia di persone, minorenni e famiglie
CAPO I - DISPOSIZIONI GENERALI
Art. 473-bis. Ambito di applicazione

Le disposizioni del presente titolo si applicano ai procedimenti relativi allo stato delle persone, ai minorenni e alle famiglie attribuiti alla competenza del tribunale ordinario, del giudice tutelare e del tribunale per i minorenni, salvo che la legge disponga diversamente e con esclusione dei procedimenti volti alla dichiarazione di adottabilità, dei procedimenti di adozione di minori di età e dei procedimenti attribuiti alla competenza delle sezioni specializzate in materia di immigrazione, protezione internazionale e libera circolazione dei cittadini dell'Unione europea.

Per quanto non disciplinato dal presente titolo, i procedimenti di cui al primo comma sono regolati dalle norme previste dai titoli I e III del libro secondo.

Art. 473-bis.1. Composizione dell'organo giudicante

Salvo che la legge disponga diversamente, il tribunale giudica in composizione collegiale e la trattazione e l'istruzione possono essere delegate a uno dei componenti del collegio.

Davanti al tribunale per i minorenni, nei procedimenti aventi ad oggetto la responsabilità genitoriale possono essere delegati ai giudici onorari specifici adempimenti ad eccezione dell'ascolto del minore, dell'assunzione delle testimonianze e degli altri atti riservati al giudice. La prima udienza, l'udienza di rimessione della causa in decisione e le udienze all'esito delle quali sono assunti provvedimenti temporanei sono tenute davanti al collegio o al giudice relatore.

Articolo inserito dall'art. 3, comma 33, D.Lgs. 10 ottobre 2022, n. 149, che ha inserito il Titolo IV-bis, a decorrere dal 18 ottobre 2022, ai sensi di quanto disposto dall'art. 52, comma 1, del medesimo D.Lgs. n. 149/2022. A norma dell'art. 35, comma 1, del citato D.Lgs. n. 149/2022 le disposizioni dello stesso D.Lgs. n. 149/2022 hanno effetto a decorrere dal 30 giugno 2023 e si applicano ai procedimenti instaurati successivamente a tale data. Ai procedimenti pendenti alla data del 30 giugno 2023 si applicano le disposizioni anteriormente vigenti.

Art. 473-bis.2. Poteri del giudice

A tutela dei minori il giudice può d'ufficio nominare il curatore speciale nei casi previsti dalla legge, adottare i provvedimenti opportuni in deroga all'articolo 112 e disporre mezzi di prova al di fuori dei limiti di ammissibilità previsti dal codice civile, nel rispetto del contraddittorio e del diritto alla prova contraria. Con riferimento alle domande di contributo economico, il giudice può d'ufficio ordinare l'integrazione della documentazione depositata dalle parti e disporre ordini di esibizione e indagini sui redditi, sui patrimoni e sull'effettivo tenore di vita, anche nei confronti di terzi, valendosi se del caso della polizia tributaria.

Articolo inserito dall'art. 3, comma 33, D.Lgs. 10 ottobre 2022, n. 149, che ha inserito il Titolo IV-bis, a decorrere dal 18 ottobre 2022, ai sensi di quanto disposto dall'art. 52, comma 1, del medesimo D.Lgs. n. 149/2022. A norma dell'art. 35, comma 1, del citato D.Lgs. n. 149/2022 le disposizioni dello stesso D.Lgs. n. 149/2022 hanno effetto a decorrere dal 30 giugno 2023 e si applicano ai procedimenti instaurati successivamente a tale data. Ai procedimenti pendenti alla data del 30 giugno 2023 si applicano le disposizioni anteriormente vigenti.

Art. 473-bis.3. Poteri del pubblico ministero

Nell'esercizio dell'azione civile e al fine di adottare le relative determinazioni, il pubblico ministero può assumere informazioni, acquisire atti e svolgere accertamenti, anche avvalendosi della polizia giudiziaria e dei servizi sociali, sanitari e assistenziali.

Articolo inserito dall'art. 3, comma 33, D.Lgs. 10 ottobre 2022, n. 149, che ha inserito il Titolo IV-bis, a decorrere dal 18 ottobre 2022, ai sensi di quanto disposto dall'art. 52, comma 1, del medesimo D.Lgs. n. 149/2022. A norma dell'art. 35, comma 1, del citato D.Lgs. n. 149/2022 le disposizioni dello stesso D.Lgs. n. 149/2022 hanno effetto a decorrere dal 30 giugno 2023 e si applicano ai procedimenti instaurati successivamente a tale data. Ai procedimenti pendenti alla data del 30 giugno 2023 si applicano le disposizioni anteriormente vigenti.

Art. 473-bis.4. Ascolto del minore

Il minore che ha compiuto gli anni dodici e anche di età inferiore ove capace di discernimento è ascoltato dal giudice nei procedimenti nei quali devono essere adottati provvedimenti che lo riguardano. Le opinioni del minore devono essere tenute in considerazione avuto riguardo alla sua età e al suo grado di maturità.

Il giudice non procede all'ascolto, dandone atto con provvedimento motivato, se esso è in contrasto con l'interesse del minore o manifestamente superfluo, in caso di impossibilità fisica o psichica del minore o se quest'ultimo manifesta la volontà di non essere ascoltato. Nei procedimenti in cui si prende atto di un accordo dei genitori relativo alle condizioni di affidamento dei figli, il giudice procede all'ascolto soltanto se necessario.

Art. 473-bis.5. Modalità dell'ascolto

L'ascolto del minore è condotto dal giudice, il quale può farsi assistere da esperti e altri ausiliari. Se il procedimento riguarda più minori, di regola il giudice li ascolta separatamente.

L'udienza è fissata in orari compatibili con gli impegni scolastici del minore, ove possibile in locali idonei e adeguati alla sua età, anche in luoghi diversi dal tribunale. Prima di procedere all'ascolto, il giudice indica i temi oggetto dell'adempimento ai genitori, agli esercenti la responsabilità genitoriale, ai rispettivi difensori e al curatore speciale, i quali possono proporre argomenti e temi di approfondimento e, su autorizzazione del giudice, partecipare all'ascolto.

Il giudice, tenuto conto dell'età e del grado di maturità del minore, lo informa della natura del procedimento e degli effetti dell'ascolto, e procede all'adempimento con modalità che ne garantiscono la serenità e la riservatezza. Il minore che ha compiuto quattordici anni è informato altresì della possibilità di chiedere la nomina di un curatore speciale ai sensi dell'articolo 473-bis.8.

Dell'ascolto del minore è effettuata registrazione audiovisiva. Se per motivi tecnici non è possibile procedere alla registrazione, il processo verbale descrive dettagliatamente il contegno del minore.

Art. 473-bis.6. Rifiuto del minore a incontrare il genitore

Quando il minore rifiuta di incontrare uno o entrambi i genitori, il giudice procede all'ascolto senza ritardo, assume sommarie informazioni sulle cause del rifiuto e può disporre l'abbreviazione dei termini processuali.

Allo stesso modo il giudice procede quando sono allegate o segnalate condotte di un genitore tali da ostacolare il mantenimento di un rapporto equilibrato e continuativo tra il minore e l'altro genitore o la conservazione di rapporti significativi con gli ascendenti e con i parenti di ciascun ramo genitoriale.

Art. 473-bis.7. Nomina del tutore e del curatore del minore

Il giudice nomina il tutore del minore quando dispone, anche con provvedimento temporaneo, la sospensione o la decadenza dalla responsabilità genitoriale di entrambi i genitori. Copia del provvedimento è trasmessa al giudice tutelare per le prescritte annotazioni sul registro delle tutele. Sino alla definizione del procedimento, le funzioni del giudice tutelare sono esercitate dal giudice che procede.

Il giudice può nominare il curatore del minore quando dispone, all'esito del procedimento, limitazioni della responsabilità genitoriale. Il provvedimento di nomina del curatore deve contenere l'indicazione:

a) della persona presso cui il minore ha la residenza abituale;

b) degli atti che il curatore ha il potere di compiere nell'interesse del minore, e di quelli per i quali è necessaria l'autorizzazione del giudice tutelare;

c) degli atti che possono compiere i genitori, congiuntamente o disgiuntamente;

d) degli atti che può compiere la persona presso cui il minore ha la residenza abituale;

e) della periodicità con cui il curatore riferisce al giudice tutelare circa l'andamento degli interventi, i rapporti mantenuti dal minore con i genitori, l'attuazione del progetto eventualmente predisposto dal tribunale. Nei casi previsti dal presente articolo, all'esito del procedimento il giudice trasmette gli atti al giudice tutelare competente.

Art. 473-bis.8. Curatore speciale del minore

Il giudice provvede alla nomina del curatore speciale del minore, anche d'ufficio e a pena di nullità degli atti del procedimento:

a) nei casi in cui il pubblico ministero abbia chiesto la decadenza dalla responsabilità genitoriale di entrambi i genitori, o in cui uno dei genitori abbia chiesto la decadenza dell'altro;

b) in caso di adozione di provvedimenti ai sensi dell'articolo 403 del codice civile o di affidamento del minore ai sensi degli articoli 2 e seguenti della legge 4 maggio 1983, n. 184;

c) nel caso in cui dai fatti emersi nel procedimento venga alla luce una situazione di pregiudizio per il minore tale da precluderne l'adeguata rappresentanza processuale da parte di entrambi i genitori;

d) quando ne faccia richiesta il minore che abbia compiuto quattordici anni.

In ogni caso il giudice può nominare un curatore speciale quando i genitori appaiono per gravi ragioni temporaneamente inadeguati a rappresentare gli interessi del minore. Il provvedimento di nomina del curatore deve essere succintamente motivato. Si applicano gli articoli 78, 79 e 80.

Al curatore speciale del minore il giudice può attribuire, con il provvedimento di nomina o con provvedimento non impugnabile adottato nel corso del giudizio, specifici poteri di rappresentanza sostanziale. Il curatore speciale del minore procede al suo ascolto ai sensi dell'articolo 315-bis, terzo comma, del codice civile, nel rispetto dei limiti di cui all'articolo 473-bis.4.

Il minore che abbia compiuto quattordici anni, i genitori che esercitano la responsabilità genitoriale, il tutore o il pubblico ministero possono chiedere con istanza motivata al presidente del tribunale o al giudice che procede, che decide con decreto non impugnabile, la revoca del curatore per gravi inadempienze o perché mancano o sono venuti meno i presupposti per la sua nomina.

Art. 473-bis.9. Disposizioni in favore dei figli maggiorenni portatori di handicap grave

Ai figli maggiorenni portatori di handicap grave si applicano le disposizioni in favore dei figli minori previste nel presente titolo, in quanto compatibili.

Art. 473-bis.10. Mediazione familiare

Il giudice può, in ogni momento, informare le parti della possibilità di avvalersi della mediazione familiare e invitarle a rivolgersi a un mediatore, da loro scelto tra le persone iscritte nell'elenco formato a norma delle disposizioni di attuazione del presente codice, per ricevere informazioni circa le finalità, i contenuti e le modalità del percorso e per valutare se intraprenderlo.

Qualora ne ravvisi l'opportunità, il giudice, sentite le parti e ottenuto il loro consenso, può rinviare l'adozione dei provvedimenti di cui all'articolo 473bis.22 per consentire che i coniugi, avvalendosi di esperti, tentino una mediazione per raggiungere un accordo, con particolare riferimento alla tutela dell'interesse morale e materiale dei figli.

CAPO II - DEL PROCEDIMENTO
SEZIONE I - DISPOSIZIONI COMUNI AL GIUDIZIO DI PRIMO GRADO
Art. 473-bis.11. Competenza per territorio

Per tutti i procedimenti nei quali devono essere adottati provvedimenti che riguardano un minore, è competente il tribunale del luogo in cui il minore ha la residenza abituale. Se vi è stato trasferimento del minore non autorizzato e non è decorso un anno, è competente il tribunale del luogo dell'ultima residenza abituale del minore prima del trasferimento.

In tutti gli altri casi si applicano le disposizioni generali, ove non derogate da quanto previsto alla sezione II del capo III del presente titolo.

Art. 473-bis.12. Forma della domanda

La domanda si propone con ricorso che contiene:

a) l'indicazione dell'ufficio giudiziario davanti al quale la domanda è proposta;

b) il nome, il cognome, il luogo e la data di nascita, la cittadinanza, la residenza o il domicilio o la dimora e il codice fiscale dell'attore e del convenuto, nonché dei figli comuni delle parti se minorenni, maggiorenni economicamente non autosufficienti o portatori di handicap grave, e degli altri soggetti ai quali le domande o il procedimento si riferiscono;

c) il nome, il cognome e il codice fiscale del procuratore, unitamente all'indicazione della procura;

d) la determinazione dell'oggetto della domanda;

e) la chiara e sintetica esposizione dei fatti e degli elementi di diritto sui quali la domanda si fonda, con le relative conclusioni;

f) l'indicazione specifica dei mezzi di prova dei quali l'attore intende valersi e dei documenti che offre in comunicazione.

Il ricorso deve altresì indicare l'esistenza di altri procedimenti aventi a oggetto, in tutto o in parte, le medesime domande o domande ad esse connesse. Ad esso è allegata copia di eventuali provvedimenti, anche provvisori, già adottati in tali procedimenti.

In caso di domande di contributo economico o in presenza di figli minori, al ricorso sono allegati:

a) le dichiarazioni dei redditi degli ultimi tre anni;

b) la documentazione attestante la titolarità di diritti reali su beni immobili e beni mobili registrati, nonché di quote sociali;

c) gli estratti conto dei rapporti bancari e finanziari relativi agli ultimi tre anni.

Nei procedimenti relativi ai minori, al ricorso è allegato un piano genitoriale che indica gli impegni e le attività quotidiane dei figli relative alla scuola, al percorso educativo, alle attività extrascolastiche, alle frequentazioni abituali e alle vacanze normalmente godute.

Art. 473-bis.13. Ricorso del pubblico ministero

Il ricorso del pubblico ministero contiene:

a) l'indicazione dell'ufficio giudiziario davanti al quale il ricorso è presentato;

b) il nome, il cognome, il luogo e la data di nascita, la cittadinanza, la residenza o il domicilio o la dimora e il codice fiscale del minore, dei genitori e, ove nominati, del tutore, del curatore, del curatore speciale e dell'affidatario del minore, nonché, nei giudizi relativi allo stato delle persone, di coloro che possono avere un interesse qualificato all'esito del giudizio; c) la determinazione dell'oggetto della domanda;

d) la chiara e sintetica esposizione dei fatti e degli elementi di diritto sui quali la domanda si fonda con le relative conclusioni, anche istruttorie.

Nei casi in cui il minore sia stato collocato in una struttura comunitaria, il ricorso indica altresì il nome, il cognome, il codice fiscale e la residenza del legale rappresentante, salvo che sia necessario mantenere riservate tali indicazioni.

Al ricorso sono allegati i documenti relativi agli accertamenti svolti e alle informazioni assunte, nonché i provvedimenti relativi al minore emessi dall'autorità giudiziaria o da altra pubblica autorità.

In presenza di richiesta di allontanamento del minore, il ricorso reca l'indicazione di eventuali parenti entro il quarto grado che abbiano mantenuto rapporti significativi con lo stesso.

In caso di domande di contributo economico, al ricorso è allegata la documentazione attestante la situazione economica e reddituale dei genitori e del minore.

Le disposizioni che precedono si applicano, in quanto compatibili, anche al ricorso presentato dal parente, dal tutore, dal curatore e dal curatore speciale.

Art. 473-bis.14. Deposito del ricorso e decreto di fissazione dell'udienza

Il ricorso è depositato al giudice competente insieme con i documenti in esso indicati.

Il presidente, entro tre giorni dal deposito del ricorso, designa il relatore, al quale può delegare la trattazione del procedimento, e fissa l'udienza di prima comparizione delle parti assegnando il termine per la costituzione del convenuto, che deve avvenire almeno trenta giorni prima dell'udienza. Il presidente nomina un curatore speciale quando il convenuto è malato di mente o legalmente incapace.

Tra il giorno del deposito del ricorso e l'udienza non devono intercorrere più di novanta giorni.

Con lo stesso decreto il presidente informa il convenuto che la costituzione oltre il suddetto termine implica le decadenze di cui agli articoli 38 e 167, che la difesa tecnica mediante avvocato è obbligatoria e che la parte, sussistendone i presupposti di legge, può presentare istanza per l'ammissione al patrocinio a spese dello Stato. Informa inoltre le parti della possibilità di avvalersi della mediazione familiare.

Il ricorso e il decreto di fissazione dell'udienza sono notificati al convenuto a cura dell'attore. Tra la notifica del ricorso e la data dell'udienza deve intercorrere un termine non inferiore a sessanta giorni liberi. Il decreto è inoltre comunicato al pubblico ministero, a cura della cancelleria. Il termine di cui al terzo comma è elevato a centoventi giorni e quello di cui al quinto comma è elevato a novanta giorni nel caso in cui la notificazione debba essere effettuata all'estero.

Art. 473-bis.15. Provvedimenti indifferibili

In caso di pregiudizio imminente e irreparabile o quando la convocazione delle parti potrebbe pregiudicare l'attuazione dei provvedimenti, il presidente o il giudice da lui delegato, assunte ove occorre sommarie informazioni, adotta con decreto provvisoriamente esecutivo i provvedimenti necessari nell'interesse dei figli e, nei limiti delle domande da queste proposte, delle parti. Con il medesimo decreto fissa entro i successivi quindici giorni l'udienza per la conferma, modifica o revoca dei provvedimenti adottati con il decreto, assegnando all'istante un termine perentorio per la notifica.

Art. 473-bis.16. Costituzione del convenuto

Il convenuto si costituisce nel termine assegnato dal giudice, depositando comparsa di risposta che contiene le indicazioni previste, anche a pena di decadenza, dagli articoli 167 e 473-bis.12, secondo, terzo e quarto comma.

Art. 473-bis.17. Ulteriori difese

Entro venti giorni prima della data dell'udienza, l'attore può depositare memoria con cui prendere posizione in maniera chiara e specifica sui fatti allegati dal convenuto, nonché, a pena di decadenza, modificare o precisare le domande e le conclusioni già formulate, proporre le domande e le eccezioni che sono conseguenza delle difese del convenuto, indicare mezzi di prova e produrre documenti. Nel caso in cui il convenuto abbia formulato domande di contributo economico, nello stesso termine l'attore deve depositare la documentazione prevista nell'articolo 473-bis.12, terzo comma.

Entro dieci giorni prima della data dell'udienza, il convenuto può depositare un'ulteriore memoria con cui, a pena di decadenza, precisare e modificare le domande, le eccezioni e le conclusioni già proposte, proporre le eccezioni non rilevabili d'ufficio che siano conseguenza della domanda riconvenzionale o delle difese svolte dall'attore con la memoria di cui al primo comma, indicare mezzi di prova e produrre documenti, anche a prova contraria.

Entro cinque giorni prima della data dell'udienza, l'attore può depositare ulteriore memoria per le sole indicazioni di prova contraria rispetto ai mezzi istruttori dedotti nella memoria di cui al secondo comma.

Art. 473-bis.18. Dovere di leale collaborazione

Il comportamento della parte che in ordine alle proprie condizioni economiche rende informazioni o effettua produzioni documentali inesatte o incomplete è valutabile ai sensi del secondo comma dell'articolo 116, nonché ai sensi del primo comma dell'articolo 92 e dell'articolo 96.

Art. 473-bis.19. Nuove domande e nuovi mezzi di prova

Le decadenze previste dagli articoli 473-bis.14 e 473-bis.17 operano solo in riferimento alle domande aventi a oggetto diritti disponibili.

Le parti possono sempre introdurre nuove domande e nuovi mezzi di prova relativi all'affidamento e al mantenimento dei figli minori. Possono altresì proporre, nella prima difesa utile successiva e fino al momento della precisazione delle conclusioni, nuove domande di contributo economico in favore proprio e dei figli maggiorenni non indipendenti economicamente e i relativi nuovi mezzi di prova, se si verificano mutamenti nelle circostanze o a seguito di nuovi accertamenti istruttori.

Art. 473-bis.20. Intervento volontario

L'intervento del terzo avviene con le modalità previste dall'articolo 473bis.16.

Il terzo non può intervenire oltre il termine stabilito per la costituzione del convenuto, salvo che compaia volontariamente per l'integrazione necessaria del contraddittorio.

Art. 473-bis.21. Udienza di comparizione delle parti

All'udienza fissata per la comparizione delle parti, il collegio o il giudice delegato verifica d'ufficio la regolarità del contraddittorio e, quando occorre, pronuncia i provvedimenti opportuni. Salvo che il processo sia introdotto con ricorso del pubblico ministero, se l'attore non compare o rinuncia e il convenuto costituito non chiede che si proceda in sua assenza, il procedimento si estingue.

Le parti devono comparire personalmente, salvo gravi e comprovati motivi. La mancata comparizione senza giustificato motivo costituisce comportamento valutabile ai sensi del secondo comma dell'articolo 116 e nella liquidazione delle spese.

All'udienza il giudice sente le parti, congiuntamente o separatamente, alla presenza dei rispettivi difensori, e ne tenta la conciliazione. Può inoltre formulare una motivata proposta conciliativa della controversia. Se le parti si conciliano, il giudice assume i provvedimenti temporanei e urgenti che si rendono necessari e rimette la causa in decisione.

Art. 473-bis.22. Provvedimenti del giudice

Se la conciliazione non riesce, il giudice, sentite le parti e i rispettivi difensori e assunte ove occorra sommarie informazioni, dà con ordinanza i provvedimenti temporanei e urgenti che ritiene opportuni nell'interesse delle parti, nei limiti delle domande da queste proposte, e dei figli. Quando pone a carico delle parti l'obbligo di versare un contributo economico il giudice determina la data di decorrenza del provvedimento, con facoltà di farla retroagire fino alla data della domanda. Allo stesso modo provvede se una delle parti non compare senza giustificato motivo.

L'ordinanza costituisce titolo esecutivo e titolo per l'iscrizione dell'ipoteca giudiziale, e conserva la sua efficacia anche dopo l'estinzione del processo, finché non sia sostituita con altro provvedimento.

Con l'ordinanza di cui al primo comma, il giudice provvede sulle richieste istruttorie e predispone il calendario del processo, fissando entro i successivi novanta giorni l'udienza per l'assunzione dei mezzi di prova ammessi.

Quando la causa è matura per la decisione senza bisogno di assunzione dei mezzi di prova, il giudice, fatte precisare le conclusioni, pronuncia i provvedimenti di cui al primo comma e ordina la discussione orale della causa nella stessa udienza o, su istanza di parte, in un'udienza successiva e, all'esito, trattiene la causa in decisione. Il giudice delegato si riserva di riferire al collegio per la decisione. Allo stesso modo si procede quando può essere decisa la domanda relativa allo stato delle persone e il procedimento deve continuare per la definizione delle ulteriori domande. Contro la sentenza che decide sullo stato delle persone è ammesso solo appello immediato.

Art. 473-bis.23. Modifica dei provvedimenti temporanei e urgenti

I provvedimenti temporanei e urgenti possono essere modificati o revocati dal collegio o dal giudice delegato in presenza di fatti sopravvenuti o nuovi accertamenti istruttori.

Art. 473-bis.24. Reclamo dei provvedimenti temporanei e urgenti

Contro i provvedimenti temporanei e urgenti di cui al primo comma dell'articolo 473-bis.22 si può proporre reclamo con ricorso alla corte di appello.

E' altresì ammesso reclamo contro i provvedimenti temporanei emessi in corso di causa che sospendono o introducono sostanziali limitazioni alla responsabilità genitoriale, nonché quelli che prevedono sostanziali modifiche dell'affidamento e della collocazione dei minori ovvero ne dispongono l'affidamento a soggetti diversi dai genitori.

Il reclamo deve essere proposto entro il termine perentorio di dieci giorni dalla pronuncia del provvedimento in udienza ovvero dalla comunicazione, o dalla notificazione se anteriore.

Eventuali circostanze sopravvenute sono dedotte davanti al giudice di merito.

Il collegio, assicurato il contraddittorio tra le parti, entro sessanta giorni dal deposito del ricorso pronuncia ordinanza con la quale conferma, modifica o revoca il provvedimento reclamato e provvede sulle spese. Ove indispensabile ai fini della decisione, può assumere sommarie informazioni. L'ordinanza è immediatamente esecutiva.

Avverso i provvedimenti di reclamo pronunciati nei casi di cui al secondo comma è ammesso ricorso per cassazione ai sensi dell'articolo 111 della Costituzione.

Art. 473-bis.25. Consulenza tecnica d'ufficio

Quando dispone consulenza tecnica d'ufficio, il giudice precisa l'oggetto dell'incarico e sceglie il consulente tra quelli dotati di specifica competenza in relazione all'accertamento e alle valutazioni da compiere.

Nella consulenza psicologica le indagini e le valutazioni su caratteristiche e profili di personalità delle parti sono consentite nei limiti in cui hanno ad oggetto aspetti tali da incidere direttamente sulle capacità genitoriali, e sono fondate su metodologie e protocolli riconosciuti dalla comunità scientifica.

Il consulente svolge le indagini che coinvolgono direttamente il minore in orari compatibili con gli impegni scolastici, e con durata e modalità che garantiscono la serenità del minore e sono adeguate alla sua età.

Nella relazione il consulente tiene distinti i fatti osservati direttamente, le dichiarazioni rese dalle parti e dai terzi e le valutazioni da lui formulate. La relazione indica altresì le metodologie e i protocolli seguiti, nonché eventuali specifiche proposte di intervento a sostegno del nucleo familiare e del minore.

Art. 473-bis.26. Nomina di un esperto su richiesta delle parti

Il giudice, su istanza congiunta delle parti, può nominare ai sensi dell'articolo 68 uno o più ausiliari, scelti tra gli iscritti all'albo dei consulenti tecnici d'ufficio, o al di fuori dell'albo se vi è accordo delle parti, per intervenire sul nucleo familiare al fine di superare i conflitti tra le parti, fornire ausilio per i minori e agevolare la ripresa o il miglioramento delle relazioni tra genitori e figli.

Il giudice individua gli obiettivi dell'attività demandata all'ausiliario tra quelli indicati nel primo comma, e fissa i termini, anche periodici, entro cui l'ausiliario deposita una relazione sull'attività svolta e quelli entro cui le parti possono depositare note scritte.

Se sorgono questioni sui poteri o sui limiti dell'incarico conferito, l'ausiliario o le parti informano il giudice il quale, sentite le parti, dà i provvedimenti opportuni.

Art. 473-bis.27. Intervento dei servizi sociali o sanitari nei procedimenti a tutela dei minori

Quando dispone l'intervento dei servizi sociali o sanitari, il giudice indica in modo specifico l'attività ad essi demandata e fissa i termini entro cui i servizi sociali o sanitari devono depositare una relazione periodica sull'attività svolta, nonché quelli entro cui le parti possono depositare memorie.

Nelle relazioni sono tenuti distinti i fatti accertati, le dichiarazioni rese dalle parti e dai terzi e le eventuali valutazioni formulate dagli operatori che, ove aventi oggetto profili di personalità delle parti, devono essere fondate su dati oggettivi e su metodologie e protocolli riconosciuti dalla comunità scientifica, da indicare nella relazione.

Le parti possono prendere visione ed estrarre copia delle relazioni e di ogni accertamento compiuto dai responsabili del servizio sociale o sanitario incaricati, trasmessi all'autorità giudiziaria, salvo che la legge non disponga diversamente.

Art. 473-bis.28. Decisione della causa

Il giudice, esaurita l'istruzione, fissa davanti a sé l'udienza di rimessione della causa in decisione e assegna alle parti:

a)   un termine non superiore a sessanta giorni prima dell'udienza per il deposito di note scritte di precisazione delle conclusioni;

b)   un termine non superiore a trenta giorni prima dell'udienza per il deposito delle comparse conclusionali;

c)   un termine non superiore a quindici giorni prima della stessa udienza per il deposito delle memorie di replica.

All'udienza la causa è rimessa in decisione e il giudice delegato si riserva di riferire al collegio. La sentenza è depositata nei successivi sessanta giorni.

Art. 473-bis.29. Modificabilità dei provvedimenti

Qualora sopravvengano giustificati motivi, le parti possono in ogni tempo chiedere, con le forme previste nella presente sezione, la revisione dei provvedimenti a tutela dei minori e in materia di contributi economici.

SEZIONE II - DELL'APPELLO
Art. 473-bis.30. Forma dell'appello

L'appello si propone con ricorso, che deve contenere le indicazioni previste dall'articolo 342.

Art. 473-bis.31. Decreto del presidente

Il presidente della corte di appello, entro cinque giorni dal deposito del ricorso, nomina il relatore e fissa l'udienza di comparizione e trattazione e il termine entro il quale l'appellante deve provvedere alla notificazione del ricorso e del decreto all'appellato.

Tra la data di notificazione all'appellato e quella dell'udienza deve intercorrere un termine non minore di novanta giorni.

Nel caso in cui la notificazione prevista dal primo comma debba effettuarsi all'estero, il termine di cui al secondo comma è elevato a centocinquanta giorni.

Il presidente acquisisce d'ufficio le relazioni aggiornate dei servizi sociali o sanitari eventualmente incaricati e ordina alle parti di depositare la documentazione aggiornata di cui all'articolo 473-bis.12, terzo comma.

Art. 473-bis.32. Costituzione dell'appellato e appello incidentale

L'appellato deve costituirsi almeno trenta giorni prima dell'udienza, mediante deposito della comparsa di costituzione, nella quale deve esporre le sue difese in modo chiaro e specifico. Nella stessa comparsa l'appellato può, a pena di decadenza, proporre appello incidentale.

L'appellante può depositare una memoria di replica entro il termine perentorio di venti giorni prima dell'udienza, e l'appellato può a sua volta replicare con memoria da depositare entro il termine perentorio di dieci giorni prima.

Art. 473-bis.33. Intervento del pubblico ministero

Il pubblico ministero interviene in giudizio depositando le proprie conclusioni almeno dieci giorni prima dell'udienza.

Art. 473-bis.34. Udienza di discussione

La trattazione dell'appello è collegiale.

All'udienza il giudice incaricato fa la relazione orale della causa, e all'esito della discussione il collegio trattiene la causa in decisione. Su richiesta delle parti, può assegnare loro un termine per note difensive e rinviare la causa ad altra udienza.

La sentenza è depositata nei sessanta giorni successivi all'udienza.

Il giudice dell'appello può adottare i provvedimenti di cui agli articoli 473bis.15 e 473-bis.22. Se ammette nuove prove, dà con ordinanza i provvedimenti per la loro assunzione, per la quale può delegare il relatore.

Art. 473-bis.35. Domande ed eccezioni nuove

Il divieto di nuove domande ed eccezioni e di nuovi mezzi di prova previsto dall'articolo 345 si applica limitatamente alle domande aventi ad oggetto diritti disponibili.

SEZIONE III - DELL'ATTUAZIONE DEI PROVVEDIMENTI
Art. 473-bis.36. Garanzie a tutela del credito

I provvedimenti, anche se temporanei, in materia di contributo economico in favore della prole o delle parti sono immediatamente esecutivi e costituiscono titolo per l'iscrizione dell'ipoteca giudiziale. Se il valore dei beni ipotecati eccede la cautela da somministrare, si applica il secondo comma dell'articolo 96.

Il giudice può imporre al soggetto obbligato di prestare idonea garanzia personale o reale, se esiste il pericolo che possa sottrarsi all'adempimento degli obblighi di contributo economico.

Il creditore cui spetta la corresponsione periodica del contributo, per assicurare che siano soddisfatte o conservate le sue ragioni in ordine all'adempimento, può chiedere al giudice di autorizzare il sequestro dei beni mobili, immobili o crediti del debitore.

Qualora sopravvengano giustificati motivi il giudice, su istanza di parte, può disporre la revoca o la modifica dei provvedimenti.

I provvedimenti di cui al secondo, terzo e quarto comma sono richiesti al giudice del procedimento in corso o, in mancanza, ai sensi dell'articolo 473bis.29.

Art. 473-bis.37. Pagamento diretto del terzo

Il creditore cui spetta la corresponsione periodica del contributo in favore suo o della prole, dopo la costituzione in mora del debitore, inadempiente per un periodo di almeno trenta giorni, può notificare il provvedimento o l'accordo di negoziazione assistita in cui è stabilita la misura dell'assegno ai terzi tenuti a corrispondere periodicamente somme di denaro al soggetto obbligato, con la richiesta di versargli direttamente le somme dovute, dandone comunicazione al debitore inadempiente.

Il terzo è tenuto al pagamento dell'assegno dal mese successivo a quello in cui è stata effettuata la notificazione. Ove il terzo non adempia, il creditore ha azione esecutiva diretta nei suoi confronti per il pagamento delle somme dovute.

Qualora il credito dell'obbligato nei confronti dei suddetti terzi sia stato già pignorato al momento della notificazione, all'assegnazione e alla ripartizione delle somme tra l'avente diritto al contributo e gli altri creditori provvede il giudice dell'esecuzione, il quale tiene conto anche della natura e delle finalità dell'assegno.

Art. 473-bis.38. Attuazione dei provvedimenti sull'affidamento

Per l'attuazione dei provvedimenti sull'affidamento del minore e per la soluzione delle controversie in ordine all'esercizio della responsabilità genitoriale è competente il giudice del procedimento in corso, che provvede in composizione monocratica.

Se non pende un procedimento è competente, in composizione monocratica, il giudice che ha emesso il provvedimento da attuare o, in caso di trasferimento del minore, quello individuato ai sensi dell'articolo 473-bis.11, primo comma. Quando è instaurato successivamente tra le stesse parti un giudizio che ha ad oggetto la titolarità o l'esercizio della responsabilità genitoriale, il giudice dell'attuazione, anche d'ufficio, senza indugio e comunque entro quindici giorni adotta i provvedimenti urgenti che ritiene necessari nell'interesse del minore e trasmette gli atti al giudice di merito. I provvedimenti adottati conservano la loro efficacia fino a quando sono confermati, modificati o revocati con provvedimento emesso dal giudice del merito.

A seguito del ricorso il giudice, sentiti i genitori, coloro che esercitano la responsabilità genitoriale, il curatore e il curatore speciale, se nominati, e il pubblico ministero, tenta la conciliazione delle parti e in difetto pronuncia ordinanza con cui determina le modalità dell'attuazione e adotta i provvedimenti opportuni, avendo riguardo all'interesse superiore del minore.

Se nel corso dell'attuazione sorgono difficoltà che non ammettono dilazione, ciascuna parte e gli ausiliari incaricati possono chiedere al giudice, anche verbalmente, che adotti i necessari provvedimenti temporanei.

Il giudice può autorizzare l'uso della forza pubblica, con provvedimento motivato, soltanto se assolutamente indispensabile e avendo riguardo alla preminente tutela della salute psicofisica del minore. L'intervento è posto in essere sotto la vigilanza del giudice e con l'ausilio di personale specializzato, anche sociale e sanitario, il quale adotta ogni cautela richiesta dalle circostanze.

Nel caso in cui sussista pericolo attuale e concreto, desunto da circostanze specifiche e oggettive, di sottrazione del minore o di altre condotte che potrebbero pregiudicare l'attuazione del provvedimento, il giudice determina le modalità di attuazione con decreto motivato, senza la preventiva convocazione delle parti. Con lo stesso decreto dispone la comparizione delle parti davanti a sé nei quindici giorni successivi, e all'udienza provvede con ordinanza.

Avverso l'ordinanza pronunciata dal giudice ai sensi del presente articolo è possibile proporre opposizione nelle forme dell'articolo 473-bis.12.

Art. 473-bis.39. Provvedimenti in caso di inadempienze o violazioni

In caso di gravi inadempienze, anche di natura economica, o di atti che arrechino pregiudizio al minore od ostacolino il corretto svolgimento delle modalità dell'affidamento e dell'esercizio della responsabilità genitoriale, il giudice può d'ufficio modificare i provvedimenti in vigore e può, anche congiuntamente:

a) ammonire il genitore inadempiente;

b) individuare ai sensi dell'articolo 614-bis la somma di denaro dovuta dall'obbligato per ogni violazione o inosservanza successiva ovvero per ogni giorno di ritardo nell'esecuzione del provvedimento;

c) condannare il genitore inadempiente al pagamento di una sanzione amministrativa pecuniaria, da un minimo di 75 euro a un massimo di 5.000 euro a favore della Cassa delle ammende.

Nei casi di cui al primo comma, il giudice può inoltre condannare il genitore inadempiente al risarcimento dei danni a favore dell'altro genitore o, anche d'ufficio, del minore.

I provvedimenti assunti dal giudice del procedimento sono impugnabili nei modi ordinari.

CAPO III - DISPOSIZIONI SPECIALI
SEZIONE I - DELLA VIOLENZA DOMESTICA O DI GENERE
Art. 473-bis.40. Ambito di applicazione

Le disposizioni previste dalla presente sezione si applicano nei procedimenti in cui siano allegati abusi familiari o condotte di violenza domestica o di genere poste in essere da una parte nei confronti dell'altra o dei figli minori.

Art. 473-bis.41. Forma della domanda

Il ricorso indica, oltre a quanto previsto dagli articoli 473-bis.12 e 473bis.13, gli eventuali procedimenti, definiti o pendenti, relativi agli abusi o alle violenze.

Al ricorso è allegata copia degli accertamenti svolti e dei verbali relativi all'assunzione di sommarie informazioni e di prove testimoniali, nonché dei provvedimenti relativi alle parti e al minore emessi dall'autorità giudiziaria o da altra pubblica autorità.

Art. 473-bis.42. Procedimento

Il giudice può abbreviare i termini fino alla metà, e compie tutte le attività previste dalla presente sezione anche d'ufficio e senza alcun ritardo. Al fine di accertare le condotte allegate, può disporre mezzi di prova anche al di fuori dei limiti di ammissibilità previsti dal codice civile, nel rispetto del contraddittorio e del diritto alla prova contraria. Il giudice e i suoi ausiliari tutelano la sfera personale, la dignità e la personalità della vittima e ne garantiscono la sicurezza, anche evitando, se opportuno, la contemporanea presenza delle parti.

Quando nei confronti di una delle parti è stata pronunciata sentenza di condanna o di applicazione della pena, anche non definitiva, o provvedimento cautelare civile o penale ovvero penda procedimento penale in una fase successiva ai termini di cui all'articolo 415-bis del codice di procedura penale per abusi o violenze, il decreto di fissazione dell'udienza non contiene l'invito a rivolgersi ad un mediatore familiare.

Quando la vittima degli abusi o delle violenze allegate è inserita in collocazione protetta, il giudice, ove opportuno per la sua sicurezza, dispone la secretazione dell'indirizzo ove essa dimora.

Con il decreto di fissazione dell'udienza, il giudice chiede al pubblico ministero e alle altre autorità competenti informazioni circa l'esistenza di eventuali procedimenti relativi agli abusi e alle violenze allegate, definiti o pendenti, e la trasmissione dei relativi atti non coperti dal segreto di cui all'articolo 329 del codice di procedura penale. Il pubblico ministero e le altre autorità competenti provvedono entro quindici giorni a quanto richiesto.

Le parti non sono tenute a comparire personalmente all'udienza di cui all'articolo 473-bis.21. Se compaiono, il giudice si astiene dal procedere al tentativo di conciliazione e dall'invitarle a rivolgersi ad un mediatore familiare. Può comunque invitare le parti a rivolgersi a un mediatore o tentare la conciliazione, se nel corso del giudizio ravvisa l'insussistenza delle condotte allegate.

Art. 473-bis.43. Mediazione familiare

E' fatto divieto di iniziare il percorso di mediazione familiare quando è stata pronunciata sentenza di condanna o di applicazione della pena, anche in primo grado, ovvero è pendente un procedimento penale in una fase successiva ai termini di cui all'articolo 415-bis del codice di procedura penale per le condotte di cui all'articolo 473-bis.40, nonché quando tali condotte sono allegate o comunque emergono in corso di causa.

Il mediatore interrompe immediatamente il percorso di mediazione familiare intrapreso, se nel corso di esso emerge notizia di abusi o violenze.

Art. 473-bis.45. Ascolto del minore

Il giudice procede personalmente e senza ritardo all'ascolto del minore secondo quanto previsto dagli articoli 473-bis.4 e 473-bis.5, evitando ogni contatto con la persona indicata come autore degli abusi o delle violenze. Non si procede all'ascolto quando il minore è stato già ascoltato nell'ambito di altro procedimento, anche penale, e le risultanze dell'adempimento acquisite agli atti sono ritenute sufficienti ed esaustive.

Art. 473-bis.44. Attività istruttoria

Il giudice procede all'interrogatorio libero delle parti sui fatti allegati, avvalendosi se necessario di esperti o di altri ausiliari dotati di competenze specifiche in materia. Assume inoltre sommarie informazioni da persone informate dei fatti, può disporre d'ufficio la prova testimoniale formulandone i capitoli, e acquisisce atti e documenti presso gli uffici pubblici. Può anche acquisire rapporti d'intervento e relazioni di servizio redatti dalle forze dell'ordine, se non sono relativi ad attività d'indagine coperta da segreto.

Quando nomina un consulente tecnico d'ufficio, scelto tra quelli dotati di competenza in materia di violenza domestica e di genere, ovvero dispone indagini a cura dei servizi sociali, il giudice indica nel provvedimento la presenza di allegazioni di abusi o violenze, gli accertamenti da compiere e gli accorgimenti necessari a tutelare la vittima e i minori, anche evitando la contemporanea presenza delle parti.

Art. 473-bis.46. Provvedimenti del giudice

Quando all'esito dell'istruzione, anche sommaria, ravvisa la fondatezza delle allegazioni, il giudice adotta i provvedimenti più idonei a tutelare la vittima e il minore, tra cui quelli previsti dall'articolo 473-bis.70, e disciplina il diritto di visita individuando modalità idonee a non compromettere la loro sicurezza.

A tutela della vittima e del minore, il giudice può altresì disporre, con provvedimento motivato, l'intervento dei servizi sociali e del servizio sanitario.

Quando la vittima è inserita in collocazione protetta, il giudice può incaricare i servizi sociali del territorio per l'elaborazione di progetti finalizzati al suo reinserimento sociale e lavorativo. .

SEZIONE II - DEI PROCEDIMENTI DI SEPARAZIONE, DI SCIOGLIMENTO O
CESSAZIONE DEGLI EFFETTI CIVILI DEL MATRIMONIO, DI SCIOGLIMENTO
DELL'UNIONE CIVILE E DI REGOLAMENTAZIONE DELL'ESERCIZIO DELLA RESPONSABILITÀ GENITORIALE, NONCHÉ DI MODIFICA DELLE RELATIVE CONDIZIONI
Art. 473-bis.47. Competenza

Per le domande di separazione personale dei coniugi, scioglimento o cessazione degli effetti civili del matrimonio, scioglimento dell'unione civile e regolamentazione dell'esercizio della responsabilità genitoriale nei confronti dei figli nati fuori dal matrimonio, nonché per quelle di modifica delle relative condizioni, è competente il tribunale individuato ai sensi dell'articolo 473-bis.11, primo comma. In mancanza di figli minori, è competente il tribunale del luogo di residenza del

convenuto. In caso di irreperibilità o residenza all'estero del convenuto, è competente il tribunale del luogo di residenza dell'attore o, nel caso in cui l'attore sia residente all'estero, qualunque tribunale della Repubblica.

Articolo inserito dall'art. 3, comma 33, D.Lgs. 10 ottobre 2022, n. 149, che ha inserito il Titolo IV-bis, a decorrere dal 18 ottobre 2022, ai sensi di quanto disposto dall'art. 52, comma 1, del medesimo D.Lgs. n. 149/2022. A norma dell'art. 35, comma 1, del citato D.Lgs. n. 149/2022 le disposizioni dello stesso D.Lgs. n. 149/2022 hanno effetto a decorrere dal 30 giugno 2023 e si applicano ai procedimenti instaurati successivamente a tale data. Ai procedimenti pendenti alla data del 30 giugno 2023 si applicano le disposizioni anteriormente vigenti.

Art. 473-bis.48. Produzioni documentali

Nei procedimenti di cui alla presente sezione, al ricorso e alla comparsa di costituzione e risposta è sempre allegata la documentazione prevista dall'articolo 473-bis.12, terzo comma.

Articolo inserito dall'art. 3, comma 33, D.Lgs. 10 ottobre 2022, n. 149, che ha inserito il Titolo IV-bis, a decorrere dal 18 ottobre 2022, ai sensi di quanto disposto dall'art. 52, comma 1, del medesimo D.Lgs. n. 149/2022. A norma dell'art. 35, comma 1, del citato D.Lgs. n. 149/2022 le disposizioni dello stesso D.Lgs. n. 149/2022 hanno effetto a decorrere dal 30 giugno 2023 e si applicano ai procedimenti instaurati successivamente a tale data. Ai procedimenti pendenti alla data del 30 giugno 2023 si applicano le disposizioni anteriormente vigenti.

Art. 473-bis.49. Cumulo di domande di separazione e scioglimento o cessazione degli effetti civili del matrimonio

Negli atti introduttivi del procedimento di separazione personale le parti possono proporre anche domanda di scioglimento o cessazione degli effetti civili del matrimonio e le domande a questa connesse. Le domande così proposte sono procedibili decorso il termine a tal fine previsto dalla legge, e previo passaggio in giudicato della sentenza che pronuncia la separazione personale.

Se il giudizio di separazione e quello di scioglimento o cessazione degli effetti civili del matrimonio sono proposti tra le stesse parti davanti a giudici diversi, si applica l'articolo 40. In presenza di figli minori, la rimessione avviene in favore del giudice individuato ai sensi dell'articolo 473-bis.11, primo comma.

Se i procedimenti di cui al secondo comma pendono davanti allo stesso giudice, si applica l'articolo 274.

La sentenza emessa all'esito dei procedimenti di cui al presente articolo contiene autonomi capi per le diverse domande e determina la decorrenza dei diversi contributi economici eventualmente previsti.

Art. 473-bis.50. Provvedimenti temporanei e urgenti

Il giudice, quando adotta i provvedimenti temporanei e urgenti di cui all'articolo 473- bis.22, primo comma, indica le informazioni che ciascun genitore è tenuto a comunicare all'altro e può formulare una proposta di piano genitoriale tenendo conto di quelli allegati dalle parti. Se queste accettano la proposta, il mancato rispetto delle condizioni previste nel piano genitoriale costituisce comportamento sanzionabile ai sensi dell'articolo 473-bis.39.

Art. 473-bis.51. Procedimento su domanda congiunta

La domanda congiunta relativa ai procedimenti di cui all'articolo 473-bis.47 si propone con ricorso al tribunale del luogo di residenza o di domicilio dell'una o dell'altra parte.

Il ricorso è sottoscritto anche dalle parti e contiene le indicazioni di cui all'articolo 473- bis.12, primo comma, numeri 1), 2), 3) e 5), e secondo comma, e quelle relative alle disponibilità reddituali e patrimoniali dell'ultimo triennio e degli oneri a carico delle parti, nonché le condizioni inerenti alla prole e ai rapporti economici. Con il ricorso le parti possono anche regolamentare, in tutto o in parte, i loro rapporti patrimoniali. Se intendono avvalersi della facoltà di sostituire l'udienza con il deposito di note scritte, devono farne richiesta nel ricorso, dichiarando di non volersi riconciliare e depositando i documenti di cui all'articolo 473-bis.13, terzo comma.

A seguito del deposito, il presidente fissa l'udienza per la comparizione delle parti davanti al giudice relatore e dispone la trasmissione degli atti al pubblico ministero, il quale esprime il proprio parere entro tre giorni prima della data dell'udienza. All'udienza il giudice, sentite le parti e preso atto della loro volontà di non riconciliarsi, rimette la causa in decisione. Il giudice può sempre chiedere i chiarimenti necessari e invitare le parti a depositare la documentazione di cui all'articolo 473-bis.12, terzo comma. Il collegio provvede con sentenza con la quale omologa o prende atto degli accordi intervenuti tra le parti. Se gli accordi sono in contrasto con gli interessi dei figli, convoca le parti indicando loro le modificazioni da adottare, e, in caso di inidonea soluzione, rigetta allo stato la domanda.

In caso di domanda congiunta di modifica delle condizioni inerenti all'esercizio della responsabilità genitoriale nei confronti dei figli e ai contributi economici in favore di questi o delle parti, il presidente designa il relatore che, acquisito il parere del pubblico ministero, riferisce in

camera di consiglio. Il giudice dispone la comparizione personale delle parti quando queste ne fanno richiesta congiunta o sono necessari chiarimenti in merito alle nuove condizioni proposte.

SEZIONE III - DEI PROCEDIMENTI DI INTERDIZIONE, DI INABILITAZIONE E DI NOMINA DI AMMINISTRATORE DI SOSTEGNO
Art. 473-bis.52. Forma della domanda

La domanda per interdizione o inabilitazione si propone con ricorso diretto al tribunale del luogo in cui la persona nei confronti della quale è proposta ha residenza o domicilio.

Il ricorso contiene le indicazioni di cui all'articolo 473-bis.12 o all'articolo 473-bis.13, nonché il nome e il cognome e la residenza del coniuge o del convivente di fatto, dei parenti entro il quarto grado, degli affini entro il secondo grado e, se vi sono, del tutore o curatore dell'interdicendo o dell'inabilitando.

Art. 473-bis.53. Provvedimenti del presidente

Il presidente nomina il giudice relatore e fissa l'udienza di comparizione davanti a questo del ricorrente, dell'interdicendo o dell'inabilitando e delle altre persone indicate nel ricorso, le cui informazioni ritenga utili.

Il ricorso e il decreto sono notificati a cura del ricorrente, entro il termine fissato nel decreto stesso, alle persone indicate nel primo comma. Il decreto è comunicato al pubblico ministero.

Art. 473-bis.54. Udienza di comparizione

All'udienza il giudice relatore, con l'intervento del pubblico ministero, procede all'esame dell'interdicendo o dell'inabilitando, sente il parere delle altre persone citate interrogandole sulle circostanze che ritiene rilevanti ai fini della decisione, e può disporre anche d'ufficio l'assunzione di ulteriori informazioni, esercitando tutti i poteri istruttori previsti nell'articolo 419 del codice civile.

L'udienza per l'esame dell'interdicendo o dell'inabilitando si svolge in presenza.

Se l'interdicendo o l'inabilitando non può comparire per legittimo impedimento o la comparizione personale può arrecargli grave pregiudizio, il giudice, con l'intervento del pubblico ministero, si reca per sentirlo nel luogo in cui si trova. Valutata ogni circostanza, può disporre che l'udienza si svolga mediante collegamento audiovisivo a distanza, individuando le modalità idonee ad assicurare l'assenza di condizionamenti.

Art. 473-bis.55. Capacità processuale dell'interdicendo e dell'inabilitando e nomina del tutore e del curatore provvisorio

L'interdicendo e l'inabilitando possono stare in giudizio e compiere da soli tutti gli atti del procedimento, comprese le impugnazioni, anche quando è stato nominato il tutore o il curatore provvisorio previsto negli articoli 419 e 420 del codice civile.

Il tutore o il curatore provvisorio è nominato, anche d'ufficio, con decreto del giudice relatore. Finché non sia pronunciata la sentenza sulla domanda d'interdizione o d'inabilitazione, lo stesso giudice relatore può revocare la nomina, anche d'ufficio.

Art. 473-bis.56. Impugnazione

La sentenza che provvede sulla domanda d'interdizione o d'inabilitazione può essere impugnata da tutti coloro che avrebbero avuto diritto di proporre la domanda, anche se non hanno partecipato al giudizio, e dal tutore o curatore nominato con la stessa sentenza.

Il termine per l'impugnazione decorre, per tutte le persone indicate al primo comma, dalla notificazione della sentenza fatta nelle forme ordinarie a tutti coloro che hanno partecipato al giudizio.

Se è stato nominato un tutore o curatore provvisorio, l'atto di impugnazione deve essere notificato anche a lui.

Art. 473-bis.57. Revoca dell'interdizione o dell'inabilitazione
Per la revoca dell'interdizione o dell'inabilitazione si osservano le norme stabilite nella presente sezione.

Coloro che avevano diritto di promuovere l'interdizione e l'inabilitazione possono intervenire nel giudizio di revoca per opporsi alla domanda, e possono altresì impugnare la sentenza pronunciata nel giudizio di revoca, anche se non hanno partecipato al giudizio.

Art. 473-bis.58. Procedimenti in materia di amministrazione di sostegno
Ai procedimenti in materia di amministrazione di sostegno si applicano, in quanto compatibili, le disposizioni della presente sezione.

Contro i decreti del giudice tutelare è ammesso reclamo al tribunale ai sensi dell'articolo 739.

Contro il decreto del tribunale in composizione collegiale è ammesso ricorso per cassazione.

SEZIONE IV - ASSENZA E MORTE PRESUNTA
Art. 473-bis.59. Provvedimenti conservativi nell'interesse dello scomparso

I provvedimenti indicati nell'articolo 48 del codice civile sono pronunciati dal tribunale in camera di consiglio su ricorso degli interessati, sentito il pubblico ministero.

Art. 473-bis.60. Procedimento per la dichiarazione d'assenza

La domanda per dichiarazione d'assenza si propone con ricorso, nel quale debbono essere indicati il nome e cognome e la residenza dei presunti successori legittimi dello scomparso e, se esistono, del suo procuratore o rappresentante legale.

Il presidente del tribunale fissa con decreto l'udienza per la comparizione davanti a sé o ad un giudice da lui designato del ricorrente e di tutte le persone indicate nel ricorso a norma del primo comma, e stabilisce il termine entro il quale la notificazione deve essere fatta a cura del ricorrente. Può anche ordinare che il decreto sia pubblicato in uno o più giornali. Il decreto è comunicato al pubblico ministero.

Il giudice interroga le persone comparse sulle circostanze che ritiene rilevanti, assume, quando occorre, ulteriori informazioni e quindi riferisce in camera di consiglio per i provvedimenti del tribunale, che questo pronuncia con sentenza.

Art. 473-bis.61. Immissione nel possesso temporaneo dei beni

Il tribunale provvede in camera di consiglio sulle domande per apertura di atti di ultima volontà e per immissione nel possesso temporaneo dei beni dell'as-sente, quando sono proposte da coloro che sarebbero eredi legittimi.

Se la domanda è proposta da altri interessati, il giudizio si svolge nelle forme ordinarie in contraddittorio di coloro che sarebbero eredi legittimi.

Con lo stesso provvedimento col quale viene ordinata l'immissione nel possesso temporaneo, sono determinate la cauzione o le altre cautele previste nell'articolo 50, quinto comma del codice civile, e sono date le disposizioni opportune per la conservazione delle rendite riservate all'assente a norma dell'articolo 53 dello stesso codice.

Art. 473-bis.62. Procedimento per la dichiarazione di morte presunta

La domanda per dichiarazione di morte presunta si propone con ricorso, nel quale debbono essere indicati il nome, cognome e domicilio dei presunti successori legittimi dello scomparso e, se esistono, del suo procuratore o rappresentante legale e di tutte le altre persone, che a notizia del ricorrente, perderebbero diritti o sarebbero gravate da obbligazioni, per effetto della morte dello scomparso.

Il presidente del tribunale nomina un giudice a norma dell'articolo 473bis.60, secondo comma, e ordina che a cura del ricorrente la domanda, entro il termine che egli stesso fissa, sia inserita per estratto, due volte consecutive a distanza di dieci giorni, nella Gazzetta Ufficiale della Repubblica italiana e in due giornali, con invito a chiunque abbia notizie dello scomparso di farle pervenire al tribunale entro sei mesi dall'ultima pubblicazione. Se tutte le inserzioni non vengono eseguite entro il termine fissato, la domanda s'intende abbandonata.

Il presidente del tribunale può anche disporre altri mezzi di pubblicità.

Decorsi sei mesi dalla data dell'ultima pubblicazione, il giudice, su istanza del ricorrente, fissa con decreto l'udienza di comparizione davanti a sé del ricorrente e delle persone indicate nel ricorso a norma del primo comma, nonché il termine per la notificazione del ricorso e del decreto a cura del ricorrente.

Il decreto è comunicato al pubblico ministero.

Il giudice interroga le persone comparse sulle circostanze che ritiene rilevanti; può disporre che siano assunte ulteriori informazioni e quindi riferisce in camera di consiglio al collegio, che pronuncia sentenza.

Art. 473-bis.63. Pubblicazione della sentenza e sua esecuzione

La sentenza che dichiara l'assenza o la morte presunta deve essere inserita per estratto nella Gazzetta Ufficiale della Repubblica italiana e pubblicata nel sito internet del Ministero della giustizia. Il tribunale può anche disporre altri mezzi di pubblicità.

Le inserzioni possono essere eseguite a cura di qualsiasi interessato e valgono come notificazione. Copia della sentenza e dei giornali nei quali è stato pubblicato l'estratto deve essere depositata nella cancelleria del giudice che ha pronunciato la sentenza, per l'annotazione sull'originale.

La sentenza che dichiara l'assenza o la morte presunta non può essere eseguita prima che sia passata in giudicato e che sia compiuta l'annotazione di cui al secondo comma.

Il cancelliere dà notizia, a norma dell'articolo 133, secondo comma, all'ufficio dello stato civile competente della sentenza di dichiarazione di morte presunta.

SEZIONE V - DISPOSIZIONI RELATIVE A MINORI INTERDETTI E INABILITATI
Art. 473-bis.64. Provvedimenti su parere del giudice tutelare

I provvedimenti relativi ai minori, agli interdetti e agli inabilitati sono pronunciati dal tribunale in camera di consiglio, salvo che la legge disponga altrimenti.

Quando il tribunale deve pronunciare un provvedimento nell'interesse di minori, interdetti o inabilitati sentito il parere del giudice tutelare, il parere stesso deve essere prodotto dal ricorrente insieme col ricorso.

Qualora il parere non sia prodotto, il presidente provvede a richiederlo d'ufficio.

Art. 473-bis.65. Vendita di beni

Se, nell'autorizzare la vendita di beni di minori, interdetti o inabilitati, il tribunale stabilisce che essa deve farsi ai pubblici incanti, designa per procedervi un ufficiale giudiziario del tribunale del luogo in cui si trovano i beni mobili, oppure un cancelliere della stessa pretura o un notaio del luogo in cui si trovano i beni immobili.

L'ufficiale designato per la vendita procede all'incanto con l'osservanza delle norme degli articoli 534 e seguenti, in quanto applicabili, e premesse le forme di pubblicità ordinate dal tribunale.

Art. 473-bis.66. Esito negativo dell'incanto

Se al primo incanto non è fatta offerta superiore o uguale al prezzo fissato dal tribunale a norma dell'articolo 376, primo comma, del codice civile, l'ufficiale designato ne dà atto nel processo verbale e trasmette copia di questo al tribunale che ha autorizzato la vendita.

Il tribunale, se non crede di revocare l'autorizzazione o disporre una nuova vendita su prezzo base inferiore, autorizza la vendita a trattative private.

SEZIONE VI - RAPPORTI PATRIMONIALI TRA CONIUGI
Art. 473-bis.67. Sostituzione dell'amministratore del patrimonio familiare

La sostituzione dell'amministratore del patrimonio familiare può essere chiesta, nel caso previsto nell'articolo 174 del codice civile, dall'altro coniuge o da uno dei prossimi congiunti, o dal pubblico ministero, e, nel caso previsto nell'articolo 176 del codice civile, da uno dei figli maggiorenni o emancipati, da un prossimo congiunto o dal pubblico ministero.

Art. 473-bis.68. Procedimento

La domanda per i provvedimenti previsti nell'articolo 473-bis.67 si propone con ricorso.

Il presidente del tribunale fissa con decreto un giorno per la comparizione degli interessati davanti a sé o a un giudice da lui designato e stabilisce il termine per la notificazione del ricorso e del decreto.

Dopo l'audizione delle parti, il presidente o il giudice designato assume le informazioni che crede opportune e quindi riferisce sulla domanda al tribunale, che decide in camera di consiglio con ordinanza non impugnabile.

SEZIONE VII - DEGLI ORDINI DI PROTEZIONE CONTRO GLI ABUSI FAMILIARI
Art. 473-bis.69. Ordini di protezione contro gli abusi familiari

Quando la condotta del coniuge o di altro convivente è causa di grave pregiudizio all'integrità fisica o morale ovvero alla libertà dell'altro coniuge o convivente, il giudice, su istanza di parte, può adottare con decreto uno o più dei provvedimenti di cui all'articolo 473-bis.70. I medesimi provvedimenti possono essere adottati, ricorrendone i presupposti, anche quando la convivenza è cessata.

Quando la condotta può arrecare pregiudizio ai minori, i medesimi provvedimenti possono essere adottati, anche su istanza del pubblico ministero, dal tribunale per i minorenni.

Art. 473-bis.70. Contenuto degli ordini di protezione

Con il decreto di cui all'articolo 473-bis.69 il giudice ordina al coniuge o convivente, che ha tenuto la condotta pregiudizievole, la cessazione della stessa condotta e dispone l'allontanamento dalla casa familiare del coniuge o del convivente che ha tenuto la condotta pregiudizievole prescrivendogli altresì, ove occorra, di non avvicinarsi ai luoghi abitualmente frequentati dal beneficiario dell'ordine di protezione, ed in particolare al luogo di lavoro, al domicilio della famiglia d'origine, ovvero al domicilio di altri prossimi congiunti o di altre persone ed in prossimità dei luoghi di istruzione dei figli della coppia, salvo che questi non debba frequentare i medesimi luoghi per esigenze di lavoro o di salute.

Il giudice può altresì disporre, ove occorra, l'intervento dei servizi sociali del territorio, nonché delle associazioni che abbiano come fine statutario il sostegno e l'accoglienza di donne e minori o di altri soggetti vittime di abusi e maltrattati, nonché il pagamento periodico di un assegno a favore delle persone conviventi che, per effetto dei provvedimenti di cui al primo comma, rimangono prive di mezzi adeguati, fissando modalità e termini di versamento e prescrivendo, se del caso, che la somma sia versata direttamente all'avente diritto dal datore di lavoro dell'obbligato, detraendola dalla retribuzione allo stesso spettante.

Con il medesimo decreto il giudice, nei casi di cui al primo e al secondo comma, stabilisce la durata dell'ordine di protezione, che decorre dal giorno dell'avvenuta esecuzione dello stesso.

Questa non può essere superiore a un anno e può essere prorogata, su istanza di parte o, in presenza di minori, del pubblico ministero, soltanto se ricorrano gravi motivi per il tempo strettamente necessario.

Con il medesimo decreto il giudice determina le modalità di attuazione. Ove sorgano difficoltà o contestazioni in ordine all'esecuzione, lo stesso giudice provvede con decreto ad emanare i provvedimenti più opportuni per l'attuazione, ivi compreso l'ausilio della forza pubblica e dell'ufficiale sanitario.

Art. 473-bis.71. Provvedimenti di adozione degli ordini di protezione contro gli abusi familiari

L'istanza si propone, anche dalla parte personalmente, con ricorso al tribunale del luogo di residenza o di domicilio dell'istante, che provvede in camera di consiglio in composizione monocratica.

Il presidente del tribunale designa il giudice a cui è affidata la trattazione del ricorso. Il giudice, sentite le parti, procede nel modo che ritiene più opportuno agli atti di istruzione necessari, disponendo, ove occorra, anche per mezzo della polizia tributaria, indagini sui redditi, sul tenore di vita e sul patrimonio personale e comune delle parti, e provvede con decreto motivato immediatamente esecutivo.

Nel caso di urgenza, il giudice, assunte ove occorra sommarie informazioni, può adottare immediatamente l'ordine di protezione fissando l'udienza di comparizione delle parti davanti a sé entro un termine non superiore a quindici giorni ed assegnando all'istante un termine non superiore a otto giorni per la notificazione del ricorso e del decreto. All'udienza il giudice conferma, modifica o revoca l'ordine di protezione.

Contro il decreto con cui il giudice adotta l'ordine di protezione o rigetta il ricorso, ai sensi del secondo comma, ovvero conferma, modifica o revoca l'ordine di protezione precedentemente adottato nel caso di cui al terzo comma, è ammesso reclamo al tribunale entro i termini previsti dal secondo comma dell'articolo 739. Il reclamo non sospende l'esecutività dell'ordine di protezione. Il tribunale provvede in camera di consiglio, in composizione collegiale, sentite le parti, con decreto motivato non impugnabile. Del collegio non fa parte il giudice che ha emesso il provvedimento impugnato.

Per quanto non previsto dal presente articolo, si applicano al procedimento, in quanto compatibili, gli articoli 737 e seguenti.

CAPO IV - DEI PROCEDIMENTI IN CAMERA DI CONSIGLIO
Art. 473-ter. Rinvio

I provvedimenti di cui agli articoli 102, 171, 262, 316 e 371 del codice civile, agli articoli 25 e seguenti del regio decreto-legge 20 luglio 1934, n. 1404, convertito, con modificazioni, dalla legge 27 maggio 1935, n. 835, agli articoli 31 e 33 del decreto legislativo 25 luglio 1998, n. 286, agli articoli 18, 19 e 19-bis del D.Lgs. 18 agosto 2015, n. 142, nonché i decreti del giudice tutelare, ove non sia diversamente stabilito, sono pronunciati in camera di consiglio e sono immediatamente esecutivi.

LIBRO TERZO – DEL PROCESSO DI ESECUZIONE

TITOLO I – DEL TITOLO ESECUTIVO E DEL PRECETTO
Art. 474. Titolo esecutivo.
L'esecuzione forzata non può avere luogo che in virtù di un titolo esecutivo per un diritto certo, liquido ed esigibile. Sono titoli esecutivi:

1) le sentenze, i provvedimenti e gli altri atti ai quali la legge attribuisce espressamente efficacia esecutiva ;

2) le scritture private autenticate, relativamente alle obbligazioni di somme di denaro in esse contenute, le cambiali , nonché gli altri titoli di credito ai quali la legge attribuisce espressamente la stessa efficacia ;

3) gli atti ricevuti da notaio o da altro pubblico ufficiale autorizzato dalla legge a riceverli.

L'esecuzione forzata per consegna o rilascio non può aver luogo che in virtù dei titoli esecutivi di cui ai numeri 1) e 3) del secondo comma. Il precetto deve contenere trascrizione integrale, ai sensi dell'articolo 480, secondo comma, delle scritture private autenticate di cui al numero 2) del secondo comma .

Il titolo è messo in esecuzione da tutti gli ufficiali giudiziari che ne siano richiesti e da chiunque spetti, con l'assistenza del pubblico ministero e il concorso di tutti gli ufficiali della forza pubblica, quando ne siano legalmente richiesti .

Art. 475. Forma del titolo esecutivo giudiziale e del titolo ricevuto da notaio o da altro pubblico ufficiale
Le sentenze, i provvedimenti e gli altri atti dell'autorità giudiziaria, nonché gli atti ricevuti da notaio o da altro pubblico ufficiale, per valere come titolo per l'esecuzione forzata, ai sensi dell'articolo 474, per la parte a favore della quale fu pronunciato il provvedimento o stipulata l'obbligazione, o per i suoi successori, devono essere rilasciati in copia attestata conforme all'originale, salvo che la legge disponga altrimenti.

Art. 476. Altre copie in forma esecutiva

Art. 477. Efficacia del titolo esecutivo contro gli eredi.
Il titolo esecutivo contro il defunto ha efficacia contro gli eredi, ma si può loro notificare il precetto soltanto dopo dieci giorni dalla notificazione del titolo.

Entro un anno dalla morte, la notificazione può farsi agli eredi collettivamente e impersonalmente, nell'ultimo domicilio del defunto.

Art. 478. Prestazione della cauzione.
Se l'efficacia del titolo esecutivo è subordinata a cauzione, non si può iniziare l'esecuzione forzata finché quella non sia stata prestata. Della prestazione si fa constare con annotazione in calce o in margine al titolo rilasciato ai sensi

dell'articolo 475, o con atto separato che deve essere unito al titolo.

Art. 479. Notificazione del titolo esecutivo e del precetto
Se la legge non dispone altrimenti, l'esecuzione forzata deve essere preceduta dalla notificazione del titolo in copia attestata conforme all'originale e del precetto .

La notificazione del titolo esecutivo deve essere fatta alla parte personalmente a norma degli articoli 137 e seguenti .

Il precetto può essere redatto di seguito al titolo esecutivo ed essere notificato insieme con questo, purché la notificazione sia fatta alla parte personalmente.

Art. 480. Forma del precetto.
Il precetto consiste nell'intimazione di adempiere l'obbligo risultante dal titolo esecutivo entro un termine non minore di dieci giorni, salva l'autorizzazione di cui all'articolo 482, con l'avvertimento che, in mancanza, si procederà a esecuzione forzata.

Il precetto deve contenere a pena di nullità l'indicazione delle parti, della data di notificazione del titolo esecutivo, se questa è fatta separatamente, o la trascrizione integrale del titolo stesso, quando è richiesta dalla legge. In quest'ultimo caso l'ufficiale giudiziario, prima della relazione di notificazione, deve certificare di avere riscontrato che la trascrizione corrisponde esattamente al titolo originale. Il precetto deve altresì contenere l'avvertimento che il debitore può, con l'ausilio di un organismo di composizione della crisi o di un professionista nominato dal giudice, porre rimedio alla situazione di sovraindebitamento concludendo con i creditori un accordo di composizione della crisi o proponendo agli stessi un piano del consumatore. Il precetto deve inoltre contenere la dichiarazione di residenza o l'elezione di domicilio della parte istante nel comune in cui ha sede il giudice competente per l'esecuzione. In mancanza le opposizioni al precetto si propongono davanti al giudice del luogo in cui è stato notificato, e le notificazioni alla parte istante si fanno presso la cancelleria del giudice stesso. Il precetto deve essere sottoscritto a norma dell'articolo 125 e notificato alla parte personalmente a norma degli articoli 137 e seguenti.

Art. 481. Cessazione dell'efficacia del precetto.
Il precetto diventa inefficace, se nel termine di novanta giorni dalla sua notificazione non è iniziata l'esecuzione.

Se contro il precetto è proposta opposizione, il termine rimane sospeso e riprende a decorrere a norma dell'articolo 627.

Art. 482. Termine ad adempiere.

Non si può iniziare l'esecuzione forzata prima che sia decorso il termine indicato nel precetto e in ogni caso non prima che siano decorsi dieci giorni dalla notificazione di esso; ma il presidente del tribunale competente per l'esecuzione o un giudice da lui delegato, se vi è pericolo nel ritardo, può autorizzare l'esecuzione immediata, con cauzione o senza. L'autorizzazione è data con decreto scritto in calce al precetto e trascritto a cura dell'ufficiale giudiziario nella copia da notificarsi.

TITOLO II - DELL'ESPROPRIAZIONE FORZATA
CAPO I - DELL'ESPROPRIAZIONE FORZATA IN GENERALE
SEZIONE I – Dei modi e delle forme dell'espropriazione forzata in generale
Art. 483. Cumulo dei mezzi di espropriazione.

Il creditore può valersi cumulativamente dei diversi mezzi di espropriazione forzata previsti dalla legge, ma, su opposizione del debitore, il giudice dell'esecuzione, con ordinanza non impugnabile, può limitare l'espropriazione al mezzo che il creditore sceglie o, in mancanza, a quello che il giudice stesso determina.

Se è iniziata anche l'esecuzione immobiliare, l'ordinanza è pronunciata dal giudice di quest'ultima.

Art. 484. Giudice dell'esecuzione.

L'espropriazione è diretta da un giudice.

La nomina del giudice dell'esecuzione è fatta dal presidente del tribunale, su presentazione a cura del cancelliere del fascicolo entro due giorni dalla sua formazione.

Si applicano al giudice della esecuzione le disposizioni degli articoli 174 e 175.

Art. 485. Audizione degli interessati.

Quando la legge richiede o il giudice ritiene necessario che le parti ed eventualmente altri interessati siano sentiti, il giudice stesso fissa con decreto l'udienza alla quale il creditore pignorante, i creditori intervenuti, il debitore ed eventualmente gli altri interessati debbono comparire davanti a lui.

Il decreto è comunicato dal cancelliere.

Se risulta o appare probabile che alcuna delle parti non sia comparsa per cause indipendenti dalla sua volontà, il giudice dell'esecuzione fissa una nuova udienza della quale il cancelliere dà comunicazione alla parte non comparsa.

Art. 486. Forma delle domande e delle istanze.

Le domande e le istanze che si propongono al giudice dell'esecuzione, se la legge non dispone altrimenti, sono proposte oralmente quando avvengono all'udienza, e con ricorso da depositarsi in cancelleria negli altri casi.

Art. 487. Forma dei provvedimenti del giudice.

Salvo che la legge disponga altrimenti, i provvedimenti del giudice dell'esecuzione sono dati con ordinanza, che può essere dal giudice stesso modificata o revocata finché non abbia avuto esecuzione.

Per le ordinanze del giudice dell'esecuzione si osservano le disposizioni degli articoli 176 e seguenti in quanto applicabili e quella dell'articolo 186.

Art. 488. Fascicolo dell'esecuzione.

Il cancelliere forma per ogni procedimento d'espropriazione un fascicolo telematico, nel quale sono inseriti tutti gli atti compiuti dal giudice, dal cancelliere e dall'ufficiale giudiziario, e gli atti e documenti depositati dalle parti e dagli eventuali interessati.

Il creditore è obbligato a presentare l'originale del titolo esecutivo nella sua disponibilità o la copia autenticata dal cancelliere o dal notaio o da altro pubblico ufficiale autorizzato dalla legge a ogni richiesta del giudice.

Art. 489. Luogo delle notificazioni e delle comunicazioni.

Le notificazioni e le comunicazioni ai creditori pignoranti si fanno nella residenza dichiarata o nel domicilio eletto nell'atto di precetto; quelle ai creditori intervenuti, nella residenza dichiarata o nel domicilio eletto nella domanda d'intervento.

In mancanza di dichiarazione di residenza o di elezione di domicilio le notificazioni possono farsi presso la cancelleria del giudice competente per l'esecuzione.

Art. 490. Pubblicità degli avvisi.

Quando la legge dispone che di un atto esecutivo sia data pubblica notizia, un avviso contenente tutti i dati, che possono interessare il pubblico, deve essere inserito sul portale del Ministero della giustizia in un'area pubblica denominata "portale delle vendite pubbliche".

In caso di espropriazione di beni mobili registrati, per un valore superiore a 25.000 euro, e di beni immobili, lo stesso avviso, unitamente a copia dell'ordinanza del giudice e della relazione di stima redatta ai sensi dell'articolo 173-bis delle disposizioni di attuazione del presente codice, è altresì inserito in appositi siti internet almeno quarantacinque giorni prima del termine per la presentazione delle offerte o della data dell'incanto . Anche su istanza del creditore procedente o dei creditori intervenuti muniti di titolo esecutivo il giudice può disporre inoltre che l'avviso sia inserito almeno quarantacinque giorni prima del termine per la presentazione delle offerte una o più volte sui quotidiani di informazione locali aventi maggiore diffusione nella zona interessata o, quando opportuno, sui quotidiani di informazione nazionali o che sia divulgato con le forme della pubblicità commerciale. Sono equiparati ai quotidiani, i giornali di informazione locale, multisettimanali o settimanali editi da soggetti iscritti al Registro operatori della comunicazione (ROC) e aventi caratteristiche editoriali analoghe a quelle dei quotidiani che garantiscono la maggior diffusione nella zona interessata. Nell'avviso è omessa l'indicazione del debitore.

SEZIONE II – Del pignoramento
Art. 491. Inizio dell'espropriazione.
Salva l'ipotesi prevista nell'art. 502, l'espropriazione forzata si inizia col pignoramento.

Art. 492. Forma del pignoramento.
Salve le forme particolari previste nei capi seguenti, il pignoramento consiste in un'ingiunzione che l'ufficiale giudiziario fa al debitore di astenersi da qualunque atto diretto a sottrarre alla garanzia del credito esattamente indicato i beni che si assoggettano all'espropriazione e i frutti di essi.

Il pignoramento deve altresì contenere l'invito rivolto al debitore ad effettuare presso la cancelleria del giudice dell'esecuzione la dichiarazione di residenza o l'elezione di domicilio in uno dei comuni del circondario in cui ha sede il giudice competente per l'esecuzione con l'avvertimento che, in mancanza ovvero in caso di irreperibilità presso la residenza dichiarata o il domicilio eletto, le successive notifiche o comunicazioni a lui dirette saranno effettuate presso la cancelleria dello stesso giudice.

Il pignoramento deve anche contenere l'avvertimento che il debitore, ai sensi dell'articolo 495, può chiedere di sostituire alle cose o ai crediti pignorati una somma di denaro pari all'importo dovuto al creditore pignorante e ai creditori intervenuti, comprensivo del capitale, degli interessi e delle spese, oltre che delle spese di esecuzione, sempre che, a pena di inammissibilità, sia da lui depositata in cancelleria, prima che sia disposta la vendita o l'assegnazione a norma degli articoli 530, 552 e 569, la relativa istanza unitamente ad una somma non inferiore ad un quinto dell'importo del credito per cui è stato eseguito il pignoramento e dei crediti dei creditori intervenuti indicati nei rispettivi atti di intervento, dedotti i versamenti effettuati di cui deve essere data prova documentale. Il pignoramento deve contenere l'avvertimento che, a norma dell'articolo 615, secondo comma, terzo periodo, l'opposizione è inammissibile se è proposta dopo che è stata disposta la vendita o l'assegnazione a norma degli articoli 530, 552 e 569, salvo

che sia fondata su fatti sopravvenuti ovvero che l'opponente dimostri di non aver potuto proporla tempestivamente per causa a lui non imputabile .

Quando per la soddisfazione del creditore procedente i beni assoggettati a pignoramento appaiono insufficienti ovvero per essi appare manifesta la lunga durata della liquidazione l'ufficiale giudiziario invita il debitore ad indicare ulteriori beni utilmente pignorabili, i luoghi in cui si trovano ovvero le generalità dei terzi debitori, avvertendolo della sanzione prevista per l'omessa o falsa dichiarazione.

Della dichiarazione del debitore è redatto processo verbale che lo stesso sottoscrive. Se sono indicate cose mobili queste, dal momento della dichiarazione, sono considerate pignorate anche agli effetti dell'articolo 388, terzo comma, del codice penale e l'ufficiale giudiziario provvede ad accedere al luogo in cui si trovano per gli adempimenti di cui all'articolo 520 oppure, quando tale luogo è compreso in altro circondario, trasmette copia del verbale all'ufficiale giudiziario territorialmente competente. Se sono indicati crediti o cose mobili che sono in possesso di terzi il pignoramento si considera perfezionato nei confronti del debitore esecutato dal momento della dichiarazione e questi è costituito custode della somma o della cosa anche agli effetti dell'articolo 388, quarto comma, del codice penale quando il terzo, prima che gli sia notificato l'atto di cui all'articolo 543, effettua il pagamento o restituisce il bene. Se sono indicati beni immobili il creditore procede ai sensi degli articoli 555 e seguenti.

Qualora, a seguito di intervento di altri creditori, il compendio pignorato sia divenuto insufficiente, il creditore procedente può richiedere all'ufficiale giudiziario di procedere ai sensi dei precedenti commi ai fini dell'esercizio delle facoltà di cui all'articolo 499, quarto comma.

Se il debitore è un imprenditore commerciale l'ufficiale giudiziario, previa istanza del creditore procedente, con spese a carico di questi, invita il debitore a indicare il luogo ove sono tenute le scritture contabili e nomina un commercialista o un avvocato ovvero un notaio iscritto nell'elenco di cui all'articolo 179-ter delle disposizioni per l'attuazione del presente codice per il loro esame al fine dell'individuazione di cose e crediti pignorabili. Il professionista nominato può richiedere informazioni agli uffici finanziari sul luogo di tenuta nonché sulle modalità di conservazione, anche informatiche o telematiche, delle scritture contabili indicati nelle dichiarazioni fiscali del debitore e vi accede ovunque si trovi, richiedendo quando occorre l'assistenza dell'ufficiale giudiziario territorialmente competente. Il professionista trasmette apposita relazione con i risultati della verifica al creditore istante e all'ufficiale giudiziario che lo ha nominato, che provvede alla liquidazione delle spese e del compenso. Se dalla relazione risultano cose o crediti non oggetto della dichiarazione del debitore, le spese dell'accesso alle scritture contabili e della relazione sono liquidate con provvedimento che costituisce titolo esecutivo contro il debitore .

Nell'ipotesi di sospensione ai sensi dell'articolo 492-bis, terzo comma, il pignoramento deve contenere l'indicazione della data di deposito dell'istanza di ricerca telematica dei beni, l'autorizzazione del presidente del tribunale quando è prevista, l'indicazione della data di comunicazione del processo verbale di cui al quarto comma dell'articolo 492-bis, ovvero della data di comunicazione dell'ufficiale giudiziario di cui al terzo comma dello stesso articolo, o del provvedimento del presidente del tribunale di rigetto dell'istanza .

Art. 492-bis. Ricerca con modalità telematiche dei beni da pignorare

Su istanza del creditore munito del titolo esecutivo e del precetto, l'ufficiale giudiziario addetto al tribunale del luogo in cui il debitore ha la residenza, il domicilio, la dimora o la sede, procede alla ricerca con modalità telematiche dei beni da pignorare. L'istanza deve contenere l'indicazione dell'indirizzo di posta elettronica ordinaria del difensore e, ai fini dell'articolo 547, dell'indirizzo di posta elettronica certificata o servizio elettronico di recapito certificato qualificato. L'istanza non può essere proposta prima che sia decorso il termine di cui all'articolo 482.

Prima della notificazione del precetto ovvero prima che sia decorso il termine di cui all'articolo 482, se vi è pericolo nel ritardo, il presidente del tribunale del luogo in cui il debitore ha la residenza, il domicilio, la dimora o la sede, su istanza del creditore, autorizza la ricerca telematica dei beni da pignorare.

Dalla proposizione dell'istanza di cui al primo e al secondo comma, il termine di cui all'articolo 481, primo comma, è sospeso fino alla comunicazione dell'ufficiale giudiziario di non aver eseguito le ricerche per mancanza dei presupposti o al rigetto da parte del presidente del tribunale dell'istanza ovvero fino alla comunicazione del processo verbale di cui al quarto comma.

Fermo quanto previsto dalle disposizioni in materia di accesso ai dati e alle informazioni degli archivi automatizzati del Centro elaborazione dati istituito presso il Ministero dell'interno ai sensi dell'articolo 8 della legge 1° aprile 1981, n. 121, l'ufficiale giudiziario accede mediante collegamento telematico diretto ai dati contenuti nelle banche dati delle pubbliche amministrazioni e, in particolare, nell'anagrafe tributaria,

compreso l'archivio dei rapporti finanziari, e in quelle degli enti previdenziali, per l'acquisizione di tutte le informazioni rilevanti per l'individuazione di cose e crediti da sottoporre ad esecuzione, comprese quelle relative ai rapporti intrattenuti dal debitore con istituti di credito e datori di lavoro o committenti. Terminate le operazioni l'ufficiale giudiziario redige un unico processo verbale nel quale indica tutte le banche dati interrogate e le relative risultanze e ne dà comunicazione al creditore istante. L'ufficiale giudiziario procede a pignoramento munito del titolo esecutivo e del precetto, anche acquisendone copia dal fascicolo informatico. Nel caso di cui al secondo comma, il precetto è consegnato o trasmesso all'ufficiale giudiziario prima che si proceda al pignoramento.

Se l'accesso ha consentito di individuare cose che si trovano in luoghi appartenenti al debitore compresi nel territorio di competenza dell'ufficiale giudiziario, quest'ultimo accede agli stessi per provvedere d'ufficio agli adempimenti di cui agli articoli 517, 518 e 520. Se i luoghi non sono compresi nel territorio di competenza di cui al primo periodo, copia autentica del verbale è rilasciata al creditore che, entro quindici giorni dal rilascio a pena d'inefficacia della richiesta, la presenta, unitamente all'istanza per gli adempimenti di cui agli articoli 517, 518 e 520, all'ufficiale giudiziario territorialmente competente. L'ufficiale giudiziario, quando non rinviene una cosa individuata mediante l'accesso nelle banche dati di cui al quarto comma, intima al debitore di indicare entro quindici giorni il luogo in cui si trova, avvertendolo che l'omessa o la falsa comunicazione è punita a norma dell'articolo 388, sesto comma, del codice penale.

Se l'accesso ha consentito di individuare crediti del debitore o cose di quest'ultimo che sono nella disponibilità di terzi, l'ufficiale giudiziario notifica d'ufficio, ove possibile a norma dell'articolo 149-bis, al debitore e al terzo il verbale, che dovrà anche contenere l'indicazione del credito per cui si procede, del titolo esecutivo e del precetto, dell'indirizzo di posta elettronica certificata o servizio elettronico di recapito certificato qualificato di cui al primo comma, del luogo in cui il creditore ha eletto domicilio o ha dichiarato di essere residente, dell'ingiunzione, dell'invito e dell'avvertimento al debitore di cui all'articolo 492, primo, secondo e terzo comma, nonché l'intimazione al terzo di non disporre delle cose o delle somme dovute, nei limiti di cui all'articolo 546. Il verbale di cui al presente comma è notificato al terzo per estratto, contenente esclusivamente i dati a quest'ultimo riferibili.

Quando l'accesso ha consentito di individuare più crediti del debitore o più cose di quest'ultimo che sono nella disponibilità di terzi l'ufficiale giudiziario sottopone ad esecuzione i beni scelti dal creditore.

Quando l'accesso ha consentito di individuare sia cose di cui al quinto comma che crediti o cose di cui al settimo comma, l'ufficiale giudiziario sottopone ad esecuzione i beni scelti dal creditore.

Nel caso di sospensione del termine di cui al terzo comma, con la nota d'iscrizione a ruolo, al fine della verifica del rispetto dei termini di cui all'articolo 481, primo comma, a pena di inefficacia del pignoramento, il creditore deposita con le modalità e nei termini previsti dagli articoli 518, sesto comma, 543, quarto comma, 557, secondo comma, l'istanza, l'autorizzazione del presidente del tribunale, quando è prevista, nonché la comunicazione del verbale di cui al quarto comma, ovvero la comunicazione dell'ufficiale giudiziario di cui al terzo comma o il provvedimento del presidente del tribunale di rigetto dell'istanza

Art. 493. Pignoramenti su istanza di più creditori.

Più creditori possono con unico pignoramento colpire il medesimo bene. Il bene sul quale è stato compiuto un pignoramento può essere pignorato successivamente su istanza di uno o più creditori.

Ogni pignoramento ha effetto indipendente, anche se è unito ad altri in unico processo.

Art. 494. Pagamento nelle mani dell'ufficiale giudiziario.

Il debitore può evitare il pignoramento versando nelle mani dell'ufficiale giudiziario la somma per cui si procede e l'importo delle spese, con l'incarico di consegnarli al creditore.

All'atto del versamento si può fare riserva di ripetere la somma versata. Può altresì evitare il pignoramento di cose, depositando nelle mani dell'ufficiale giudiziario, in luogo di esse, come oggetto di pignoramento, una somma di denaro eguale all'importo del credito o dei crediti per cui si procede e delle spese, aumentato di due decimi.

Art. 495. Conversione del pignoramento.

Prima che sia disposta la vendita o l'assegnazione a norma degli articoli 530, 552 e 569, il debitore può chiedere di sostituire alle cose o ai crediti pignorati una somma di denaro pari, oltre alle spese di esecuzione, all'importo dovuto al creditore pignorante e ai creditori intervenuti, comprensivo del capitale, degli interessi e delle spese .

Unitamente all'istanza deve essere depositata in cancelleria, a pena di inammissibilità, una somma non inferiore ad un sesto dell'importo del credito per cui è stato eseguito il pignoramento e dei crediti dei creditori intervenuti indicati nei rispettivi atti di intervento, dedotti i versamenti effettuati di cui deve essere data prova documentale. La somma è depositata dal cancelliere presso un istituto di credito indicato dal giudice . La

somma da sostituire al bene pignorato è determinata con ordinanza dal giudice dell'esecuzione, sentite le parti in udienza non oltre trenta giorni dal deposito dell'istanza di conversione.

Quando le cose pignorate siano costituite da beni immobili o cose mobili, il giudice con la stessa ordinanza può disporre, se ricorrono giustificati motivi, che il debitore versi con rateizzazioni mensili entro il termine massimo di quarantotto mesi la somma determinata a norma del terzo comma, maggiorata degli interessi scalari al tasso convenzionale pattuito ovvero, in difetto, al tasso legale. Ogni sei mesi il giudice provvede, a norma dell'articolo 510, al pagamento al creditore pignorante o alla distribuzione tra i creditori delle somme versate dal debitore .

Qualora il debitore ometta il versamento dell'importo determinato dal giudice ai sensi del terzo comma, ovvero ometta o ritardi di oltre trenta giorni il versamento anche di una sola delle rate previste nel quarto comma, le somme versate formano parte dei beni pignorati. Il giudice dell'esecuzione, su richiesta del creditore procedente o creditore intervenuto munito di titolo esecutivo, dispone senza indugio la vendita di questi ultimi . Con l'ordinanza che ammette la sostituzione, il giudice, quando le cose pignorate siano costituite da beni immobili o cose mobili, dispone che le cose pignorate siano liberate dal pignoramento con il versamento dell'intera somma .

L'istanza può essere avanzata una sola volta a pena di inammissibilità.

Art. 496. Riduzione del pignoramento.

Su istanza del debitore o anche d'ufficio, quando il valore dei beni pignorati è superiore all'importo delle spese e dei crediti di cui all'articolo precedente, il giudice, sentiti il creditore pignorante e i creditori intervenuti, può disporre la riduzione del pignoramento.

Art. 497. Cessazione dell'efficacia del pignoramento.

Il pignoramento perde efficacia quando dal suo compimento sono trascorsi quarantacinque giorni senza che sia stata chiesta l'assegnazione o la vendita.

SEZIONE III – Dell'intervento dei creditori
Art. 498. Avviso ai creditori iscritti.

Debbono essere avvertiti dell'espropriazione i creditori che sui beni pignorati hanno un diritto di prelazione risultante da pubblici registri.

A tal fine è notificato a ciascuno di essi, a cura del creditore pignorante ed entro cinque giorni dal pignoramento, un avviso contenente l'indicazione del creditore pignorante, del credito per il quale si procede, del titolo e delle cose pignorate.

In mancanza della prova di tale notificazione, il giudice non può provvedere sull'istanza di assegnazione o di vendita.

Art. 499. Intervento.
Possono intervenire nell'esecuzione i creditori che nei confronti del debitore hanno un credito fondato su titolo esecutivo, nonché i creditori che, al momento del pignoramento, avevano eseguito un sequestro sui beni pignorati ovvero avevano un diritto di pegno o un diritto di prelazione risultante da pubblici registri ovvero erano titolari di un credito di somma di denaro risultante dalle scritture contabili di cui all'articolo 2214 del codice civile. Il ricorso deve essere depositato prima che sia tenuta l'udienza in cui è disposta la vendita o l'assegnazione ai sensi degli articoli 530, 552 e 569, deve contenere l'indicazione del credito e quella del titolo di esso, la domanda per partecipare alla distribuzione della somma ricavata e la dichiarazione di residenza o la elezione di domicilio nel comune in cui ha sede il giudice competente per l'esecuzione. Se l'intervento ha luogo per un credito di somma di denaro risultante dalle scritture di cui al primo comma, al ricorso deve essere allegato, a pena di inammissibilità, l'estratto autentico notarile delle medesime scritture rilasciato a norma delle vigenti disposizioni. Il creditore privo di titolo esecutivo che interviene nell'esecuzione deve notificare al debitore, entro i dieci giorni successivi al deposito, copia del ricorso, nonché copia dell'estratto autentico notarile attestante il credito se l'intervento nell'esecuzione ha luogo in forza di essa.

Ai creditori chirografari, intervenuti tempestivamente, il creditore pignorante ha facoltà di indicare, con atto notificato o all'udienza in cui è disposta la vendita o l'assegnazione, l'esistenza di altri beni del debitore utilmente pignorabili, e di invitarli ad estendere il pignoramento se sono forniti di titolo esecutivo o, altrimenti, ad anticipare le spese necessarie per l'estensione. Se i creditori intervenuti, senza giusto motivo, non estendono il pignoramento ai beni indicati ai sensi del primo periodo entro il termine di trenta giorni, il creditore pignorante ha diritto di essere loro preferito in sede di distribuzione.

Con l'ordinanza con cui è disposta la vendita o l'assegnazione ai sensi degli articoli 530, 552 e 569 il giudice fissa, altresì, udienza di comparizione davanti a sé del debitore e dei creditori intervenuti privi di titolo esecutivo, disponendone la notifica a cura di una delle parti. Tra la data dell'ordinanza e la data fissata per l'udienza non possono decorrere più di sessanta giorni. All'udienza di comparizione il debitore deve dichiarare quali dei crediti per i quali hanno avuto luogo gli interventi egli intenda riconoscere in tutto o in parte, specificando in quest'ultimo caso la relativa misura. Se il debitore non compare, si intendono riconosciuti tutti i crediti per i quali hanno avuto luogo interventi in assenza di titolo esecutivo. In tutti i casi il riconoscimento rileva comunque ai soli effetti dell'esecuzione. I creditori intervenuti i cui crediti siano stati riconosciuti da parte del debitore partecipano alla distribuzione della somma ricavata per l'intero ovvero limitatamente alla parte del credito per la quale vi sia stato riconoscimento parziale. I creditori intervenuti i cui crediti siano stati viceversa disconosciuti dal debitore hanno diritto, ai sensi dell'articolo 510, terzo comma, all'accantonamento delle somme che ad essi spetterebbero, sempre che ne facciano istanza e dimostrino di avere proposto, nei trenta giorni successivi all'udienza di cui al presente comma, l'azione necessaria affinché essi possano munirsi del titolo esecutivo.

Art. 500. Effetti dell'intervento.
L'intervento, secondo le disposizioni contenute nei capi seguenti e nei casi ivi previsti, dà diritto a partecipare alla distribuzione della somma ricavata, a partecipare all'espropriazione del bene pignorato e a provocarne i singoli atti.

SEZIONE IV – Della vendita e dell'assegnazione
Art. 501. Termine dilatorio del pignoramento.
L'istanza di assegnazione o di vendita dei beni pignorati non può essere proposta se non decorsi dieci giorni dal pignoramento, tranne che per le cose deteriorabili, delle quali può essere disposta l'assegnazione o la vendita immediata.

Art. 502. Termine per l'assegnazione o la vendita del pegno.
Salve le disposizioni speciali del codice civile, per l'espropriazione delle cose date in pegno e dei mobili soggetti ad ipoteca si seguono le norme del presente codice, ma l'assegnazione o la vendita può essere chiesta senza che sia stata preceduta da pignoramento.
In tal caso il termine per la istanza di assegnazione o di vendita decorre dalla notificazione del precetto.

Art. 503. Modi della vendita forzata.
La vendita forzata può farsi con incanto o senza, secondo le forme previste nei capi seguenti.
L'incanto può essere disposto solo quando il giudice ritiene probabile che la vendita con tale modalità abbia luogo ad un prezzo superiore della metà rispetto al valore del bene, determinato a norma dell'articolo 568 nonché, nel caso di beni mobili, degli articoli 518 e 540-bis.

Art. 504. Cessazione della vendita forzata.

Se la vendita è fatta in più volte o in più lotti, deve cessare quando il prezzo già ottenuto raggiunge l'importo delle spese e dei crediti menzionati nell'articolo 495 comma primo.

Art. 505. Assegnazione.

Il creditore pignorante può chiedere l'assegnazione dei beni pignorati, nei limiti e secondo le regole contenute nei capi seguenti.

Se sono intervenuti altri creditori, l'assegnazione può essere chiesta a vantaggio di uno solo o di più, d'accordo fra tutti.

Art. 506. Valore minimo per l'assegnazione.

L'assegnazione può essere fatta soltanto per un valore non inferiore alle spese di esecuzione e ai crediti aventi diritto a prelazione anteriore a quello dell'offerente.

Se il valore eccede quello indicato nel comma precedente, sull'eccedenza concorrono l'offerente e gli altri creditori, osservate le cause di prelazione che li assistono.

Art. 507. Forma dell'assegnazione.

L'assegnazione si fa mediante ordinanza del giudice dell'esecuzione contente l'indicazione dell'assegnatario, del creditore pignorante, di quelli intervenuti, del debitore, ed eventualmente del terzo proprietario, del bene assegnato e del prezzo di assegnazione.

Art. 508. Assunzione di debiti da parte dell'aggiudicatario o dell'assegnatario.

Nel caso di vendita o di assegnazione di un bene gravato da pegno o da ipoteca, l'aggiudicatario o assegnatario, con l'autorizzazione del giudice dell'esecuzione, può concordare col creditore pignoratizio o ipotecario l'assunzione del debito con le garanzie ad esso inerenti, liberando il debitore.

In tal caso nel provvedimento di vendita o di assegnazione si deve menzionare l'assunzione del debito.

SEZIONE V – Della distribuzione della somma ricavata
Art. 509. Composizione della somma ricavata.

La somma da distribuire è formata da quanto proviene a titolo di prezzo o conguaglio delle cose vendute o assegnate, di rendita o provento delle cose pignorate, di multa e risarcimento di danno da parte dell'aggiudicatario.

Art. 510. Distribuzione della somma ricavata.

Se vi è un solo creditore pignorante senza intervento di altri creditori, il giudice dell'esecuzione, sentito il debitore, dispone a favore del creditore pignorante il pagamento di quanto gli spetta per capitale, interessi e spese. In caso diverso la somma ricavata è dal giudice distribuita tra i creditori a norma delle disposizioni contenute nei capi seguenti, con riguardo alle cause legittime di prelazione e previo accantonamento delle somme che spetterebbero ai creditori intervenuti privi di titolo esecutivo i cui crediti non siano stati in tutto o in parte riconosciuti dal debitore.

L'accantonamento è disposto dal giudice dell'esecuzione per il tempo ritenuto necessario affinché i predetti creditori possano munirsi di titolo esecutivo e, in ogni caso, per un periodo di tempo non superiore a tre anni. Decorso il termine fissato, su istanza di una delle parti o anche d'ufficio, il giudice dispone la comparizione davanti a sé del debitore, del creditore procedente e dei creditori intervenuti, con l'eccezione di coloro che siano già stati integralmente soddisfatti, e dà luogo alla distribuzione della somma accantonata tenuto conto anche dei creditori intervenuti che si siano nel frattempo muniti di titolo esecutivo. La comparizione delle parti per la distribuzione della somma accantonata è disposta anche prima che sia decorso il termine fissato se vi è istanza di uno dei predetti creditori e non ve ne siano altri che ancora debbano munirsi di titolo esecutivo.

Il residuo della somma ricavata, dopo l'ulteriore distribuzione di cui al terzo comma ovvero dopo che sia decorso il termine nello stesso previsto, è consegnato al debitore o al terzo che ha subito l'espropriazione.

Art. 511. Domanda di sostituzione.

I creditori di un creditore avente diritto alla distribuzione possono chiedere di essere a lui sostituiti, proponendo domanda a norma dell'articolo 499 secondo comma.

Il giudice dell'esecuzione provvede alla distribuzione anche nei loro confronti, ma le contestazioni relative alle loro domande non possono ritardare la distribuzione tra gli altri creditori concorrenti.

Art. 512. Risoluzione delle controversie.

Se, in sede di distribuzione, sorge controversia tra i creditori concorrenti o tra creditore e debitore o terzo assoggettato all'espropriazione, circa la sussistenza o l'ammontare di uno o più crediti o circa la sussistenza di diritti di prelazione, il giudice dell'esecuzione, sentite le parti e compiuti i necessari accertamenti, provvede con ordinanza, impugnabile nelle forme e nei termini di cui all'articolo 617, secondo comma.

Il giudice può, anche con l'ordinanza di cui al primo comma, sospendere, in tutto o in parte, la distribuzione della somma ricavata.

CAPO II - DELL'ESPROPRIAZIONE MOBILIARE PRESSO IL DEBITORE
SEZIONE I – Del pignoramento
Art. 513. Ricerca delle cose da pignorare.

L'ufficiale giudiziario, munito del titolo esecutivo e del precetto, può ricercare le cose da pignorare nella casa del debitore e negli altri luoghi a lui appartenenti. Puo' anche ricercarle sulla persona del debitore, osservando le opportune cautele per rispettarne il decoro.

Quando è necessario aprire porte, ripostigli o recipienti, vincere la resistenza opposta dal debitore o da terzi, oppure allontanare persone che disturbano l'esecuzione del pignoramento, l'ufficiale giudiziario provvede secondo le circostanze, richiedendo, quando occorre, l'assistenza della forza pubblica.

Il presidente del tribunale o un giudice da lui delegato , su ricorso del creditore, può' autorizzare con decreto l'ufficiale giudiziario a pignorare cose determinate che non si trovano in luoghi appartenenti al debitore, ma delle quali egli può direttamente disporre.

In ogni caso l'ufficiale giudiziario può sottoporre a pignoramento, secondo le norme della presente sezione, le cose del debitore che il terzo possessore consente di esibirgli.

Art. 514. Cose mobili assolutamente impignorabili.

Oltre alle cose dichiarate impignorabili da speciali disposizioni di legge, non si possono pignorare:

1) le cose sacre e quelle che servono all'esercizio del culto;

2) l'anello nuziale, i vestiti, la biancheria, i letti, i tavoli per la consumazione dei pasti con le relative sedie, gli armadi guardaroba, i cassettoni, il frigorifero, le stufe ed i fornelli di cucina anche se a gas o elettrici, la lavatrice, gli utensili di casa e di cucina unitamente ad un mobile idoneo a contenerli, in quanto indispensabili al debitore ed alle persone della sua famiglia con lui conviventi; sono tuttavia esclusi i mobili, meno i letti, di rilevante valore economico, anche per accertato pregio artistico o di antiquariato; 3) i commestibili e i combustibili necessari per un mese al mantenimento del debitore e delle altre persone indicate nel numero precedente;

3) le armi e gli oggetti che il debitore ha l'obbligo di conservare per l'adempimento di un pubblico servizio;

5) le decorazioni al valore, le lettere, i registri e in generale gli scritti di famiglia, nonché i manoscritti, salvo che formino parte di una collezione. 6-bis) gli animali di affezione o da compagnia tenuti presso la casa del debitore o negli altri luoghi a lui appartenenti, senza fini produttivi, alimentari o commerciali;

6-ter) gli animali impiegati ai fini terapeutici o di assistenza del debitore, del coniuge, del convivente o dei figli

.

Art. 515. Cose mobili relativamente impignorabili

Le cose, che il proprietario di un fondo vi tiene per il servizio e la coltivazione del medesimo, possono essere pignorate separatamente dall'immobile soltanto in mancanza di altri mobili; tuttavia il giudice dell'esecuzione , su istanza del debitore e sentito il creditore, può escludere dal pignoramento, con ordinanza non impugnabile, quelle tra le cose suindicate che sono di uso necessario per la coltura del fondo, o può anche permetterne l'uso, sebbene pignorate, con le opportune cautele per la loro conservazione e ricostituzione.

Le stesse disposizioni il giudice dell'esecuzione può dare relativamente alle cose destinate dal coltivatore al servizio o alla coltivazione del fondo. Gli strumenti, gli oggetti e i libri indispensabili per l'esercizio della professione, dell'arte o del mestiere del debitore possono essere pignorati nei limiti di un quinto, quando il presumibile valore di realizzo degli altri beni rinvenuti dall'ufficiale giudiziario o indicati dal debitore non appare sufficiente per la soddisfazione del credito; il predetto limite non si applica per i debitori costituiti in forma societaria e in ogni caso se nelle attività del debitore risulta una prevalenza del capitale investito sul lavoro.

Art. 516. Cose pignorabili in particolari circostanze di tempo.

I frutti non ancora raccolti o separati dal suolo non possono essere pignorati separatamente dall'immobile a cui accedono, se non nelle ultime sei settimane anteriori al tempo ordinario della loro maturazione, tranne che il creditore pignorante si assuma le maggiori spese della custodia. I bachi da seta possono essere pignorati solo quando sono nella maggior parte sui rami per formare il bozzolo.

Art. 517. Scelta delle cose da pignorare.

Il pignoramento deve essere eseguito sulle cose che l'ufficiale giudiziario ritiene di più facile e pronta liquidazione, nel limite di un presumibile valore di realizzo pari all'importo del credito precettato aumentato della metà. In ogni caso l'ufficiale giudiziario deve preferire il denaro contante, gli oggetti preziosi e i titoli di credito e ogni altro bene che appaia di sicura realizzazione.

Art. 518. Forma del pignoramento.

L'ufficiale giudiziario redige delle sue operazioni processo verbale nel quale dà atto dell'ingiunzione di cui all'articolo 492 e descrive le cose pignorate, nonché il loro stato, mediante rappresentazione fotografica ovvero altro mezzo di ripresa audiovisiva, determinandone approssimativamente il presumibile valore di realizzo con l'assistenza, se ritenuta utile o richiesta dal creditore, di un esperto stimatore da lui scelto. Se il pignoramento cade su frutti non ancora raccolti o separati dal suolo, l'ufficiale giudiziario ne descrive la natura, la qualità e l'ubicazione.

Quando ritiene opportuno differire le operazioni di stima l'ufficiale giudiziario redige un primo verbale di pignoramento, procedendo senza indugio e comunque entro il termine perentorio di trenta giorni alla definitiva individuazione dei beni da assoggettare al pignoramento sulla base dei valori indicati dall'esperto, al quale è consentito in ogni caso accedere al luogo in cui i beni si trovano.

Il giudice dell'esecuzione liquida le spese ed il compenso spettanti all'esperto, tenuto conto dei valori di effettiva vendita o assegnazione dei beni o, in qualunque altro caso, sulla base dei valori stimati.

Nel processo verbale l'ufficiale giudiziario fa relazione delle disposizioni date per conservare le cose pignorate.

Se il debitore non è presente, l'ufficiale giudiziario rivolge l'ingiunzione alle persone indicate nell'articolo 139, secondo comma, e consegna loro un avviso dell'ingiunzione stessa per il debitore. In mancanza di dette persone affigge l'avviso alla porta dell'immobile in cui ha eseguito il pignoramento. Compiute le operazioni, l'ufficiale giudiziario consegna senza ritardo al creditore il processo verbale, il titolo esecutivo e il precetto. Il creditore deve depositare nella cancelleria del tribunale competente per l'esecuzione la nota di iscrizione a ruolo, con copie conformi degli atti di cui al periodo precedente, entro quindici giorni dalla consegna. La conformità di tali copie è attestata dall'avvocato del creditore ai soli fini del presente articolo. Il cancelliere al momento del deposito forma il fascicolo dell'esecuzione. Sino alla scadenza del termine di cui all'articolo 497 copia del processo verbale è conservata dall'ufficiale giudiziario a disposizione del debitore. Il pignoramento perde efficacia quando la nota di iscrizione a ruolo e le copie degli atti di cui al primo periodo del presente comma sono depositate oltre il termine di quindici giorni dalla consegna al creditore. Su istanza del creditore, da depositare non oltre il termine per il deposito dell'istanza di vendita, il giudice, nominato uno stimatore quando appare opportuno, ordina l'integrazione del pignoramento se ritiene che il presumibile valore di realizzo dei beni pignorati sia inferiore a quello indicato nel primo comma. In tale caso l'ufficiale giudiziario riprende senza indugio le operazioni di ricerca dei beni.

Art. 519. Tempo del pignoramento.

Il pignoramento non può essere eseguito nei giorni festivi, né fuori delle ore indicate nell'articolo 147, salvo che ne sia data autorizzazione dal presidente del tribunale o un giudice da lui delegato.

Il pignoramento iniziato nelle ore prescritte può essere proseguito fino al suo compimento.

Art. 520. Custodia dei mobili pignorati.

L'ufficiale giudiziario consegna al cancelliere del tribunale il danaro, i titoli di credito e gli oggetti preziosi colpiti dal pignoramento. Il danaro deve essere depositato dal cancelliere nelle forme dei depositi giudiziari, mentre i titoli di credito e gli oggetti preziosi sono custoditi nei modi che il giudice dell'esecuzione determina.

Per la conservazione delle altre cose l'ufficiale giudiziario provvede, quando il creditore ne fa richiesta, trasportandole presso un luogo di pubblico deposito oppure affidandole a un custode diverso dal debitore; nei casi di urgenza l'ufficiale giudiziario affida la custodia agli istituti autorizzati di cui all'articolo 159 delle disposizioni per l'attuazione del presente codice.

Art. 521. Nomina e obblighi del custode.

Non possono essere nominati custode il creditore o il suo coniuge senza il consenso del debitore, né il debitore o le persone della sua famiglia che convivono con lui senza il consenso del creditore.

Il custode sottoscrive il processo verbale dal quale risulta la sua nomina. Al fine della conservazione delle cose pignorate, l'ufficiale giudiziario autorizza il custode a lasciarle nell'immobile appartenente al debitore o a trasportarle altrove.

Il custode non può usare delle cose pignorate senza l'autorizzazione del giudice dell'esecuzione e deve rendere il conto a norma dell'art. 593. Quando è depositata l'istanza di vendita il giudice dispone la sostituzione del custode nominando l'istituto di cui al primo comma dell'articolo 534 che entro trenta giorni, previo invio di comunicazione contenente la data e l'orario approssimativo dell'accesso, provvede al trasporto dei beni pignorati presso la propria sede o altri locali nella propria disponibilità. Le persone incaricate dall'istituto, quando risulta necessario per apprendere i beni, possono aprire porte, ripostigli e recipienti e richiedere l'assistenza della forza pubblica. Per i beni che risultano difficilmente trasportabili con l'impiego dei mezzi usualmente utilizzati l'istituto può chiedere di essere autorizzato a provvedere alla loro custodia nel luogo in cui si trovano.

Art. 521-bis. Pignoramento e custodia di autoveicoli, motoveicoli e rimorchi.

Oltre che con le forme previste dall'articolo 518, il pignoramento di autoveicoli, motoveicoli e rimorchi può essere eseguito anche mediante notificazione al debitore e successiva trascrizione di un atto nel quale si indicano esattamente, con gli estremi richiesti dalla legge speciale per la loro iscrizione nei pubblici registri, i beni e i diritti che si intendono sottoporre ad esecuzione, e gli si fa l'ingiunzione prevista nell'articolo 492. Il pignoramento contiene altresì l'intimazione a consegnare entro dieci giorni i beni pignorati, nonché i titoli e i documenti relativi alla proprietà e all'uso dei medesimi, all'istituto vendite giudiziarie autorizzato ad operare nel territorio del circondario nel quale è compreso il luogo in cui il debitore ha la residenza, il domicilio, la dimora o la sede o, in mancanza, a quello più vicino. Col pignoramento il debitore è costituito custode dei beni pignorati e di tutti gli accessori comprese le pertinenze e i frutti, senza diritto a compenso.

Al momento della consegna l'istituto vendite giudiziarie assume la custodia del bene pignorato e ne dà immediata comunicazione al creditore pignorante, a mezzo posta elettronica certificata ove possibile.

Decorso il termine di cui al primo comma, gli organi di polizia che accertano la circolazione dei beni pignorati o comunque li rinvengono procedono al ritiro della carta di circolazione nonché, ove possibile, dei titoli e dei documenti relativi alla proprietà e all'uso dei beni pignorati e consegnano il bene pignorato all'istituto vendite giudiziarie più vicino al luogo in cui il bene pignorato è stato rinvenuto. Si applica il terzo comma.

Eseguita l'ultima notificazione, l'ufficiale giudiziario consegna senza ritardo al creditore l'atto di pignoramento perché proceda alla trascrizione nei pubblici registri. Entro trenta giorni dalla comunicazione di cui al terzo comma, il creditore deve depositare nella cancelleria del tribunale competente per l'esecuzione la nota di iscrizione a ruolo, con copie conformi del titolo esecutivo, del precetto, dell'atto di pignoramento e della nota di trascrizione. La conformità di tali copie è attestata dall'avvocato del creditore ai soli fini del presente articolo.

Il cancelliere forma il fascicolo dell'esecuzione. Il pignoramento perde efficacia quando la nota di iscrizione a ruolo e le copie dell'atto di pignoramento, del titolo esecutivo e del precetto sono depositate oltre il termine di cui al quinto comma.

In deroga a quanto previsto dall'articolo 497, l'istanza di assegnazione o l'istanza di vendita deve essere depositata entro quarantacinque giorni dal deposito da parte del creditore della nota di iscrizione a norma del presente articolo ovvero dal deposito da parte di quest'ultimo delle copie conformi degli atti, a norma dell'articolo 159-ter delle disposizioni per l'attuazione del presente codice.

Si applicano in quanto compatibili le disposizioni del presente capo.

Art. 522. Compenso del custode.

Il custode non ha diritto a compenso se non l'ha chiesto e se non gli è stato riconosciuto dall'ufficiale giudiziario all'atto della nomina.

Nessun compenso può attribuirsi alle persone indicate nel primo comma dell'articolo precedente.

Art. 523. Unione di pignoramenti.

L'ufficiale giudiziario, che trova un pignoramento già iniziato da altro ufficiale giudiziario, continua le operazioni insieme con lui. Essi redigono unico processo verbale.

Art. 524. Pignoramento successivo.

L'ufficiale giudiziario, che trova un pignoramento già compiuto, ne dà atto nel processo verbale descrivendo i mobili precedentemente pignorati, e quindi procede al pignoramento degli altri beni o fa constare nel processo verbale che non ve ne sono.

Il processo verbale è depositato in cancelleria e inserito nel fascicolo formato in base al primo pignoramento, se quello successivo è compiuto anteriormente alla udienza prevista nell'articolo 525 primo comma, ovvero alla presentazione del ricorso per l'assegnazione o la vendita dei beni pignorati nella ipotesi prevista nel secondo comma dell'articolo 525. In tal caso il cancelliere ne dà notizia al creditore primo pignorante e l'esecuzione si svolge in unico processo.

Il pignoramento successivo, se è compiuto dopo l'udienza di cui sopra ovvero dopo la presentazione del ricorso predetto, ha gli effetti di un intervento tardivo rispetto ai beni colpiti dal primo pignoramento. Se colpisce altri beni, per questi ha luogo separato processo.

SEZIONE II – Dell'intervento dei creditori
Art. 525. Condizione e tempo dell'intervento.

Per gli effetti di cui agli articoli seguenti l'intervento deve avere luogo non oltre la prima udienza fissata per l'autorizzazione della vendita o per l'assegnazione. Di tale intervento il cancelliere dà notizia al creditore pignorante. Qualora il valore dei beni pignorati, determinato a norma dell'articolo 518, non superi ventimila euro, l'intervento di cui al comma precedente deve aver luogo non oltre la data di presentazione del ricorso, prevista dall'articolo 529.

Art. 526. Facoltà dei creditori intervenuti.

I creditori intervenuti a norma dell'articolo 525 partecipano all'espropriazione dei mobili pignorati e, se muniti di titolo esecutivo, possono provocarne i singoli atti.

Art. 527. Diritto dei creditori intervenuti alla distribuzione.

Art. 528. Intervento tardivo.

I creditori chirografari che intervengono successivamente ai termini di cui all'articolo 525, ma prima del provvedimento di distribuzione, concorrono alla distribuzione della parte della somma ricavata che sopravanza dopo soddisfatti i diritti del creditore pignorante, dei creditori privilegiati e di quelli intervenuti in precedenza.

I creditori che hanno un diritto di prelazione sulle cose pignorate, anche se intervengono a norma del comma precedente, concorrono alla distribuzione della somma ricavata in ragione dei loro diritti di prelazione.

SEZIONE III – Dell'assegnazione e della vendita
Art. 529. Istanza di assegnazione o di vendita.

Decorso il termine di cui all'articolo 501, il creditore pignorante e ognuno dei creditori intervenuti muniti di titolo esecutivo possono chiedere la distribuzione del danaro e la vendita di tutti gli altri beni.

Dei titoli di credito e delle altre cose il cui valore risulta dal listino di borsa o di mercato possono chiedere anche l'assegnazione.

Al ricorso si deve unire il certificato d'iscrizione dei privilegi gravanti sui mobili pignorati.

Art. 530. Provvedimento per l'assegnazione o per l'autorizzazione della vendita.

Sull'istanza di cui all'articolo precedente il giudice dell'esecuzione fissa l'udienza per l'audizione delle parti.

All'udienza le parti possono fare osservazioni circa l'assegnazione e circa il tempo e le modalità della vendita, e debbono proporre, a pena di decadenza, le opposizioni agli atti esecutivi, se non sono già decadute dal diritto di proporle.

Se non vi sono opposizioni o se su di esse si raggiunge l'accordo delle parti comparse, il giudice dell'esecuzione dispone con ordinanza l'assegnazione o la vendita.

Se vi sono opposizioni il giudice dell'esecuzione le decide con sentenza e dispone con ordinanza l'assegnazione o la vendita.

Qualora ricorra l'ipotesi prevista dal secondo comma dell'articolo 525, e non siano intervenuti creditori fino alla presentazione del ricorso, il giudice dell'esecuzione provvederà con decreto per l'assegnazione o la vendita; altrimenti provvederà a norma dei commi precedenti, ma saranno sentiti soltanto i creditori intervenuti nel termine previsto dal secondo comma dell'articolo 525.

Il giudice dell'esecuzione stabilisce che il versamento della cauzione, la presentazione delle offerte, lo svolgimento della gara tra gli offerenti, ai sensi dell'articolo 532, nonché il pagamento del prezzo, siano effettuati con modalità telematiche, salvo che le stesse siano pregiudizievoli per gli interessi dei creditori o per il sollecito svolgimento della procedura.

In ogni caso il giudice dell'esecuzione può disporre che sia effettuata la pubblicità prevista dall'articolo 490, secondo comma, almeno dieci giorni prima della scadenza del termine per la presentazione delle offerte o della data dell'incanto. Il giudice dispone che sia sempre effettuata la pubblicità prevista dall'articolo 490, primo comma, nel rispetto del termine di cui al periodo precedente.

Fuori dell'ipotesi prevista dal secondo comma dell'articolo 525, il giudice dell'esecuzione può disporre che il versamento del prezzo abbia luogo ratealmente ed entro un termine non superiore a dodici mesi; si applicano, in quanto compatibili, le disposizioni di cui agli articoli 569, terzo comma, terzo periodo, 574, primo comma, secondo periodo, e 587, primo comma, secondo periodo.

Art. 531. Vendita di frutti pendenti o di speciali beni mobili. La vendita di frutti pendenti non può essere disposta se non per il tempo della loro maturazione, salvo diverse consuetudini locali.

La vendita dei bachi da seta non può essere fatta prima che siano in bozzoli. Delle cose indicate nell'articolo 515 il giudice dell'esecuzione può differire la vendita per il periodo che ritiene necessario a soddisfare le esigenze dell'azienda agraria.

Art. 532. Vendita a mezzo di commissionario.

Il giudice dell'esecuzione dispone la vendita senza incanto o tramite commissionario dei beni pignorati. Le cose pignorate devono essere affidate all'istituto vendite giudiziarie, ovvero, con provvedimento motivato, ad altro soggetto specializzato nel settore di competenza iscritto nell'elenco di cui all'articolo 169-sexies delle disposizioni per l'attuazione del presente codice, affinché proceda alla vendita in qualità di commissionario. Nello stesso provvedimento di cui al primo comma il giudice, dopo avere sentito, se necessario, uno stimatore dotato di specifica preparazione tecnica e commerciale in relazione alla peculiarità del bene stesso, fissa il prezzo minimo della vendita e l'importo globale fino al raggiungimento del quale la vendita deve essere eseguita, e può imporre al commissionario una cauzione. Il giudice fissa altresì il numero complessivo, non superiore a tre, degli esperimenti di vendita, i criteri per determinare i relativi ribassi, le modalità di deposito della somma ricavata dalla vendita e il termine finale non superiore a sei mesi, alla cui scadenza il soggetto incaricato della vendita deve restituire gli atti in cancelleria. Quando gli atti sono restituiti a norma del periodo precedente, il giudice, se non vi sono istanze a norma dell'articolo 540-bis, dispone la chiusura anticipata del processo esecutivo, anche quando non sussistono i presupposti di cui all'articolo 164-bis delle disposizioni di attuazione del presente codice.

Se il valore delle cose risulta dal listino di borsa o di mercato, la vendita non può essere fatta a prezzo inferiore al minimo ivi segnato.

Art. 533. Obblighi del commissionario

Il commissionario assicura agli interessati la possibilità di esaminare, anche con modalità telematiche, le cose poste in vendita almeno tre giorni prima della data fissata per l'esperimento di vendita e non può consegnare la cosa all'acquirente prima del pagamento integrale del prezzo. Egli è tenuto in ogni caso a documentare le operazioni di vendita mediante certificato, fattura o fissato bollato in doppio esemplare, uno dei quali deve essere consegnato al cancelliere col prezzo ricavato dalla vendita, nel termine stabilito dal giudice dell'esecuzione nel suo provvedimento.

Qualora la vendita non avvenga nel termine fissato a norma dell'articolo 532, secondo comma, il commissionario restituisce gli atti in cancelleria e fornisce prova dell'attività specificamente svolta in relazione alla tipologia del bene per reperire potenziali acquirenti. In ogni caso fornisce prova di avere effettuato la pubblicità disposta dal giudice.

Il compenso al commissionario è stabilito dal giudice dell'esecuzione con decreto.

Art. 534. Vendita all'incanto.

Quando la vendita deve essere fatta ai pubblici incanti, il giudice dell'esecuzione , col provvedimento di cui all'articolo 530, stabilisce il giorno, l'ora e il luogo in cui deve eseguirsi, e ne affida l'esecuzione al cancelliere o all'ufficiale giudiziario o a un istituto all'uopo autorizzato.

Nello stesso provvedimento il giudice dell'esecuzione può disporre che, oltre alla pubblicità prevista dal primo comma dell'articolo 490, sia data anche una pubblicità straordinaria a norma del comma terzo dello stesso articolo.

Art. 534-bis. Delega delle operazioni di vendita.

Il giudice, con il provvedimento di cui all'articolo 530, delega all'istituto di cui al primo comma dell'articolo 534, ovvero in mancanza a un notaio avente sede preferibilmente nel circondario o a un avvocato o a un commercialista, iscritti nei relativi elenchi di cui all'articolo 179-ter delle disposizioni di attuazione del presente codice, il compimento delle operazioni di vendita con incanto ovvero senza incanto di beni mobili iscritti nei pubblici registri. La delega e gli atti conseguenti sono regolati dalle disposizioni di cui all'articolo 591-bis, in quanto compatibili con le previsioni della presente sezione.

Art. 534-ter. Ricorso al giudice dell'esecuzione.

Quando, nel corso delle operazioni di vendita, insorgono difficoltà il professionista delegato o il commissionario possono rivolgersi al giudice dell'esecuzione, il quale provvede con decreto.

Avverso gli atti del professionista delegato o del commissionario è ammesso reclamo delle parti e degli interessati, da proporre con ricorso al giudice dell'esecuzione nel termine perentorio di venti giorni dal compimento dell'atto o dalla sua conoscenza. Il ricorso non sospende le operazioni di vendita, salvo che il giudice dell'esecuzione, concorrendo gravi motivi, disponga la sospensione.

Sul reclamo di cui al secondo comma, il giudice dell'esecuzione provvede con ordinanza, avverso la quale è ammessa l'opposizione ai sensi dell'articolo 617.

Art. 535. Prezzo base dell'incanto.

Se il valore delle cose risulta da listino di borsa o di mercato, il prezzo base è determinato dal minimo del giorno precedente alla vendita. In ogni altro caso il giudice dell'esecuzione , nel provvedimento di cui all'articolo 530, sentito quando occorre uno stimatore, fissa il prezzo di apertura dell'incanto o autorizza, se le circostanze lo consigliano, la vendita al migliore offerente senza determinare il prezzo minimo.

Art. 536. Trasporto e ricognizione delle cose da vendere.

Chi è incaricato della vendita fa trasportare, quando occorre, le cose pignorate nel luogo stabilito per l'incanto, e può richiedere l'intervento della forza pubblica.

In ogni caso, prima di addivenire agli incanti deve fare, in concorso col custode, la ricognizione degli oggetti da vendersi, confrontandoli con la descrizione contenuta nel processo verbale di pignoramento.

Art. 537. Modo dell'incanto.

Le cose da vendere si offrono singolarmente oppure a lotti secondo la convenienza, per il prezzo base di cui all'articolo 535. L'aggiudicazione al maggiore offerente segue quando, dopo una duplice pubblica enunciazione del prezzo raggiunto, non è fatta una maggiore offerta.

Se la vendita non può compiersi nel giorno stabilito, è continuata nel primo giorno seguente non festivo.

Dell'incanto si redige processo verbale, che si deposita immediatamente nella cancelleria.

Art. 538. Nuovo incanto.

Quando una cosa messa all'incanto resta invenduta, il soggetto a cui è stata affidata l'esecuzione della vendita fissa un nuovo incanto ad un prezzo base inferiore di un quinto rispetto a quello precedente.

Art. 539. Vendita o assegnazione degli oggetti d'oro e d'argento. Gli oggetti d'oro e d'argento non possono in nessun caso essere venduti per un prezzo inferiore al valore intrinseco.

Se restano invenduti, sono assegnati per tale valore ai creditori.

Art. 540. Pagamento del prezzo e rivendita.

Se il prezzo non è pagato, si procede immediatamente a nuovo incanto, a spese e sotto la responsabilità dell'aggiudicatario inadempiente. La somma ricavata dalla vendita è immediatamente consegnata al cancelliere per essere depositata con le forme dei depositi giudiziari.

Art. 540-bis. Integrazione del pignoramento.

Quando le cose pignorate risultano invendute a seguito del secondo o successivo esperimento ovvero quando la somma assegnata, ai sensi degli articoli 510, 541 e 542, non è sufficiente a soddisfare le ragioni dei creditori, il giudice, ad istanza di uno di questi, provvede a norma dell'ultimo comma dell'articolo 518. Se sono pignorate nuove cose, il giudice ne dispone la vendita senza che vi sia necessità di nuova istanza. In caso contrario, dichiara l'estinzione del procedimento, salvo che non siano da completare le operazioni di vendita.

SEZIONE IV – Della distribuzione della somma ricavata
Art. 541. Distribuzione amichevole.

Se i creditori concorrenti chiedono la distribuzione della somma ricavata secondo un piano concordato, il giudice dell'esecuzione, sentito il debitore, provvede in conformità.

Art. 542. Distribuzione giudiziale.

Se i creditori non raggiungono l'accordo di cui all'articolo precedente o dell'esecuzione non l'approva, ognuno di essi può chiedere che si proceda alla distribuzione della somma ricavata.

Il giudice dell'esecuzione , sentite le parti, distribuisce la somma ricavata, a norma degli articoli 510 e seguenti e ordina il pagamento delle singole quote.

CAPO III - DELL'ESPROPRIAZIONE PRESSO TERZI
SEZIONE I - DEL PIGNORAMENTO E DELL'INTERVENTO
 Art. 543. Forma del pignoramento.

Il pignoramento di crediti del debitore verso terzi o di cose del debitore che sono in possesso di terzi, si esegue mediante atto notificato al terzo e al debitore a norma degli articoli 137 e seguenti.

L'atto deve contenere, oltre all'ingiunzione al debitore di cui all'articolo 492: 1) l'indicazione del credito per il quale si procede, del titolo esecutivo e del precetto;

2)   l'indicazione, almeno generica, delle cose o delle somme dovute e l'intimazione al terzo di non disporne senza ordine di giudice;

3)   la dichiarazione di residenza o l'elezione di domicilio nel comune in cui ha sede il tribunale competente nonché l'indicazione dell'indirizzo di posta elettronica certificata del creditore procedente;

4)   la citazione del debitore a comparire davanti al giudice competente, con l'invito al terzo a comunicare la dichiarazione di cui all'articolo 547 al creditore procedente entro dieci giorni a mezzo raccomandata ovvero a mezzo di posta elettronica certificata; con l'avvertimento al terzo che in caso di mancata comunicazione della dichiarazione, la stessa dovrà essere resa dal terzo comparendo in un'apposita udienza e che quando il terzo non compare o, sebbene comparso, non rende la dichiarazione, il credito pignorato o il possesso di cose di appartenenza del debitore, nell'ammontare o nei termini indicati dal creditore, si considereranno non contestati ai fini del procedimento in corso e dell'esecuzione fondata sul provvedimento di assegnazione .

Nell'indicare l'udienza di comparizione si deve rispettare il termine previsto nell'articolo 501.

Eseguita l'ultima notificazione, l'ufficiale giudiziario consegna senza ritardo al creditore l'originale dell'atto di citazione. Il creditore deve depositare nella cancelleria del tribunale competente per l'esecuzione la nota di iscrizione a ruolo, con copie conformi dell'atto di citazione, del titolo esecutivo e del precetto, entro trenta giorni dalla consegna. La conformità di tali copie è attestata dall'avvocato del creditore ai soli fini del presente articolo. Il cancelliere al momento del deposito forma il fascicolo dell'esecuzione. Il pignoramento perde efficacia quando la nota di iscrizione a ruolo e le copie degli atti di cui al secondo periodo sono depositate oltre il termine di trenta giorni dalla consegna al creditore.

Il creditore, entro la data dell'udienza di comparizione indicata nell'atto di pignoramento, notifica al debitore e al terzo l'avviso di avvenuta iscrizione a ruolo con indicazione del numero di ruolo della procedura e deposita l'avviso notificato nel fascicolo dell'esecuzione. La mancata notifica dell'avviso o il suo mancato deposito nel fascicolo dell'esecuzione determina l'inefficacia del pignoramento . Qualora il pignoramento sia eseguito nei confronti di più terzi, l'inefficacia si produce solo nei confronti dei terzi rispetto ai quali non è notificato o depositato l'avviso. In ogni caso, ove la notifica dell'avviso di cui al presente comma non sia effettuata, gli obblighi del debitore e del terzo cessano alla data dell'udienza indicata nell'atto di pignoramento .

Quando procede a norma dell'articolo 492-bis, l'ufficiale giudiziario consegna senza ritardo al creditore il verbale, il titolo esecutivo ed il precetto, e si applicano le disposizioni di cui al quarto comma. Decorso il termine di cui all'articolo 501, il creditore pignorante e ognuno dei creditori intervenuti muniti di titolo esecutivo possono chiedere l'assegnazione o la vendita delle cose mobili o l'assegnazione dei crediti. Sull'istanza di cui al periodo precedente il giudice fissa l'udienza per l'audizione del creditore e del debitore e provvede a norma degli articoli 552 o 553. Il decreto con cui viene fissata l'udienza di cui al periodo precedente è notificato a cura del creditore procedente e deve contenere l'invito e l'avvertimento al terzo di cui al numero
4) del secondo comma.

Art. 544. Pegno o ipoteca a garanzia del credito pignorato.
Se il credito pignorato è garantito da pegno, s'intima a chi detiene la cosa data in pegno di non eseguirne la riconsegna senza ordine di giudice. Se il credito pignorato è garantito da ipoteca, l'atto di pignoramento deve essere annotato nei libri fondiari.

Art. 545 - Crediti impignorabili
Non possono essere pignorati i crediti alimentari, tranne che per cause di alimenti, e sempre con l'autorizzazione del presidente del tribunale o di un giudice da lui delegato e per la parte dal medesimo determinata mediante decreto .

Non possono essere pignorati crediti aventi per oggetto sussidi di grazia o di sostentamento a persone comprese nell'elenco dei poveri, oppure sussidi dovuti per maternità, malattie o funerali da casse di assicurazione, da enti di assistenza o da istituti di beneficenza .

Le somme dovute dai privati a titolo di stipendio, di salario o di altre indennità relative al rapporto di lavoro o di impiego comprese quelle dovute a causa di licenziamento, possono essere pignorate per crediti alimentari nella misura autorizzata dal presidente del tribunale o da un giudice da lui delegato .

Tali somme possono essere pignorate nella misura di un quinto per i tributi dovuti allo Stato, alle province e ai comuni, ed in eguale misura per ogni altro credito .

Il pignoramento per il simultaneo concorso delle cause indicate precedentemente non può estendersi oltre alla metà dell'ammontare delle somme predette .

Restano in ogni caso ferme le altre limitazioni contenute in speciali disposizioni di legge .

Le somme da chiunque dovute a titolo di pensione, di indennità che tengono luogo di pensione o di altri assegni di quiescenza non possono essere pignorate per un ammontare corrispondente al doppio della misura massima mensile dell'assegno sociale, con un minimo di 1.000 euro. La parte eccedente tale ammontare è pignorabile nei limiti previsti dal terzo, dal quarto e dal quinto comma nonché dalle speciali disposizioni di legge . Le somme dovute a titolo di stipendio, salario, altre indennità relative al rapporto di lavoro o di impiego, comprese quelle dovute a causa di licenziamento, nonché a titolo di pensione, di indennità che tengono luogo di pensione, o di assegni di quiescenza, nel caso di accredito su conto bancario o postale intestato al debitore, possono essere pignorate, per l'importo eccedente il triplo dell'assegno sociale, quando l'accredito ha luogo in data anteriore al pignoramento; quando l'accredito ha luogo alla data del pignoramento o successivamente, le predette somme possono essere pignorate nei limiti previsti dal terzo, quarto, quinto e settimo comma, nonché dalle speciali disposizioni di legge .

Il pignoramento eseguito sulle somme di cui al presente articolo in violazione dei divieti e oltre i limiti previsti dallo stesso e dalle speciali disposizioni di legge è parzialmente inefficace. L'inefficacia è rilevata dal giudice anche d'ufficio .

Art. 546. Obblighi del terzo.
Dal giorno in cui gli è notificato l'atto previsto nell'articolo 543, il terzo è soggetto, relativamente alle cose e alle somme da lui dovute e nei limiti dell'importo del credito precettato aumentato della metà, agli obblighi che la legge impone al custode. Nel caso di accredito su conto bancario o postale intestato al debitore di somme a titolo di stipendio, salario, altre indennità relative al rapporto di lavoro o di impiego, comprese quelle dovute a causa di licenziamento, nonché a titolo di pensione, di indennità che tengono luogo di pensione, o di assegni di quiescenza, gli obblighi del terzo pignorato non operano, quando l'accredito ha luogo in data anteriore al pignoramento, per un importo pari al triplo dell'assegno sociale; quando l'accredito ha luogo alla data del pignoramento o successivamente, gli obblighi del terzo pignorato operano nei limiti previsti dall'articolo 545 e dalle speciali disposizioni di legge.

Nel caso di pignoramento eseguito presso più terzi, il debitore può chiedere la riduzione proporzionale dei singoli pignoramenti a norma dell'articolo 496 ovvero la dichiarazione di inefficacia di taluno di essi; il giudice dell'esecuzione, convocate le parti, provvede con ordinanza non oltre venti giorni dall'istanza.

Art. 547. Dichiarazione del terzo.

Con dichiarazione a mezzo raccomandata inviata al creditore procedente o trasmessa a mezzo di posta elettronica certificata, il terzo, personalmente o a mezzo di procuratore speciale o del difensore munito di procura speciale, deve specificare di quali cose o di quali somme è debitore o si trova in possesso e quando ne deve eseguire il pagamento o la consegna. Deve altresì specificare i sequestri precedentemente eseguiti presso di lui e le cessioni che gli sono state notificate o che ha accettato. Il creditore pignorante deve chiamare nel processo il sequestrante nel termine perentorio fissato dal giudice.

Art. 548. Mancata dichiarazione del terzo.

Quando all'udienza il creditore dichiara di non aver ricevuto la dichiarazione, il giudice, con ordinanza, fissa un'udienza successiva. L'ordinanza è notificata al terzo almeno dieci giorni prima della nuova udienza. Se questi non compare alla nuova udienza o, comparendo, rifiuta di fare la dichiarazione, il credito pignorato o il possesso del bene di appartenenza del debitore, nei termini indicati dal creditore, si considera non contestato ai fini del procedimento in corso e dell'esecuzione fondata sul provvedimento di assegnazione se l'allegazione del creditore consente l'identificazione del credito o dei beni di appartenenza del debitore in possesso del terzo e il giudice provvede a norma degli articoli 552 o 553.

Il terzo può impugnare nelle forme e nei termini di cui all'articolo 617 l'ordinanza di assegnazione di crediti adottata a norma del presente articolo, se prova di non averne avuto tempestiva conoscenza per irregolarità della notificazione o per caso fortuito o forza maggiore.

Art. 549. Contestata dichiarazione del terzo.

Se sulla dichiarazione sorgono contestazioni o se a seguito della mancata dichiarazione del terzo non è possibile l'esatta identificazione del credito o dei beni del debitore in possesso del terzo, il giudice dell'esecuzione, su istanza di parte, provvede con ordinanza, compiuti i necessari accertamenti nel contraddittorio tra le parti e con il terzo. L'ordinanza produce effetti ai fini del procedimento in corso e dell'esecuzione fondata sul provvedimento di assegnazione ed è impugnabile nelle forme e nei termini di cui all'articolo 617.

Art. 550. Pluralità di pignoramenti.

Il terzo deve indicare i pignoramenti che sono stati eseguiti presso di lui. Se altri pignoramenti sono eseguiti dopo che il terzo abbia fatto la sua dichiarazione, egli può limitarsi a richiamare la dichiarazione precedente e i pignoramenti ai quali si riferiva.

Si applicano le disposizioni dell'articolo 524 secondo e terzo comma.

Art. 551. Intervento.

L'intervento di altri creditori è regolato a norma degli articoli 525 e seguenti.

Agli effetti di cui all'articolo 526 l'intervento non deve aver luogo oltre la prima udienza di comparizione delle parti.

SEZIONE II – Dell'assegnazione e della vendita

Art. 552. Assegnazione e vendita di cose dovute dal terzo.
Se il terzo si dichiara o è dichiarato possessore di cose appartenenti al debitore, il giudice dell'esecuzione, sentite le parti, provvede per l'assegnazione o la vendita delle cose mobili a norma degli articoli 529 e seguenti, o per l'assegnazione dei crediti a norma dell'articolo seguente.

Art. 553. Assegnazione e vendita di crediti.

Se il terzo si dichiara o è dichiarato debitore di somme esigibili immediatamente o in termini non maggiori di novanta giorni, il giudice dell'esecuzione le assegna in pagamento, salvo esazione, ai creditori concorrenti. Se le somme dovute dal terzo sono esigibili in termine maggiore, o si tratta di censi o di rendite perpetue o temporanee, e i creditori non ne chiedano d'accordo l'assegnazione, si applicano le regole richiamate nell'articolo precedente per la vendita di cose mobili.

Il valore delle rendite perpetue e dei censi, quando sono assegnati ai creditori, deve essere ragguagliato in ragione di € 0,052 di capitale per € 0,00258 di rendita.

Art. 554. Pegno o ipoteca a garanzia del credito assegnato. Se il credito assegnato o venduto è garantito da pegno, il giudice dell'esecuzione dispone che la cosa data in pegno sia affidata all'assegnatario o aggiudicatario del credito oppure ad un terzo che designa, sentite le parti. Se il credito assegnato o venduto è garantito da ipoteca, il provvedimento di assegnazione o l'atto di vendita va annotato nei libri fondiari.

CAPO IV - DELL'ESPROPRIAZIONE IMMOBILIARE
SEZIONE I - DEL PIGNORAMENTO
Art. 555. Forma del pignoramento.

Il pignoramento immobiliare si esegue mediante notificazione al debitore e successiva trascrizione di un atto nel quale gli si indicano esattamente, con gli estremi richiesti dal codice civile per l'individuazione dell'immobile ipotecato, i beni e i diritti immobiliari che si intendono sottoporre a esecuzione, e gli si fa l'ingiunzione prevista nell'articolo 492.

Immediatamente dopo la notificazione l'ufficiale giudiziario consegna copia autentica dell'atto con le note di trascrizione al competente conservatore dei registri immobiliari, che trascrive l'atto e gli restituisce una delle note.

Le attività previste nel comma precedente possono essere compiute anche dal creditore pignorante, al quale l'ufficiale giudiziario, se richiesto, deve consegnare gli atti di cui sopra.

Art. 556. Espropriazione di mobili insieme con immobili.

Il creditore può fare pignorare insieme coll'immobile anche i mobili che lo arredano, quando appare opportuno che l'espropriazione avvenga unitamente.

In tal caso l'ufficiale giudiziario forma atti separati per l'immobile e per i mobili, ma li deposita insieme nella cancelleria del tribunale.

Art. 557. Deposito dell'atto di pignoramento.

Eseguita l'ultima notificazione, l'ufficiale giudiziario consegna senza ritardo al creditore l'atto di pignoramento e la nota di trascrizione restituitagli dal conservatore dei registri immobiliari.

Il creditore deve depositare nella cancelleria del tribunale competente per l'esecuzione la nota di iscrizione a ruolo, con copie conformi del titolo esecutivo, del precetto, dell'atto di pignoramento e della nota di trascrizione entro quindici giorni dalla consegna dell'atto di pignoramento. La conformità di tali copie è attestata dall'avvocato del creditore ai soli fini del presente articolo. Nell'ipotesi di cui all'articolo 555, ultimo comma, il creditore deve depositare la nota di trascrizione appena restituitagli dal conservatore dei registri immobiliari.

Il cancelliere forma il fascicolo dell'esecuzione. Il pignoramento perde efficacia quando la nota di iscrizione a ruolo e le copie dell'atto di pignoramento, del titolo esecutivo e del precetto sono depositate oltre il termine di quindici giorni dalla consegna al creditore.

Art. 558. Limitazione dell'espropriazione.

Se un creditore ipotecario estende il pignoramento a immobili non ipotecati a suo favore, il giudice dell'esecuzione può applicare il disposto dell'articolo 496, oppure può sospenderne la vendita fino al compimento di quella relativa agli immobili ipotecati.

Art. 559. Custodia dei beni pignorati.

Col pignoramento il debitore è costituito custode dei beni pignorati e di tutti gli accessori, compresi le pertinenze e i frutti, senza diritto a compenso.

Salvo che la sostituzione nella custodia non abbia alcuna utilità ai fini della conservazione o della amministrazione del bene o per la vendita, il giudice dell'esecuzione, con provvedimento non impugnabile emesso entro quindici

giorni dal deposito della documentazione di cui all'articolo 567, secondo comma, contestualmente alla nomina dell'esperto di cui all'articolo 569, nomina custode giudiziario dei beni pignorati una persona inserita nell'elenco di cui all'articolo 179-ter delle disposizioni di attuazione del presente codice o l'istituto di cui al primo comma dell'articolo 534.

Il custode nominato ai sensi del secondo comma collabora con l'esperto nominato ai sensi dell'articolo 569 al controllo della completezza della documentazione di cui all'articolo 567, secondo comma, redigendo apposita relazione informativa nel termine fissato dal giudice dell'esecuzione.

Il giudice provvede alla sostituzione del custode in caso di inosservanza degli obblighi su di lui incombenti.

Art. 560. Modo della custodia

Il debitore e il terzo nominato custode debbono rendere il conto a norma dell'articolo 593.

Ad essi è fatto divieto di dare in locazione l'immobile pignorato se non autorizzati dal giudice dell'esecuzione.

Il debitore e i familiari che con lui convivono non perdono il possesso dell'immobile e delle sue pertinenze sino alla pronuncia del decreto di trasferimento, salvo quanto previsto dal nono comma.

Nell'ipotesi di cui al terzo comma, il custode giudiziario ha il dovere di vigilare affinché il debitore e il nucleo familiare conservino il bene pignorato con la diligenza del buon padre di famiglia e ne mantengano e tutelino l'integrità.

Il custode giudiziario provvede altresì, previa autorizzazione del giudice dell'esecuzione, alla amministrazione e alla gestione dell'immobile pignorato ed esercita le azioni previste dalla legge e occorrenti per conseguirne la disponibilità.

Il debitore deve consentire, in accordo con il custode, che l'immobile sia visitato da potenziali acquirenti, secondo le modalità stabilite con ordinanza del giudice dell'esecuzione.

Il giudice dell'esecuzione, con provvedimento opponibile ai sensi dell'articolo 617, ordina la liberazione dell'immobile non abitato dall'esecutato e dal suo nucleo familiare oppure occupato da un soggetto privo di titolo opponibile alla procedura non oltre la pronuncia dell'ordinanza con cui è autorizzata la vendita o sono delegate le relative operazioni. Salvo quanto previsto dal nono comma, il giudice dell'esecuzione ordina la liberazione dell'immobile occupato dal debitore e dal suo nucleo familiare con provvedimento emesso contestualmente al decreto di trasferimento.

Il giudice dell'esecuzione, sentite le parti ed il custode, ordina la liberazione dell'immobile pignorato quando è ostacolato il diritto di visita di potenziali acquirenti o comunque impedito lo svolgimento delle attività degli ausiliari del giudice, quando l'immobile non è adeguatamente tutelato o mantenuto in uno stato di buona conservazione, quando l'esecutato viola gli altri obblighi che la legge pone a suo carico.

L'ordine di liberazione è attuato dal custode secondo le disposizioni del giudice dell'esecuzione, senza l'osservanza delle formalità di cui agli articoli 605 e seguenti, anche successivamente alla pronuncia del decreto di trasferimento, nell'interesse e senza spese a carico dell'aggiudicatario o dell'assegnatario, salvo espresso esonero del custode ad opera di questi ultimi. Per l'attuazione dell'ordine di liberazione il giudice può autorizzare il custode ad avvalersi della forza pubblica e nominare ausiliari ai sensi dell'articolo 68. Quando nell'immobile si trovano beni mobili che non debbono essere consegnati, il custode intima al soggetto tenuto al rilascio di asportarli, assegnandogli un termine non inferiore a trenta giorni, salvi i casi di urgenza.

Dell'intimazione si dà atto a verbale ovvero, se il soggetto intimato non è presente, mediante atto notificato a cura del custode. Se l'asporto non è eseguito entro il termine assegnato, i beni mobili sono considerati abbandonati e il custode, salva diversa disposizione del giudice dell'esecuzione, ne cura lo smaltimento o la distruzione

Art. 561. Pignoramento successivo.

Il conservatore dei registri immobiliari, se nel trascrivere un atto di pignoramento trova che sugli stessi beni è stato eseguito un altro pignoramento, ne fa menzione nella nota di trascrizione che restituisce.

L'atto di pignoramento con gli altri documenti indicati nell'articolo 557 è depositato in cancelleria e inserito nel fascicolo formato in base al primo pignoramento, se quello successivo è compiuto anteriormente all'udienza prevista nell'articolo 564. In tal caso l'esecuzione si svolge in unico processo.

Se il pignoramento successivo è compiuto dopo l'udienza di cui sopra, si applica l'articolo 524 ultimo comma.

Art. 562. Inefficacia del pignoramento e cancellazione della trascrizione. Se il pignoramento diviene inefficace per il decorso del termine previsto nell'articolo 497, il giudice dell'esecuzione con l'ordinanza di cui all'articolo 630 dispone che sia cancellata la trascrizione.

Il conservatore dei registri immobiliari provvede alla cancellazione su presentazione dell'ordinanza.

SEZIONE II – Dell'intervento dei creditori
Art. 563. Condizioni e tempo dell'intervento.

Art. 564. Facoltà dei creditori intervenuti.

I creditori intervenuti non oltre la prima udienza fissata per l'autorizzazione della vendita partecipano all'espropriazione dell'immobile pignorato e, se muniti di titolo esecutivo, possono provocarne i singoli atti.

Art. 565. Intervento tardivo.

I creditori chirografari che intervengono oltre l'udienza indicata nell'articolo 564, ma prima di quella prevista nell'articolo 596, concorrono alla distribuzione di quella parte della somma ricavata che sopravanza dopo soddisfatti i diritti del creditore pignorante e di quelli intervenuti in precedenza e a norma dell'articolo seguente.

Art. 566. Intervento dei creditori iscritti e privilegiati.

I creditori iscritti e i privilegiati che intervengono oltre l'udienza indicata nell'articolo 564, ma prima di quella prevista nell'articolo 596, concorrono alla distribuzione della somma ricavata in ragione dei loro diritti di prelazione, e, quando sono muniti di titolo esecutivo, possono provocare atti dell'espropriazione.

SEZIONE III – Della vendita e della assegnazione
§ 1: Disposizioni generali.
Art. 567. Istanza di vendita.

Decorso il termine di cui all'articolo 501, il creditore pignorante e ognuno dei creditori intervenuti muniti di titolo esecutivo possono chiedere la vendita dell'immobile pignorato.

Il creditore che richiede la vendita deve provvedere a depositare, entro il termine previsto dall'articolo 497, l'estratto del catasto, nonché i certificati delle iscrizioni e trascrizioni relative all'immobile pignorato effettuate nei venti anni anteriori alla trascrizione del pignoramento; tale documentazione può essere sostituita da un certificato notarile attestante le risultanze delle visure catastali e dei registri immobiliari.

Il termine di cui al secondo comma può essere prorogato una sola volta su istanza dei creditori o dell'esecutato, per giusti motivi e per una durata non superiore ad ulteriori quarantacinque giorni. Un termine di quarantacinque giorni è inoltre assegnato al creditore dal giudice, quando lo stesso ritiene che la documentazione da questi depositata debba essere completata. Se la proroga non è richiesta o non è concessa, oppure se la documentazione non è integrata nel termine assegnato ai sensi di quanto previsto nel periodo precedente, il giudice dell'esecuzione, anche d'ufficio, dichiara l'inefficacia del pignoramento relativamente all'immobile per il quale non è stata depositata la prescritta documentazione. L'inefficacia è dichiarata con ordinanza, sentite le parti. Il giudice, con l'ordinanza, dispone la cancellazione della trascrizione del pignoramento. Si applica l'articolo 562, secondo comma. Il giudice dichiara altresì l'estinzione del processo esecutivo se non vi sono altri beni pignorati.

Art. 568. Determinazione del valore dell'immobile.

Agli effetti dell'espropriazione il valore dell'immobile è determinato dal giudice avuto riguardo al valore di mercato sulla base degli elementi forniti dalle parti e dall'esperto nominato ai sensi dell'articolo 569, primo comma. Nella determinazione del valore di mercato l'esperto procede al calcolo della superficie dell'immobile, specificando quella commerciale, del valore per metro quadro e del valore complessivo, esponendo analiticamente gli adeguamenti e le correzioni della stima, ivi compresa la riduzione del valore di mercato praticata per l'assenza della garanzia per vizi del bene venduto, e precisando tali adeguamenti in maniera distinta per gli oneri di regolarizzazione urbanistica, lo stato d'uso e di manutenzione, lo stato di possesso, i vincoli e gli oneri giuridici non eliminabili nel corso del procedimento esecutivo, nonché per le eventuali spese condominiali insolute.

Art. 568-bis. Vendita diretta

Il debitore, con istanza depositata non oltre dieci giorni prima della udienza prevista dall'articolo 569, primo comma, può chiedere al giudice dell'esecuzione di disporre la vendita diretta dell'immobile pignorato o di uno degli immobili pignorati per un prezzo non inferiore al valore indicato nella relazione di stima di cui all'articolo 173-bis, terzo comma, delle disposizioni d'attuazione del presente codice.

A pena di inammissibilità, unitamente all'istanza di cui al primo comma deve essere depositata in cancelleria l'offerta di acquisto, nonché una cauzione non inferiore al decimo del prezzo offerto. L'istanza e l'offerta sono notificate a cura dell'offerente o del debitore almeno cinque giorni prima dell'udienza prevista dall'articolo 569 al creditore procedente, ai creditori di cui all'articolo 498 e a quelli intervenuti prima del deposito dell'offerta medesima.

L'offerta è irrevocabile, salvo che siano decorsi centoventi giorni dalla data del provvedimento di cui al secondo comma dell'articolo 569-bis ed essa non sia stata accolta.

A pena di inammissibilità, l'istanza di cui al primo comma non può essere formulata più di una volta.

Art. 569. Provvedimento per l'autorizzazione della vendita. A seguito dell'istanza di cui all'articolo 567 il giudice dell'esecuzione, entro quindici giorni dal deposito della documentazione di cui al secondo comma dell'articolo 567, nomina l'esperto che presta giuramento in cancelleria mediante sottoscrizione del verbale di

accettazione e fissa l'udienza per la comparizione delle parti e dei creditori di cui all'articolo 498 che non siano intervenuti. Tra la data del provvedimento e la data fissata per l'udienza non possono decorrere più di novanta giorni. Salvo quanto disposto dagli articoli 565 e 566, non oltre trenta giorni prima dell'udienza, il creditore pignorante e i creditori già intervenuti ai sensi dell'articolo 499 depositano un atto, sottoscritto personalmente dal creditore e previamente notificato al debitore esecutato, nel quale è indicato l'ammontare del residuo credito per cui si procede, comprensivo degli interessi maturati, del criterio di calcolo di quelli in corso di maturazione e delle spese sostenute fino all'udienza. In difetto, agli effetti della liquidazione della somma di cui al primo comma dell'articolo 495, il credito resta definitivamente fissato nell'importo indicato nell'atto di precetto o di intervento, maggiorato dei soli interessi al tasso legale e delle spese successive .

All'udienza le parti possono fare osservazioni circa il tempo e le modalità della vendita, e debbono proporre, a pena di decadenza, le opposizioni agli atti esecutivi, se non sono già decadute dal diritto di proporle. Nel caso in cui il giudice disponga con ordinanza la vendita forzata, fissa un termine non inferiore a novanta giorni, e non superiore a centoventi, entro il quale possono essere proposte offerte d'acquisto ai sensi dell'articolo 571. Il giudice con la medesima ordinanza stabilisce le modalità con cui deve essere prestata la cauzione, se la vendita è fatta in uno o più lotti, il prezzo base determinato a norma dell'articolo 568, l'offerta minima, il termine, non superiore a centoventi giorni dall'aggiudicazione, entro il quale il prezzo dev'essere depositato, con le modalità del deposito e fissa, al giorno successivo alla scadenza del termine, l'udienza per la deliberazione sull'offerta e per la gara tra gli offerenti di cui all'articolo 573. Quando ricorrono giustificati motivi, il giudice dell'esecuzione può disporre che il versamento del prezzo abbia luogo ratealmente ed entro un termine non superiore a dodici mesi. Il giudice provvede ai sensi dell'articolo 576 solo quando ritiene probabile che la vendita con tale modalità possa aver luogo ad un prezzo superiore della metà rispetto al valore del bene, determinato a norma dell'articolo 568 .

Con la stessa ordinanza, il giudice stabilisce, salvo che sia pregiudizievole per gli interessi dei creditori o per il sollecito svolgimento della procedura, che il versamento della cauzione, la presentazione delle offerte, lo svolgimento della gara tra gli offerenti e, nei casi previsti, l'incanto, nonché il pagamento del prezzo, siano effettuati con modalità telematiche, nel rispetto della normativa regolamentare di cui all'articolo 161-ter delle disposizioni per l'attuazione del presente codice .

Se vi sono opposizioni il tribunale le decide con sentenza e quindi il giudice dell'esecuzione dispone la vendita con ordinanza.

Con la medesima ordinanza il giudice fissa il termine entro il quale essa deve essere notificata, a cura del creditore che ha chiesto la vendita o di un altro autorizzato, ai creditori di cui all'articolo 498 che non sono comparsi.

Art. 569-bis. Modalità della vendita diretta

Nel caso di deposito dell'istanza ai sensi dell'articolo 568-bis, il giudice dell'esecuzione, all'udienza di cui all'articolo 569, se il prezzo base determinato ai sensi dell'articolo 568 non è maggiore del prezzo offerto, valutata l'ammissibilità della medesima, provvede ai sensi del quarto e quinto comma.

Se il prezzo base determinato ai sensi dell'articolo 568 è maggiore del prezzo offerto, il giudice fissa un termine di dieci giorni per integrare l'offerta e la cauzione, adeguandole al prezzo base. Se l'offerta e la cauzione sono integrate entro tale termine, il giudice entro i successivi cinque giorni, valutata l'ammissibilità dell'offerta, provvede ai sensi del quarto e quinto comma.

Se l'offerta e la cauzione non sono integrate, il giudice dell'esecuzione, entro cinque giorni, dichiara inammissibile l'offerta e dispone la vendita nei modi e nei termini di cui al terzo comma dell'articolo 569. Nello stesso modo dispone nei casi in cui dichiara con decreto inammissibile l'istanza ai sensi dell'articolo 568-bis.

Il giudice dell'esecuzione, quando dichiara ammissibile l'offerta di cui all'articolo 568-bis, in assenza di opposizione dei creditori titolati e di quelli intervenuti di cui all'articolo 498 da proporsi in ogni caso entro l'udienza di cui all'articolo 569, aggiudica l'immobile all'offerente. Si applicano il sesto, settimo, ottavo, nono e decimo comma.

Se un creditore titolato o uno di quelli intervenuti di cui dall'articolo 498 si oppone all'aggiudicazione a norma del quarto comma, il giudice con ordinanza:

1) fissa un termine non superiore a quarantacinque giorni per l'effettuazione della pubblicità, ai sensi dell'articolo 490, dell'offerta pervenuta e della vendita;

2) fissa il termine di novanta giorni per la formulazione di ulteriori offerte di acquisto ad un prezzo non inferiore a quello dell'offerta già presentata, garantite da cauzione in misura non inferiore a un decimo del prezzo proposto;

3) convoca il debitore, i comproprietari, il creditore procedente, i creditori intervenuti, i creditori iscritti e gli offerenti a un'udienza che fissa entro quindici giorni dalla scadenza del termine di cui al numero 2) per la deliberazione sull'offerta e, in caso di pluralità di offerte, per la gara tra gli offerenti;

4) prevede, salvo che sia pregiudizievole per gli interessi dei creditori o per il sollecito svolgimento della procedura, che il versamento della cauzione, la presentazione delle offerte, lo svolgimento della gara tra gli offerenti nonché il pagamento del prezzo siano effettuati con modalità telematiche, nel rispetto della normativa regolamentare di cui all'articolo 161-ter delle disposizioni per l'attuazione del presente codice.

Il giudice dell'esecuzione, con il provvedimento con il quale aggiudica l'immobile al migliore offerente, stabilisce le modalità di pagamento del prezzo da versare entro novanta giorni, a pena di decadenza, ai sensi e per gli effetti dell'articolo 587.

Si applica l'articolo 585.

Se il prezzo non è depositato nel termine di cui al sesto comma, o in ogni altra ipotesi in cui il bene immobile non è aggiudicato, il giudice dell'esecuzione con decreto dispone la vendita nei modi e nei termini già fissati ai sensi dell'articolo 569, terzo comma.

Avvenuto il versamento del prezzo, il giudice dell'esecuzione pronuncia il decreto con il quale trasferisce il bene all'aggiudicatario.

Su istanza dell'aggiudicatario, il giudice autorizza il trasferimento dell'immobile mediante atto negoziale e ordina, contestualmente alla trascrizione di quest'ultimo, la cancellazione delle trascrizioni dei pignoramenti e delle iscrizioni ipotecarie ai sensi dell'articolo 586. Il notaio stipulante trasmette copia dell'atto al cancelliere o al professionista delegato, che provvedono al deposito nel fascicolo della procedura.

§ 2: Vendita senza incanto.

Art. 570. Avviso della vendita.

Dell'ordine di vendita è dato dal cancelliere, a norma dell'articolo 490, pubblico avviso contenente l'indicazione degli estremi previsti nell'articolo 555, del valore dell'immobile determinato a norma dell'articolo 568, del sito Internet sul quale è pubblicata la relativa relazione di stima, del nome e del recapito telefonico del custode nominato in sostituzione del debitore, con l'avvertimento che maggiori informazioni, anche relative alle generalità del debitore, possono essere fornite dalla cancelleria del tribunale a chiunque vi abbia interesse .

L'avviso è redatto in conformità a modelli predisposti dal giudice dell'esecuzione .

Art. 571. Offerte d'acquisto.

Ognuno, tranne il debitore, è ammesso a offrire per l'acquisto dell'immobile pignorato personalmente o a mezzo di procuratore legale anche a norma dell'articolo 579, ultimo comma. L'offerente deve presentare nella cancelleria dichiarazione contenente l'indicazione del prezzo, del tempo e modo del pagamento e ogni altro elemento utile alla valutazione dell'offerta. L'offerta non è efficace se perviene oltre il termine stabilito ai sensi dell'articolo 569, terzo comma, se è inferiore di oltre un quarto al prezzo stabilito nell'ordinanza o se l'offerente non presta cauzione, con le modalità stabilite nell'ordinanza di vendita, in misura non inferiore al decimo del prezzo da lui proposto.

L'offerta è irrevocabile, salvo che:

2) il giudice ordini l'incanto;

3) siano decorsi centoventi giorni dalla sua presentazione ed essa non sia stata accolta.

L'offerta deve essere depositata in busta chiusa all'esterno della quale sono annotati, a cura del cancelliere ricevente, il nome, previa identificazione, di chi materialmente provvede al deposito, il nome del giudice dell'esecuzione o del professionista delegato ai sensi dell'articolo 591-bis e la data dell'udienza fissata per l'esame delle offerte. Se è stabilito che la cauzione è da versare mediante assegno circolare, lo stesso deve essere inserito nella busta. Le buste sono aperte all'udienza fissata per l'esame delle offerte alla presenza degli offerenti.

Art. 572. Deliberazione sull'offerta.

Sull'offerta il giudice dell'esecuzione sente le parti e i creditori iscritti non intervenuti.

Se l'offerta è pari o superiore al valore dell'immobile stabilito nell'ordinanza di vendita, la stessa è senz'altro accolta.

Se il prezzo offerto è inferiore rispetto al prezzo stabilito nell'ordinanza di vendita in misura non superiore ad un quarto, il giudice può far luogo alla vendita quando ritiene che non vi sia seria possibilità di conseguire un prezzo superiore con una nuova vendita e non sono state presentate istanze di

assegnazione ai sensi dell'articolo 588.

Si applicano le disposizioni degli articoli 573, 574 e 577.

Art. 573. Gara tra gli offerenti.

Se vi sono più offerte, il giudice dell'esecuzione invita in ogni caso gli offerenti a una gara sull'offerta più alta.

Se sono state presentate istanze di assegnazione a norma dell'articolo 588 e il prezzo indicato nella migliore offerta o nell'offerta presentata per prima è inferiore al valore dell'immobile stabilito nell'ordinanza di vendita, il giudice non fa luogo alla vendita e procede all'assegnazione.

Ai fini dell'individuazione della migliore offerta, il giudice tiene conto dell'entità del prezzo, delle cauzioni prestate, delle forme, dei modi e dei tempi del pagamento nonché di ogni altro elemento utile indicato nell'offerta stessa.

Se il prezzo offerto all'esito della gara di cui al primo comma è inferiore al valore dell'immobile stabilito nell'ordinanza di vendita, il giudice non fa luogo alla vendita quando sono state presentate istanze di assegnazione ai sensi dell'articolo 588.

Art. 574. Provvedimenti relativi alla vendita.

Il giudice dell'esecuzione , quando fa luogo alla vendita, dispone con decreto il modo del versamento del prezzo e il termine, dalla comunicazione del decreto, entro il quale il versamento deve farsi, e, quando questo è avvenuto, pronuncia il decreto previsto nell'articolo 586. Quando l'ordinanza che ha disposto la vendita ha previsto che il versamento del prezzo abbia luogo ratealmente, col decreto di cui al primo periodo il giudice dell'esecuzione può autorizzare l'aggiudicatario, che ne faccia richiesta, ad immettersi nel possesso dell'immobile venduto, a condizione che sia prestata una fideiussione, autonoma, irrevocabile e a prima richiesta, rilasciata da banche, società assicuratrici o intermediari finanziari che svolgono in via esclusiva o prevalente attività di rilascio di garanzie e che sono sottoposti a revisione contabile da parte di una società di revisione per un importo pari ad almeno il trenta per cento del prezzo di vendita. Il giudice dell'esecuzione individua la categoria professionale alla quale deve appartenere il soggetto che può rilasciare la fideiussione a norma del periodo precedente. La fideiussione è rilasciata a favore della procedura esecutiva a garanzia del rilascio dell'immobile entro trenta giorni dall'adozione del provvedimento di cui all'articolo 587, primo comma, secondo periodo, nonché del risarcimento dei danni eventualmente arrecati all'immobile; la fideiussione è escussa dal custode o dal professionista delegato su autorizzazione del giudice. Si applica anche a questa forma di vendita la disposizione dell'articolo 583. Se il prezzo non è depositato a norma del decreto di cui al primo comma, il giudice provvede a norma dell'articolo 587.

Art. 575. Termine delle offerte senza incanto.

§ 3: Vendita con incanto

Art. 576. Contenuto del provvedimento che dispone la vendita.
Il giudice dell'esecuzione, quando ordina l'incanto, stabilisce, sentito quando occorre un esperto:

1) se la vendita si deve fare in uno o più lotti;

2) il prezzo base dell'incanto determinato a norma dell'articolo 568;

3) il giorno e l'ora dell'incanto;

4) il termine che deve decorrere tra il compimento delle forme di pubblicità e l'incanto, nonché le eventuali

forme di pubblicità straordinaria a norma dell'articolo 490 ultimo comma;

5) l'ammontare della cauzione in misura non superiore al decimo del prezzo base d'asta e il termine entro il quale tale ammontare deve essere prestato dagli offerenti;

6) la misura minima dell'aumento da apportarsi alle offerte; 7) il termine, non superiore a sessanta giorni dall'aggiudicazione, entro il quale il prezzo deve essere depositato e le modalità del deposito.

L'ordinanza è pubblicata a cura del cancelliere.

Art. 577. Indivisibilità dei fondi.

La divisione in lotti non può essere disposta se l'immobile costituisce un'unità colturale o se il frazionamento ne potrebbe impedire la razionale coltivazione.

Art. 578. Delega a compiere la vendita.

Se una parte dei beni pignorati è situata nella circoscrizione di altro tribunale, con l'ordinanza che dispone la vendita il giudice dell'esecuzione può stabilire che l'incanto avvenga, per quella parte, davanti al tribunale del luogo in cui è situata.

In tal caso, copia dell'ordinanza è trasmessa dal cancelliere al presidente del tribunale delegato, il quale nomina un giudice per l'esecuzione della vendita.

Art. 579. Persone ammesse agli incanti.

Salvo quanto è disposto nell'articolo seguente, ognuno, eccetto il debitore, è ammesso a fare offerte all'incanto.

Le offerte debbono essere fatte personalmente o a mezzo di mandatario munito di procura speciale.

I procuratori legali possono fare offerte per persone da nominare.

Art. 580. Prestazione della cauzione.

Per offrire all'incanto è necessario avere prestato la cauzione a norma dell'ordinanza di cui all'articolo 576.

Se l'offerente non diviene aggiudicatario, la cauzione è immediatamente restituita dopo la chiusura dell'incanto, salvo che lo stesso non abbia omesso di partecipare al medesimo, personalmente o a mezzo di procuratore speciale, senza documentato e giustificato motivo. In tale caso la cauzione è restituita solo nella misura dei nove decimi dell'intero e la restante parte è trattenuta come somma rinveniente a tutti gli effetti dall'esecuzione.

Art. 581. Modalità dell'incanto.

L'incanto ha luogo davanti al giudice dell'esecuzione, nella sala delle udienze pubbliche.

Le offerte non sono efficaci se non superano il prezzo base o l'offerta precedente nella misura indicata nelle condizioni di vendita.

Allorché siano trascorsi tre minuti dall'ultima offerta senza che ne segua un'altra maggiore, l'immobile è aggiudicato all'ultimo offerente. Ogni offerente cessa di essere tenuto per la sua offerta quando essa è superata da un'altra, anche se poi questa è dichiarata nulla.

Art. 582. Dichiarazione di residenza o elezione di domicilio dell'aggiudicatario.

L'aggiudicatario deve dichiarare la propria residenza o eleggere domicilio nel comune in cui ha sede il giudice che ha proceduto alla vendita. In mancanza le notificazioni e comunicazioni possono essergli fatte presso la cancelleria del giudice stesso.

Art. 583. Aggiudicazione per persona da nominare.

Il procuratore legale, che è rimasto aggiudicatario per persona da nominare, deve dichiarare in cancelleria nei tre giorni dall'incanto il nome della persona per la quale ha fatto l'offerta, depositando il mandato. In mancanza, l'aggiudicazione diviene definitiva al nome del procuratore.

Art. 584. Offerte dopo l'incanto.

Avvenuto l'incanto, possono ancora essere fatte offerte di acquisto entro il termine perentorio di dieci giorni, ma esse non sono efficaci se il prezzo offerto non supera di un quinto quello raggiunto nell'incanto.

Le offerte di cui al primo comma si fanno mediante deposito in cancelleria nelle forme di cui all'articolo 571, prestando cauzione per una somma pari al doppio della cauzione versata ai sensi dell'articolo 580.

Il giudice, verificata la regolarità delle offerte, indice la gara, della quale il cancelliere dà pubblico avviso a norma dell'articolo 570 e comunicazione all'aggiudicatario, fissando il termine perentorio entro il quale possono essere fatte ulteriori offerte a norma del secondo comma. Alla gara possono partecipare, oltre gli offerenti in aumento di cui ai commi precedenti e l'aggiudicatario, anche gli offerenti al precedente incanto che, entro il termine fissato dal giudice, abbiano integrato la cauzione nella misura di cui al secondo comma.

Se nessuno degli offerenti in aumento partecipa alla gara indetta a norma del terzo comma, l'aggiudicazione diventa definitiva, ed il giudice pronuncia a carico degli offerenti di cui al primo comma, salvo che ricorra un documentato e giustificato motivo, la perdita della cauzione, il cui importo è trattenuto come rinveniente a tutti gli effetti dall'esecuzione.

Art. 585. Versamento del prezzo.

L'aggiudicatario deve versare il prezzo nel termine e nel modo fissati dall'ordinanza che dispone la vendita a norma dell'articolo 576, e consegnare al cancelliere il documento comprovante l'avvenuto versamento.

Se l'immobile è stato aggiudicato a un creditore ipotecario o l'aggiudicatario è stato autorizzato ad assumersi un debito garantito da ipoteca, il giudice dell'esecuzione può limitare, con suo decreto, il versamento alla parte del prezzo occorrente per le spese e per la soddisfazione degli altri creditori che potranno risultare capienti.

Se il versamento del prezzo avviene con l'erogazione a seguito di contratto di finanziamento che preveda il versamento diretto delle somme erogate in favore della procedura e la garanzia ipotecaria di primo grado sul medesimo immobile oggetto di vendita, nel decreto di trasferimento deve essere indicato tale atto ed il conservatore dei registri immobiliari non può eseguire la trascrizione del decreto se non unitamente all'iscrizione dell'ipoteca concessa dalla parte finanziata .

Nel termine fissato per il versamento del prezzo, l'aggiudicatario, con dichiarazione scritta resa nella consapevolezza della responsabilità civile e penale prevista per le dichiarazioni false o mendaci, fornisce al giudice dell'esecuzione o al professionista delegato le informazioni prescritte dall'articolo 22 del decreto legislativo 21 novembre 2007, n. 231 .

Art. 586. Trasferimento del bene espropriato

Avvenuto il versamento del prezzo e verificato l'assolvimento dell'obbligo posto a carico dell'aggiudicatario dall'articolo 585, quarto comma, il giudice dell'esecuzione può sospendere la vendita quando ritiene che il prezzo offerto sia notevolmente inferiore a quello giusto, ovvero pronunciare decreto col quale trasferisce all'aggiudicatario il bene espropriato, ripetendo la descrizione contenuta nell'ordinanza che dispone la vendita e ordinando che si cancellino le trascrizioni dei pignoramenti e le iscrizioni ipotecarie, se queste ultime non si riferiscono ad obbligazioni assuntesi dall'aggiudicatario a norma dell'articolo 508. Il giudice con il decreto ordina anche la cancellazione delle trascrizioni dei pignoramenti e delle iscrizioni ipotecarie successive alla trascrizione del pignoramento .

Il decreto contiene altresì l'ingiunzione al debitore o al custode di rilasciare l'immobile venduto.

Esso costituisce titolo per la trascrizione della vendita sui libri fondiari e titolo esecutivo per il rilascio.

Art. 587. Inadempienza dell'aggiudicatario.

Se il prezzo non è depositato nel termine stabilito, il giudice dell'esecuzione con decreto dichiara la decadenza dell'aggiudicatario, pronuncia la perdita della cauzione a titolo di multa e quindi dispone un nuovo incanto. La disposizione di cui al periodo precedente si applica altresì

nei confronti dell'aggiudicatario che non ha versato anche una sola rata entro dieci giorni dalla scadenza del termine; il giudice dell'esecuzione dispone la perdita a titolo di multa anche delle rate già versate. Con il decreto adottato a norma del periodo precedente, il giudice ordina altresì all'aggiudicatario che sia stato immesso nel possesso di rilasciare l'immobile al custode; il decreto è attuato dal custode a norma dell'articolo 560, quarto comma. Per il nuovo incanto si procede a norma degli articoli 576 e seguenti. Se il prezzo che se ne ricava, unito alla cauzione confiscata, risulta inferiore a quello dell'incanto precedente, l'aggiudicatario inadempiente è tenuto al pagamento della differenza.

Art. 588. Termine per l'istanza di assegnazione.

Ogni creditore, nel termine di dieci giorni prima della data dell'udienza fissata per la vendita, può presentare istanza di assegnazione, per sé o a favore di un terzo, a norma dell'articolo 589 per il caso in cui la vendita non abbia luogo.

Art. 589. Istanza di assegnazione.

L'istanza di assegnazione deve contenere l'offerta di pagamento di una somma non inferiore a quella prevista nell'articolo 506 ed al prezzo base stabilito per l'esperimento di vendita per cui è presentata.

Fermo quanto previsto al primo comma, se nella procedura non risulta che vi sia alcuno dei creditori di cui all'articolo 498 e se non sono intervenuti altri creditori oltre al procedente, questi può presentare offerta di pagamento di una somma pari alla differenza fra il suo credito in linea capitale e il prezzo che intende offrire, oltre le spese.

Art. 590. Provvedimento di assegnazione.

Se la vendita non ha luogo per mancanza di offerte e vi sono domande di assegnazione, il giudice provvede su di esse fissando il termine entro il quale l'assegnatario deve versare l'eventuale conguaglio.

Avvenuto il versamento, il giudice pronuncia il decreto di trasferimento a norma dell'articolo 586.

Art. 590-bis. Assegnazione a favore di un terzo

Il creditore che è rimasto assegnatario a favore di un terzo deve dichiarare in cancelleria, nei cinque giorni dalla pronuncia in udienza del provvedimento di assegnazione ovvero dalla comunicazione, il nome del terzo a favore del quale deve essere trasferito l'immobile, depositando la dichiarazione del terzo di volerne profittare. In mancanza, il trasferimento è fatto a favore del creditore. In ogni caso, gli obblighi derivanti dalla presentazione dell'istanza di assegnazione a norma del presente articolo sono esclusivamente a carico del creditore.

Art. 591. Provvedimento di amministrazione giudiziaria o di incanto Se non vi sono domande di assegnazione o se decide di non accoglierle, il giudice dell'esecuzione dispone l'amministrazione giudiziaria a norma degli articoli 592 e seguenti, oppure pronuncia nuova ordinanza ai sensi dell'articolo 576 perché si proceda a incanto, sempre che ritenga che la vendita con tale modalità possa aver luogo ad un prezzo superiore della metà rispetto al valore del bene, determinato a norma dell'articolo 568.

Il giudice può altresì stabilire diverse condizioni di vendita e diverse forme di pubblicità, fissando un prezzo base inferiore al precedente fino al limite di un quarto e, dopo il quarto tentativo di vendita andato deserto, fino al limite della metà. Il giudice, se stabilisce nuove condizioni di vendita o fissa un nuovo prezzo, assegna altresì un nuovo termine non inferiore a sessanta giorni, e non superiore a novanta, entro il quale possono essere proposte offerte d'acquisto ai sensi dell'articolo 571.

Se al secondo tentativo la vendita non ha luogo per mancanza di offerte e vi sono domande di assegnazione, il giudice assegna il bene al creditore o ai creditori richiedenti, fissando il termine entro il quale l'assegnatario deve versare l'eventuale conguaglio. Si applica il secondo comma dell'articolo 590.

§ 3-bis: Delega delle operazioni di vendita.
Art. 591-bis. Delega delle operazioni di vendita.
Il giudice dell'esecuzione, salvo quanto previsto dal secondo comma, con l'ordinanza con la quale provvede sull'istanza di vendita ai sensi dell'articolo 569, terzo comma, delega ad un notaio avente preferibilmente sede nel circondario o a un avvocato ovvero a un commercialista, iscritti nei relativi elenchi di cui all'articolo 179-ter delle disposizioni di attuazione del presente codice, il compimento delle operazioni di vendita secondo le modalità indicate al terzo comma del medesimo articolo 569. Con la medesima ordinanza il giudice fissa il termine finale per il completamento delle operazioni delegate; dispone lo svolgimento, entro il termine di un anno dall'emissione dell'ordinanza, di un numero di esperimenti di vendita non inferiore a tre, secondo i criteri stabiliti dall'articolo 591, secondo comma; stabilisce le modalità di effettuazione della pubblicità, il luogo di presentazione delle offerte d'acquisto e il luogo ove si procede all'esame delle stesse, alla gara tra gli offerenti ed alle operazioni dell'eventuale incanto. Si applica l'articolo 569, quarto comma.

Il giudice non dispone la delega ove, sentiti i creditori, ravvisi l'esigenza di procedere direttamente alle operazioni di vendita a tutela degli interessi delle parti.

Il professionista delegato provvede:

1) alla determinazione del valore dell'immobile a norma dell'articolo 568, primo comma, tenendo anche conto della relazione redatta dall'esperto nominato dal giudice ai sensi dell'articolo 569, primo comma, e delle eventuali note depositate dalle parti ai sensi dell'articolo 173-bis, quarto comma, delle disposizioni di attuazione del presente codice;

2) agli adempimenti previsti dall'articolo 570 e, ove occorrenti, dall'articolo 576, secondo comma;

3) alla deliberazione sull'offerta a norma dell'articolo 572 e agli ulteriori adempimenti di cui agli articoli 573 e 574;

4) alle operazioni dell'incanto e all'aggiudicazione dell'immobile a norma dell'articolo 581;

5) a ricevere o autenticare la dichiarazione di nomina di cui all'articolo 583;

6) sulle offerte dopo l'incanto a norma dell'articolo 584 e sul versamento del prezzo nella ipotesi di cui all'articolo 585, secondo comma; 7) sulla istanza di assegnazione di cui agli articoli 590 e 591, terzo comma; 8) alla fissazione del nuovo esperimento di vendita e del termine per la presentazione di nuove offerte d'acquisto ai sensi dell'articolo 591; 9) alla fissazione dell'ulteriore esperimento di vendita nel caso previsto dall'articolo 587;

10) ad autorizzare l'assunzione dei debiti da parte dell'aggiudicatario o dell'assegnatario a norma dell'articolo 508;

11) alla esecuzione delle formalità di registrazione, trascrizione e voltura catastale del decreto di trasferimento, alla comunicazione dello stesso a pubbliche amministrazioni negli stessi casi previsti per le comunicazioni di atti volontari di trasferimento nonché all'espletamento delle formalità di cancellazione delle trascrizioni dei pignoramenti e delle iscrizioni ipotecarie conseguenti al decreto di trasferimento pronunciato dal giudice dell'esecuzione ai sensi dell'articolo 586;

12) alla formazione del progetto di distribuzione ed alla sua trasmissione al giudice dell'esecuzione, nei modi e termini stabiliti dall'articolo 596;

13) ad ordinare alla banca o all'ufficio postale la restituzione delle cauzioni e di ogni altra somma direttamente versata mediante bonifico o deposito intestato alla procedura dagli offerenti non risultati aggiudicatari. La restituzione ha luogo nelle mani del depositante o mediante bonifico a favore degli stessi conti da cui sono pervenute le somme accreditate.

Nell'avviso di cui all'articolo 570 è specificato che tutte le attività che a norma degli articoli 571 e seguenti devono essere compiute in cancelleria o davanti al giudice dell'esecuzione, o dal cancelliere o dal giudice dell'esecuzione, sono eseguite dal professionista delegato presso il suo studio ovvero nel luogo indicato nell'ordinanza di cui al primo comma. All'avviso si applica l'articolo 173-quater delle disposizioni di attuazione del presente codice.

Il professionista delegato provvede altresì alla redazione del verbale delle operazioni di vendita, che deve contenere le circostanze di luogo e di tempo nelle quali le stesse si svolgono, le generalità delle persone presenti, la descrizione delle attività svolte, la dichiarazione dell'aggiudicazione provvisoria con l'identificazione dell'aggiudicatario.

Il verbale è sottoscritto esclusivamente dal professionista delegato e allo stesso non deve essere allegata la procura speciale di cui all'articolo 579, secondo comma.

Se il prezzo non è stato versato nel termine, il professionista delegato ne dà tempestivo avviso al giudice, trasmettendogli il fascicolo.

Avvenuto il versamento del prezzo con le modalità stabilite ai sensi degli articoli 574, 585 e 590, secondo comma, e verificato l'assolvimento dell'obbligo posto a carico dell'aggiudicatario dall'articolo 585, quarto comma, il professionista delegato predispone il decreto di trasferimento e trasmette senza indugio al giudice dell'esecuzione il fascicolo. Al decreto, se previsto dalla legge, deve essere allegato il certificato di destinazione urbanistica dell'immobile quale risultante dal fascicolo processuale. Il professionista delegato provvede alla trasmissione del fascicolo al giudice dell'esecuzione nel caso in cui non faccia luogo all'assegnazione o ad ulteriori incanti ai sensi dell'articolo 591. Contro il decreto previsto nel presente comma è proponibile l'opposizione di cui all'articolo 617.

Le somme versate dall'aggiudicatario sono depositate presso una banca o su un conto postale indicati dal giudice.

I provvedimenti di cui all'articolo 586 restano riservati al giudice dell'esecuzione in ogni caso di delega al professionista delle operazioni di vendita.

Il giudice dell'esecuzione vigila sul regolare e tempestivo svolgimento delle attività delegate e sull'operato del professionista delegato, al quale può in ogni momento richiedere informazioni sulle operazioni di vendita. Sentito l'interessato, il giudice dell'esecuzione provvede alla sostituzione del delegato qualora non siano rispettati i termini e le direttive per lo svolgimento delle operazioni di vendita, salvo che il professionista delegato dimostri che il mancato rispetto della delega sia dipeso da causa a lui non imputabile.

Quando il giudice dell'esecuzione provvede a norma dell'articolo 569-bi_ quarto comma, al professionista sono delegate la riscossione del prezzo e le operazioni di distribuzione del ricavato, nonché le operazioni indicate ai numeri 10), 11) e 12) del terzo comma. Si applicano, in quanto compatibili, i commi dal settimo all'undicesimo.

Quando il giudice dell'esecuzione provvede a norma dell'articolo 569-bis, quinto comma, al professionista sono delegate le operazioni di cui alla medesima disposizione, nonché la deliberazione sulle offerte e lo svolgimento della gara, la riscossione del prezzo e le operazioni di distribuzione del ricavato. Al professionista sono, altresì, delegate le operazioni indicate ai numeri 2), 5), 10), 11), 12) e 13) del terzo comma. Si applicano, in quanto compatibili, i commi dal quarto all'undicesimo.

Entro trenta giorni dalla notifica dell'ordinanza di vendita il professionista delegato deposita un rapporto riepilogativo iniziale delle attività svolte. A decorrere dal deposito del rapporto riepilogativo iniziale, il professionista deposita, dopo ciascun esperimento di vendita, un rapporto riepilogativo periodico delle attività svolte. Entro dieci giorni dalla comunicazione dell'approvazione del progetto di distribuzione, il professionista delegato deposita un rapporto riepilogativo finale delle attività svolte successivamente al deposito dell'ultimo rapporto riepilogativo periodico. I rapporti riepilogativi sono redatti in conformità a modelli predisposti dal giudice dell'esecuzione e contengono i dati identificativi dell'esperto che ha effettuato la stima.

Art. 591-ter. Ricorso al giudice dell'esecuzione

Quando nel corso delle operazioni di vendita insorgono difficoltà, il professionista delegato può rivolgersi al giudice dell'esecuzione, il quale provvede con decreto.

Avverso gli atti del professionista delegato è ammesso reclamo delle parti e degli interessati, da proporre con ricorso al giudice dell'esecuzione nel termine perentorio di venti giorni dal compimento dell'atto o dalla sua conoscenza. Il ricorso non sospende le operazioni di vendita, salvo che il giudice dell'esecuzione, concorrendo gravi motivi, disponga la sospensione.

Sul reclamo di cui al secondo comma, il giudice dell'esecuzione provvede con ordinanza, avverso la quale è ammessa l'opposizione ai sensi dell'articolo 617.

SEZIONE IV: Dell'amministrazione giudiziaria
Art. 592. Nomina dell'amministratore giudiziario.

L'amministrazione giudiziaria dell'immobile è' disposta per un tempo non superiore a tre anni e affidata a uno o più creditori o a un istituto all'uopo autorizzato, oppure allo stesso debitore se tutti i creditori vi consentono. All'amministratore si applica il disposto degli articoli 65 e seguenti.

Art. 593. Rendiconto.

L'amministratore, nel termine fissato dal giudice dell'esecuzione, e in ogni caso alla fine di ciascun trimestre, deve presentare in cancelleria il conto

della sua gestione e depositare le rendite disponibili nei modi stabiliti dal giudice.

Al termine della gestione l'amministratore deve presentare il rendiconto finale.

I conti parziali e quello finale debbono essere approvati dal giudice. Questi, con ordinanza non impugnabile, risolve le contestazioni che sorgono in merito ad essi, applicando le disposizioni degli articoli 263 e seguenti.

Art. 594. Assegnazione delle rendite.

Durante il corso dell'amministrazione giudiziaria, il giudice dell'esecuzione può disporre che le rendite riscosse siano assegnate ai creditori secondo le norme degli articoli 596 e seguenti.

Art. 595. Cessazione dell'amministrazione giudiziaria.

In ogni momento il creditore pignorante o uno dei creditori intervenuti può chiedere che il giudice dell'esecuzione, sentite le altre parti, proceda a nuovo incanto o all'assegnazione dell'immobile. Durante l'amministrazione giudiziaria ognuno può fare offerta di acquisto a norma degli articoli 571 e seguenti.

L'amministrazione cessa, e deve essere ordinato un nuovo incanto, quando viene a scadere il termine previsto nell'ordinanza di cui all'articolo 592, tranne che il giudice, su richiesta di tutte le parti, non ritenga di poter concedere una o più proroghe che non prolunghino complessivamente l'amministrazione oltre i tre anni.

SEZIONE V – Della distribuzione della somma ricavata
Art. 596. Formazione del progetto di distribuzione.

Se non si può provvedere a norma dell'articolo 510, primo comma, il professionista delegato a norma dell'articolo 591-bis, entro trenta giorni dal versamento del prezzo, provvede, secondo le direttive impartite dal giudice dell'esecuzione, alla formazione di un progetto di distribuzione, anche parziale, contenente la graduazione dei creditori che vi partecipano, e alla sua trasmissione al giudice dell'esecuzione. Il progetto di distribuzione parziale non può superare il novanta per cento delle somme da ripartire.

Entro dieci giorni dal deposito del progetto, il giudice dell'esecuzione esamina il progetto di distribuzione e, apportate le eventuali variazioni, lo deposita nel fascicolo della procedura perché possa essere consultato dai

creditori e dal debitore e ne dispone la comunicazione al professionista delegato. Il professionista delegato fissa innanzi a sé entro trenta giorni l'audizione delle parti per la discussione sul progetto di distribuzione. Tra la comunicazione dell'invito e la data della comparizione innanzi al delegato debbono intercorrere almeno dieci giorni.

Il giudice dell'esecuzione può disporre la distribuzione, anche parziale, delle somme ricavate, in favore di creditori aventi diritto all'accantonamento a norma dell'articolo 510, terzo comma, ovvero di creditori i cui crediti costituiscano oggetto di controversia a norma dell'articolo 512, qualora sia presentata una fideiussione autonoma, irrevocabile e a prima richiesta, rilasciata da uno dei soggetti di cui all'articolo 574, primo comma, secondo periodo, idonea a garantire la restituzione alla procedura delle somme che risultino ripartite in eccesso, anche in forza di provvedimenti provvisoriamente esecutivi sopravvenuti, oltre agli interessi, al tasso applicato dalla Banca centrale europea alle sue più recenti operazioni di rifinanziamento principali, a decorrere dal pagamento e sino all'effettiva restituzione. La fideiussione è escussa dal custode o dal professionista delegato su autorizzazione del giudice. Le disposizioni del presente comma si applicano anche ai creditori che avrebbero diritto alla distribuzione delle somme ricavate nel caso in cui risulti insussistente, in tutto o in parte, il credito del soggetto avente diritto all'accantonamento ovvero oggetto di controversia a norma del primo periodo del presente comma.

Nell'ipotesi di cui all'articolo 591-bis, secondo comma, il giudice dell'esecuzione provvede alla formazione del progetto di distribuzione, al suo deposito in cancelleria e alla fissazione dell'udienza di audizione delle parti nel rispetto del termine di cui al secondo comma.

Art. 597. Mancata comparizione

La mancata comparizione per la discussione sul progetto di distribuzione innanzi al professionista delegato o all'udienza innanzi al giudice dell'esecuzione nell'ipotesi di cui all'articolo 596, quarto comma, importa approvazione del progetto per gli effetti di cui all'articolo 598.

Art. 598. Approvazione del progetto

Se il progetto è approvato o si raggiunge l'accordo tra tutte le parti, se ne dà atto nel processo verbale e il professionista delegato a norma dell'articolo 591-bis o il giudice dell'esecuzione nell'ipotesi di cui all'articolo 596, quarto comma, ordina il pagamento agli aventi diritto delle singole quote entro sette giorni.

Se vengono sollevate contestazioni innanzi al professionista delegato, questi ne dà conto nel processo verbale e rimette gli atti al giudice dell'esecuzione, il quale provvede ai sensi dell'articolo 512.

CAPO V - DELL'ESPROPRIAZIONE DI BENI INDIVISI
Art. 599. Pignoramento.
Possono essere pignorati i beni indivisi anche quando non tutti i comproprietari sono obbligati verso il creditore.

In tal caso del pignoramento è notificato avviso, a cura del creditore pignorante, anche agli altri comproprietari, ai quali è fatto divieto di lasciare separare dal debitore la sua parte delle cose comuni senza ordine di giudice.

Art. 600. Convocazione dei comproprietari.
Il giudice dell'esecuzione, su istanza del creditore pignorante o dei comproprietari e sentiti tutti gli interessati, provvede, quando è possibile, alla separazione della quota in natura spettante al debitore.

Se la separazione in natura non è chiesta o non è possibile, il giudice dispone che si proceda alla divisione a norma del codice civile, salvo che ritenga probabile la vendita della quota indivisa ad un prezzo pari o superiore al valore della stessa, determinato a norma dell'articolo 568.

Art. 601. Divisione.
Se si deve procedere alla divisione, l'esecuzione è sospesa finché sulla divisione stessa non sia intervenuto un accordo fra le parti o pronunciata una sentenza avente i requisiti di cui all'articolo 627.

Avvenuta la divisione, la vendita o l'assegnazione dei beni attribuiti al debitore ha luogo secondo le norme contenute nei capi precedenti.

CAPO VI - DELL'ESPROPRIAZIONE CONTRO IL TERZO PROPRIETARIO
Art. 602. Modo dell'espropriazione.
Quando oggetto dell'espropriazione è un bene gravato da pegno o da ipoteca per un debito altrui, oppure un bene la cui alienazione da parte del debitore è stata revocata per frode, si applicano le disposizioni contenute nei capi precedenti, in quanto non siano modificate dagli articoli che seguono.

Art. 603. Notificazione del titolo esecutivo e del precetto.
Il titolo esecutivo e il precetto debbono essere notificati anche al terzo. Nel precetto deve essere fatta espressa menzione del bene del terzo che si intende espropriare.

Art. 604. Disposizioni particolari.
Il pignoramento e in generale gli atti d'espropriazione si compiono nei confronti del terzo, al quale si applicano tutte le disposizioni relative al debitore, tranne il divieto di cui all'articolo 579 primo comma.

Ogni volta che a norma dei capi precedenti deve essere sentito il debitore, è sentito anche il terzo.

TITOLO III - DELL'ESECUZIONE PER CONSEGNA O RILASCIO
Art. 605. Precetto per consegna o rilascio.
Il precetto per consegna di beni mobili o rilascio di beni immobili deve contenere, oltre le indicazioni di cui all'articolo 480, anche la descrizione sommaria dei beni stessi.

Se il titolo esecutivo dispone circa il termine della consegna o del rilascio, l'intimazione va fatta con riferimento a tale termine.

Art. 606. Modo della consegna.
Decorso il termine indicato nel precetto, l'ufficiale giudiziario, munito del titolo esecutivo e del precetto, si reca sul luogo in cui le cose si trovano e le ricerca a norma dell'articolo 513; quindi ne fa consegna alla parte istante o a persona da lei designata.

Art. 607. Cose pignorate.
Se le cose da consegnare sono pignorate, la consegna non può avere luogo, e la parte istante deve fare valere le sue ragioni mediante opposizione a norma degli articoli 619 e seguenti.

Art. 608. Modo del rilascio.
L'esecuzione inizia con la notifica dell'avviso con il quale l'ufficiale giudiziario comunica almeno dieci giorni prima alla parte, che è tenuta a rilasciare l'immobile, il giorno e l'ora in cui procederà.

Nel giorno e nell'ora stabiliti, l'ufficiale giudiziario, munito del titolo esecutivo e del precetto, si reca sul luogo dell'esecuzione e, facendo uso, quando occorre, dei poteri a lui consentiti dall'articolo 513, immette la parte istante o una persona da lei designata nel possesso dell'immobile, del quale le consegna le chiavi, ingiungendo agli eventuali detentori di riconoscere il nuovo possessore.

Art. 608-bis. Estinzione dell'esecuzione per rinuncia della parte istante.
L'esecuzione di cui all'articolo 605 si estingue se la parte istante, prima della consegna o del rilascio, rinuncia con atto da notificarsi alla parte esecutata e da consegnarsi all'ufficiale giudiziario procedente.

Art. 609. Provvedimenti circa i mobili estranei all'esecuzione.
Quando nell'immobile si trovano beni mobili che non debbono essere consegnati, l'ufficiale giudiziario intima

alla parte tenuta al rilascio ovvero a colui al quale gli stessi risultano appartenere di asportarli, assegnandogli il relativo termine. Dell'intimazione si dà atto a verbale ovvero, se colui che è tenuto a provvedere all'asporto non è presente, mediante atto notificato a spese della parte istante. Quando entro il termine assegnato l'asporto non è stato eseguito l'ufficiale giudiziario, su richiesta e a spese della parte istante, determina, anche a norma dell'articolo 518, primo comma, il presumibile valore di realizzo dei beni ed indica le prevedibili spese di custodia e di asporto. Quando può ritenersi che il valore dei beni è superiore alle spese di custodia e di asporto, l'ufficiale giudiziario, a spese della parte istante, nomina un custode e lo incarica di trasportare i beni in altro luogo. Il custode è nominato a norma dell'articolo 559. In difetto di istanza e di pagamento anticipato delle spese i beni, quando non appare evidente l'utilità del tentativo di vendita di cui al quinto comma, sono considerati abbandonati e l'ufficiale giudiziario, salva diversa richiesta della parte istante, ne dispone lo smaltimento o la distruzione.

Se sono rinvenuti documenti inerenti lo svolgimento di attività imprenditoriale o professionale che non sono stati asportati a norma del primo comma, gli stessi sono conservati, per un periodo di due anni, dalla parte istante ovvero, su istanza e previa anticipazione delle spese da parte di quest'ultima, da un custode nominato dall'ufficiale giudiziario. In difetto di istanza e di pagamento anticipato delle spese si applica, in quanto compatibile, quanto previsto dal secondo comma, ultimo periodo. Allo stesso modo si procede alla scadenza del termine biennale di cui al presente comma a cura della parte istante o del custode.

Decorso il termine fissato nell'intimazione di cui al primo comma, colui al quale i beni appartengono può, prima della vendita ovvero dello smaltimento o distruzione dei beni a norma del secondo comma, ultimo periodo, chiederne la consegna al giudice dell'esecuzione per il rilascio. Il giudice provvede con decreto e, quando accoglie l'istanza, dispone la riconsegna previa corresponsione delle spese e compensi per la custodia e per l'asporto.

Il custode provvede alla vendita senza incanto nelle forme previste per la vendita dei beni mobili pignorati, secondo le modalità disposte dal giudice dell'esecuzione per il rilascio. Si applicano, in quanto compatibili, gli articoli 530 e seguenti del codice di procedura civile. La somma ricavata è impiegata per il pagamento delle spese e dei compensi per la custodia, per l'asporto e per la vendita, liquidate dal giudice dell'esecuzione per il rilascio. Salvo che i beni appartengano ad un soggetto diverso da colui che è tenuto al rilascio, l'eventuale eccedenza è utilizzata per il pagamento delle spese di esecuzione liquidate a norma dell'articolo 611.

In caso di infruttuosità della vendita nei termini fissati dal giudice dell'esecuzione, si procede a norma del secondo comma, ultimo periodo. Se le cose sono pignorate o sequestrate, l'ufficiale giudiziario dà immediatamente notizia dell'avvenuto rilascio al creditore su istanza del quale fu eseguito il pignoramento o il sequestro, e al giudice dell'esecuzione per l'eventuale sostituzione del custode.

Art. 610. Provvedimenti temporanei.
Se nel corso dell'esecuzione sorgono difficoltà che non ammettono dilazione, ciascuna parte può chiedere al giudice dell'esecuzione, anche verbalmente, i provvedimenti temporanei occorrenti.

Art. 611. Spese dell'esecuzione.
Nel processo verbale l'ufficiale giudiziario specifica tutte le spese anticipate dalla parte istante.

La liquidazione delle spese è fatta dal giudice dell'esecuzione a norma degli articoli 91 e seguenti con decreto che costituisce titolo esecutivo. La parola: "pretore" è stata sostituita dalle parole: "giudice dell'esecuzione" dal D.Lgs. 19 febbraio 1998, n. 51.

TITOLO IV - DELL'ESECUZIONE FORZATA DI OBBLIGHI DI FARE O DI NON FARE
Art. 612. Provvedimento.
Chi intende ottenere l'esecuzione forzata di una sentenza di condanna per violazione di un obbligo di fare o di non fare, dopo la notificazione del precetto, deve chiedere con ricorso al giudice dell'esecuzione che siano determinate le modalità dell'esecuzione.

Il giudice dell'esecuzione provvede sentita la parte obbligata. Nella sua ordinanza designa l'ufficiale giudiziario che deve procedere all'esecuzione e le persone che debbono provvedere al compimento dell'opera non eseguita o alla distruzione di quella compiuta.
(

Art. 613. Difficoltà sorte nel corso dell'esecuzione.
L'ufficiale giudiziario può farsi assistere dalla forza pubblica e deve chiedere al giudice dell'esecuzione le opportune disposizioni per eliminare le difficoltà che sorgono nel corso dell'esecuzione. Il giudice dell'esecuzione provvede con decreto.

Art. 614. Rimborso delle spese.
Al termine dell'esecuzione o nel corso di essa, la parte istante presenta al giudice dell'esecuzione la nota delle spese anticipate vistata dall'ufficiale giudiziario, con domanda di decreto d'ingiunzione.

Il giudice dell'esecuzione , quando riconosce giustificate le spese denunciate, provvede con decreto a norma dell'articolo 642.

TITOLO IV-bis - Delle misure di coercizione indiretta
Art. 614-bis. Misure di coercizione indiretta

Con il provvedimento di condanna all'adempimento di obblighi diversi dal pagamento di somme di denaro il giudice, salvo che ciò sia manifestamente iniquo, fissa, su richiesta di parte, la somma di denaro dovuta dall'obbligato per ogni violazione o inosservanza successiva ovvero per ogni ritardo nell'esecuzione del provvedimento, determinandone la decorrenza. Il giudice può fissare un termine di durata della misura, tenendo conto della finalità della stessa e di ogni circostanza utile.

Se non è stata richiesta nel processo di cognizione, ovvero il titolo esecutivo è diverso da un provvedimento di condanna, la somma di denaro dovuta dall'obbligato per ogni violazione o inosservanza o ritardo nell'esecuzione del provvedimento è determinata dal giudice dell'esecuzione, su ricorso dell'avente diritto, dopo la notificazione del precetto. Si applicano in quanto compatibili le disposizioni di cui all'articolo 612.

Il giudice determina l'ammontare della somma tenuto conto del valore della controversia, della natura della prestazione dovuta, del vantaggio per l'obbligato derivante dall'inadempimento, del danno quantificato o prevedibile e di ogni altra circostanza utile.

Il provvedimento costituisce titolo esecutivo per il pagamento delle somme dovute per ogni violazione, inosservanza o ritardo.

Le disposizioni di cui al presente articolo non si applicano alle controversie di lavoro subordinato pubblico o privato e ai rapporti di collaborazione coordinata e continuativa di cui all'articolo 409.

TITOLO V - DELLE OPPOSIZIONI
CAPO I - DELLE OPPOSIZIONI DEL DEBITORE E DEL TERZO ASSOGGETTATO ALL'ESECUZIONE
SEZIONE I – Delle opposizioni all'esecuzione
Art. 615. Forma dell'opposizione.

Quando si contesta il diritto della parte istante a procedere ad esecuzione forzata e questa non è ancora iniziata, si può proporre opposizione al precetto con citazione davanti al giudice competente per materia o valore e per territorio a norma dell'articolo 27. Il giudice, concorrendo gravi motivi, sospende su istanza di parte l'efficacia esecutiva del titolo. Se il diritto della parte istante è contestato solo parzialmente, il giudice procede alla sospensione dell'efficacia esecutiva del titolo esclusivamente in relazione alla parte contestata.

Quando è iniziata l'esecuzione, l'opposizione di cui al comma precedente e quella che riguarda la pignorabilità dei beni si propongono con ricorso al giudice dell'esecuzione stessa. Questi fissa con decreto l'udienza di comparizione delle parti davanti a sé e il termine perentorio per la notificazione del ricorso e del decreto. Nell'esecuzione per espropriazione l'opposizione è inammissibile se è proposta dopo che è stata disposta la vendita o l'assegnazione a norma degli articoli 530, 552, 569, salvo che sia fondata su fatti sopravvenuti ovvero l'opponente dimostri di non aver potuto proporla tempestivamente per causa a lui non imputabile.

Art. 616. Provvedimenti sul giudizio di cognizione introdotto dall'opposizione.

Se competente per la causa è l'ufficio giudiziario al quale appartiene il giudice dell'esecuzione questi fissa un termine perentorio per l'introduzione del giudizio di merito secondo le modalità previste in ragione della materia e del rito, previa iscrizione a ruolo, a cura della parte interessata, osservati i termini a comparire di cui all'articolo 163-bis, o altri se previsti, ridotti della metà; altrimenti rimette la causa dinanzi all'ufficio giudiziario competente assegnando un termine perentorio per la riassunzione della causa.

SEZIONE II – Delle opposizioni agli atti esecutivi
Art. 617. Forma dell'opposizione.

Le opposizioni relative alla regolarità formale del titolo esecutivo e del precetto si propongono, prima che sia iniziata l'esecuzione, davanti al giudice indicato nell'articolo 480 terzo comma, con atto di citazione da notificarsi nel termine perentorio di venti giorni dalla notificazione del titolo esecutivo o del precetto.

Le opposizioni di cui al comma precedente che sia stato impossibile proporre prima dell'inizio dell'esecuzione e quelle relative alla notificazione del titolo esecutivo e del precetto e ai singoli atti di esecuzione si propongono con ricorso al giudice dell'esecuzione nel termine perentorio di venti giorni dal primo atto di esecuzione, se riguardano il titolo esecutivo o il precetto, oppure dal giorno in cui i singoli atti furono compiuti.

Art. 618. Provvedimenti del giudice dell'esecuzione.

Il giudice dell'esecuzione fissa con decreto l'udienza di comparizione delle parti davanti a sé e il termine perentorio per la notificazione del ricorso e del decreto, e dà, nei casi urgenti, i provvedimenti opportuni. All'udienza dà con ordinanza i provvedimenti che ritiene indilazionabili ovvero sospende la procedura. In ogni caso fissa un termine perentorio per l'introduzione del giudizio di merito, previa iscrizione a ruolo a cura della parte interessata, osservati i termini a comparire di cui all'articolo 163-bis, o altri se previsti, ridotti della metà. La causa è decisa con sentenza non impugnabile.

Sono altresì non impugnabili le sentenze pronunciate a norma dell'articolo precedente primo comma.

SEZIONE III – Opposizione in materia di lavoro, di previdenza e di assistenza
Art. 618-bis. Procedimento.

Per le materie trattate nei Capi I e II del titolo IV del libro secondo, le opposizioni all'esecuzione e agli atti esecutivi sono disciplinate dalle norme previste per le controversie individuali di lavoro in quanto applicabili.

Resta ferma la competenza del giudice dell'esecuzione nei casi previsti dal secondo comma dell'art. 615 e dal secondo comma dell'art. 617 nei limiti dei provvedimenti assunti con ordinanza.

CAPO II - DELLE OPPOSIZIONI DI TERZI
Art. 619. Forma dell'opposizione.

Il terzo che pretende avere la proprietà o altro diritto reale sui beni pignorati può proporre opposizione con ricorso al giudice dell'esecuzione, prima che sia disposta la vendita o l'assegnazione dei beni.

Il giudice fissa con decreto l'udienza di comparizione delle parti davanti a sé e il termine perentorio per la notificazione del ricorso e del decreto. Se all'udienza le parti raggiungono un accordo il giudice ne dà atto con ordinanza, adottando ogni altra decisione idonea ad assicurare, se del caso, la prosecuzione del processo esecutivo ovvero ad estinguere il processo, statuendo altresì in questo caso anche sulle spese; altrimenti il giudice provvede ai sensi dell'articolo 616 tenuto conto della competenza per valore.

Art. 620. Opposizione tardiva.

Se in seguito alla opposizione il giudice non sospende la vendita dei beni mobili o se l'opposizione è proposta dopo la vendita stessa, i diritti del terzo si fanno valere sulla somma ricavata.

Art. 621. Limiti della prova testimoniale.

Il terzo opponente non può provare con testimoni il suo diritto sui beni mobili pignorati nella casa o nell'azienda del debitore, tranne che l'esistenza del diritto stesso sia resa verosimile dalla professione o dal commercio esercitati dal terzo o dal debitore.

Art. 622. Opposizione della moglie del debitore.

L'opposizione non può essere proposta dalla moglie convivente col debitore, relativamente ai beni mobili pignorati nella casa di lui, tranne che per i beni dotali o per i beni che essa provi, con atto di data certa, esserle appartenuti prima del matrimonio o esserle pervenuti per donazione o successione a causa di morte.

TITOLO VI - DELLA SOSPENSIONE E DELL'ESTINZIONE DEL PROCESSO
CAPO I - DELLA SOSPENSIONE DEL PROCESSO
Art. 623. Limiti della sospensione.

Salvo che la sospensione sia disposta dalla legge o dal giudice davanti al quale è impugnato il titolo esecutivo, l'esecuzione forzata non può essere sospesa che con provvedimento del giudice dell'esecuzione.

Art. 624. Sospensione per opposizione all'esecuzione.

Se è proposta opposizione all'esecuzione a norma degli articoli 615 e 619, il giudice dell'esecuzione, concorrendo gravi motivi, sospende, su istanza di parte, il processo con cauzione o senza.

Contro l'ordinanza che provvede sull'istanza di sospensione è ammesso reclamo ai sensi dell'articolo 669-terdecies. La disposizione di cui al periodo precedente si applica anche al provvedimento di cui all'articolo 512, secondo comma.

Nei casi di sospensione del processo disposta ai sensi del primo comma, se l'ordinanza non viene reclamata o viene confermata in sede di reclamo, e il giudizio di merito non è stato introdotto nel termine perentorio assegnato ai sensi dell'articolo 616, il giudice dell'esecuzione dichiara, anche d'ufficio, con ordinanza, l'estinzione del processo e ordina la cancellazione della trascrizione del pignoramento, provvedendo anche sulle spese. L'ordinanza è reclamabile ai sensi dell'articolo 630, terzo comma.

La disposizione di cui al terzo comma si applica, in quanto compatibile, anche al caso di sospensione del processo disposta ai sensi dell'articolo 618.

Art. 624-bis. Sospensione su istanza delle parti.

Il giudice dell'esecuzione, su istanza di tutti i creditori muniti di titolo esecutivo, può, sentito il debitore, sospendere il processo fino a ventiquattro mesi. L'istanza può essere proposta fino a venti giorni prima della scadenza del termine per il deposito delle offerte di acquisto o, nel caso in cui la vendita senza incanto non abbia luogo, fino a quindici giorni prima dell'incanto. Sull'istanza, il giudice provvede nei dieci giorni successivi al deposito e, se l'accoglie, dispone, nei casi di cui al secondo comma dell'articolo 490, che, nei cinque giorni successivi al deposito del provvedimento di sospensione, lo stesso sia comunicato al custode e pubblicato sul sito Internet sul quale è pubblicata la relazione di stima. La sospensione è disposta per una sola volta. L'ordinanza è revocabile in qualsiasi momento, anche su richiesta di un solo creditore e sentito comunque il debitore.

Entro dieci giorni dalla scadenza del termine la parte interessata deve presentare istanza per la fissazione dell'udienza in cui il processo deve proseguire.

Nelle espropriazioni mobiliari l'istanza per la sospensione può essere presentata non oltre la fissazione della data di asporto dei beni ovvero fino a dieci giorni prima della data della vendita se questa deve essere espletata nei luoghi in cui essi sono custoditi e, comunque, prima della effettuazione della pubblicità commerciale ove disposta. Nelle espropriazioni presso terzi l'istanza di sospensione non può più essere proposta dopo la dichiarazione del terzo.

Art. 625. Procedimento.

Sull'istanza per la sospensione del processo di cui all'articolo precedente, il giudice dell'esecuzione provvede con ordinanza, sentite le parti. Nei casi urgenti, il giudice può disporre la sospensione con decreto, nel quale fissa l'udienza di comparizione delle parti. Alla udienza provvede con ordinanza.

Art. 626. Effetti della sospensione.

Quando il processo è sospeso, nessun atto esecutivo può essere compiuto, salvo diversa disposizione del giudice dell'esecuzione.

Art. 627. Riassunzione.

Il processo esecutivo deve essere riassunto con ricorso nel termine perentorio fissato dal giudice dell'esecuzione e, in ogni caso, non più tardi di sei mesi dal passaggio in giudicato della sentenza di primo grado o dalla comunicazione della sentenza d'appello che rigetta l'opposizione.

Art. 628. Sospensione del termine d'efficacia del pignoramento.
La opposizione ai singoli atti esecutivi sospende il decorso del termine previsto nell'articolo 497.

CAPO II - DELL'ESTINZIONE DEL PROCESSO
Art. 629. Rinuncia.

Il processo si estingue se, prima dell'aggiudicazione o dell'assegnazione, il creditore pignorante e quelli intervenuti muniti di titolo esecutivo rinunciano agli atti.

Dopo la vendita il processo si estingue se rinunciano agli atti tutti i creditori concorrenti.

In quanto possibile, si applicano le disposizioni dell'articolo 306.

Art. 630. Inattività delle parti.

Oltre che nei casi espressamente previsti dalla legge il processo esecutivo si estingue quando le parti non lo proseguono o non lo riassumono nel termine perentorio stabilito dalla legge o dal giudice.

L'estinzione opera di diritto ed è dichiarata, anche d'ufficio, con ordinanza del giudice dell'esecuzione, non oltre la prima udienza successiva al verificarsi della stessa. L'ordinanza è comunicata a cura del cancelliere, se è pronunciata fuori dall'udienza.

Contro l'ordinanza che dichiara l'estinzione ovvero rigetta l'eccezione relativa è ammesso reclamo da parte del debitore o del creditore pignorante ovvero degli altri creditori intervenuti nel termine perentorio di venti giorni dall'udienza o dalla comunicazione dell'ordinanza e con l'osservanza delle forme di cui all'articolo 178 terzo, quarto e quinto comma. Il collegio provvede in camera di consiglio con sentenza.

Art. 631. Mancata comparizione all'udienza.

Se nel corso del processo esecutivo nessuna delle parti si presenta all'udienza, fatta eccezione per quella in cui ha luogo la vendita, il giudice dell'esecuzione fissa una udienza successiva di cui il cancelliere dà comunicazione alle parti.

Se nessuna delle parti si presenta alla nuova udienza, il giudice dichiara con ordinanza l'estinzione del processo esecutivo. Si applica l'ultimo comma dell'articolo precedente.

Art. 631-bis. Omessa pubblicità sul portale delle vendite pubbliche
Se la pubblicazione sul portale delle vendite pubbliche non è effettuata nel termine stabilito dal giudice per causa imputabile al creditore pignorante o al creditore intervenuto munito di titolo esecutivo, il giudice dichiara con ordinanza l'estinzione del processo esecutivo e si applicano le disposizioni di cui all'articolo 630, secondo e terzo comma. La disposizione di cui al presente articolo non si applica quando la pubblicità sul portale non è stata effettuata perché i sistemi informatici del dominio giustizia non sono funzionanti, a condizione che tale circostanza sia attestata a norma dell'articolo 161quater delle disposizioni per l'attuazione del presente codice.

Art. 632. Effetti dell'estinzione del processo.

Con l'ordinanza che pronuncia l'estinzione è disposta sempre la cancellazione della trascrizione del pignoramento. Con la medesima ordinanza il giudice dell'esecuzione provvede alla liquidazione delle spese sostenute dalle parti, se richiesto e alla liquidazione dei compensi spettanti all'eventuale delegato ai sensi dell'articolo 591-bis.

Se l'estinzione del processo esecutivo si verifica prima dell'aggiudicazione o dell'assegnazione, essa rende inefficaci gli atti compiuti; se avviene dopo l'aggiudicazione o l'assegnazione, la somma ricavata è consegnata al debitore.

Avvenuta l'estinzione del processo, il custode rende al debitore il conto, che è discusso e chiuso davanti al giudice della esecuzione. Si applica la disposizione dell'articolo 310 ultimo comma.

LIBRO QUARTO – DEI PROCEDIMENTI SPECIALI

TITOLO I – DEI PROCEDIMENTI SOMMARI
CAPO I - DEL PROCEDIMENTO DI INGIUNZIONE
Art. 633. Condizioni di ammissibilità.

Su domanda di chi è creditore di una somma liquida di danaro o di una determinata quantità di cose fungibili, o di chi ha diritto alla consegna di una cosa mobile determinata, il giudice competente pronuncia ingiunzione di pagamento o di consegna:

1) se del diritto fatto valere si dà prova scritta;
2) se il credito riguarda onorari per prestazioni giudiziali o stragiudiziali o rimborso di spese fatte da avvocati, procuratori, cancellieri, ufficiali giudiziari o da chiunque altro ha prestato la sua opera in occasione di un processo; 3) se il credito riguarda onorari, diritti o rimborsi spettanti ai notai a norma della loro legge professionale, oppure ad altri esercenti una libera professione o arte, per la quale esiste una tariffa legalmente approvata. L'ingiunzione può essere pronunciata anche se il diritto dipende da una controprestazione o da una condizione, purché il ricorrente offra elementi atti a far presumere l'adempimento della controprestazione o l'avveramento della condizione.

Art. 634. Prova scritta.

Sono prove scritte idonee a norma del n. 1 dell'articolo precedente le polizze e promesse unilaterali per scrittura privata e i telegrammi, anche se mancanti dei requisiti prescritti dal codice civile.

Per i crediti relativi a somministrazioni di merci e di danaro nonché per prestazioni di servizi fatte da imprenditori che esercitano una attività commerciale e da lavoratori autonomi anche a persone che non esercitano tale attività, sono altresì prove scritte idonee gli estratti autentici delle scritture contabili di cui agli articoli 2214 e seguenti del codice civile, purché bollate e vidimate nelle forme di legge e regolarmente tenute, nonché gli estratti autentici delle scritture contabili prescritte dalle leggi tributarie, quando siano tenute con l'osservanza delle norme stabilite per tali scritture.

Art. 635. Prova scritta per i crediti dello Stato e degli enti pubblici.

Per i crediti dello Stato, o di enti o istituti soggetti a tutela o vigilanza dello Stato, sono prove idonee anche i libri o registri della pubblica amministrazione, quando un funzionario all'uopo autorizzato o un notaio ne attesta la regolare tenuta a norma delle leggi e dei regolamenti. Restano salve le disposizioni delle leggi sulla riscossione

delle entrate patrimoniali dello Stato e degli enti o istituti sopra indicati.

Per i crediti derivanti da omesso versamento agli enti di previdenza e di assistenza dei contributi relativi ai rapporti indicati nell'art. 459 , sono altresì prove idonee gli accertamenti eseguiti dall'ispettorato corporativo e dai funzionari degli enti.

Art. 636. Parcella delle spese e prestazioni.

Nei casi previsti nei numeri 2 e 3 dell'art. 633, la domanda deve essere accompagnata dalla parcella delle spese e prestazioni, munita della sottoscrizione del ricorrente e corredata dal parere della competente associazione professionale. Il parere non occorre se l'ammontare delle spese e delle prestazioni è determinato in base a tariffe obbligatorie.

Il giudice, se non rigetta il ricorso a norma dell'art. 640, deve attenersi al parere nei limiti della somma domandata, salva la correzione degli errori materiali.

Art. 637. Giudice competente.

Per l'ingiunzione è competente il giudice di pace o, in composizione monocratica, il tribunale che sarebbe competente per la domanda proposta in via ordinaria.

Per i crediti previsti nel numero 2 dell'art. 633 è competente anche l'ufficio giudiziario che ha deciso la causa alla quale il credito si riferisce.

Gli avvocati o i notai possono altresì proporre domanda d'ingiunzione contro i propri clienti al giudice competente per valore del luogo ove ha sede il consiglio dell'ordine al cui albo sono iscritti o il consiglio notarile dal quale dipendono.

Art. 638. Forma della domanda e deposito.

La domanda di ingiunzione si propone con ricorso contenente, oltre i requisiti indicati nell'art. 125, l'indicazione delle prove che si producono. Il ricorso deve contenere altresì l'indicazione del procuratore del ricorrente oppure, quando è ammessa la costituzione di persona, la dichiarazione di residenza o l'elezione di domicilio nel comune dove ha sede il giudice adito.

Se manca l'indicazione del procuratore oppure la dichiarazione di residenza o l'elezione di domicilio, le notificazioni al ricorrente possono essere fatte presso la cancelleria.

Il ricorso è depositato in cancelleria insieme con i documenti che si allegano; questi non possono essere ritirati fino alla scadenza del termine stabilito nel decreto d'ingiunzione a norma dell'art. 641.

Art. 639. Ricorso per consegna di cose fungibili.

Quando la domanda riguarda la consegna di una determinata quantità di cose fungibili, il ricorrente deve dichiarare la somma di danaro che è disposto ad accettare in mancanza della prestazione in natura, a definitiva liberazione dell'altra parte. Il giudice, se ritiene la somma dichiarata non proporzionata, prima di pronunciare sulla domanda può invitare il ricorrente a produrre un certificato della Camera di commercio, industria e agricoltura.

Art. 640. Rigetto della domanda.

Il giudice se ritiene insufficientemente giustificata la domanda, dispone che il cancelliere ne dia notizia al ricorrente, invitandolo a provvedere alla prova.

Se il ricorrente non risponde all'invito o non ritira il ricorso oppure se la domanda non è accoglibile, il giudice la rigetta con decreto motivato. Tale decreto non pregiudica la riproposizione della domanda, anche in via ordinaria.

Art. 641. Accoglimento della domanda.

Se esistono le condizioni previste nell'art. 633, il giudice, con decreto motivato da emettere entro trenta giorni dal deposito del ricorso , ingiunge all'altra parte di pagare la somma o di consegnare la cosa o la quantità di cose chieste o invece di queste la somma di cui all'art. 639 nel termine di quaranta giorni , con l'espresso avvertimento che nello stesso termine può essere fatta opposizione a norma degli articoli seguenti e che, in mancanza di opposizione, si procederà a esecuzione forzata.

Quando concorrono giusti motivi, il termine può essere ridotto sino a dieci giorni oppure aumentato a sessanta. Se l'intimato risiede in uno degli altri Stati dell'Unione europea, il termine è di cinquanta giorni e può essere ridotto fino a venti giorni. Se l'intimato risiede in altri Stati, il termine è di sessanta giorni e, comunque, non può essere inferiore a trenta né superiore a centoventi.

Nel decreto, eccetto per quello emesso sulla base di titoli che hanno già efficacia esecutiva secondo le vigenti disposizioni, il giudice liquida le spese e le competenze e ne ingiunge il pagamento.

Art. 642. Esecuzione provvisoria.

Se il credito è fondato su cambiale, assegno bancario, assegno circolare, certificato di liquidazione di borsa, o su atto ricevuto da notaio o da altro pubblico ufficiale autorizzato, il giudice, su istanza del ricorrente, ingiunge al debitore di pagare o consegnare senza dilazione, autorizzando in mancanza l'esecuzione provvisoria del decreto e fissando il termine ai soli effetti dell'opposizione. L'esecuzione provvisoria può essere concessa anche se vi è pericolo di grave pregiudizio nel ritardo, ovvero se il ricorrente produce documentazione sottoscritta dal debitore, comprovante il diritto fatto valere; il giudice può imporre al ricorrente una cauzione.

In tali casi il giudice può anche autorizzare l'esecuzione senza l'osservanza del termine di cui all'art. 482.

Art. 643. Notificazione del decreto.

L'originale del ricorso e del decreto rimane depositato in cancelleria.

Il ricorso e il decreto sono notificati per copia autentica a norma degli art. 137 e seguenti.

La notificazione determina la pendenza della lite.

Art. 644. Mancata notificazione del decreto.

Il decreto d'ingiunzione diventa inefficace qualora la notificazione non sia eseguita nel termine di sessanta giorni dalla pronuncia, se deve avvenire nel territorio della Repubblica (escluse le province libiche), e di novanta giorni negli altri casi; ma la domanda può essere riproposta.

Art. 645. Opposizione.

L'opposizione si propone davanti all'ufficio giudiziario al quale appartiene il giudice che ha emesso il decreto, con atto di citazione notificato al ricorrente nei luoghi di cui all'art. 638. Contemporaneamente l'ufficiale giudiziario deve notificare avviso dell'opposizione al cancelliere affinché ne prenda nota sull'originale del decreto.

In seguito all'opposizione il giudizio si svolge secondo le norme del procedimento ordinario davanti al giudice adito. L'anticipazione di cui all'articolo 163-bis, terzo comma, deve essere disposta fissando l'udienza per la comparizione delle parti non oltre trenta giorni dalla scadenza del termine minimo a comparire.

Art. 646. Opposizione ai decreti riguardanti crediti di lavoro.

Quando il decreto è stato pronunciato per crediti dipendenti da rapporti individuali di lavoro, entro cinque giorni dalla notificazione l'atto di opposizione deve essere denunciato a norma dell'articolo 430 all'associazione sindacale legalmente riconosciuta alla quale appartiene l'opponente. In tale caso il termine per la comparizione in giudizio decorre dalla scadenza del ventesimo giorno successivo a quello della notificazione dell'opposizione.

Durante il corso del termine stabilito per il tentativo di conciliazione, l'opponente può chiedere con ricorso al giudice la sospensione dell'esecuzione provvisoria del decreto. Il giudice provvede con decreto, che, in caso di accoglimento dell'istanza, deve essere notificato alla controparte.

Art. 647. Esecutorietà per mancata opposizione o per mancata attività dell'opponente.

Se non è stata fatta opposizione nel termine stabilito, oppure l'opponente non si è costituito, il conciliatore, il pretore o il presidente, su istanza anche verbale del ricorrente, dichiara esecutivo il decreto. Nel primo caso il giudice deve ordinare che sia rinnovata la notificazione, quando risulta o appare probabile che l'intimato non abbia avuto conoscenza del decreto. Quando il decreto è stato dichiarato esecutivo a norma del presente articolo, l'opposizione non può essere più proposta né proseguita, salvo il disposto dell'art. 650, e la cauzione eventualmente prestata è liberata.

Art. 648. Esecuzione provvisoria in pendenza di opposizione. Il giudice istruttore, se l'opposizione non è fondata su prova scritta o di pronta soluzione, può concedere, provvedendo in prima udienza, con ordinanza non impugnabile, l'esecuzione provvisoria del decreto, qualora non sia già stata concessa a norma dell'articolo 642. Il giudice deve concedere l'esecuzione provvisoria parziale del decreto ingiuntivo opposto limitatamente alle somme non contestate, salvo che l'opposizione sia proposta per vizi procedurali.

Deve in ogni caso concederla, se la parte che l'ha chiesta offre cauzione per l'ammontare delle eventuali restituzioni, spese e danni.

Art. 649. Sospensione dell'esecuzione provvisoria.
Il giudice istruttore, su istanza dell'opponente, quando ricorrono gravi motivi, può, con ordinanza non impugnabile, sospendere l'esecuzione provvisoria del decreto concessa a norma dell'art. 642.

Art. 650. Opposizione tardiva.
L'intimato può fare opposizione anche dopo scaduto il termine fissato nel decreto, se prova di non averne avuta tempestiva conoscenza per irregolarità della notificazione o per caso fortuito o forza maggiore. In questo caso l'esecutorietà può essere sospesa a norma dell'articolo precedente.
L'opposizione non è più ammessa decorsi dieci giorni dal primo atto di esecuzione.

Art. 651. Deposito per il caso di soccombenza.

Art. 652. Conciliazione.
Se nel giudizio di opposizione, le parti si conciliano, il giudice, con ordinanza non impugnabile, dichiara o conferma l'esecutorietà del decreto, oppure riduce la somma o la quantità a quella stabilita dalle parti. In quest'ultimo caso, rimane ferma la validità degli atti esecutivi compiuti e dell'ipoteca iscritta, fino a concorrenza della somma o quantità ridotta. Della riduzione deve effettuarsi apposita annotazione nei registri immobiliari.

Art. 653. Rigetto o accoglimento parziale dell'opposizione. Se l'opposizione è rigettata con sentenza passata in giudicato o provvisoriamente esecutiva, oppure è dichiarata con ordinanza l'estinzione del processo, il decreto, che non ne sia già munito, acquista efficacia esecutiva. Se l'opposizione è accolta solo in parte, il titolo esecutivo è costituito esclusivamente dalla sentenza, ma gli atti di esecuzione già compiuti in base al decreto conservano i loro effetti nei limiti della somma o della quantità ridotta.
Con la sentenza che rigetta totalmente o in parte l'opposizione avverso il decreto ingiuntivo emesso sulla base dei titoli aventi efficacia esecutiva in base alle vigenti disposizioni, il giudice liquida anche le spese e gli onorari del decreto ingiuntivo.

Art. 654. Dichiarazione di esecutorietà ed esecuzione
L'esecutorietà non disposta con la sentenza o con l'ordinanza di cui all'articolo precedente è conferita con decreto del giudice che ha pronunciato l'ingiunzione scritto in calce all'originale del decreto d'ingiunzione.
Ai fini dell'esecuzione non occorre una nuova notificazione del decreto esecutivo; ma nel precetto deve farsi menzione del provvedimento che ha disposto l'esecutorietà.

Art. 655. Iscrizione d'ipoteca.
I decreti dichiarati esecutivi a norma degli artt. 642, 647 e 648, e quelli rispetto ai quali è rigettata l'opposizione costituiscono titolo per l'iscrizione dell'ipoteca giudiziale.

Art. 656. Impugnazione.
Il decreto d'ingiunzione, divenuto esecutivo a norma dell'art. 647, può impugnarsi per revocazione nei casi indicati nei numeri 1, 2, 5 e 6 dell'art. 395 e con opposizione di terzo nei casi previsti nell'art. 404 secondo comma.

CAPO II - DEL PROCEDIMENTO PER CONVALIDA DI SFRATTO
Art. 657. Intimazione di licenza e di sfratto per finita locazione.
Il locatore o il concedente può intimare al conduttore, al comodatario di beni immobili, all'affittuario di azienda, all'affittuario coltivatore diretto, al mezzadro o al colono licenza per finita locazione, prima della scadenza del contratto, con la contestuale citazione per la convalida, rispettando i termini prescritti dal contratto, dalla legge o dagli usi locali.
Può altresì intimare lo sfratto, con la contestuale citazione per la convalida, dopo la scadenza del contratto, se, in virtù

del contratto stesso o per effetto di atti o intimazioni precedenti, è esclusa la tacita riconduzione .

Art. 658. Intimazione di sfratto per morosità.

Il locatore può intimare al conduttore lo sfratto con le modalità stabilite nell'articolo precedente anche in caso di mancato pagamento del canone di affitto alle scadenze, e chiedere nello stesso atto l'ingiunzione di pagamento per i canoni scaduti .

Se il canone consiste in derrate, il locatore deve dichiarare a norma dell'articolo 639 la somma che è disposto ad accettare in sostituzione.

Art. 659. Rapporto di locazione d'opera.

Se il godimento di un immobile è il corrispettivo anche parziale di una prestazione d'opera, l'intimazione di licenza o di sfratto con la contestuale citazione per la convalida, a norma degli articoli precedenti, può essere fatta quando il contratto viene a cessare per qualsiasi causa.

Art. 660. Forma dell'intimazione.

Le intimazioni di licenza o di sfratto indicate negli articoli precedenti debbono essere notificate a norma degli articoli 137 e seguenti, esclusa la notificazione al domicilio eletto.

Il locatore deve dichiarare nell'atto la propria residenza o eleggere domicilio nel comune dove ha sede il giudice adito, altrimenti l'opposizione prevista nell'articolo 668 e qualsiasi altro atto del giudizio possono essergli notificati presso la cancelleria.

La citazione per la convalida, redatta a norma dell'articolo 125, in luogo dell'invito e dell'avvertimento al convenuto previsti dall'articolo 163, terzo comma, numero 7), deve contenere, con l'invito a comparire nell'udienza indicata, l'avvertimento che se non comparisce o, comparendo, non si oppone, il giudice convalida la licenza o lo sfratto ai sensi dell'articolo 663 . Tra il giorno della notificazione dell'intimazione e quello dell'udienza debbono intercorrere termini liberi non minori di venti giorni. Nelle cause che richiedono pronta spedizione il giudice può, su istanza dell'intimante, con decreto motivato, scritto in calce all'originale e alle copie dell'intimazione, abbreviare fino alla metà i termini di comparizione .

Le parti si costituiscono depositando in cancelleria l'intimazione con la relazione di notificazione o la comparsa di risposta, oppure presentando tali atti al giudice in udienza .

Ai fini dell'opposizione e del compimento delle attività previste negli articoli da 663 a 666, è sufficiente la comparizione personale dell'intimato . Se l'intimazione non è stata notificata in mani proprie, l'ufficiale giudiziario deve spedire avviso all'intimato dell'effettuata notificazione a mezzo di lettera raccomandata, e allegare all'originale dell'atto la ricevuta di spedizione.

Art. 661. Giudice competente.

Quando si intima la licenza o lo sfratto, la citazione a comparire deve farsi inderogabilmente davanti al tribunale del luogo in cui si trova la cosa locata.

Art. 662. Mancata comparizione del locatore.

Gli effetti dell'intimazione cessano, se il locatore non comparisce all'udienza fissata nell'atto di citazione.

Art. 663. Mancata comparizione o mancata opposizione dell'intimato.

Se l'intimato non compare o comparendo non si oppone, il giudice convalida con ordinanza esecutiva la licenza o lo sfratto. Il giudice ordina che sia rinnovata la citazione, se risulta o appare probabile che l'intimato non abbia avuto conoscenza della citazione stessa o non sia potuto comparire per caso fortuito o forza maggiore.

Se lo sfratto è stato intimato per mancato pagamento del canone, la convalida è subordinata all'attestazione in giudizio del locatore o del suo procuratore che la morosità persiste. In tale caso il giudice può ordinare al locatore di prestare una cauzione.

Art. 664. Pagamento dei canoni.

Nel caso previsto nell'articolo 658, il giudice adito pronuncia separato decreto d'ingiunzione per l'ammontare dei canoni scaduti e da scadere fino all'esecuzione dello sfratto, e per le spese relative all'intimazione. Il decreto è teso in calce ad una copia dell'atto di intimazione presentata dall'istante, da conservarsi in cancelleria.

Il decreto è immediatamente esecutivo, ma contro di esso può essere proposta opposizione a norma del capo precedente. L'opposizione non toglie efficacia all'avvenuta risoluzione del contratto.

Art. 665. Opposizione, provvedimenti del giudice.

Se l'intimato comparisce e oppone eccezioni non fondate su prova scritta, il giudice, su istanza del locatore, se non sussistano gravi motivi in contrario, pronuncia ordinanza non impugnabile di rilascio, con riserva delle eccezioni del convenuto.

L'ordinanza è immediatamente esecutiva, ma può essere subordinata alla prestazione di una cauzione per i danni e le spese.

Art. 666. Contestazione sull'ammontare dei canoni.

Se è intimato lo sfratto per mancato pagamento del canone, e il convenuto nega la propria morosità contestando l'ammontare della somma pretesa, il giudice può disporre con ordinanza il pagamento della somma non controversa e concedere all'uopo al convenuto un termine non superiore a venti giorni.

Se il conduttore non ottempera all'ordine di pagamento, il giudice convalida l'intimazione di sfratto e, nel caso previsto nell'articolo 658, pronuncia decreto ingiuntivo per il pagamento dei canoni.

Art. 667. Mutamento del rito.

Pronunciati i provvedimenti previsti dagli articoli 665 e 666, il giudizio prosegue nelle forme del rito speciale, previa ordinanza di mutamento di rito ai sensi dell'articolo 426.

Art. 668. Opposizione dopo la convalida.

Se l'intimazione di licenza o di sfratto è stata convalidata in assenza dell'intimato, questi può farvi opposizione provando di non averne avuto tempestiva conoscenza per irregolarità della notificazione o per caso fortuito o forza maggiore.

Se sono decorsi dieci giorni dall'esecuzione, l'opposizione non è più ammessa, e la cauzione, prestata a norma dell'articolo 663 secondo [ora terzo] comma, è liberata.

L'opposizione si propone davanti al tribunale nelle forme prescritte per l'opposizione al decreto di ingiunzione in quanto applicabili. L'opposizione non sospende il processo esecutivo, ma il giudice, con ordinanza non impugnabile, può disporne la sospensione per gravi motivi, imponendo, quando lo ritiene opportuno, una cauzione all'opponente.

Art. 669. Giudizio separato per il pagamento di canoni.

Se nel caso previsto nell'articolo 658 il locatore non chiede il pagamento dei canoni, la pronuncia sullo sfratto risolve la locazione, ma lascia impregiudicata ogni questione sui canoni stessi.

CAPO III - DEI PROCEDIMENTI CAUTELARI
SEZIONE I - Dei procedimenti cautelari in generale
Art. 669-bis. Forma della domanda.

La domanda si propone con ricorso depositato nella cancelleria del giudice competente.

Art. 669-ter. Competenza anteriore alla causa.

Prima dell'inizio della causa di merito la domanda si propone al giudice competente a conoscere del merito.

Se competente per la causa di merito è il giudice di pace, la domanda si propone al tribunale.

Se il giudice italiano non è competente a conoscere la causa di merito, la domanda si propone al giudice, che sarebbe competente per materia o valore, del luogo in cui deve essere eseguito il provvedimento cautelare. A seguito della presentazione del ricorso il cancelliere forma il fascicolo d'ufficio e lo presenta senza ritardo al presidente del Tribunale il quale designa il magistrato cui è affidata la trattazione del procedimento.

Art. 669-quater. Competenza in corso di causa.

Quando vi è causa pendente per il merito la domanda deve essere proposta al giudice della stessa.

Se la causa pende davanti al tribunale la domanda si propone all'istruttore oppure, se questi non è ancora designato o il giudizio è sospeso o interrotto, al presidente, il quale provvede ai sensi dell'ultimo comma dell'articolo 669-ter.

Se la causa pende davanti al giudice di pace, la domanda si propone al tribunale.

In pendenza dei termini per proporre l'impugnazione, la domanda si propone al giudice che ha pronunziato la sentenza.

Se la causa pende davanti al giudice straniero, e il giudice italiano non è competente a conoscere la causa di merito, si applica il terzo comma dell'articolo 669-ter.

Il terzo comma dell'articolo 669-ter si applica altresì nel caso in cui l'azione civile è stata esercitata o trasferita nel processo penale, salva l'applicazione del comma secondo dell'articolo 316 del codice di procedura penale.

Art. 669-quinquies. Competenza in caso di clausola compromissoria, di compromesso o di pendenza del giudizio arbitrale.

Se la controversia è oggetto di clausola compromissoria o è compromessa in arbitri anche non rituali o se è pendente il giudizio arbitrale, la domanda si propone al giudice che sarebbe stato competente a conoscere del merito, salvo quanto disposto dall'articolo 818, primo comma .

Art. 669-sexies. Procedimento.

Il giudice, sentite le parti, omessa ogni formalità non essenziale al contraddittorio, procede nel modo che ritiene più opportuno agli atti di istruzione indispensabili in relazione ai presupposti e ai fini del provvedimento richiesto, e provvede con ordinanza all'accoglimento o al rigetto della domanda. Quando la convocazione della controparte potrebbe pregiudicare l'attuazione del provvedimento, provvede con decreto motivato assunte ove occorra sommarie informazioni. In tal caso fissa, con lo stesso decreto, l'udienza di comparizione delle parti davanti a sé entro un termine non superiore a quindici giorni assegnando all'istante un termine perentorio non superiore a otto giorni per la notificazione del ricorso e del decreto. A tale udienza il giudice, con ordinanza, conferma, modifica o revoca i provvedimenti emanati con decreto.

Nel caso in cui la notificazione debba effettuarsi all'estero, i termini di cui al comma precedente sono triplicati.

Art. 669-septies. Provvedimento negativo.

L'ordinanza di incompetenza non preclude la riproposizione della domanda. L'ordinanza di rigetto non preclude la riproposizione dell'istanza per il provvedimento cautelare quando si verifichino mutamenti delle circostanze o vengano dedotte nuove ragioni di fatto o di diritto.

Se l'ordinanza di incompetenza o di rigetto è pronunciata prima dell'inizio della causa di merito, con essa il giudice provvede definitivamente sulle spese del procedimento cautelare.

La condanna alle spese è immediatamente esecutiva.

Art. 669-octies. Provvedimento di accoglimento.

L'ordinanza di accoglimento, ove la domanda sia stata proposta prima dell'inizio della causa di merito, deve fissare un termine perentorio non superiore a sessanta giorni per l'inizio del giudizio di merito, salva l'applicazione dell'ultimo comma dell'articolo 669-novies .

In mancanza di fissazione del termine da parte del giudice, la causa di merito deve essere iniziata entro il termine perentorio di sessanta giorni .

Il termine decorre dalla pronuncia dell'ordinanza se avvenuta in udienza o altrimenti dalla sua comunicazione.

Per le controversie individuali relative ai rapporti di lavoro alle dipendenze delle pubbliche amministrazioni, escluse quelle devolute alla giurisdizione del giudice amministrativo, il termine decorre dal momento in cui la domanda giudiziale è divenuta procedibile o, in caso di mancata presentazione della richiesta di espletamento del tentativo di conciliazione, decorsi trenta giorni .

Nel caso in cui la controversia sia oggetto di compromesso o di clausola compromissoria, la parte, nei termini di cui ai commi precedenti, deve notificare all'altra un atto nel quale dichiara la propria intenzione di promuovere il procedimento arbitrale, propone la domanda e procede, per quanto le spetta, alla nomina degli arbitri .

Le disposizioni di cui al presente articolo e al primo comma dell'articolo 669-novies non si applicano ai provvedimenti di urgenza emessi ai sensi dell'articolo 700 e agli altri provvedimenti cautelari idonei ad anticipare gli effetti della sentenza di merito, previsti dal codice civile o da leggi speciali, nonché ai provvedimenti emessi a seguito di denunzia di nuova opera o di danno temuto ai sensi dell'articolo 688 e ai provvedimenti di sospensione dell'efficacia delle delibere assembleari adottati ai sensi dell'articolo 1137, quarto comma, del codice civile, ma ciascuna parte può iniziare il giudizio di merito .

Il giudice, quando emette uno dei provvedimenti di cui al sesto comma prima dell'inizio della causa di merito, provvede sulle spese del procedimento cautelare .

L'estinzione del giudizio di merito non determina l'inefficacia dei provvedimenti di cui al sesto comma, né dei provvedimenti cautelari di sospensione dell'efficacia delle deliberazioni assunte da qualsiasi organo di associazioni, fondazioni o società, anche quando la relativa domanda è stata proposta in corso di causa .

L'autorità del provvedimento cautelare non è invocabile in un diverso processo .

Art. 669-novies. Inefficacia del provvedimento cautelare.

Se il procedimento di merito non è iniziato nel termine perentorio di cui all'articolo 669-octies, ovvero se successivamente al suo inizio si estingue il provvedimento cautelare perde la sua efficacia.

In entrambi i casi, il giudice che ha emesso il provvedimento, su ricorso della parte interessata, convocate le parti con decreto in calce al ricorso, dichiara con ordinanza avente efficacia esecutiva, che il provvedimento è divenuto inefficace e dà le disposizioni necessarie per ripristinare la situazione precedente .

Il provvedimento cautelare perde altresì efficacia se non è stata versata la cauzione di cui all'articolo 669-undecies, ovvero se con sentenza, anche non passata in giudicato, è dichiarato inesistente il diritto a cautela del quale era stato concesso. In tal caso i provvedimenti di cui al comma precedente sono pronunciati nella stessa sentenza o, in mancanza, con ordinanza a seguito di ricorso al giudice che ha emesso il provvedimento.

Se la causa di merito è devoluta alla giurisdizione di un giudice straniero o ad arbitrato italiano o estero, il provvedimento cautelare, oltre che nei casi previsti nel primo e nel terzo comma, perde altresì efficacia: 1) se la parte che l'aveva richiesto non presenta domanda di esecutorietà in Italia della sentenza straniera o del lodo arbitrale entro i termini eventualmente previsti a pena di decadenza dalla legge o dalle convenzioni internazionali; 2) se sono pronunciati sentenza straniera, anche non passata in giudicato, o lodo arbitrale che dichiarino inesistente il diritto per il quale il provvedimento era stato concesso. Per la dichiarazione di inefficacia del provvedimento cautelare e per le disposizioni di ripristino si applica il secondo comma del presente articolo .

Art. 669-decies. Revoca e modifica

Salvo che sia stato proposto reclamo ai sensi dell'articolo 669-terdecies, nel corso dell'istruzione il giudice istruttore della causa di merito può, su istanza di parte, modificare o revocare con ordinanza il provvedimento cautelare, anche se emesso anteriormente alla causa, se si verificano mutamenti nelle circostanze o se si allegano fatti anteriori di cui si è acquisita conoscenza successivamente al provvedimento cautelare. In tale caso, l'istante deve fornire la prova del momento in cui ne è venuto a conoscenza .

Quando il giudizio di merito non sia iniziato o sia stato dichiarato estinto, la revoca e la modifica dell'ordinanza di accoglimento, esaurita l'eventuale fase del reclamo proposto ai sensi dell'articolo 669-terdecies, possono essere richieste al giudice che ha provveduto sull'istanza cautelare se si verificano mutamenti nelle circostanze o se si allegano fatti anteriori di cui si è acquisita conoscenza successivamente al provvedimento cautelare. In tale caso l'istante deve fornire la prova del momento in cui ne è venuto a conoscenza .

Se la causa di merito è devoluta alla giurisdizione di un giudice straniero o ad arbitrato, ovvero se l'azione civile è stata esercitata o trasferita nel processo penale i provvedimenti previsti dal presente articolo devono essere richiesti al giudice che ha emanato il provvedimento cautelare, salvo quanto disposto dall'articolo 818, primo comma .

Art. 669-undecies. Cauzione.

Con il provvedimento di accoglimento o di conferma ovvero con il provvedimento di modifica il giudice può imporre all'istante, valutata ogni circostanza, una cauzione per l'eventuale risarcimento dei danni.

Art. 669-duodecies. Attuazione.

Salvo quanto disposto dagli articoli 677 e seguenti in ordine ai sequestri, l'attuazione delle misure cautelari aventi ad oggetto somme di denaro avviene nelle forme degli articoli 491 e seguenti in quanto compatibili, mentre l'attuazione delle misure cautelari aventi ad oggetto obblighi di consegna, rilascio, fare o non fare avviene sotto il controllo del giudice che ha emanato il provvedimento cautelare il quale ne determina anche le modalità di attuazione e, ove sorgano difficoltà o contestazioni, dà con ordinanza i provvedimenti opportuni, sentite le parti. Ogni altra questione va proposta nel giudizio di merito.

Art. 669-terdecies. Reclamo contro i provvedimenti cautelari.

Contro l'ordinanza con la quale è stato concesso o negato il provvedimento cautelare è ammesso reclamo nel termine perentorio di quindici giorni dalla pronuncia in udienza ovvero dalla comunicazione o dalla notificazione se anteriore.

Il reclamo contro i provvedimenti del giudice singolo del tribunale si propone al collegio, del quale non può far parte il giudice che ha emanato il provvedimento reclamato. Quando il provvedimento cautelare è stato emesso dalla Corte d'appello, il reclamo si propone ad altra sezione della stessa Corte o, in mancanza, alla Corte d'appello più vicina.

Il procedimento è disciplinato dagli articoli 737 e 738.

Le circostanze e i motivi sopravvenuti al momento della proposizione del reclamo debbono essere proposti, nel rispetto del principio del contraddittorio, nel relativo procedimento. Il tribunale può sempre assumere informazioni e acquisire nuovi documenti. Non è consentita la rimessione al primo giudice.

Il collegio, convocate le parti, pronuncia, non oltre venti giorni dal deposito del ricorso, ordinanza non impugnabile con la quale conferma, modifica o revoca il provvedimento cautelare.

Il reclamo non sospende l'esecuzione del provvedimento; tuttavia il presidente del tribunale o della Corte investiti del reclamo, quando per motivi sopravvenuti il provvedimento arrechi grave danno, può disporre con ordinanza non impugnabile la sospensione dell'esecuzione o subordinarla alla prestazione di congrua cauzione.

Art. 669-quaterdecies. Ambito di applicazione.

Le disposizioni della presente sezione si applicano ai provvedimenti previsti nelle sezioni II, III e V di questo capo, nonché, in quanto compatibili, agli altri provvedimenti cautelari previsti dal codice civile e dalle leggi speciali. L'articolo 669-septies si applica altresì ai provvedimenti di istruzione preventiva previsti dalla sezione IV di questo capo. Articolo aggiunto dalla L. 26 novembre 1990, n. 353.

SEZIONE II – Del sequestro
Art. 670. Sequestro giudiziario.

Il giudice può autorizzare il sequestro giudiziario:

1)	di beni mobili o immobili, aziende o altre universalità di beni, quando ne è controversa la proprietà o il possesso, ed è opportuno provvedere alla loro custodia o alla loro gestione temporanea;

2)	di libri, registri, documenti, modelli, campioni e di ogni altra cosa da cui si pretende desumere elementi di prova, quando è controverso il diritto alla esibizione o alla comunicazione; ed è opportuno provvedere alla loro custodia temporanea.

Art. 671. Sequestro conservativo.

Il giudice, su istanza del creditore che ha fondato timore di perdere la garanzia del proprio credito, può autorizzare il sequestro conservativo di beni mobili o immobili del debitore o delle somme e cose a lui dovute, nei limiti in cui la legge ne permette il pignoramento.

Art. 672. Sequestro anteriore alla causa.

Art. 673. Sequestro in corso di causa.

Art. 674. Cauzione.

Art. 675. Termine d'efficacia del provvedimento.

Il provvedimento che autorizza il sequestro perde efficacia, se non è eseguito entro il termine di trenta giorni dalla pronuncia.

Art. 676. Custodia nel caso di sequestro giudiziario.

Nel disporre il sequestro giudiziario, il giudice nomina il custode, stabilisce i criteri e i limiti dell'amministrazione delle cose sequestrate e le particolari cautele idonee a render più sicura la custodia e a impedire la divulgazione dei segreti.

Il giudice può nominare custode quello dei contendenti che offre maggiori garanzie e dà cauzione.

Il custode della cosa sequestrata ha gli obblighi e i diritti previsti negli articoli 521, 522 e 560.

Art. 677. Esecuzione del sequestro giudiziario.

Il sequestro giudiziario si esegue a norma degli articoli 605 e seguenti, in quanto applicabili, omessa la notificazione del precetto per consegna o rilascio nonché la comunicazione di cui all'articolo 608, primo comma. L'articolo 608, primo comma, è applicabile se il custode sia persona diversa dal detentore.

Il giudice, col provvedimento di autorizzazione del sequestro o successivamente, può ordinare al terzo detentore del bene sequestrato di esibirlo o di consentire l'immediata immissione in possesso del custode. Al terzo si applica la disposizione dell'articolo 211.

Art. 678. Esecuzione del sequestro conservativo sui mobili.
Il sequestro conservativo sui mobili e sui crediti si esegue secondo le norme stabilite per il pignoramento presso il debitore o presso terzi. In questo ultimo caso il sequestrante deve, con l'atto di sequestro, citare il terzo a comparire davanti al tribunale del luogo di residenza del terzo stesso per rendere la dichiarazione di cui all'articolo 547. Il giudizio sulle controversie relative all'accertamento dell'obbligo del terzo è sospeso fino all'esito di quello sul merito, a meno che il terzo non chieda l'immediato accertamento dei propri obblighi .

Se il credito è munito di privilegio sugli oggetti da sequestrare, il giudice può provvedere nei confronti del terzo detentore, a norma del secondo comma dell'articolo precedente.

Si applica l'articolo 610 se nel corso della esecuzione del sequestro sorgono difficoltà che non ammettono dilazione.

Art. 679. Esecuzione del sequestro conservativo sugli immobili.

Il sequestro conservativo sugli immobili si esegue con la trascrizione del provvedimento presso l'ufficio del conservatore dei registri immobiliari del luogo in cui i beni sono situati.

Per la custodia dell'immobile si applica la disposizione dell'articolo 559.

Art. 680. Convalida del sequestro autorizzato anteriormente alla causa.

Art. 681. Convalida del sequestro autorizzato in corso di causa.

Art. 682. Decisione separata sulla convalida.

Art. 683. Inefficacia del sequestro.

Art. 684. Revoca del sequestro.

Il debitore può ottenere dal giudice istruttore, con ordinanza non impugnabile, la revoca del sequestro conservativo, prestando idonea cauzione per l'ammontare del credito che ha dato causa al sequestro e per le spese, in ragione del valore delle cose sequestrate.

Art. 685. Vendita delle cose deteriorabili.

In caso di pericolo di deterioramento delle cose che formano oggetto del sequestro, il giudice, con lo stesso provvedimento di concessione o con altro successivo, può ordinarne la vendita nei modi stabiliti per le cose pignorate.

Il prezzo ricavato dalla vendita rimane sequestrato in luogo delle cose vendute.

Art. 686. Conversione del sequestro conservativo in pignoramento.
Il sequestro conservativo si converte in pignoramento al momento in cui il creditore sequestrante ottiene sentenza di condanna esecutiva.

Se i beni sequestrati sono stati oggetto di esecuzione da parte di altri creditori, il sequestrante partecipa con essi alla distribuzione della somma ricavata.

Art. 687. Casi speciali di sequestro.

Il giudice può ordinare il sequestro delle somme o delle cose che il debitore ha offerto o messo comunque a disposizione del creditore per la sua liberazione, quando è controverso l'obbligo o il modo del pagamento o della consegna, o l'idoneità della cosa offerta.

SEZIONE III – Dei procedimenti di denuncia di nuova opera e di danno temuto

Art. 688. Forma dell'istanza.

La denuncia di nuova opera o di danno tenuto si propone con ricorso al giudice competente a norma dell'articolo 21. Quando vi è causa pendente per il merito, la denuncia si propone a norma dell'articolo 669-quater.

Art. 689. Provvedimenti immediati.

Art. 690. Pronuncia sui provvedimenti immediati.

Art. 691. Contravvenzione al divieto del giudice.

Se la parte alla quale è fatto divieto di compiere l'atto dannoso o di mutare lo stato di fatto contravviene all'ordine, il giudice, su ricorso della parte interessata, può disporre con ordinanza che le cose siano rimesse al pristino stato a spese del contravventore.

SEZIONE IV: Dei procedimenti di istruzione preventiva

Art. 692. Assunzione di testimoni.

Chi ha fondato motivo di temere che siano per mancare uno o più testimoni le cui deposizioni possono essere necessarie in una causa da proporre, può chiedere che ne sia ordinata l'audizione a futura memoria.

Art. 693. Istanza.

L'istanza si propone con ricorso al giudice che sarebbe competente per la causa di merito.

In caso d'eccezionale urgenza, l'istanza può anche proporsi al tribunale del luogo in cui la prova deve essere assunta.

Il ricorso deve contenere l'indicazione dei motivi dell'urgenza e dei fatti sui quali debbono essere interrogati i testimoni, e l'esposizione sommaria delle domande o eccezioni alle quali la prova è preordinata.

Art. 694. Ordine di comparizione.

Il presidente del tribunale o il giudice di pace fissa, con decreto, l'udienza di comparizione e stabilisce il termine perentorio per la notificazione del decreto.

Art. 695. Ammissione del mezzo di prova.

Il presidente del tribunale o il giudice di pace, assunte, quando occorre, sommarie informazioni, provvede con ordinanza non impugnabile e, se ammette l'esame testimoniale, fissa l'udienza per l'assunzione e designa il giudice che deve procedervi.

Art. 696. Accertamento tecnico e ispezione giudiziale.

Chi ha urgenza di far verificare, prima del giudizio, lo stato di luoghi o la qualità o la condizione di cose può chiedere, a norma degli articoli 692 e seguenti, che sia disposto un accertamento tecnico o un'ispezione giudiziale   .

L'accertamento tecnico e l'ispezione giudiziale, se ne ricorre l'urgenza, possono essere disposti anche sulla persona dell'istante e, se questa vi consente, sulla persona nei cui confronti l'istanza è proposta.

L'accertamento tecnico di cui al primo comma può comprendere anche valutazioni in ordine alle cause e ai danni relativi all'oggetto della verifica. Il presidente del tribunale o il giudice di pace provvede nelle forme stabilite negli articoli 694 e 695, in quanto applicabili, nomina il consulente tecnico e fissa la data dell'inizio delle operazioni.

Art. 696-bis. Consulenza tecnica preventiva ai fini della composizione della lite.

L'espletamento di una consulenza tecnica, in via preventiva, può essere richiesto anche al di fuori delle condizioni di cui al primo comma dell'articolo 696, ai fini dell'accertamento e della relativa determinazione dei crediti derivanti dalla mancata inesatta esecuzione di obbligazioni contrattuali o da fatto illecito. Il giudice procede a norma del terzo comma del medesimo articolo 696. Il consulente, prima di provvedere al deposito della relazione, tenta, ove possibile, la conciliazione delle parti.

Se le parti si sono conciliate, si forma processo verbale della conciliazione. Il giudice attribuisce con decreto efficacia di titolo esecutivo al processo verbale, ai fini dell'espropriazione e dell'esecuzione in forma specifica e per l'iscrizione di ipoteca giudiziale.

Il processo verbale è esente dall'imposta di registro.

Se la conciliazione non riesce, ciascuna parte può chiedere che la relazione depositata dal consulente sia acquisita agli atti del successivo giudizio di merito.

Si applicano gli articoli da 191 a 197, in quanto compatibili.

Art. 697. Provvedimenti in caso di eccezionale urgenza.

In caso di eccezionale urgenza, il presidente del tribunale o il giudice di pace può pronunciare i provvedimenti indicati negli articoli 694 e 695 con decreto, dispensando il ricorrente dalla notificazione alle altri parti; in tal caso può nominare un procuratore, che intervenga per le parti non presenti all'assunzione della prova.

Non oltre il giorno successivo, a cura del cancelliere, deve essere fatta notificazione immediata del decreto alle parti non presenti all'assunzione.

Art. 698. Assunzione ed efficacia delle prove preventive.

Nell'assunzione preventiva dei mezzi di prova si applicano, in quanto possibile, gli articoli 191 e seguenti.

L'assunzione preventiva dei mezzi di prova non pregiudica le questioni relative alla loro ammissibilità e rilevanza, né impedisce la loro rinnovazione nel giudizio di merito.

I processi verbali delle prove non possono essere prodotti, né richiamati, né riprodotti in copia nel giudizio di merito, prima che i mezzi di prova siano stati dichiarati ammissibili nel giudizio stesso.

Art. 699. Istruzione preventiva in corso di causa.

L'istanza di istruzione preventiva può anche essere proposta in corso di causa e durante l'interruzione o la sospensione del giudizio. Il giudice provvede con ordinanza.

SEZIONE V – Dei provvedimenti di urgenza
Art. 700. Condizioni per la concessione.

Fuori dei casi regolati nelle precedenti sezioni di questo capo, chi ha fondato motivo di temere che durante il tempo occorrente per far valere il suo diritto in via ordinaria, questo sia minacciato da un pregiudizio imminente e irreparabile, può chiedere con ricorso al giudice i provvedimenti d'urgenza, che appaiono, secondo le circostanze, più idonei ad assicurare provvisoriamente gli effetti della decisione sul merito.

Art. 701. Competenze.
Art. 702. Procedimento.
CAPO III bis - DEL PROCEDIMENTO SOMMARIO DI COGNIZIONE
Art. 702-bis. Forma della domanda. Costituzione delle parti

Art. 702-ter. Procedimento
Art. 702-quater. Appello

CAPO IV - DEI PROCEDIMENTI POSSESSORI
Art. 703. Domanda di reintegrazione e di manutenzione nel possesso. Le domande di reintegrazione e di manutenzione nel possesso si propongono con ricorso al giudice competente a norma dell'articolo 21. Il giudice provvede ai sensi degli articoli 669-bis e seguenti, in quanto compatibili.

L'ordinanza che accoglie o respinge la domanda è reclamabile ai sensi dell'articolo 669-terdecies.

Se richiesto da una delle parti, entro il termine perentorio di sessanta giorni decorrente dalla comunicazione del provvedimento che ha deciso sul reclamo ovvero, in difetto, del provvedimento di cui al terzo comma, il giudice fissa dinanzi a sé l'udienza per la prosecuzione del giudizio di merito. Si applica l'articolo 669-novies, terzo comma.

Art. 704. Domande di provvedimento possessorio nel corso di giudizio petitorio.

Ogni domanda relativa al possesso, per fatti che avvengono durante la pendenza del giudizio petitorio, deve essere proposta davanti al giudice di quest'ultimo.

La reintegrazione nel possesso può essere tuttavia domandata al giudice competente a norma dell'articolo 703, il quale dà i provvedimenti temporanei indispensabili; ciascuna delle parti può proseguire il giudizio dinanzi al giudice del petitorio, ai sensi dell'articolo 703.

Art. 705. Divieto di proporre giudizio petitorio.

Il convenuto nel giudizio possessorio non può proporre giudizio petitorio, finché il primo giudizio non sia definito e la decisione non sia stata eseguita.

Il convenuto può tuttavia proporre il giudizio petitorio quando dimostra che l'esecuzione del provvedimento possessorio non può compiersi per fatto dell'attore.

TITOLO II - DEI PROCEDIMENTI IN CAMERA DI CONSIGLIO
CAPO I - DELLA SEPARAZIONE PERSONALE DEI CONIUGI
Art. 706. Forma della domanda.
Art. 707. Comparizione personale delle parti
Art. 708. Tentativo di conciliazione e provvedimenti del presidente
Art. 709. Notificazione dell'ordinanza e fissazione dell'udienza
Art. 709-bis. Udienza di comparizione e trattazione davanti al giudice istruttore
Art. 709-ter. Soluzione delle controversie e provvedimenti in caso di inadempienze o violazioni
Art. 710. Modificabilità dei provvedimenti relativi alla separazione dei coniugi
Art. 711. Separazione consensuale

CAPO II - DELL'INTERDIZIONE, DELL'INABILITAZIONE E DELL'AMMINISTRAZIONE DI SOSTEGNO
Art. 712. Forma della domanda
Art. 713. Provvedimenti del presidente
Art. 714. Istruzione preliminare
Art. 715. Impedimento a comparire dell'interdicendo o dell'inabilitando
Art. 716. Capacità processuale dell'interdicendo e dell'inabilitando
Art. 717. Nomina del tutore e del curatore provvisorio
Art. 718. Legittimazione all'impugnazione
Art. 719. Termine per l'impugnazione
Art. 720. Revoca dell'interdizione o dell'inabilitazione
Art. 720-bis. Norme applicabili ai procedimenti in materia di amministrazione di sostegno

Art. 737. Forma della domanda e del provvedimento.

I provvedimenti, che debbono essere pronunciati in camera di consiglio, si chiedono con ricorso al giudice competente e hanno forma di decreto motivato, salvo che la legge disponga altrimenti.

Art. 738. Procedimento.

Il presidente nomina tra i componenti del collegio un relatore, che riferisce in camera di consiglio.
Se deve essere sentito il pubblico ministero, gli atti sono a lui previamente comunicati ed egli stende le sue conclusioni in calce al provvedimento del presidente.
Il giudice può assumere informazioni.

Art. 739. Reclami delle parti

Contro i decreti del giudice tutelare si può proporre reclamo al tribunale, che pronuncia in camera di consiglio in composizione monocratica quando il provvedimento ha contenuto patrimoniale o gestorio, e in composizione collegiale in tutti gli altri casi. Del collegio non può fare parte il giudice che ha emesso il provvedimento reclamato. Contro i decreti pronunciati dal tribunale in camera di consiglio in primo grado si può proporre reclamo con ricorso alla corte di appello, che pronuncia anch'essa in camera di consiglio.
Il reclamo deve essere proposto nel termine perentorio di dieci giorni dalla comunicazione del decreto, se è dato in confronto di una sola parte, o dalla notificazione se è dato in confronto di più parti.
Salvo che la legge disponga altrimenti, non è ammesso reclamo contro i decreti della corte d'appello e contro quelli del tribunale pronunciati in sede di reclamo .

Art. 740. Reclami del pubblico ministero.

Il pubblico ministero, entro dieci giorni dalla comunicazione, può proporre reclamo contro i decreti del giudice tutelare e contro quelli del tribunale per i quali è necessario il suo parere.

Art. 741. Efficacia dei provvedimenti.

I decreti acquistano efficacia quando sono decorsi i termini di cui agli articoli precedenti senza che sia stato proposto reclamo.
Se vi sono ragioni d'urgenza, il giudice può tuttavia disporre che il decreto abbia efficacia immediata.

Art. 742. Revocabilità dei provvedimenti.

I decreti possono essere in ogni tempo modificati o revocati, ma restano salvi i diritti acquistati in buona fede dai terzi in forza di convenzioni anteriori alla modificazione o alla revoca.

Art. 742-bis. Ambito di applicazione degli articoli precedenti. Le disposizioni del presente capo si applicano a tutti i procedimenti in camera di consiglio, ancorché non regolati dai capi precedenti o che non riguardino materia di famiglia o di stato delle persone.

TITOLO III – DELLA COPIA E DELLA COLLAZIONE DI ATTI PUBBLICI
Art. 743. Copia degli atti.

Qualunque depositario pubblico, autorizzato a spedire copia degli atti che detiene, deve rilasciarne copia autentica, ancorché l'istante o i suoi autori non siano stati parte nell'atto, sotto pena dei danni e delle spese, salve le disposizioni speciali della legge sulle tasse di registro e bollo.

La copia d'un testamento pubblico non può essere spedita durante la vita del testatore, tranne che a sua istanza, della quale si fa menzione nella copia.

Art. 744. Copie o estratti da pubblici registri.

I cancellieri e i depositari di pubblici registri sono tenuti, eccettuati i casi determinati dalla legge, a spedire a chiunque ne faccia istanza le copie e gli estratti degli atti giudiziari da essi detenuti, sotto pena dei danni e delle spese.

Art. 745. Rifiuto o ritardo nel rilascio.

Nel caso di rifiuto o di ritardo da parte dei cancellieri o dei depositari di cui all'articolo precedente, l'istante può ricorrere al giudice di pace o al presidente del tribunale o della corte presso cui il cancelliere o depositario esercita le sue funzioni.

Nel caso di rifiuto o di ritardo da parte dei pubblici depositari di cui all'articolo 743, l'istante può ricorrere al presidente del tribunale nella cui circoscrizione il depositario esercita le sue funzioni.

Il presidente o il giudice di pace provvede con decreto, sentito il pubblico ufficiale.

Art. 746. Collazione di copie.

Chi ha ottenuto la copia di un atto pubblico a norma dell'articolo 743 ha diritto di collazionarla con l'originale in presenza del depositario. Se questi si rifiuta, può ricorrere al tribunale nella cui circoscrizione il depositario esercita le sue funzioni. Il giudice, sentito il depositario, dà con decreto le disposizioni opportune per la collazione e può eseguirla egli stesso recandosi nell'ufficio del depositario.

TITOLO IV – DEI PROCEDIMENTI RELATIVI ALL'APERTURA DELLE SUCCESSIONI

CAPO I - DISPOSIZIONI GENERALI

Art. 747. Autorizzazione alla vendita dei beni ereditari.

L'autorizzazione a vendere beni ereditari si chiede con ricorso diretto al tribunale del luogo in cui si è aperta la successione.

Nel caso in cui i beni appartengano a incapaci deve essere sentito il giudice tutelare.

Il giudice provvede sul ricorso con decreto, contro il quale è ammesso reclamo a norma dell'articolo 739.

Se l'istanza di autorizzazione a vendere riguarda l'oggetto d'un legato di specie, il ricorso deve essere notificato al legatario.

Art. 748. Forma della vendita.

La vendita dei beni ereditari deve compiersi nelle forme previste per la vendita dei beni dei minori.

Il giudice, quando occorre, fissa le modalità per la conservazione e il reimpiego del prezzo ricavato.

Art. 749. Procedimento per la fissazione dei termini.

L'istanza per fissazione di un termine entro il quale una persona deve emettere una dichiarazione o compiere un determinato atto, se non è proposta nel corso di un giudizio, si propone con ricorso al tribunale del luogo in cui si è aperta la successione.

Il giudice fissa con decreto l'udienza di comparizione del ricorrente e della persona alla quale il termine deve essere imposto e stabilisce il termine entro il quale il ricorso e il decreto debbono essere notificati, a cura del ricorrente, alla persona stessa.

Il giudice provvede con ordinanza, contro la quale è ammesso reclamo al tribunale a norma dell'articolo 739. Il collegio, del quale non può far parte il giudice che ha emesso il provvedimento reclamato, provvede con ordinanza non impugnabile in camera di consiglio, previa audizione degli interessati a norma del comma precedente.

Le stesse forme si osservano per chiedere la proroga di un termine stabilito dalla legge. La proroga del termine stabilito dal giudice si chiede al giudice stesso.

Art. 750. Provvedimenti del presidente del tribunale relativi alle cauzioni e agli esecutori testamentari.

L'istanza per l'imposizione di una cauzione a carico dell'erede o del legatario, nei casi previsti dalla legge, è proposta, quando non vi è giudizio pendente, con ricorso al presidente del tribunale del luogo in cui si è aperta la successione.

Il presidente fissa con decreto l'udienza di comparizione del ricorrente e dell'erede o legatario davanti a sé e stabilisce il termine entro il quale il ricorso e il decreto debbono essere loro notificati.

Il presidente stabilisce le modalità e l'ammontare della cauzione con ordinanza, contro la quale è ammesso reclamo al presidente della Corte d'appello a norma dell'articolo 739. Il presidente della Corte d'appello provvede con ordinanza non impugnabile, previa audizione degli interessati a norma del comma precedente.

Le stesse forme si osservano nei casi previsti negli articoli 708 e 710 del codice civile relativamente agli esecutori testamentari.

Art. 751. Scelta dell'onerato.

L'istanza per la scelta prevista nell'articolo 631 ultimo comma del codice civile è proposta con ricorso, che deve essere notificato a colui al quale spettava il diritto di scelta e all'onerato.

La scelta è fatta dal presidente del tribunale con decreto.

CAPO II - DELL'APPOSIZIONE E DELLA RIMOZIONE DEI SIGILLI
SEZIONE I – Dell'apposizione dei sigilli
Art. 752. Giudice competente.
All'apposizione dei sigilli procede il tribunale .

Nei comuni in cui non ha sede il tribunale , i sigilli possono essere apposti, in caso di urgenza, dal giudice di pace. Il processo verbale è trasmesso immediatamente al tribunale .

Art. 753. Persone che possono chiedere l'apposizione.
Possono chiedere l'apposizione dei sigilli:
1) l'esecutore testamentario;
2) coloro che possono avere diritto alla successione;
3) le persone che coabitavano col defunto, o che al momento della morte erano addette al suo servizio, se il coniuge, gli eredi o alcuno di essi sono assenti dal luogo;
   4) i creditori.

L'istanza si propone mediante ricorso, nel quale il proponente deve dichiarare la residenza o eleggere domicilio nel comune in cui ha sede il tribunale.

Art. 754. Apposizione d'ufficio.
L'apposizione dei sigilli è disposta d'ufficio o su richiesta del pubblico ministero nei casi seguenti:
1) se il coniuge o alcuno degli eredi è assente dal luogo;
2) se tra gli eredi vi sono minori o interdetti e manca il tutore o il curatore; 3) se il defunto è stato depositario pubblico, oppure ha rivestito cariche o funzioni per effetto delle quali si ritiene che possano trovarsi presso di lui atti della pubblica amministrazione o comunque di carattere riservato. La disposizione di questo articolo non si applica nei casi indicati nei numeri 1 e 2, se il defunto ha disposto altrimenti con testamento.

Nel caso indicato nel numero 3 i sigilli si appongono soltanto sugli oggetti depositati, o ai locali o mobili nei quali possono trovarsi gli atti ivi enunciati.

Art. 755. Poteri del giudice.
Se le porte sono chiuse, o si incontrano ostacoli all'apposizione dei sigilli, o sorgono altre difficoltà, tanto prima quanto durante l'apposizione, il giudice può ordinare l'apertura delle porte e dare gli altri provvedimenti opportuni.

Art. 756. Custodia delle chiavi.
Le chiavi delle serrature, sulle quali sono stati apposti i sigilli, finché non sia ordinata la rimozione di questi debbono essere custodite dal cancelliere.

Art. 757. Conservazione di testamenti e di carte.
Se nel procedere all'apposizione dei sigilli si trovano testamenti o altre carte importanti, il giudice provvede alla conservazione di essi. Se non può provvedervi nello stesso giorno, nel processo verbale descrive la forma esterna delle carte, e le chiude in un involto da lui sigillato e sottoscritto, in presenza delle parti, fissando il giorno e l'ora in cui emetterà i provvedimenti ulteriori.

Art. 758. Cose su cui non si possono apporre sigilli e cose deteriorabili. Se vi sono oggetti sui quali non è possibile apporre i sigilli, o che sono necessari all'uso personale di coloro che abitano nella casa, se ne fa descrizione nel processo verbale.

Delle cose che possono deteriorarsi, il giudice può ordinare con decreto la vendita immediata, incaricando un commissionario a norma degli articoli 532 e seguenti.

Art. 759. Informazioni e nomina del custode.
Durante le operazioni di apposizione dei sigilli, il giudice assume le informazioni che ritiene opportune allo scopo di accertare che nessuna cosa sia stata asportata.

Per la conservazione delle cose sigillate nomina un custode.

Art. 760. Apposizione di sigilli durante e dopo l'inventario.
L'apposizione dei sigilli che viene chiesta durante l'inventario può aver luogo soltanto per gli oggetti non inventariati.

Esaurito l'inventario, non si fa luogo all'apposizione dei sigilli, salvo che l'inventario sia impugnato.

Art. 761. Accesso nei luoghi sigillati.
Il giudice o il cancelliere non possono entrare nei luoghi chiusi con l'apposizione dei sigilli, finché non ne sia stata ordinata la rimozione a norma dell'articolo 762, salvo che il giudice disponga con decreto motivato l'accesso per urgenti motivi.

SEZIONE II –Della rimozione dei sigilli
Art. 762. Termine.
I sigilli non possono essere rimossi e l'inventario non può essere eseguito se non dopo tre giorni dall'apposizione, salvo che il giudice per cause urgenti stabilisca altrimenti con decreto motivato.

Se alcuno degli eredi è minore non emancipato, non si può procedere alla rimozione dei sigilli finché non gli sia stato nominato un tutore o un curatore speciale.

Art. 763. Provvedimento di rimozione.

La rimozione dei sigilli é ordinata con decreto dal giudice su istanza di alcuna delle persone indicate nell'articolo 753 numeri 1, 2 e 4.

Nei casi previsti nell'articolo 754 può essere ordinata anche d'ufficio e, se ricorrano le ipotesi di cui ai numeri 2 e 3, la rimozione deve essere seguita dall'inventario.

L'istanza e il decreto sono stesi di seguito al processo verbale di apposizione.

Art. 764. Opposizione.
Chiunque vi ha interesse può fare opposizione alla rimozione dei sigilli con dichiarazione inserita nel processo verbale di apposizione o con ricorso al giudice

Il giudice fissa con decreto una udienza per la comparizione delle parti e stabilisce il termine perentorio entro il quale il decreto stesso deve essere notificato a cura dell'opponente.

Il giudice provvede con ordinanza non impugnabile e, se ordina la rimozione, può disporre che essa sia seguita dall'inventario e può dare le opportune cautele per la conservazione delle cose che sono oggetto di contestazione.

Art. 765. Ufficiale procedente.
La rimozione dei sigilli è eseguita dall'ufficiale che può procedere all'inventario a norma dell'articolo 769.

Se non occorre l'inventario, la rimozione è eseguita dal cancelliere del tribunale . Nei comuni in cui non ha sede il tribunale la rimozione può essere eseguita dal cancelliere del giudice di pace.

Art. 766. Avviso alle persone interessate.
Non si può procedere alla rimozione dei sigilli senza che ne sia stato dato avviso, nelle forme stabilite nell'articolo 772, alle persone indicate nell'articolo 771.

Art. 767. Alterazioni nello stato dei sigilli.
L'ufficiale che procede alla rimozione dei sigilli deve innanzitutto riconoscerne lo stato.

Se trova in essi qualche alterazione, deve sospendere ogni operazione ulteriore, facendone immediatamente rapporto al giudice , il quale si trasferisce sul luogo per le verificazioni occorrenti e per i provvedimenti necessari anche per la prosecuzione dell'inventario.

Art. 768. Disposizione generale.
Le disposizioni di questo capo si osservano in ogni altro caso in cui si debba procedere ad apposizione o rimozione di sigilli, salvo che la legge stabilisca altrimenti.

CAPO III -DELL'INVENTARIO
Art. 769. (Istanza)

L'inventario può essere chiesto al tribunale dalle persone che hanno diritto di ottenere la rimozione dei sigilli ed è eseguito dal cancelliere del tribunale o da un notaio designato dal defunto con testamento o nominato dal tribunale .

L'istanza si propone con ricorso, nel quale il richiedente deve dichiarare la residenza o eleggere domicilio nel comune in cui ha sede il tribunale .

Il tribunale provvede con decreto.

Quando non sono stati apposti i sigilli, l'inventario può essere chiesto dalla parte che ne assume l'iniziativa direttamente al notaio designato dal defunto nel testamento ovvero, in assenza di designazione, al notaio scelto dalla stessa parte.

Art. 770. Inventario da eseguirsi dal notaio.
Quando all'inventario deve procedere un notaio, il cancelliere gli consegna, ritirandone ricevuta:
1) le chiavi da lui custodite a norma dell'articolo 756;
2) copia del processo verbale di apposizione dei sigilli, dell'istanza e del decreto di rimozione;
3) una nota delle opposizioni che sono state proposte con indicazione del nome, cognome degli opponenti e della loro residenza o del domicilio da essi eletto.

La copia indicata nel numero 2 e la nota indicata nel numero 3 sono unite all'inventario.

Art. 771. Persone che hanno diritto ad assistere all'inventario.
Hanno diritto ad assistere alla formazione dell'inventario:
1) il coniuge superstite;
2) gli eredi legittimi presunti;
3) l'esecutore testamentario, gli eredi istituiti e i legatari; 4) i creditori che hanno fatto opposizione alla rimozione dei sigilli.

Art. 772. Avviso dell'inizio dell'inventario.
L'ufficiale che procede all'inventario deve dare avviso, almeno tre giorni prima, alle persone indicate nell'articolo precedente del luogo, giorno e ora in cui darà inizio alle operazioni.

L'avviso non è necessario per le persone che non hanno residenza o non hanno eletto domicilio nella circoscrizione del tribunale, nella quale si procede all'inventario; ma in loro vece deve essere avvertito il notaio che, su istanza di chi ha chiesto l'inventario, è nominato con decreto dal giudice per rappresentarli.

Art. 773. Nomina di stimatore.
L'ufficiale che procede all'inventario nomina, quando occorre, uno o più stimatori per la valutazione degli oggetti mobili.

Art. 774. Rinvio delle operazioni

Quando l'inventario non può essere ultimato nel giorno del suo inizio, l'ufficiale che vi procede ne rinvia la continuazione a un giorno prossimo, avvertendone verbalmente le parti presenti.

Art. 775. Processo verbale d'inventario.

Il processo verbale d'inventario contiene:

1) la descrizione degli immobili, mediante l'indicazione della loro natura, della loro situazione, dei loro confini e dei numeri del catasto e delle mappe censuarie;

2) la descrizione e la stima dei mobili, con la specificazione del peso o del marchio per gli oggetti d'oro e d'argento;

3) l'indicazione della quantità e specie delle monete per il danaro contante; 4) l'indicazione delle alt99re attività e passività;

5) la descrizione delle carte, scritture e note relative allo stato attivo e passivo, le quali debbono essere firmate in principio e in fine dall'ufficiale procedente.

Lo stesso ufficiale deve accertare sommariamente lo stato dei libri e dei registri di commercio, firmarne i fogli, e lineare gli intervalli.

Se alcuno degli interessati contesta l'opportunità d'inventariare qualche oggetto, l'ufficiale lo descrive nel processo verbale, facendo menzione delle osservazioni e istanze delle parti.

Art. 776. Consegna delle cose mobili inventariate.

Le cose mobili e le carte inventariate sono consegnate alla persona indicata dalle parti interessate, o, in mancanza, nominata con decreto del giudice , su istanza di una delle parti, sentite le altre.

Art. 777. Applicabilità delle norme agli altri casi d'inventario.

Le disposizioni contenute in questo sezione si applicano a ogni inventario ordinato dalla legge, salve le formalità speciali stabilite dal codice civile per l'inventario dei beni dei minori.

CAPO IV - DEL BENEFICIO DI INVENTARIO
Art. 778. Reclami contro lo stato di graduazione.

I reclami contro lo stato di graduazione previsti nell'articolo 501 del codice civile sono proposti al giudice competente per valore del luogo dell'aperta successione.

Il valore della causa è determinato da quello dell'attivo ereditario calcolato sulla stima di inventario dei mobili e a norma dell'articolo 15 per gli immobili.

I reclami si propongono con citazione da notificarsi all'erede e a coloro i cui diritti sono contestati, e sono decisi in unico giudizio.

Art. 779. Istanza di liquidazione proposta dai creditori e legatari. L'istanza dei creditori e legatari prevista nell'articolo 509 del codice civile si propone con ricorso.

Il giudice fissa con decreto l'udienza di comparizione dell'erede e di coloro che hanno presentato le dichiarazioni di credito. Il decreto è comunicato alle parti dal cancelliere.

Il tribunale provvede con ordinanza non impugnabile in camera di consiglio, previa audizione degli interessati a norma del comma precedente. L'istanza di nomina non può essere accolta e la nomina avvenuta deve essere revocata in sede di reclamo, se alcuno dei creditori si oppone e dichiara di voler far valere la decadenza dell'erede dal beneficio d'inventario. Se l'erede contesta l'esistenza delle condizioni previste nell'articolo 509 del codice civile il giudice provvede all'istruzione della causa, a norma del libro Secondo, disponendo gli opportuni mezzi conservativi, compresa eventualmente la nomina del curatore.

Art. 780. Domanda dell'erede contro l'eredità.

Le domande dell'erede con beneficio d'inventario contro l'eredità sono proposte contro gli altri eredi. Se non vi sono eredi o se tutti propongono la stessa domanda, il giudice nomina un curatore in rappresentanza dell'eredità.

CAPO V - DEL CURATORE DELL'EREDITA' GIACENTE
Art. 781. Notificazione del decreto di nomina.

Il decreto di nomina del curatore dell'eredità giacente è notificato alla persona nominata a cura del cancelliere, nel termine stabilito nello stesso decreto.

Art. 782. Vigilanza del giudice.

L'amministrazione del curatore si svolge sotto la vigilanza del giudice . Questi, quando lo crede opportuno, può prefiggere, con decreto, termini per la presentazione dei conti della gestione, e può in ogni tempo revocare o sostituire il curatore.

Gli atti del curatore che eccedono l'ordinaria amministrazione debbono essere autorizzati dal giudice .

Art. 783. Vendita di beni ereditari.

La vendita di beni mobili deve essere promossa dal curatore nei trenta giorni successivi alla formazione dell'inventario salvo che il giudice , con decreto motivato, non disponga altrimenti.

La vendita dei beni immobili può essere autorizzata dal tribunale con decreto in camera di consiglio soltanto nei casi di necessità o utilità evidente.

TITOLO V- DELLO SCIOGLIMENTO DI COMUNIONI
Art. 784. Litisconsorzio necessario.

Le domande di divisione ereditaria o di scioglimento di qualsiasi altra comunione debbono proporsi in confronto di tutti gli eredi o condomini e dei creditori opponenti se vi sono.

Art. 785. Pronuncia sulla domanda di divisione.

Se non sorgono contestazioni sul diritto alla divisione, essa e' disposta con ordinanza dal giudice istruttore; altrimenti questi provvede a norma dell'articolo 187.

Art. 786. Direzione delle operazioni.

Le operazioni di divisione sono dirette dal giudice istruttore il quale, anche nel corso di esse, può delegarne la direzione a un notaio.

Art. 787. Vendita di mobili.

Quando occorre procedere alla vendita di mobili, censi o rendite, il giudice istruttore o il professionista delegato procede a norma degli articoli 534 e seguenti, se non sorge controversia sulla necessità della vendita. Se sorge controversia, la vendita non può essere disposta se non con sentenza del collegio.

Art. 788. Vendita di immobili.

Quando occorre procedere alla vendita di immobili, il giudice istruttore provvede con ordinanza a norma dell'articolo 569, terzo comma, se non sorge controversia sulla necessità della vendita.

Se sorge controversia, la vendita non può essere disposta se non con sentenza del collegio.

La vendita si svolge davanti al giudice istruttore. Si applicano gli articoli 570 e seguenti.

Quando le operazioni sono affidate a un professionista, questi provvede direttamente alla vendita, a norma delle disposizioni del presente articolo.

Art. 789. Progetto di divisione e contestazioni su di esso.

Il giudice istruttore predispone un progetto di divisione che deposita in cancelleria e fissa con decreto l'udienza di discussione del progetto, ordinando la comparizione dei condividenti e dei creditori intervenuti.

Il decreto è comunicato alle parti.

Se non sorgono contestazioni, il giudice istruttore, con ordinanza non impugnabile, dichiara esecutivo il progetto, altrimenti provvede a norma dell'articolo 187.

In ogni caso il giudice istruttore dà con ordinanza le disposizioni necessarie per l'estrazione a sorte dei lotti.

Art. 790. Operazioni davanti al notaio.

Se a dirigere le operazioni di divisione è stato delegato un notaio, questi dà avviso, almeno cinque giorni prima, ai condividenti e ai creditori intervenuti del luogo, giorno e ora in cui le operazioni avranno inizio.

Le operazioni si svolgono alla presenza delle parti, assistite, se lo richiedono e a loro spese, dai propri procuratori.

Se nel corso delle operazioni sorgono contestazioni in ordine alle stesse, il notaio redige apposito processo verbale che trasmette al giudice istruttore. Questi fissa con decreto un'udienza per la comparizione delle parti, alle quali il decreto stesso è comunicato dal cancelliere.

Sulle contestazioni il giudice provvede con ordinanza.

Art. 791. Progetto di divisione formato dal notaio.

Il notaio redige unico processo verbale delle operazioni effettuate. Formato il progetto delle quote e dei lotti, se le parti non si accordano su di esso, il notaio trasmette il processo verbale al giudice istruttore, entro cinque giorni dalla sottoscrizione.

Il giudice provvede come al penultimo comma dell'articolo precedente per la fissazione dell'udienza di comparizione delle parti e quindi emette i provvedimenti di sua competenza a norma dell'articolo 187.

L'estrazione dei lotti non può avvenire se non in base a ordinanza del giudice, emessa a norma dell'articolo 789 ultimo comma o a sentenza passata in giudicato.

Art.791-bis. Divisione a domanda congiunta.

Quando non sussiste controversia sul diritto alla divisione né sulle quote o altre questioni pregiudiziali gli eredi o condomini e gli eventuali creditori e aventi causa che hanno notificato o trascritto l'opposizione alla divisione possono, con ricorso congiunto al tribunale competente per territorio, domandare la nomina di un notaio ovvero di un avvocato aventi sede nel circondario al quale demandare le operazioni di divisione. Le sottoscrizioni apposte in calce al ricorso possono essere autenticate, quando le parti lo richiedono, da un notaio o da un avvocato. Se riguarda beni immobili, il ricorso deve essere trascritto a norma dell'articolo 2646 del codice civile. Si procede a norma degli articoli 737 e seguenti del presente codice. Il giudice, con decreto, nomina il professionista incaricato eventualmente indicato dalle parti e, su richiesta di quest'ultimo, nomina un esperto estimatore. Quando risulta che una delle parti di cui al primo comma non ha sottoscritto il ricorso, il professionista incaricato rimette gli atti al giudice che, con decreto, dichiara inammissibile la domanda e ordina la cancellazione della relativa trascrizione. Il decreto è reclamabile a norma dell'articolo 739. Il professionista incaricato, sentite le parti e gli eventuali creditori iscritti o aventi causa da uno dei partecipanti che hanno acquistato diritti sull'immobile a norma dell'articolo 1113 del codice civile, nel termine assegnato nel decreto di nomina predispone il progetto di divisione o dispone la vendita dei beni non comodamente divisibili e dà avviso alle parti e agli altri interessati del progetto o della vendita. Alla vendita dei beni si applicano, in quanto compatibili, le disposizioni relative al professionista delegato di cui al Libro terzo, Titolo II, Capo IV, Sezione III, § 3-bis. Entro trenta giorni dal versamento del prezzo il professionista incaricato predispone il progetto di divisione e ne dà avviso alle parti e agli altri interessati.

Ciascuna delle parti o degli altri interessati può ricorrere al Tribunale nel termine perentorio di trenta giorni dalla ricezione dell'avviso per opporsi alla vendita di beni o contestare il progetto di divisione. Sull'opposizione il giudice procede secondo le disposizioni di cui al Libro quarto, Titolo I, Capo III-bis; non si applicano quelle di cui ai commi secondo e terzo dell'articolo 702-ter. Se l'opposizione è accolta il giudice dà le disposizioni necessarie per la prosecuzione delle operazioni divisionali e rimette le parti avanti al professionista incaricato.

Decorso il termine di cui al quarto comma senza che sia stata proposta opposizione, il professionista incaricato deposita in cancelleria il progetto con la prova degli avvisi effettuati. Il giudice dichiara esecutivo il progetto con decreto e rimette gli atti al professionista incaricato per gli adempimenti successivi.

TITOLO VI – DEL PROCESSO DI LIBERAZIONE DEGLI IMMOBILI DALLE IPOTECHE
Art. 792. Deposito del prezzo.

L'acquirente che ha dichiarato al precedente proprietario e ai creditori iscritti di volere liberare l'immobile acquistato dalle ipoteche deve chiedere, con ricorso al presidente del tribunale competente per la espropriazione, la determinazione dei modi per il deposito del prezzo offerto. Il presidente provvede con decreto.

Se non sono state fatte richieste di espropriazione nei quaranta giorni successivi alla notificazione della dichiarazione al precedente proprietario e ai creditori iscritti, l'acquirente, nel termine perentorio di sessanta giorni dalla notificazione, deve depositare nei modi prescritti dal presidente del tribunale il prezzo offerto e presentare nella cancelleria il certificato del deposito, il titolo d'acquisto col certificato di trascrizione, un estratto autentico dello stato ipotecario e l'originale dell'atto notificato al precedente proprietario e ai creditori iscritti.

Art. 793. Convocazione dei creditori.

Su presentazione da parte del cancelliere dei documenti indicati nell'articolo precedente, il presidente designa con decreto un giudice per il procedimento e fissa l'udienza di comparizione dell'acquirente, del precedente proprietario e dei creditori iscritti, e stabilisce il termine perentorio entro il quale il decreto deve essere notificato alle altre parti, a cura dell'acquirente.

Art. 794. Provvedimenti del giudice.

All'udienza il giudice, accertata la regolarità del deposito e degli atti del procedimento, dispone con ordinanza la cancellazione delle ipoteche iscritte anteriormente alla trascrizione del titolo dell'acquirente che ha chiesto la liberazione, e quindi provvede alla distribuzione del prezzo a norma degli articoli 596 e seguenti.

Art. 795. Espropriazione.

Se è fatta istanza di espropriazione, il giudice, verificate le condizioni stabilite dalla legge per l'ammissibilità di essa, dispone con decreto che si proceda a norma degli articoli 567 e seguenti.

La vendita non può essere fatta che all'incanto a norma degli articoli 576 e seguenti.

L'incanto si apre sul prezzo offerto dal creditore istante.

Alla distribuzione della somma ricavata partecipano, oltre ai creditori privilegiati e ipotecari, i creditori dell'acquirente.

Quest'ultimo ha diritto di essere collocato nella graduazione con privilegio per le spese sopportate per la dichiarazione di liberazione.

TITOLO VII – DELL'EFFICACIA DELLE SENTENZE STRANIERE E DELLA ESECU-ZIONE DI ALTRI ATTI DI AUTORITA' STRANIERE
Art. 796. Giudice competente.
Art. 797. Condizioni per la dichiarazione di efficacia.
Art. 798. Riesame del merito.
Art. 799. Dichiarazione di efficacia in giudizio pendente.
Art. 800. Sentenze arbitrali straniere.
Art. 801. Provvedimenti stranieri di volontaria giurisdizione.
Art. 802. Assunzione di mezzi di prova disposti da giudici stranieri. (
Art. 803. Esecuzione richiesta in via diplomatica.
Art. 804. Atti pubblici ricevuti all'estero.
Art. 805. Notificazione di atti giudiziari di autorità straniere.

TITOLO VIII – DELL'ARBITRATO
CAPO I - DELLA CONVENZIONE D'ARBITRATO

Art. 806. Controversie arbitrabili.

Le parti possono far decidere da arbitri le controversie tra di loro insorte che non abbiano per oggetto diritti indisponibili, salvo espresso divieto di legge.

Le controversie di cui all'articolo 409 possono essere decise da arbitri solo se previsto dalla legge o nei contratti o accordi collettivi di lavoro.

Art. 807. Compromesso.

Il compromesso deve, a pena di nullità, essere fatto per iscritto e determinare l'oggetto della controversia.

La forma scritta s'intende rispettata anche quando la volontà delle parti è espressa per telegrafo, telescrivente, telefacsimile o messaggio telematico nel rispetto della normativa, anche regolamentare, concernente la trasmissione e la ricezione dei documenti teletrasmessi.

Art. 808. Clausola compromissoria.

Le parti, nel contratto che stipulano o in un atto separato, possono stabilire che le controversie nascenti dal contratto medesimo siano decise da arbitri, purché si tratti di controversie che possono formare oggetto di convenzione d'arbitrato La clausola compromissoria deve risultare da atto avente la forma richiesta per il compromesso dall'articolo 807.

La validità della clausola compromissoria deve essere valutata in modo autonomo rispetto al contratto al quale si riferisce; tuttavia, il potere di stipulare il contratto comprende il potere di convenire la clausola compromissoria.

Art. 808-bis. Convenzione di arbitrato in materia non contrattuale.

Le parti possono stabilire, con apposita convenzione, che siano decise da arbitri le controversie future relative a uno o più rapporti non contrattuali determinati La convenzione deve risultare da atto avente la forma richiesta per il compromesso dall'articolo 807.

Art. 808-ter. Arbitrato irrituale.

Le parti possono, con disposizione espressa per iscritto, stabilire che, in deroga a quanto disposto dall'articolo 824-bis, la controversia sia definita dagli arbitri mediante determinazione contrattuale. Altrimenti si applicano le disposizioni del presente titolo.

Il lodo contrattuale è annullabile dal giudice competente secondo le disposizioni del libro I:

1) se la convenzione dell'arbitrato è invalida, o gli arbitri hanno pronunciato su conclusioni che esorbitano dai suoi limiti e la relativa eccezione è stata sollevata nel procedimento arbitrale;

2) se gli arbitri non sono stati nominati con le forme e nei modi stabiliti dalla convenzione arbitrale;

3) se il lodo è stato pronunciato da chi non poteva essere nominato arbitro a norma dell'articolo 812;

4) se gli arbitri non si sono attenuti alle regole imposte dalle parti come condizione di validità del lodo;

5) se non è stato osservato nel procedimento arbitrale il principio del contraddittorio. Al lodo contrattuale non si applica l'articolo 825.

Art. 808-quater. Interpretazione della convenzione d'arbitrato.

Nel dubbio, la convenzione d'arbitrato si interpreta nel senso che la competenza arbitrale si estende a tutte le controversie che derivano dal contratto o dal rapporto cui la convenzione si riferisce.

Art. 808-quinquies. Efficacia della convenzione d'arbitrato.

La conclusione del procedimento arbitrale senza pronuncia sul merito, non toglie efficacia alla convenzione d'arbitrato.

CAPO II - DEGLI ARBITRI

Art. 809. Numero degli arbitri.

Gli arbitri possono essere uno o più, purché in numero dispari.

La convenzione d'arbitrato deve contenere la nomina degli arbitri oppure stabilire il numero di essi e il modo di nominarli.

In caso d'indicazione di un numero pari di arbitri, un ulteriore arbitro, se le parti non hanno diversamente convenuto, è nominato dal presidente del tribunale nei modi previsti dall'articolo 810. Se manca l'indicazione del numero degli arbitri e le parti non si accordano al riguardo, gli arbitri sono tre e, in mancanza di nomina, se le parti non hanno diversamente convenuto, provvede il presidente del tribunale nei modi previsti dall'articolo 810.

Art. 810. Nomina degli arbitri.

Quando a norma della convenzione d'arbitrato gli arbitri devono essere nominati dalle parti, ciascuna, di esse, con atto notificato per iscritto, rende noto all'altra l'arbitro o gli arbitri che essa nomina, con invito a procedere alla designazione dei propri. La parte, alla quale è rivolto l'invito, deve notificare per iscritto, nei venti giorni successivi, le generalità dell'arbitro o degli arbitri da essa nominati.

In mancanza, la parte che ha fatto l'invito può chiedere, mediante ricorso, che la nomina sia fatta dal presidente del tribunale nel cui circondario è la sede dell'arbitrato. Se le parti non hanno ancora determinato la sede, il ricorso è presentato al presidente del tribunale del luogo in cui è stata stipulata la convenzione di arbitrato oppure, se tale luogo è all'estero, al presidente del tribunale di Roma.

Il presidente del tribunale competente provvede alla nomina richiestagli, se la convenzione d'arbitrato non è manifestamente inesistente o non prevede manifestamente un arbitrato estero. La nomina avviene nel rispetto di criteri che assicurano trasparenza, rotazione ed efficienza e, a tal fine, della nomina viene data notizia sul sito dell'ufficio giudiziario .

Le stesse disposizioni si applicano se la nomina di uno o più arbitri è demandata dalla convenzione d'arbitrato all'autorità giudiziaria o se, essendo demandata a un terzo, questi non vi ha provveduto .

Art. 811. Sostituzione di arbitri.

Quando per qualsiasi motivo vengono a mancare tutti o alcuni degli arbitri nominati, si provvede alla loro sostituzione secondo quanto è stabilito per la loro nomina nella convenzione d'arbitrato. Se la parte a cui spetta o il terzo non vi provvede, o se la convenzione d'arbitrato nulla dispone al riguardo, si applicano le disposizioni dell'articolo precedente.

Art. 812. Incapacità di essere arbitro.

Non può essere arbitro chi è privo, in tutto o in parte, della capacità legale di agire.

Art. 813. Accettazione degli arbitri.

L'accettazione degli arbitri è data per iscritto, anche mediante sottoscrizione del compromesso o del verbale della prima riunione, ed è accompagnata, a pena di nullità, da una dichiarazione nella quale è indicata ogni circostanza rilevante ai sensi dell'articolo 815, primo comma, ovvero la relativa insussistenza. L'arbitro deve rinnovare la dichiarazione in presenza di circostanze sopravvenute. In caso di omessa dichiarazione o di omessa indicazione di circostanze che legittimano la ricusazione, la parte può richiedere, entro dieci giorni dalla accettazione o dalla scoperta delle circostanze, la decadenza dell'arbitro nei modi e con le forme di cui all'articolo 813-bis .

Agli arbitri non compete la qualifica di pubblico ufficiale o di incaricato di un pubblico servizio .

Art. 813-bis. Decadenza degli arbitri.

Se le parti non hanno diversamente convenuto, l'arbitro che omette, o ritarda di compiere un atto relativo alle sue funzioni, può essere sostituito d'accordo tra le parti o dal terzo a ciò incaricato dalla convenzione d'arbitrato. In mancanza, decorso il termine di quindici giorni da apposita diffida comunicata per mezzo di lettera raccomandata all'arbitro per ottenere l'atto, ciascuna delle parti può proporre ricorso al presidente del tribunale a norma dell'articolo 810, secondo comma. Il presidente, sentiti gli arbitri e le parti, provvede con ordinanza non impugnabile

e, se accerta l'omissione o il ritardo, dichiara la decadenza dell'arbitro e provvede alla sua sostituzione.

Art. 813-ter. Responsabilità degli arbitri.

Risponde dei danni cagionati alle parti l'arbitro che:

1) con dolo o colpa grave ha omesso o ritardato atti dovuti ed e' stato perciò dichiarato decaduto, ovvero ha rinunciato all'incarico senza giustificato motivo;

2) con dolo o colpa grave ha omesso o impedito la pronuncia del lodo entro il termine fissato a norma degli articoli 820 o 826.

Fuori dai precedenti casi, gli arbitri rispondono esclusivamente per dolo o colpa grave entro i limiti previsti dall'articolo 2, commi 2 e 3, della legge 13 aprile 1988, n. 117.

L'azione di responsabilità può essere proposta in pendenza del giudizio arbitrale soltanto nel caso previsto dal primo comma, n. 1).

Se è stato pronunciato il lodo, l'azione di responsabilità può essere proposta soltanto dopo l'accoglimento dell'impugnazione con sentenza passata in giudicato e per i motivi per cui l'impugnazione è stata accolta. Se la responsabilità non dipende da dolo dell'arbitro, la misura del risarcimento non può superare una somma pari al triplo del compensò convenuto o, in mancanza di determinazione convenzionale, pari al triplo del compenso previsto dalla tariffa applicabile.

Nei casi di responsabilità dell'arbitro il corrispettivo e il rimborso delle spese non gli sono dovuti o, nel caso di nullità parziale del lodo, sono soggetti a riduzione.

Ciascun arbitro risponde solo del fatto proprio.

Art. 814. Diritti degli arbitri.

Gli arbitri hanno diritto al rimborso delle spese e all'onorario per l'opera prestata, se non vi hanno rinunciato al momento dell'accettazione o con atto scritto successivo. Le parti sono tenute solidalmente al pagamento, salvo rivalsa tra loro.

Quando gli arbitri provvedono direttamente alla liquidazione delle spese e dell'onorario, tale liquidazione non è vincolante per le parti se esse non l'accettano. In tal caso l'ammontare delle spese e dell'onorario è determinato con ordinanza dal presidente del tribunale indicato nell'articolo 810, secondo comma, su ricorso degli arbitri e sentite le parti.

L'ordinanza è titolo esecutivo contro le parti ed è soggetta a reclamo a norma dell'articolo 825, quarto comma. Si applica l'articolo 830, quarto comma.

Art. 815. Ricusazione degli arbitri.

Un arbitro può essere ricusato:

1) se non ha le qualifiche espressamente convenute dalle parti;

2) se egli stesso, o un ente, associazione o società di cui sia amministratore, ha interesse nella causa;

3) se egli stesso o il coniuge è parente fino al quarto grado o è convivente o commensale abituale di una delle parti, di un rappresentante legale
di una delle parti, o di alcuno dei difensori;

4) se egli stesso o il coniuge ha causa pendente o grave inimicizia con una delle parti, con un suo rappresentante legale, o con alcuno dei suoi difensori;

5) se è legato ad una delle parti, a una società da questa controllata, al soggetto che la controlla, o a società sottoposta a comune controllo, da un rapporto di lavoro subordinato o da un rapporto continuativo di consulenza o di prestazione d'opera retribuita, ovvero da altri rapporti di natura patrimoniale o associativa che ne compromettono l'indipendenza; inoltre,
se è tutore o curatore di una delle parti;

6) se ha prestato consulenza, assistenza o difesa ad una delle parti in una precedente fase della vicenda o vi ha deposto come testimone ;

6-bis) se sussistono altre gravi ragioni di convenienza, tali da incidere sull'indipendenza o sull'imparzialità dell'arbitro .

Una parte non può ricusare l'arbitro che essa ha nominato o contribuito a nominare se non per motivi conosciuti dopo la nomina.

La ricusazione è proposta mediante ricorso al presidente del tribunale indicato nell'articolo 810, secondo comma, entro il termine perentorio di dieci giorni dalla notificazione della nomina o dalla sopravvenuta conoscenza della causa di ricusazione. Il presidente pronuncia con ordinanza non impugnabile, sentito l'arbitro ricusato e le parti e assunte, quando occorre, sommarie informazioni.

Con ordinanza il presidente provvede sulle spese. Nel caso di manifesta inammissibilità o manifesta infondatezza dell'istanza di ricusazione condanna la parte che l'ha proposta al pagamento, in favore dell'altra parte, di una somma equitativamente determinata non superiore al triplo del massimo del compenso spettante all'arbitro singolo in base alla tariffa forense.

La proposizione dell'istanza di ricusazione non sospende il procedimento arbitrale, salvo diversa determinazione degli arbitri. Tuttavia, se l'istanza è accolta, l'attività compiuta dall'arbitro ricusato o con il suo concorso è inefficace .

CAPO III - DEL PROCEDIMENTO
Art. 816. Sede dell'arbitrato.

Le parti determinano la sede dell'arbitrato nel territorio della Repubblica; altrimenti provvedono gli arbitri.

Se le parti e gli arbitri non hanno determinato la sede dell'arbitrato, questa è nel luogo in cui è stata stipulata la convenzione di arbitrato. Se tale luogo non si trova nel territorio nazionale, la sede è a Roma.

Se la convenzione d'arbitrato non dispone diversamente, gli arbitri possono tenere udienza, compiere atti istruttori, deliberare ed apporre le loro sottoscrizioni al lodo anche in luoghi diversi dalla sede dell'arbitrato ed anche all'estero.

Art. 816-bis. Svolgimento del procedimento.

Le parti possono stabilire nella convenzione d'arbitrato, o con atto scritto separato, purché anteriore all'inizio del giudizio arbitrale, le norme che gli arbitri debbono osservare nel procedimento e la lingua dell'arbitrato. In mancanza di tali norme gli arbitri hanno facoltà di regolare lo svolgimento del giudizio e determinare la lingua dell'arbitrato nel modo che ritengono più opportuno. Essi debbono in ogni caso attuare il principio del contraddittorio, concedendo alle parti ragionevoli ed equivalenti possibilità di difesa. Le parti possono stare in arbitrato per mezzo di difensori. In mancanza di espressa limitazione, la procura al difensore si estende a qualsiasi atto processuale, ivi compresa la rinuncia agli atti e la determinazione o proroga del termine per la pronuncia del lodo. In ogni caso, il difensore può essere destinatario della comunicazione della notificazione del lodo e della notificazione della sua impugnazione.

Le parti o gli altri arbitri possono autorizzare il presidente del collegio arbitrale a deliberare le ordinanze circa lo svolgimento del procedimento. Su tutte le questioni che si presentano nel corso del procedimento gli arbitri, se non ritengono di provvedere con lodo non definitivo, provvedono con ordinanza revocabile non soggetta a deposito.

Art. 816-bis.1. Domanda di arbitrato

La domanda di arbitrato produce gli effetti sostanziali della domanda giudiziale e li mantiene nei casi previsti dall'articolo 819-quater.

Art. 816-ter. Istruzione probatoria.

L'istruttoria o singoli atti di istruzione possono essere delegati dagli arbitri ad uno di essi.

Gli arbitri possono assumere direttamente presso di sé la testimonianza, ovvero deliberare di assumere la deposizione del testimone, ove questi vi consenta, nella sua abitazione o nel suo ufficio. Possono altresì deliberare di assumere la deposizione richiedendo al testimone di fornire per iscritto risposte a quesiti nel termine che essi stessi stabiliscono.

Se un testimone rifiuta di comparire davanti agli arbitri, questi, quando lo ritengono opportuno secondo le circostanze, possono richiedere al presidente del tribunale della sede dell'arbitrato, che ne ordini la comparizione davanti a loro.

Nell'ipotesi prevista dal precedente comma il termine per la pronuncia del lodo è sospeso dalla data dell'ordinanza alla data dell'udienza fissata per l'assunzione della testimonianza.

Gli arbitri possono farsi assistere da uno o più consulenti tecnici. Possono essere nominati consulenti tecnici sia persone fisiche, sia enti. Gli arbitri possono chiedere alla pubblica amministrazione le informazioni scritte relative ad atti e documenti dell'amministrazione stessa, che è necessario acquisire al giudizio.

Art. 816-quater. Pluralità di parti.

Qualora più di due parti siano vincolate dalla stessa convenzione d'arbitrato, ciascuna parte può convenire tutte o alcune delle altre nel medesimo procedimento arbitrale se la convenzione d'arbitrato devolve a un terzo la nomina degli arbitri, se gli arbitri sono nominati con l'accordo di tutte le parti, ovvero se le altre parti, dopo che la prima ha nominato l'arbitro o gli arbitri, nominano d'accordo un ugual numero di arbitri o ne affidano a un terzo la nomina.

Fuori dei casi previsti nel precedente comma il procedimento iniziato da una parte nei confronti di altre si scinde in tanti procedimenti quante sono queste ultime.

Se non si verifica l'ipotesi prevista nel primo comma e si versa in caso di litisconsorzio necessario, l'arbitrato è improcedibile.

Art. 816-quinquies. Intervento di terzi e successione nel diritto controverso.

L'intervento volontario o la chiamata in arbitrato di un terzo sono ammessi solo con l'accordo del terzo e delle parti e con il consenso degli arbitri. Sono sempre ammessi l'intervento previsto dal secondo comma dell'articolo 105 e l'intervento del litisconsorte necessario.

Si applica l'articolo 111.

Art. 816-sexies. Morte, estinzione o perdita di capacità della parte.
Se la parte viene meno per morte o altra causa, ovvero perde la capacità legale, gli arbitri assumono le misure idonee a garantire l'applicazione del contraddittorio ai fini della prosecuzione del giudizio. Essi possono sospendere il procedimento.

Se nessuna delle parti ottempera alle disposizioni degli arbitri per la prosecuzione del giudizio, gli arbitri possono rinunciare all'incarico.

Art. 816-septies. Anticipazione delle spese.

Gli arbitri possono subordinare la prosecuzione del procedimento al versamento anticipato delle spese prevedibili. Salvo diverso accordo delle parti, gli arbitri determinano la misura dell'anticipazione a carico di ciascuna parte.

Se una delle parti non presta l'anticipazione richiestale, l'altra può anticipare la totalità delle spese.

Se le parti non provvedono all'anticipazione nel termine fissato dagli arbitri, non sono più vincolate alla convenzione di arbitrato con riguardo alla controversia che ha dato origine al procedimento arbitrale.

Art. 817. Eccezione d'incompetenza.

Se la validità, il contenuto o l'ampiezza della convenzione d'arbitrato o la regolare costituzione degli arbitri sono contestate nel corso dell'arbitrato, gli arbitri decidono sulla propria competenza.

Questa disposizione si applica anche se i poteri degli arbitri sono contestati in qualsiasi sede per qualsiasi ragione sopravvenuta nel corso del procedimento. La parte che non eccepisce nella prima difesa successiva all'accettazione degli arbitri l'incompetenza di questi per inesistenza, invalidità o inefficacia della convenzione d'arbitrato, non può per questo motivo impugnare il lodo, salvo il caso di controversia non arbitrabile.

La parte, che non eccepisce nel corso dell'arbitrato che le conclusioni delle altre parti esorbitano dai limiti della convenzione arbitrale, non può, per questo motivo, impugnare il lodo.

Art. 817-bis. Compensazione.

Gli arbitri sono competenti a conoscere dell'eccezione di compensazione, nei limiti del valore della domanda, anche se il controcredito non è compreso nell'ambito della convenzione di arbitrato.

Art. 818. Provvedimenti cautelari.

Le parti, anche mediante rinvio a regolamenti arbitrali, possono attribuire agli arbitri il potere di concedere misure cautelari con la convenzione di arbitrato o con atto scritto anteriore all'instaurazione del giudizio arbitrale. La competenza cautelare attribuita agli arbitri è esclusiva.

Prima dell'accettazione dell'arbitro unico o della costituzione del collegio arbitrale, la domanda cautelare si propone al giudice competente ai sensi dell'articolo 669-quinquies.

Art. 818-bis. Reclamo

Contro il provvedimento degli arbitri che concede o nega una misura cautelare è ammesso reclamo a norma dell'articolo 669-terde-cies davanti alla corte di appello, nel cui distretto è la sede dell'arbitrato, per i motivi di cui all'articolo 829, primo comma, in quanto compatibili, e per contrarietà all'ordine pubblico.

Art. 818-ter. Attuazione

L'attuazione delle misure cautelari concesse dagli arbitri è disciplinata dall'articolo 669-duodecies e si svolge sotto il controllo del tribunale nel cui circondario è la sede dell'arbitrato o, se la sede dell'arbitrato non è in Italia, il tribunale del luogo in cui la misura cautelare deve essere attuata.

Resta salvo il disposto degli articoli 677 e seguenti in ordine all'esecuzione dei sequestri concessi dagli arbitri. Competente è il tribunale previsto dal primo comma.

Art. 819. Questioni pregiudiziali di merito.

Gli arbitri risolvono senza autorità di giudicato tutte le questioni rilevanti per la decisione della controversia, anche se vertono su materie che non possono essere oggetto di convenzione di arbitrato, salvo che debbano essere decise con efficacia di giudicato per legge.

Su domanda di parte, le questioni pregiudiziali sono decise con efficacia di giudicato se vertono su materie che possono essere oggetto di convenzione di arbitrato. Se tali questioni non sono comprese nella convenzione di arbitrato, la decisione con efficacia di giudicato è subordinata alla richiesta di tutte le parti.

Art. 819-bis. Sospensione del procedimento arbitrale.

Ferma l'applicazione dell'articolo 816-sexies, gli arbitri sospendono il procedimento arbitrale con ordinanza motivata nei seguenti casi:

1) quando il processo dovrebbe essere sospeso a norma del comma terzo dell'articolo 75 del codice di procedura penale, se la controversia fosse pendente davanti all'autorità giudiziaria;

2) se sorge questione pregiudiziale su materia che non può essere oggetto di convenzione d'arbitrato e per legge deve essere decisa con autorità di giudicato;

3) quando rimettono alla Corte costituzionale una questione di legittimità costituzionale ai sensi dell'articolo 23 della legge 11 marzo 1953, n. 87. Se nel procedimento arbitrale è invocata l'autorità di una sentenza e questa è impugnata, si applica il secondo comma dell'articolo 337.

Una volta disposta la sospensione, il procedimento si estingue se nessuna parte deposita presso gli arbitri istanza di prosecuzione entro il termine fissato dagli arbitri stessi o, in difetto, entro un anno dalla cessazione della causa di sospensione. Nel caso previsto dal primo comma, numero 2), il procedimento si estingue altresì se entro novanta giorni dall'ordinanza di sospensione nessuna parte deposita presso gli arbitri copia autentica dell'atto con il quale la controversia sulla questione pregiudiziale è proposta davanti all'autorità giudiziaria.

Art. 819-ter. Rapporti tra arbitri e autorità giudiziaria.

La competenza degli arbitri non è esclusa dalla pendenza della stessa causa davanti al giudice, né dalla connessione tra la controversia ad essi deferita ed una causa pendente davanti al giudice. La sentenza o l'ordinanza, con la quale il giudice afferma o nega la propria competenza in relazione a una convenzione d'arbitrato, è impugnabile a norma degli articoli 42 e 43. L'eccezione di incompetenza del giudice in ragione della convenzione di arbitrato deve essere proposta, a pena di decadenza, nella comparsa di risposta. La mancata proposizione dell'eccezione esclude la competenza arbitrale limitatamente alla controversia decisa in quel giudizio .

Nei rapporti tra arbitrato e processo non si applicano regole corrispondenti agli articoli 44, 45, 48, 50 e 295 .

In pendenza del procedimento arbitrale non possono essere proposte domande giudiziali aventi ad oggetto l'invalidità o inefficacia della convenzione d'arbitrato

Art. 819-quater. Riassunzione della causa

Il processo instaurato davanti al giudice continua davanti agli arbitri se una delle parti procede a norma dell'articolo 810 entro tre mesi dal passaggio in giudicato della sentenza con cui è negata la competenza in ragione di una convenzione di arbitrato o dell'ordinanza di regolamento.

Il processo instaurato davanti agli arbitri continua davanti al giudice competente se la riassunzione della causa ai sensi dell'articolo 125 delle disposizioni di attuazione del presente codice avviene entro tre mesi dal passaggio in giudicato del lodo che declina la competenza arbitrale sulla lite o dalla pubblicazione della sentenza o dell'ordinanza che definisce la sua impugnazione.

Le prove raccolte nel processo davanti al giudice o all'arbitro dichiarati non competenti possono essere valutate come argomenti di prova nel processo riassunto ai sensi del presente articolo.

L'inosservanza dei termini fissati per la riassunzione ai sensi del presente articolo comporta l'estinzione del processo. Si applicano gli articoli 307, quarto comma, e 310.

CAPO IV - DEL LODO
Art. 820. Termine per la decisione.

Le parti possono, con la convenzione di arbitrato o con accordo anteriore all'accettazione degli arbitri, fissare un termine per la pronuncia del lodo. Se non è stato fissato un termine per la pronuncia del lodo, gli arbitri debbono pronunciare il lodo nel termine di duecentoquaranta giorni dall'accettazione della nomina.

In ogni caso il termine può essere prorogato:

a) mediante dichiarazioni scritte di tutte le parti indirizzate agli arbitri;

b) dal presidente del tribunale indicato nell'articolo 810, secondo comma, su istanza motivata di una delle parti o degli arbitri; l'istanza può essere proposta fino alla scadenza del termine. In ogni caso il termine può essere prorogato solo prima della scadenza.

Se le parti non hanno disposto diversamente, il termine è prorogato di centottanta giorni nei casi seguenti e per non più di una volta nell'ambito di ciascuno di essi:

a) se debbono essere assunti mezzi di prova;

b) se è disposta consulenza tecnica d'ufficio;

c) se è pronunciato un lodo non definitivo o un lodo parziale;

d) se è modificata la composizione del collegio arbitrale o è sostituito l'arbitro unico. Il termine per la pronuncia del lodo è sospeso durante la sospensione del procedimento. In ogni caso, dopo la ripresa del procedimento, il termine residuo, se inferiore, è esteso a novanta giorni.

Art. 821. Rilevanza del decorso del termine.

Il decorso del termine indicato nell'articolo precedente non può essere fatto valere come causa di nullità del lodo se la parte, prima della deliberazione del lodo risultante dal dispositivo sottoscritto dalla maggioranza degli arbitri, non abbia notificato alle altre parti e agli arbitri che intende far valere la loro decadenza.

Se la parte fa valere la decadenza degli arbitri, questi, verificato il decorso del termine, dichiarano estinto il procedimento.

Art. 822. Norme per la deliberazione.

Gli arbitri decidono secondo le norme di diritto, salvo che le parti abbiano disposto con qualsiasi espressione che gli arbitri pronuncino secondo equità.

Quando gli arbitri sono chiamati a decidere secondo le norme di diritto, le parti, nella convenzione di arbitrato o con atto scritto anteriore all'instaurazione del giudizio arbitrale, possono indicare le norme o la legge straniera quale legge applicabile al merito della controversia. In mancanza, gli arbitri applicano le norme o la legge individuate ai sensi dei criteri di conflitto ritenuti applicabili .

Art. 823. Deliberazione e requisiti del lodo.

Il lodo è deliberato a maggioranza di voti con la partecipazione di tutti gli arbitri ed è quindi redatto per iscritto. Ciascun arbitro può chiedere che il lodo, o una parte di esso, sia deliberato dagli arbitri riuniti in conferenza personale. Il lodo deve contenere:

1) il nome degli arbitri;

2) l'indicazione della sede dell'arbitrato;

3) l'indicazione delle parti;

4) l'indicazione della convenzione di arbitrato e delle conclusioni delle parti;

5) l'esposizione sommaria dei motivi;

6) il dispositivo;

7) la sottoscrizione degli arbitri. La sottoscrizione della maggioranza degli arbitri è sufficiente, se accompagnata dalla dichiarazione che esso è stato deliberato con la partecipazione di tutti e che gli altri non hanno voluto o non hanno potuto sottoscriverlo;

8) la data delle sottoscrizioni.

Art. 824. Originali e copie del lodo.

Gli arbitri redigono il lodo in uno o più originali. Gli arbitri danno comunicazione del lodo a ciascuna parte mediante consegna di un originale, o di una copia attestata conforme dagli stessi arbitri, anche con spedizione in plico raccomandato, entro dieci giorni dalla sottoscrizione del lodo.

Art. 824-bis. Efficacia del lodo.

Salvo quanto disposto dall'articolo 825, il lodo ha dalla data della sua ultima sottoscrizione gli effetti della sentenza pronunciata dall'autorità giudiziaria.

Art. 825. Deposito del lodo.

La parte che intende fare eseguire il lodo nel territorio della Repubblica ne propone istanza depositando il lodo in originale, o in copia conforme, insieme con l'atto contenente la convenzione di arbitrato, in originale o in copia conforme, nella cancelleria del tribunale nel cui circondario è la sede dell'arbitrato. Il tribunale, accertata la regolarità formale del lodo, lo dichiara esecutivo con decreto. Il lodo reso esecutivo è soggetto a trascrizione o annotazione, in tutti i casi nei quali sarebbe soggetta a trascrizione o annotazione la sentenza avente il medesimo contenuto.

Del deposito e del provvedimento del tribunale è data notizia dalla cancelleria alle parti nei modi stabiliti dell'articolo 133, secondo comma. Contro il decreto che nega o concede l'esecutorietà del lodo, è ammesso reclamo mediante ricorso alla corte d'appello, entro trenta giorni dalla comunicazione; la corte, sentite le parti, provvede in camera di consiglio con ordinanza.

Art. 826. Correzione del lodo.

Ciascuna parte può chiedere agli arbitri entro un anno dalla comunicazione del lodo:

a)   di correggere nel testo del lodo omissioni o errori materiali o di calcolo, anche se hanno determinato una divergenza fra i diversi originali del lodo pure se relativa alla sottoscrizione degli arbitri;

b)   di integrare il lodo con uno degli elementi indicati nell'articolo 823, numeri 1), 2), 3), 4).

Gli arbitri, sentite le parti, provvedono entro il termine di sessanta giorni. Della correzione è data comunicazione alle parti a norma dell'articolo 824. Se gli arbitri non provvedono, l'istanza di correzione è proposta al tribunale nel cui circondario ha sede l'arbitrato.

Se il lodo è stato depositato, la correzione è richiesta al tribunale del luogo in cui è stato depositato. Si applicano le disposizioni dell'articolo 288, in quanto compatibili. Alla correzione può provvedere anche il giudice di fronte al quale il lodo è stato impugnato o fatto valere.

CAPO V - DELLE IMPUGNAZIONI
Art. 827. Mezzi di impugnazione.

Il lodo è soggetto all'impugnazione per nullità, per revocazione e per opposizione di terzo.

I mezzi d'impugnazione possono essere proposti indipendentemente dal deposito del lodo.

Il lodo che decide parzialmente il merito della controversia è immediatamente impugnabile, ma il lodo che risolve alcune delle questioni insorte senza definire il giudizio arbitrale è impugnabile solo unitamente al lodo definitivo.

Art. 828. Impugnazione per nullità.

L'impugnazione per nullità si propone, nel termine di novanta giorni dalla notificazione del lodo, davanti alla corte d'appello nel cui distretto è la sede dell'arbitrato.

L'impugnazione non è più proponibile decorsi sei mesi dalla data dell'ultima sottoscrizione .

L'istanza per la correzione del lodo non sospende il termine per l'impugnazione; tuttavia il lodo può essere impugnato relativamente alle parti corrette nei termini ordinari, a decorrere dalla comunicazione dell'atto di correzione.

Art. 829. Casi di nullità.

L'impugnazione per nullità è ammessa, nonostante qualunque preventiva rinuncia, nei casi seguenti:

1) se la convenzione d'arbitrato è invalida, ferma la disposizione dell'articolo
817, terzo comma;

2) se gli arbitri non sono stati nominati con le forme e nei modi prescritti nei capi II e VI del presente titolo, purché la nullità sia stata dedotta nel giudizio arbitrale;

3) se il lodo è stato pronunciato da chi non poteva essere nominato arbitro a norma dell'articolo 812;

4) se il lodo ha pronunciato fuori dei limiti della convenzione d'arbitrato, ferma la disposizione dell'articolo 817, quarto comma, o ha deciso il merito della controversia in ogni altro caso in cui il merito non poteva essere deciso;

5) se il lodo non ha i requisiti indicati nei numeri 5), 6), 7) dell'articolo 823; 6) se il lodo è stato pronunciato dopo la scadenza del termine stabilito, salvo il disposto dell'articolo 821;

7) se nel procedimento non sono state osservate le forme prescritte dalle parti sotto espressa sanzione di nullità e la nullità non è stata sanata; 8) se il lodo è contrario ad altro precedente lodo non più impugnabile o a precedente sentenza passata in giudicato tra le parti purché tale lodo o tale sentenza sia stata prodotta nel procedimento;

9) se non è stato osservato nel procedimento arbitrale il principio del contraddittorio;

10) se il lodo conclude il procedimento senza decidere il merito della controversia e il merito della controversia doveva essere deciso dagli arbitri;

11) se il lodo contiene disposizioni contraddittorie;

12) se il lodo non ha pronunciato su alcuna delle domande ed eccezioni proposte dalle parti in conformità alla convenzione di arbitrato.

La parte che ha dato causa a un motivo di nullità, o vi ha rinunciato, o che non ha eccepito nella prima istanza o difesa successiva la violazione di una regola che disciplina lo svolgimento del procedimento arbitrale, non può per questo motivo impugnare il lodo.

L'impugnazione per violazione delle regole di diritto relative al merito della controversia è ammessa se espressamente disposta dalle parti o dalla legge. E' ammessa in ogni caso l'impugnazione delle decisioni per contrarietà all'ordine pubblico.

L'impugnazione per violazione delle regole di diritto relative al merito della controversia è sempre ammessa:

1) nelle controversie previste dall'articolo 409;

2) se la violazione delle regole di diritto concerne la soluzione di questione pregiudiziale su materia che non può essere oggetto di convenzione di arbitrato.

Nelle controversie previste dall'articolo 409, il lodo è soggetto ad impugnazione anche per violazione dei contratti e accordi collettivi.

Art. 830. Decisione sull'impugnazione per nullità.

La corte d'appello decide sull'impugnazione per nullità e, se l'accoglie, dichiara con sentenza la nullità del lodo. Se il vizio incide su una parte del lodo che sia scindibile dalle altre, dichiara la nullità parziale del lodo. Se il lodo è annullato per i motivi di cui all'articolo 829, commi primo, numeri 5), 6), 7), 8), 9), 11) o 12), terzo, quarto o quinto, la corte d'appello decide la controversia nel merito salvo che le parti non abbiano stabilito diversamente nella convenzione di arbitrato o con accordo successivo. Tuttavia, se una delle parti, alla data della sottoscrizione della convenzione di arbitrato, risiede o ha la propria sede effettiva all'estero, la corte d'appello decide la controversia nel merito solo se le parti hanno così stabilito nella convenzione di arbitrato o ne fanno concorde richiesta.

Quando la corte d'appello non decide nel merito, alla controversia si applica la convenzione di arbitrato, salvo che la nullità dipenda dalla sua invalidità o inefficacia.

Su istanza di parte anche successiva alla proposizione dell'impugnazione, la corte d'appello può sospendere con ordinanza l'efficacia del lodo, quando ricorrono gravi motivi.

Art. 831. Revocazione ed opposizione di terzo.

Il lodo, nonostante qualsiasi rinuncia, è soggetto a revocazione nei casi indicati nei numeri 1), 2), 3) e 6) dell'articolo 395, osservati i termini e le forme stabiliti nel libro secondo.

Se i casi di cui al primo comma si verificano durante il corso del processo di impugnazione per nullità, il termine per la proposizione della domanda di revocazione è sospeso fino alla comunicazione della sentenza che abbia pronunciato sulla nullità.

Il lodo è soggetto ad opposizione di terzo nei casi indicati nell'articolo 404. Le impugnazioni per revocazione e per opposizione di terzo si propongono davanti alla corte d'appello nel cui distretto è la sede dell'arbitrato, osservati i termini e le forme stabiliti nel libro secondo.

La corte d'appello può riunire le impugnazioni per nullità, per revocazione e per opposizione di terzo nello stesso processo, se lo stato della causa preventivamente proposta consente l'esauriente trattazione e decisione delle altre cause.

CAPO VI - DELL'ARBITRATO SECONDO REGOLAMENTI PRECOSTITUITI

Art. 832. Rinvio a regolamenti arbitrali.

La convenzione d'arbitrato può fare rinvio a un regolamento arbitrale precostituito.

Nel caso di contrasto tra quanto previsto nella convenzione di arbitrato e quanto previsto dal regolamento, prevale la convenzione di arbitrato. Se le parti non hanno diversamente convenuto, si applica il regolamento in vigore al momento in cui il procedimento arbitrale ha inizio. Le istituzioni di carattere associativo e quelle costituite per la rappresentanza degli interessi di categorie professionali non possono nominare arbitri nelle controversie che contrappongono i propri associati o appartenenti alla categoria professionale a terzi.

Il regolamento può prevedere ulteriori casi di sostituzione e ricusazione degli arbitri in aggiunta a quelli previsti dalla legge.

Se l'istituzione arbitrale rifiuta di amministrare l'arbitrato, la convenzione d'arbitrato mantiene efficacia e si applicano i precedenti capi di questo titolo.

Art. 833. Forma della clausola compromissoria.
Art. 834. Norme applicabili al merito.
Art. 835. Lingua dell'arbitrato.
Art. 836. Ricusazione degli arbitri.
Art. 837. Deliberazione del lodo.
Art. 838. Impugnazione.

CAPO VI-BIS - DELL'ARBITRATO SOCIETARIO

Art. 838-bis. Oggetto ed effetti di clausole compromissorie statutarie

Gli atti costitutivi delle società, ad eccezione di quelle che fanno ricorso al mercato del capitale di rischio a norma dell'articolo 2325-bis del codice civile, possono, mediante clausole compromissorie, prevedere la devoluzione ad arbitri di alcune ovvero di tutte le controversie insorgenti tra i soci ovvero tra i soci e la società che abbiano ad oggetto diritti disponibili relativi al rapporto sociale.

La clausola deve prevedere il numero e le modalità di nomina degli arbitri, conferendo in ogni caso, a pena di nullità, il potere di nomina di tutti gli arbitri a soggetto estraneo alla società. Se il soggetto designato non provvede, la nomina è richiesta al presidente del tribunale del luogo in cui la società ha la sede legale.

La clausola è vincolante per la società e per tutti i soci, inclusi coloro la cui qualità di socio è oggetto della controversia.

Gli atti costitutivi possono prevedere che la clausola abbia ad oggetto controversie promosse da amministratori, liquidatori e sindaci ovvero nei loro confronti e, in tal caso, essa, a seguito dell'accettazione dell'incarico, è vincolante per costoro.

Non possono essere oggetto di clausola compromissoria le controversie nelle quali la legge prevede l'intervento obbligatorio del pubblico ministero.

Le modifiche dell'atto costitutivo, introduttive o soppressive di clausole compromissorie, devono essere approvate dai soci che rappresentino almeno i due terzi del capitale sociale. I soci assenti o dissenzienti possono, entro i successivi novanta giorni, esercitare il diritto di recesso.

Art. 838-ter. Disciplina inderogabile del procedimento arbitrale La domanda di arbitrato proposta dalla società

o in suo confronto è depositata presso il registro delle imprese ed è accessibile ai soci.

Nel procedimento arbitrale promosso a seguito della clausola compromissoria di cui all'articolo 838-bis, l'intervento di terzi a norma dell'articolo 105 nonché l'intervento di altri soci a norma degli articoli 106 e 107 è ammesso fino alla prima udienza di trattazione. Si applica l'articolo 820, quarto comma.

Le statuizioni del lodo sono vincolanti per la società.

Salvo quanto previsto dall'articolo 818, in caso di devoluzione in arbitrato di controversie aventi ad oggetto la validità di delibere assembleari, agli arbitri compete il potere di disporre, con ordinanza reclamabile ai sensi dell'articolo 818-bis, la sospensione dell'efficacia della delibera.

I dispositivi dell'ordinanza di sospensione e del lodo che decide sull'impugnazione devono essere iscritti, a cura degli amministratori, nel registro delle imprese.

Art. 838-quater. Decisione secondo diritto

Anche se la clausola compromissoria autorizza gli arbitri a decidere secondo equità ovvero con lodo non impugnabile, gli arbitri debbono decidere secondo diritto, con lodo impugnabile anche a norma dell'articolo 829, terzo comma, quando per decidere abbiano conosciuto di questioni non compromettibili ovvero quando l'oggetto del giudizio sia costituito dalla validità di delibere assembleari.

Art. 838-quinquies. Risoluzione di contrasti sulla gestione di società

Gli atti costitutivi delle società a responsabilità limitata e delle società di persone possono anche contenere clausole con le quali si deferiscono ad uno o più terzi i contrasti tra coloro che hanno il potere di amministrazione in ordine alle decisioni da adottare nella gestione della società. Gli atti costitutivi possono prevedere che la decisione sia reclamabile davanti ad un collegio, nei termini e con le modalità dagli stessi stabilite.

Gli atti costitutivi possono altresì prevedere che il soggetto o il collegio chiamato a dirimere i contrasti di cui ai commi 1 e 2 possa dare indicazioni vincolanti anche sulle questioni collegate con quelle espressamente deferitegli.

La decisione resa ai sensi del presente articolo è impugnabile a norma dell'articolo 1349, secondo comma, del codice civile.

CAPO VII - DEI LODI STRANIERI

Art. 839. Riconoscimento ed esecuzione dei lodi stranieri. Chi vuol far valere nella Repubblica un lodo straniero deve proporre ricorso al presidente della corte d'appello nella cui circoscrizione risiede l'altra parte; se tale parte non risiede in Italia è competente la corte d'appello di Roma.

Il ricorrente deve produrre il lodo in originale o in copia conforme, insieme con l'atto di compromesso, o documento equipollente, in originale o in copia conforme. Qualora i documenti di cui al secondo comma non siano redatti in lingua italiana la parte istante deve altresì produrne una traduzione certificata conforme.

Il presidente della corte d'appello, accertata la regolarità formale del lodo, dichiara con decreto l'efficacia immediatamente esecutiva del lodo straniero nella Repubblica, salvoché:

1) la controversia non potesse formare oggetto di compromesso secondo la legge italiana;

2) il lodo contenga disposizioni contrarie all'ordine pubblico .

Art. 840. Opposizione

Contro il decreto che accorda o nega l'efficacia del lodo straniero è ammessa opposizione da proporsi con citazione dinanzi alla corte d'appello entro trenta giorni dalla comunicazione, nel caso di decreto che nega l'efficacia, ovvero dalla notificazione nel caso di decreto che l'accorda.

In seguito all'opposizione il giudizio si svolge a norma degli articoli 645 e seguenti in quanto applicabili. Il consigliere istruttore, su istanza dell'opponente, quando ricorrono gravi motivi, può con ordinanza non impugnabile sospendere l'efficacia esecutiva o l'esecuzione del lodo. La corte d'appello pronuncia con sentenza impugnabile per cassazione .

Il riconoscimento o l'esecuzione del lodo straniero sono rifiutati dalla corte d'appello se nel giudizio di opposizione la parte contro la quale il lodo è invocato prova l'esistenza di una delle seguenti circostanze:

1)   le parti della convenzione arbitrale erano incapaci in base alla legge ad esse applicabile oppure la convenzione arbitrale non era valida secondo la legge alla quale le parti l'hanno sottoposta o, in mancanza di indicazione a tale proposito, secondo la legge dello Stato in cui il lodo è stato pronunciato;

2)   la parte nei cui confronti il lodo è invocato non è stata informata della designazione dell'arbitro o del procedimento arbitrale o comunque è stata nell'impossibilità di far valere la propria difesa nel procedimento stesso; 3) il lodo ha pronunciato su una controversia non contemplata nel compromesso o nella clausola compromissoria, oppure fuori dei limiti del compromesso o della clausola compromissoria; tuttavia, se le statuizioni del lodo che concernono questioni sottoposte ad arbitrato possono essere separate da quelle

che riguardano, questioni non sottoposte ad arbitrato, le prime possono essere riconosciute e dichiarate esecutive;

4) la costituzione del collegio arbitrale o il procedimento arbitrale non sono stati conformi all'accordo delle parti, o in mancanza di tale accordo, alla legge del luogo di svolgimento dell'arbitrato;

5) il lodo non è ancora divenuto vincolante per le parti o è stato annullato o sospeso da un'autorità competente dello Stato nel quale, o secondo la legge del quale, è stato reso.

Allorché l'annullamento o la sospensione dell'efficacia del lodo straniero siano stati richiesti all'autorità competente indicata nel numero 5) del terzo comma, la corte d'appello può sospendere il procedimento per il riconoscimento o l'esecuzione del lodo; su istanza della parte interessata può, in caso di sospensione, ordinare che l'altra parte presti idonea garanzia . Il riconoscimento o l'esecuzione del lodo straniero sono altresì rifiutati allorché la corte d'appello accerta che:

1) la controversia non potesse formare oggetto di compromesso secondo la legge italiana;

2) il lodo contenga disposizioni contrarie all'ordine pubblico.

Sono in ogni caso salve le norme stabilite in convenzioni internazionali .

TITOLO VIII-bis
DEI PROCEDIMENTI COLLETTIVI
Art. 840-bis. Ambito di applicazione

I diritti individuali omogenei sono tutelabili anche attraverso l'azione di classe, secondo le disposizioni del presente titolo.

A tale fine, un'organizzazione o un'associazione senza scopo di lucro i cui obiettivi statutari comprendano la tutela dei predetti diritti o ciascun componente della classe può agire nei confronti dell'autore della condotta lesiva per l'accertamento della responsabilità e per la condanna al risarcimento del danno e alle restituzioni. Ai fini di cui al periodo precedente, ferma la legittimazione di ciascun componente della classe, possono proporre l'azione di cui al presente articolo esclusivamente le organizzazioni e le associazioni iscritte in un elenco pubblico istituito presso il Ministero della giustizia. L'azione di classe può essere esperita nei confronti di imprese ovvero nei confronti di enti gestori di servizi pubblici o di pubblica utilità, relativamente ad atti e comportamenti posti in essere nello svolgimento delle loro rispettive attività. Sono fatte salve le disposizioni in materia di ricorso per l'efficienza delle amministrazioni e dei concessionari di servizi pubblici. In ogni caso, resta fermo il diritto all'azione individuale, salvo quanto previsto all'articolo 840-undecies, nono comma.

Non è ammesso l'intervento dei terzi ai sensi dell'articolo 105. Nel caso in cui, a seguito di accordi transattivi o conciliativi intercorsi tra le parti, vengano a mancare in tutto le parti ricorrenti, il tribunale assegna agli aderenti un termine, non inferiore a sessanta giorni e non superiore a novanta giorni, per la prosecuzione della causa, che deve avvenire con la costituzione in giudizio di almeno uno degli aderenti mediante il ministero di un difensore. Nel caso in cui, decorso inutilmente il termine di cui al primo periodo, non avvenga la prosecuzione del procedimento, il tribunale ne dichiara l'estinzione. A seguito dell'estinzione, resta comunque salvo il diritto all'azione individuale dei soggetti aderenti oppure all'avvio di una nuova azione di classe.

Art. 840-ter. Forma e ammissibilità della domanda .

La domanda per l'azione di classe si propone con ricorso esclusivamente davanti alla sezione specializzata in materia di impresa competente per il luogo ove ha sede la parte resistente.

Il ricorso, unitamente al decreto di fissazione dell'udienza, è pubblicato, a cura della cancelleria ed entro dieci giorni dal deposito del decreto, nell'area pubblica del portale dei servizi telematici gestito dal Ministero della giustizia, in modo da assicurare l'agevole reperibilità delle informazioni in esso contenute.

Il procedimento è regolato dal rito sommario di cognizione di cui agli articoli 702-bis e seguenti ed è definito con sentenza, resa nel termine di trenta giorni successivi alla discussione orale della causa. Non può essere disposto il mutamento del rito. Entro il termine di trenta giorni dalla prima udienza il tribunale decide con ordinanza sull'ammissibilità della domanda, ma può sospendere il giudizio quando sui fatti rilevanti ai fini del decidere è in corso un'istruttoria davanti a un'autorità indipendente ovvero un giudizio davanti al giudice amministrativo. Restano ferme le disposizioni del decreto legislativo 19 gennaio 2017, n. 3.

a) quando è manifestamente infondata; La domanda è dichiarata inammissibile:

b) quando il tribunale non ravvisa omogeneità dei diritti individuali tutelabili ai sensi dell'articolo 840-bis;

c) quando il ricorrente versa in stato di conflitto di interessi nei confronti del resistente;

d) quando il ricorrente non appare in grado di curare adeguatamente i diritti individuali omogenei fatti valere in giudizio.

L'ordinanza che decide sull'ammissibilità è pubblicata, a cura della cancelleria, nell'area pubblica del portale dei servizi telematici di cui al secondo comma, entro quindici giorni dalla pronuncia.

Quando l'inammissibilità è dichiarata a norma del quarto comma, lettera a), il ricorrente può riproporre l'azione di classe quando si siano verificati mutamenti delle circostanze o vengano dedotte nuove ragioni di fatto o di diritto.

L'ordinanza che decide sull'ammissibilità dell'azione di classe è reclamabile dalle parti davanti alla corte di appello nel termine di trenta giorni dalla sua comunicazione o dalla sua notificazione, se anteriore. Sul reclamo la corte di appello decide, in camera di consiglio, con ordinanza entro trenta giorni dal deposito del ricorso introduttivo del reclamo. In caso di accertamento dell'ammissibilità della domanda, la corte di appello trasmette gli atti al tribunale adito per la prosecuzione della causa. Il reclamo avverso le ordinanze ammissive non sospende il procedimento davanti al tribunale. Con l'ordinanza di inammissibilità e con quella che, in sede di reclamo, conferma l'ordinanza di inammissibilità, il giudice regola le spese.

Art. 840-quater. Pluralità delle azioni di classe.
(Testo in vigore dal 19 aprile 2020)

Decorsi sessanta giorni dalla data di pubblicazione del ricorso nell'area pubblica del portale dei servizi telematici di cui all'articolo 840-ter, secondo comma, non possono essere proposte ulteriori azioni di classe sulla base dei medesimi fatti e nei confronti del medesimo resistente e quelle proposte sono cancellate dal ruolo. Le azioni di classe proposte tra la data di deposito del ricorso e il termine di cui al primo periodo sono riunite all'azione principale.

Il divieto di cui al primo comma, primo periodo, non opera quando l'azione di classe introdotta con il ricorso di cui al predetto comma è dichiarata inammissibile con ordinanza definitiva né quando la medesima causa è cancellata dal ruolo ovvero è definita con provvedimento che non decide nel merito. Ai fini di cui al presente comma, i provvedimenti di cui al primo periodo sono pubblicati immediatamente nell'area pubblica del portale dei servizi telematici a cura della cancelleria.

Quando una nuova azione di classe è proposta fuori dei casi di cui al secondo comma, la causa è cancellata dal ruolo e non è ammessa la riassunzione. È fatta salva la proponibilità delle azioni di classe a tutela dei diritti che non potevano essere fatti valere entro la scadenza di cui al primo comma.

Art. 840-quinquies. Procedimento.
(Testo in vigore dal 19 maggio 2021)

Con l'ordinanza con cui ammette l'azione di classe, il tribunale fissa un termine perentorio non inferiore a sessanta giorni e non superiore a centocinquanta giorni dalla data di pubblicazione dell'ordinanza nel portale dei

servizi telematici di cui all'articolo 840-ter, secondo comma, per l'adesione all'azione medesima da parte dei soggetti portatori di diritti individuali omogenei e provvede secondo quanto previsto dall'articolo 840-sexies, primo comma, lettera c). Si applica in quanto compatibile l'articolo 840septies. L'aderente non assume la qualità di parte e ha diritto ad accedere al fascicolo informatico e a ricevere tutte le comunicazioni a cura della cancelleria. I diritti di coloro che aderiscono a norma del presente comma sono accertati secondo le disposizioni di cui all'articolo 840-octies, successivamente alla pronuncia della sentenza che accoglie l'azione di classe. Il tribunale, omessa ogni formalità non essenziale al contraddittorio, procede nel modo che ritiene più opportuno agli atti di istruzione rilevanti in relazione all'oggetto del giudizio.

Quando è nominato un consulente tecnico d'ufficio, l'obbligo di anticipare le spese e l'acconto sul compenso a quest'ultimo spettanti sono posti, salvo che sussistano specifici motivi, a carico del resistente; l'inottemperanza all'obbligo di anticipare l'acconto sul compenso a norma del presente comma non costituisce motivo di rinuncia all'incarico.

Ai fini dell'accertamento della responsabilità del resistente il tribunale può avvalersi di dati statistici e di presunzioni semplici.

Su istanza motivata del ricorrente, contenente l'indicazione di fatti e prove ragionevolmente disponibili dalla controparte, sufficienti a sostenere la plausibilità della domanda, il giudice può ordinare al resistente l'esibizione delle prove rilevanti che rientrano nella sua disponibilità.

Il giudice dispone a norma del quinto comma individuando specificamente e in modo circoscritto gli elementi di prova o le rilevanti categorie di prove oggetto della richiesta o dell'ordine di esibizione. La categoria di prove è individuata mediante il riferimento a caratteristiche comuni dei suoi elementi costitutivi come la natura, il periodo durante il quale sono stati formati, l'oggetto o il contenuto degli elementi di prova di cui è richiesta l'esibizione e che rientrano nella stessa categoria.

Il giudice ordina l'esibizione, nei limiti di quanto è proporzionato alla decisione e, in particolare:

a) esamina in quale misura la domanda è sostenuta da fatti e prove disponibili che giustificano l'ordine di esibizione;

b) esamina la portata e i costi dell'esibizione;

c) valuta se le prove di cui è richiesta l'esibizione contengono informazioni riservate, specialmente se riguardanti terzi.

Quando la richiesta o l'ordine di esibizione hanno per oggetto informazioni riservate, il giudice dispone specifiche misure di tutela tra le quali l'obbligo del segreto, la possibilità di non rendere visibili le parti riservate di un documento, la conduzione di audizioni a porte chiuse, la limitazione del numero di persone autorizzate a prendere visione delle prove, il conferimento ad esperti dell'incarico di redigere sintesi delle informazioni in forma aggregata o in altra forma non riservata. Si considerano informazioni riservate i documenti che contengono informazioni riservate di carattere personale, commerciale, industriale e finanziario relative a persone ed imprese, nonché i segreti commerciali.

La parte nei cui confronti è rivolta l'istanza di esibizione ha diritto di essere sentita prima che il giudice provveda.

Resta ferma la riservatezza delle comunicazioni tra gli avvocati incaricati di assistere la parte e il cliente stesso.

Alla parte che rifiuta senza giustificato motivo di rispettare l'ordine di esibizione del giudice o non adempie allo stesso il giudice applica una sanzione amministrativa pecuniaria da euro 10.000 a euro 100.000 che è devoluta a favore della Cassa delle ammende.

Salvo che il fatto costituisca reato, alla parte o al terzo che distrugge prove rilevanti ai fini del giudizio il giudice applica una sanzione amministrativa pecuniaria da euro 10.000 a euro 100.000 che è devoluta a favore della Cassa delle ammende.

Ferma restando l'applicazione delle sanzioni amministrative pecuniarie di cui ai commi undicesimo e dodicesimo, se la parte rifiuta senza giustificato motivo di rispettare l'ordine di esibizione del giudice o non adempie allo stesso, ovvero distrugge prove rilevanti ai fini del giudizio di risarcimento, il giudice, valutato ogni elemento di prova, può ritenere provato il fatto al quale la prova si riferisce.

Il tribunale accoglie o rigetta nel merito la domanda con sentenza che deve essere pubblicata nell'area pubblica del portale dei servizi telematici di cui all'articolo 840-ter, secondo comma, entro quindici giorni dal deposito.

Art. 840-sexies. Sentenza di accoglimento .

Con la sentenza che accoglie l'azione di classe, il tribunale:

a)   provvede in ordine alle domande risarcitorie o restitutorie proposte dal ricorrente, quando l'azione è stata proposta da un soggetto diverso da un'organizzazione o da un'associazione inserita nell'elenco di cui all'articolo

840-bis, secondo comma;

b)   accerta che il resistente, con la condotta addebitatagli dal ricorrente, ha leso diritti individuali omogenei;

c)   definisce i caratteri dei diritti individuali omogenei di cui alla lettera b), specificando gli elementi necessari per l'inclusione nella classe dei soggetti di cui alla lettera e);

d)   stabilisce la documentazione che deve essere eventualmente prodotta per fornire prova della titolarità dei diritti individuali omogenei di cui alla lettera b);

e)   dichiara aperta la procedura di adesione e fissa il termine perentorio, non inferiore a sessanta giorni e non superiore a centocinquanta giorni, per l'adesione all'azione di classe da parte dei soggetti portatori di diritti individuali omogenei di cui alla lettera b) nonché per l'eventuale integrazione degli atti e per il compimento delle attività da parte di coloro che hanno aderito a norma dell'articolo 840-quinquies, primo comma; il termine decorre dalla data di pubblicazione della sentenza nell'area pubblica del portale dei servizi telematici di cui all'articolo 840-ter, secondo comma; f) nomina il giudice delegato per la procedura di adesione;

g)   nomina il rappresentante comune degli aderenti tra i soggetti aventi i requisiti per la nomina a curatore fallimentare;

h)   determina, ove necessario, l'importo da versare a cura di ciascun aderente, ivi compresi coloro che hanno aderito a norma dell'articolo 840quinquies, primo comma, a titolo di fondo spese e stabilisce le modalità di versamento.

Il rappresentante comune degli aderenti è pubblico ufficiale. Il giudice delegato può, dopo averlo sentito, revocare il rappresentante comune in ogni tempo con decreto.

Il giudice delegato può in ogni tempo disporre l'integrazione delle somme da versare a cura di ciascun aderente a titolo di fondo spese. Il mancato versamento delle somme rende inefficace l'adesione; l'inefficacia opera di diritto ed è rilevabile d'ufficio.

Art. 840-septies. Modalità di adesione all'azione di classe .

L'adesione all'azione di classe si propone mediante inserimento della relativa domanda nel fascicolo informatico, avvalendosi di un'area del portale dei servizi telematici di cui all'articolo 840-ter, secondo comma. La domanda di cui al primo comma, a pena di inammissibilità, deve contenere:

a) l'indicazione del tribunale e i dati relativi all'azione di classe a cui il soggetto chiede di aderire;

b) i dati identificativi dell'aderente;

c) l'indirizzo di posta elettronica certificata ovvero il servizio elettronico di recapito certificato qualificato dell'aderente o del suo difensore; d) la determinazione dell'oggetto della domanda;

e) l'esposizione dei fatti costituenti le ragioni della domanda di adesione;

f) l'indice dei documenti probatori eventualmente prodotti;

g) la seguente attestazione: "Consapevole della responsabilità penale prevista dalle disposizioni in materia di dichiarazioni sostitutive, attesto che i dati e i fatti esposti nella domanda e nei documenti prodotti sono veritieri";

h) il conferimento al rappresentante comune degli aderenti, già nominato o che sarà nominato dal giudice, del potere di rappresentare l'aderente e di compiere nel suo interesse tutti gli atti, di natura sia sostanziale sia processuale, relativi al diritto individuale omogeneo esposto nella domanda di adesione;

i) i dati necessari per l'accredito delle somme che verranno eventualmente riconosciute in favore dell'aderente;

l) la dichiarazione di aver provveduto al versamento del fondo spese di cui all'articolo 840-sexies, primo comma, lettera h).

L'aderente può produrre, con le modalità di cui al secondo comma, dichiarazioni di terzi, capaci di testimoniare, rilasciate ad un avvocato che attesta l'identità del dichiarante secondo le disposizioni dell'articolo 252; l'avvocato che procede a norma del presente comma è considerato pubblico ufficiale ad ogni effetto. Le dichiarazioni di cui al presente comma sono valutate dal giudice secondo il suo prudente apprezzamento.

La domanda è presentata su un modulo conforme al modello approvato con decreto del Ministro della giustizia, che stabilisce anche le istruzioni per la sua compilazione, ed è presentata a norma dell'articolo 65, comma 1, lettere b) e c-bis), del codice dell'amministrazione digitale, di cui al decreto legislativo 7 marzo 2005, n. 82.

I documenti probatori sono prodotti mediante inserimento nel fascicolo informatico.

La domanda di adesione produce gli effetti della domanda giudiziale e può essere presentata anche senza il ministero di un difensore. L'adesione diventa inefficace in caso di revoca del potere di rappresentanza conferito al rappresentante comune a norma del secondo comma, lettera

h). L'inefficacia opera di diritto ed è rilevabile d'ufficio. La revoca è opponibile all'impresa o all'ente gestore di servizi pubblici o di pubblica utilità da quando è inserita nel fascicolo informatico.

Quando l'azione di classe è stata proposta a norma dell'articolo 840-quater, l'aderente deve dimostrare di non aver potuto far valere i propri diritti entro i termini ivi previsti.

Art. 840-octies. Progetto dei diritti individuali omogenei degli aderenti.

Entro il termine perentorio di centoventi giorni dalla scadenza del termine di cui all'articolo 840-sexies, primo comma, lettera e), il resistente deposita una memoria contenente le sue difese, prendendo posizione sui fatti posti dagli aderenti a fondamento della domanda ed eccependo i fatti estintivi, modificativi o impeditivi dei diritti fatti valere dagli aderenti. I fatti dedotti dagli aderenti e non specificatamente contestati dal resistente nel termine di cui al presente comma si considerano ammessi.

Il rappresentante comune degli aderenti, entro novanta giorni dalla scadenza del termine di cui al primo comma, predispone il progetto dei diritti individuali omogenei degli aderenti, rassegnando per ciascuno le sue motivate conclusioni, e lo deposita; il progetto è comunicato agli aderenti e al resistente. Il rappresentante comune può chiedere al tribunale di nominare uno o più esperti di particolare competenza tecnica che lo assistano per la valutazione dei fatti posti dagli aderenti a fondamento delle domande.

Il resistente e gli aderenti, entro trenta giorni dalla comunicazione di cui al secondo comma, possono depositare osservazioni scritte e documenti integrativi. Nella procedura di adesione non sono ammessi mezzi di prova diversi dalla prova documentale.

Il rappresentante comune, entro sessanta giorni dalla scadenza del termine di cui al terzo comma, apporta le eventuali variazioni al progetto dei diritti individuali omogenei e lo deposita nel fascicolo informatico. Il giudice delegato, con decreto motivato, quando accoglie in tutto o in parte la domanda di adesione, condanna il resistente al pagamento delle somme o delle cose dovute a ciascun aderente a titolo di risarcimento o di restituzione. Il provvedimento costituisce titolo esecutivo ed è comunicato al resistente, agli aderenti, al rappresentante comune e ai difensori di cui all'articolo 840-novies, sesto e settimo comma.

A favore del difensore di cui l'aderente si sia avvalso è dovuto un compenso determinato con decreto del Ministro della giustizia, adottato a norma dell'articolo 13, comma 6, della legge 31 dicembre 2012, n. 247.

Art. 840-nonies. Spese del procedimento.

Con il decreto di cui all'articolo 840-octies, quinto comma, il giudice delegato condanna altresì il resistente a corrispondere direttamente al rappresentante comune degli aderenti, a titolo di compenso, un importo stabilito in considerazione del numero dei componenti la classe in misura progressiva: a) da 1 a 500, in misura non superiore al 9 per cento;

b) da 501 a 1.000, in misura non superiore al 6 per cento;

c) da 1.001 a 10.000, in misura non superiore al 3 per cento;

d) da 10.001 a 100.000, in misura non superiore al 2,5 per cento;

e) da 100.001 a 500.000, in misura non superiore all'1,5 per cento;

f) da 500.001 a 1.000.000, in misura non superiore all'1 per cento;

g) oltre 1.000.000, in misura non superiore allo 0,5 per cento. Le percentuali di cui al primo comma sono calcolate sull'importo complessivo dovuto a tutti gli aderenti.

Le percentuali di cui al primo comma possono essere modificate con decreto del Ministro della giustizia.

È altresì dovuto il rimborso delle spese sostenute e documentate.

L'autorità giudiziaria può aumentare o ridurre l'ammontare del compenso liquidato a norma del primo comma in misura non superiore al 50 per cento, sulla base dei seguenti criteri: a) complessità dell'incarico;

b) ricorso all'opera di coadiutori;

c) qualità dell'opera prestata;

d) sollecitudine con cui sono state condotte le attività;

e) numero degli aderenti.

Per quanto non previsto dal primo e dal secondo comma, si applicano le disposizioni in materia di spese di giustizia. Con il medesimo decreto di cui al primo comma, il giudice delegato condanna altresì il resistente a corrispondere direttamente all'avvocato che ha difeso il ricorrente fino alla pronuncia della sentenza di cui all'articolo 840sexies un importo ulteriore rispetto alle somme dovute a ciascun aderente a titolo di risarcimento e di restituzione. Il predetto importo, riconosciuto a titolo di compenso premiale, è liquidato a norma del primo comma. Tale compenso premiale può essere ridotto in misura non superiore al 50 per cento, sulla base dei criteri stabiliti al quarto comma.

Le disposizioni del sesto comma si applicano anche ai difensori che hanno difeso i ricorrenti delle cause riunite risultati vittoriosi.

Art. 840-decies. Impugnazione della sentenza.

Gli atti di impugnazione della sentenza di cui all'articolo 840-sexies e i provvedimenti che definiscono i giudizi di impugnazione sono pubblicati nell'area pubblica del portale dei servizi telematici di cui all'articolo 840-ter, secondo comma.

Ai fini dell'impugnazione della sentenza non si applica l'articolo 325. La sentenza può essere impugnata dagli aderenti per revocazione, quando ricorrono i presupposti previsti dall'articolo 395 o quando la sentenza medesima è l'effetto della collusione tra le parti. In quest'ultimo caso il termine per proporre revocazione decorre dalla scoperta della collusione.

Art. 840-undecies. Impugnazione del decreto .

Contro il decreto di cui all'articolo 840-octies, quinto comma, può essere proposta opposizione con ricorso depositato presso la cancelleria del tribunale.

Il ricorso può essere proposto dal resistente, dal rappresentante comune degli aderenti e dagli avvocati di cui all'articolo 840-novies, sesto e settimo comma, nel termine perentorio di trenta giorni dalla comunicazione del provvedimento. Gli avvocati di cui al periodo precedente possono proporre motivi di opposizione relativi esclusivamente ai compensi e alle spese liquidati con il decreto impugnato.

Il ricorso non sospende l'esecuzione del decreto, fatta salva la facoltà del tribunale di disporre diversamente su istanza di parte in presenza di gravi e fondati motivi. Esso deve contenere:

a) l'indicazione del tribunale competente;

b) le generalità del ricorrente e l'elezione del domicilio nel comune in cui ha sede il giudice adito;

c) l'esposizione dei fatti e degli elementi di diritto su cui si basa l'opposizione, con le relative conclusioni.

Il presidente del tribunale, nei cinque giorni successivi al deposito del ricorso, designa il relatore e fissa con decreto l'udienza di comparizione entro quaranta giorni dal deposito. Il giudice delegato non può far parte del collegio. Il ricorso, unitamente al decreto di fissazione dell'udienza, deve essere comunicato ai controinteressati entro cinque giorni dal deposito del decreto. Il resistente deve costituirsi almeno cinque giorni prima dell'udienza, depositando una memoria contenente l'esposizione delle difese in fatto e in diritto.

L'intervento di qualunque interessato non può avere luogo oltre il termine stabilito per la costituzione della parte resistente, con le modalità per questa previste.

Non sono ammessi nuovi mezzi di prova e non possono essere prodotti nuovi documenti, salvo che la parte dimostri di non aver potuto indicarli o produrli prima, per causa ad essa non imputabile.

Entro trenta giorni dall'udienza di comparizione delle parti, il tribunale provvede con decreto motivato, con il quale conferma, modifica o revoca il provvedimento impugnato. L'aderente può proporre azione individuale a condizione che la domanda di adesione sia stata revocata prima che il decreto sia divenuto definitivo nei suoi confronti.

Art. 840-duodecies. Adempimento spontaneo .

Quando il debitore provvede spontaneamente al pagamento delle somme stabilite con il decreto di cui all'articolo 840-octies, quinto comma, le somme sono versate su un conto corrente bancario o postale intestato alla procedura aperta con la sentenza di cui all'articolo

840-sexies e vincolato all'ordine del giudice. Il rappresentante comune degli aderenti deposita con la massima sollecitudine il piano di riparto e il giudice delegato ordina il pagamento delle somme spettanti a ciascun aderente.

Il rappresentante comune, il debitore e gli avvocati di cui all'articolo 840novies, sesto e settimo comma, possono proporre opposizione a norma dell'articolo 840-undecies. Il rappresentante comune deposita la documentazione comprovante i pagamenti effettuati.

Per il compimento dell'attività di cui al presente articolo, al rappresentante comune non spetta alcun ulteriore compenso.

Art. 840-terdecies. Esecuzione forzata collettiva .

L'esecuzione forzata del decreto di cui all'articolo 840-octies, quinto comma, è promossa dal rappresentante comune degli aderenti, che compie tutti gli atti nell'interesse degli aderenti, ivi compresi quelli relativi agli eventuali giudizi di opposizione. Non è mai ammessa l'esecuzione forzata di tale decreto su iniziativa di soggetti diversi dal rappresentante comune. Devono essere trattenute e depositate nei modi stabiliti dal giudice dell'esecuzione le somme ricavate per effetto di provvedimenti provvisoriamente esecutivi e non ancora divenuti definitivi.

Le disposizioni dei commi precedenti non si applicano relativamente ai crediti riconosciuti, con il decreto di cui all'articolo 840-octies, quinto comma, in favore del rappresentante comune e degli avvocati di cui all'articolo 840novies, sesto e settimo comma.

Il compenso dovuto al rappresentante comune è liquidato dal giudice in misura non superiore a un decimo della somma ricavata, tenuto conto dei criteri di cui all'articolo 840-novies, quarto comma. Il credito del rappresentante comune liquidato a norma del presente articolo nonché quello liquidato a norma dell'articolo 840-novies, commi primo e secondo, hanno privilegio, nella misura del 75 per cento, sui beni oggetto dell'esecuzione. Il rappresentante comune non può stare in giudizio senza l'autorizzazione del giudice delegato, salvo che per i procedimenti promossi per impugnare atti del giudice delegato o del tribunale.

Art. 840-quaterdecies. Accordi di natura transattiva .

Il tribunale, fino alla discussione orale della causa, formula ove possibile, avuto riguardo al valore della controversia e all'esistenza di questioni di facile e pronta soluzione di diritto, una proposta transattiva o conciliativa. La proposta del giudice è inserita nell'area pubblica del portale dei servizi telematici di cui all'articolo 840-ter, secondo comma, ed è comunicata all'indirizzo di posta elettronica

certificata ovvero al servizio elettronico di recapito certificato qualificato indicato da ciascun aderente. L'accordo transattivo o conciliativo concluso tra le parti è inserito nell'area pubblica ed è comunicato all'indirizzo di posta elettronica certificata ovvero al servizio elettronico di recapito certificato qualificato indicato da ciascun aderente, il quale può dichiarare di voler accedere all'accordo medesimo mediante dichiarazione inserita nel fascicolo informatico nel termine indicato dal giudice.

Dopo la pronuncia della sentenza di cui all'articolo 840-sexies, il rappresentante comune, nell'interesse degli aderenti, può predisporre con l'impresa o con l'ente gestore di servizi pubblici o di pubblica utilità uno schema di accordo di natura transattiva.

Lo schema è inserito nell'area pubblica del portale dei servizi telematici di cui all'articolo 840-ter, secondo comma, ed è comunicato all'indirizzo di posta elettronica certificata ovvero al servizio elettronico di recapito certificato qualificato indicato da ciascun aderente.

Entro quindici giorni dalla comunicazione di cui al terzo comma, ciascun aderente può inserire nel fascicolo informatico le proprie motivate contestazioni allo schema di accordo. Nei confronti degli aderenti che non formulano contestazioni a norma del presente comma, lo schema di accordo si considera non contestato.

Entro trenta giorni dalla scadenza del termine di cui al quarto comma, il giudice delegato, avuto riguardo agli interessi degli aderenti, può autorizzare il rappresentante comune a stipulare l'accordo transattivo. Il provvedimento del giudice delegato è inserito nell'area pubblica del portale dei servizi telematici di cui all'articolo 840-ter, secondo comma, ed è comunicato all'indirizzo di posta elettronica certificata ovvero al servizio elettronico di recapito certificato qualificato indicato da ciascun aderente nonché al ricorrente.

Entro quindici giorni dalla comunicazione di cui al sesto comma, l'aderente che ha formulato le contestazioni di cui al quarto comma può privare il rappresentante comune della facoltà di stipulare l'accordo transattivo a cui le medesime contestazioni si riferiscono.

L'accordo transattivo autorizzato dal giudice delegato e stipulato dal rappresentante comune costituisce titolo esecutivo e per l'iscrizione di ipoteca giudiziale e deve essere integralmente trascritto nel precetto ai sensi dell'articolo 480, secondo comma. Il rappresentante comune certifica l'autografia delle sottoscrizioni apposte all'accordo transattivo. Il ricorrente può aderire all'accordo transattivo entro il termine di cui al settimo comma; in tal caso, l'accordo transattivo costituisce titolo esecutivo e per l'iscrizione di ipoteca giudiziale anche in suo favore.

Le disposizioni del presente articolo si applicano, in quanto compatibili, anche quando l'azione è promossa da un'organizzazione o un'associazione inserita nell'elenco di cui all'articolo 840-bis, secondo comma, e l'accordo può avere riguardo anche al risarcimento del danno o alle restituzioni in favore degli aderenti che abbiano accettato o non si siano opposti all'accordo medesimo.

Art. 840-quinquiesdecies. Chiusura della procedura di adesione

La procedura di adesione si chiude:

a) quando le ripartizioni agli aderenti, effettuate dal rappresentante comune, raggiungono l'intero ammontare dei crediti dei medesimi aderenti;

b) quando nel corso della procedura risulta che non è possibile conseguire un ragionevole soddisfacimento delle pretese degli aderenti, anche tenuto conto dei costi che è necessario sostenere.

La chiusura della procedura di adesione è dichiarata con decreto motivato del giudice delegato, reclamabile a norma dell'articolo 840-undecies. Gli aderenti riacquistano il libero esercizio delle azioni verso il debitore per la parte non soddisfatta dei loro crediti per capitale e interessi.

Articolo inserito dall'art. 1, comma 1, L. 12 aprile 2019, n. 31, che ha inserito il Titolo VIII-bis, a decorrere dal 19 novembre 2020, ai sensi di quanto disposto dall'art. 7, comma 1, della medesima legge n. 31/2019, come modificato dall'art. 8, comma 5, D.L. 30 dicembre 2019, n. 162, convertito, con modificazioni, dalla L. 28 febbraio 2020, n. 8, e dall'art. 31-ter, comma 1, D.L. 28 ottobre 2020, n. 137, convertito, con modificazioni, dalla L. 18 dicembre 2020, n. 176 ; per l'applicabilità di tale disposizione vedi l'art. 7, comma 2, della citata legge n. 31/2019.

Art. 840-sexiesdecies. Azione inibitoria collettiva .

(Testo in vigore dal 19 maggio 2021)

Chiunque abbia interesse alla pronuncia di una inibitoria di atti e comportamenti, posti in essere in pregiudizio di una pluralità di individui o enti, può agire per ottenere l'ordine di cessazione o il divieto di reiterazione della condotta omissiva o commissiva. Le organizzazioni o le associazioni senza scopo di lucro i cui obiettivi statutari comprendano la tutela degli interessi pregiudicati dalla condotta di cui al primo periodo sono legittimate a proporre l'azione qualora iscritte nell'elenco di cui all'articolo 840-bis, secondo comma.

L'azione può essere esperita nei confronti di imprese o di enti gestori di servizi pubblici o di pubblica utilità relativamente ad atti e comportamenti posti in essere nello svolgimento delle loro rispettive attività. La domanda si propone con le forme del procedimento camerale, regolato dagli articoli 737 e seguenti, in quanto compatibili, esclusivamente dinanzi alla sezione specializzata in materia di impresa competente per il luogo dove ha sede la parte resistente. Il ricorso è notificato al pubblico ministero.

Si applica l'articolo 840-quinquies in quanto compatibile.

Il tribunale può avvalersi di dati statistici e di presunzioni semplici. Con la condanna alla cessazione della condotta omissiva o commissiva, il tribunale può, su istanza di parte, adottare i provvedimenti di cui all'articolo 614-bis, anche fuori dei casi ivi previsti.

Con la condanna alla cessazione della condotta omissiva o commissiva, il tribunale può, su richiesta del pubblico ministero o delle parti, ordinare che la parte soccombente adotti le misure idonee ad eliminare o ridurre gli effetti delle violazioni accertate.

Il giudice, su istanza di parte, condanna la parte soccombente a dare diffusione del provvedimento, nei modi e nei tempi definiti nello stesso, mediante utilizzo dei mezzi di comunicazione ritenuti più appropriati. Quando l'azione inibitoria collettiva è proposta congiuntamente all'azione di classe, il giudice dispone la separazione delle cause.

Sono fatte salve le disposizioni previste in materia dalle leggi speciali.

DISPOSIZIONI PER L'ATTUAZIONE DEL CODICE DI PROCEDURA CIVILE E DISPOSIZIONI TRANSITORIE

TITOLO I – DEL PUBBLICO MINISTERO
Art. 1. Richiesta di comunicazione degli atti.
In ogni stato e grado del processo il pubblico ministero può richiedere al giudice la comunicazione degli atti per l'esercizio dei poteri a lui attribuiti dalla legge.

Art. 2. Intervento davanti all'istruttore.
L'intervento del pubblico ministero davanti all'istruttore avviene nei modi previsti nell'articolo 267 del codice .

Art. 3. Intervento davanti al collegio.
Il pubblico ministero può spiegare il suo intervento anche quando la causa si trova davanti al collegio, mediante comparsa da depositarsi in cancelleria o all'udienza.

Il pubblico ministero che interviene all'udienza prende oralmente le sue conclusioni, che sono inserite nel ruolo di udienza.

Se il pubblico ministero che interviene davanti al collegio non si limita ad aderire alle conclusioni di una delle parti, ma prende proprie conclusioni, produce documenti o deduce prove, il presidente, d'ufficio o su istanza di parte, può rimettere con ordinanza la causa al giudice istruttore per l'integrazione della istruzione.

TITOLO II – DEGLI ESPERTI E DEGLI AUSILIARI DEL GIUDICE
CAPO I – DEGLI ESPERTI DELLA MAGISTRATURA DEL LAVORO
Art. 4. Albo degli esperti.
Art. 5. Formazione dell'albo.
Art. 6. Proposte d'iscrizione.
Art. 7. Requisiti per l'iscrizione.
Art. 8. Revisione dell'albo.
Art. 9. Ruolo degli esperti.
Art. 10. Composizione del collegio giudicante.
Art. 11. Astensione e ricusazione degli esperti.
Art. 12. Indennità dovute agli esperti.

CAPO I-BIS - DEI MEDIATORI FAMILIARI
Art. 12-bis. Dei mediatori familiari
Presso ogni tribunale è istituito un elenco di mediatori familiari.

Art. 12-ter. Formazione e revisione dell'elenco
L'elenco è tenuto dal presidente del tribunale ed è formato da un comitato da lui presieduto e composto dal procuratore della Repubblica e da un mediatore familiare, designato dalle associazioni professionali di mediatori familiari inserite nell'elenco tenuto presso il Ministero dello sviluppo economico, che esercita la propria attività nel circondario del tribunale.

Le funzioni di segretario del comitato sono esercitate dal cancelliere del tribunale.

L'elenco è permanente. Ogni quattro anni il comitato provvede alla sua revisione per eliminare coloro per i quali è venuto meno alcuno dei requisiti previsti nell'articolo 12-quater o è sorto un impedimento a esercitare l'ufficio.

Si applicano gli articoli 19, 20 e 21, in quanto compatibili.

Art. 12-quater. Iscrizione nell'elenco
Possono chiedere l'iscrizione nell'elenco coloro che sono iscritti da almeno cinque anni a una delle associazioni professionali di mediatori familiari inserite nell'elenco tenuto presso il Ministero dello sviluppo economico, sono forniti di adeguata formazione e di specifica competenza nella disciplina giuridica della famiglia nonché in materia di tutela dei minori e di violenza domestica e di genere e sono di condotta morale specchiata. Sulle domande di iscrizione decide il comitato previsto dall'articolo 12-ter. Contro il provvedimento del comitato è ammesso reclamo, entro quindici giorni dalla notificazione, al comitato previsto nell'articolo 5.

Art. 12-quinquies. Domande di iscrizione
Coloro che aspirano all'iscrizione nell'elenco devono presentare domanda al presidente del tribunale, corredata dai seguenti documenti:
1) estratto dell'atto di nascita;
2) certificato generale del casellario giudiziario di data non anteriore a tre mesi dalla presentazione;
3) certificato di residenza nella circoscrizione del tribunale;
4) attestazione rilasciata dall'associazione professionale ai sensi dell'articolo 7 della legge 14 gennaio 2013, n. 4;
5) i titoli e i documenti che l'aspirante intende allegare per dimostrare la sua formazione e specifica competenza.

Il presidente procede ai sensi dell'articolo 17.

Art. 12-sexies. Disciplina dell'attività di mediatore
L'attività professionale del mediatore familiare, la sua formazione, le regole deontologiche e le tariffe applicabili sono regolate con decreto del Ministro dello sviluppo economico, di concerto con il Ministro della giustizia e con il Ministro dell'economia e delle finanze, nel rispetto delle disposizioni di cui alla legge 14 gennaio 2013, n. 4.

CAPO II – DEI CONSULENTI TECNICI DEL GIUDICE

Sezione I - Dei consulenti tecnici nei procedimenti ordinari

Art. 13. Albo dei consulenti tecnici.

Presso ogni tribunale è istituito un albo dei consulenti tecnici.

L'albo è diviso in categorie.

Debbono essere sempre comprese nell'albo le categorie: 1. medicochirurgica; 2. industriale; 3. commerciale; 4. agricola; 5. bancaria; 6. assicurativa; 7. della neuropsichiatria infantile, della psicologia dell'età evolutiva e della psicologia giuridica o forense .

Con decreto del Ministro della giustizia, adottato di concerto con i Ministri dell'economia e delle finanze e dello sviluppo economico, sono stabilite le ulteriori categorie dell'albo e i settori di specializzazione di ciascuna categoria. Con lo stesso decreto sono indicati i requisiti per l'iscrizione all'albo nonché i contenuti e le modalità della comunicazione ai fini della formazione, della tenuta e dell'aggiornamento dell'elenco nazionale di cui all'articolo 24-bis .

Art.14. Formazione dell'albo.

L'albo è tenuto dal presidente del tribunale ed è formato da un comitato da lui presieduto e composto dal procuratore della Repubblica e da un professionista iscritto nell'albo professionale, designato dal consiglio dell'ordine, o dal collegio della categoria, cui appartiene il richiedente l'iscrizione nell'albo dei consulenti tecnici.

Il consiglio predetto ha facoltà di designare, quando lo ritenga opportuno, un professionista iscritto nell'albo di altro ordine o collegio, previa comunicazione al consiglio che tiene l'albo a cui appartiene il professionista stesso. Quando trattasi di domande presentate da periti estimatori, la designazione è fatta dalla camera di commercio, industria artigianato e agricoltura . Le funzioni di segretario del comitato sono esercitate dal cancelliere del tribunale .

Art. 15. Iscrizione e permanenza nell'albo

Possono ottenere l'iscrizione nell'albo coloro che rispettano i requisiti determinati con il decreto di cui all'articolo 13, quarto comma, sono di condotta morale specchiata e sono iscritti nelle rispettive associazioni professionali .

Con riferimento alla categoria di cui all'articolo 13, terzo comma, numero 7), la speciale competenza tecnica sussiste qualora ricorrano, alternativamente o congiuntamente, i seguenti requisiti:

1) comprovata esperienza professionale in materia di violenza domestica e nei confronti di minori;

2) possesso di adeguati titoli di specializzazione o approfondimento post-universitari in psichiatria, psicoterapia, psicologia dell'età evolutiva o psicologia giuridica o forense, purché iscritti da almeno cinque anni nei rispettivi albi professionali;

3) aver svolto per almeno cinque anni attività clinica con minori presso strutture pubbliche o private .

Nessuno può essere iscritto in più di un albo.

Sulle domande di iscrizione decide il comitato indicato nell'articolo precedente.

Contro il provvedimento del comitato è ammesso reclamo, entro quindici giorni dalla notificazione, al comitato previsto nell'articolo.

Con il decreto di cui all'articolo 13, quarto comma, sono stabiliti, per ciascuna categoria, i requisiti per l'iscrizione, gli obblighi di formazione continua e gli altri obblighi da assolvere per il mantenimento dell'iscrizione, nonché le modalità per la verifica del loro assolvimento .

Con lo stesso decreto sono stabiliti altresì i casi di sospensione volontaria dall'albo .

Art. 16. Domande d'iscrizione

Coloro che aspirano all'iscrizione nell'albo debbono farne domanda al presidente del tribunale.

La domanda deve essere corredata dai seguenti documenti:

1. estratto dell'atto di nascita;

2. certificato generale del casellario giudiziario di data non anteriore a tre mesi dalla presentazione;

3. certificato di residenza nella circoscrizione del tribunale;

4. certificato di iscrizione all'associazione professionale;

5. i titoli e i documenti che l'aspirante crede di esibire per dimostrare la sua speciale capacità tecnica ;

5-bis. gli ulteriori documenti richiesti ai sensi del decreto ministeriale di cui all'articolo 13, quarto comma .

La domanda contiene altresì il consenso dell'interessato al trattamento dei dati comunicati al momento della presentazione dell'istanza di iscrizione, prestato in conformità alla normativa dettata in materia di protezione dei dati personali, anche ai fini della pubblicazione di cui agli articoli 23, secondo comma, e 24-bis .

Art. 17. Informazioni.

A cura del presidente del tribunale debbono essere assunte presso le autorità di polizia specifiche informazioni sulla condotta pubblica e privata dell'aspirante.

Art. 18. Revisione dell'albo.

L'albo è permanente. Ogni due anni il comitato di cui all'articolo deve provvedere alla revisione dell'albo per eliminare i consulenti per i quali è venuto meno alcuno dei requisiti previsti nell'articolo o è sorto un impedimento a esercitare l'ufficio .

Contro il provvedimento di esclusione adottato dal comitato è ammesso reclamo, entro quindici giorni dalla notificazione, al comitato previsto dall'articolo 5 .

Art. 19. Disciplina.

La vigilanza sui consulenti tecnici è esercitata dal presidente del tribunale, il quale, d'ufficio o su istanza del procuratore della Repubblica o del presidente dell'associazione professionale , può promuovere procedimento disciplinare contro i consulenti che non hanno tenuto una condotta morale specchiata o non hanno ottemperato agli obblighi derivanti dagli incarichi ricevuti.

Per il giudizio disciplinare è competente il comitato indicato nell'articolo.

Art. 20. Sanzioni disciplinari.

Ai consulenti che non hanno osservato i doveri indicati nell'articolo precedente possono essere inflitte le seguenti sanzioni disciplinari:

1. l'avvertimento;
2. la sospensione dall'albo per un tempo non superiore ad un anno;
3. la cancellazione dall'albo.

Art. 21. Procedimento disciplinare.

Prima di promuovere il procedimento disciplinare, il presidente del tribunale contesta l'addebito al consulente e ne raccoglie la risposta scritta.

Il presidente, se dopo la contestazione ritiene di dovere continuare il procedimento, fa invitare il consulente, con biglietto di cancelleria, davanti al comitato disciplinare. Il comitato decide sentito il consulente. Contro il provvedimento è ammesso reclamo a norma dell'articolo ultimo comma.

Art. 22. Distribuzione degli incarichi.

Tutti i giudici che hanno sede nella circoscrizione del tribunale debbono affidare normalmente le funzioni di consulente tecnico agli iscritti nell'albo del tribunale medesimo. I giudici presso le sezioni specializzate dei tribunali con competenza distrettuale possono conferire l'incarico ai consulenti iscritti negli albi dei tribunali del distretto .

Il giudice può conferire, con provvedimento motivato, un incarico a un consulente iscritto in albo di altro tribunale o a persona non iscritta in alcun albo. Il provvedimento è comunicato al presidente del tribunale .

Le funzioni di consulente presso la corte d'appello sono normalmente affidate agli iscritti negli albi dei tribunali del distretto. L'incarico ad iscritti in altri albi o a persone non iscritte in alcun albo è conferito con provvedimento motivato da comunicare al presidente della corte di appello .

Art. 23. Vigilanza sulla distribuzione degli incarichi

Il presidente del tribunale e il presidente della corte di appello vigilano affinché, senza danno per l'amministrazione della giustizia, gli incarichi siano equamente distribuiti tra gli iscritti nell'albo in modo tale che a nessuno dei consulenti iscritti possano essere conferiti incarichi in misura superiore al 10 per cento di quelli affidati dal rispettivo ufficio, e garantiscono che sia assicurata l'adeguata trasparenza del conferimento degli incarichi anche a mezzo di strumenti informatici.

Per l'attuazione di tale vigilanza gli incarichi affidati e i compensi liquidati dal giudice agli iscritti nell'albo sono annotati nei sistemi informatici regolamentati secondo le regole tecniche per l'adozione nel processo civile delle tecnologie dell'informazione e della comunicazione. Gli incarichi e i compensi sono altresì pubblicati sul sito dell'ufficio giudiziario.

Art. 24. Liquidazione dei compensi.

Art. 24-bis. Elenco nazionale dei consulenti tecnici

Presso il Ministero della giustizia è istituito un elenco nazionale dei consulenti tecnici, suddiviso per categorie e contenente l'indicazione dei settori di specializzazione di ciascuna categoria, nel quale, tramite i sistemi informatici di cui all'articolo 23, secondo comma, confluiscono le annotazioni dei provvedimenti di nomina.

L'elenco è tenuto con modalità informatiche ed è accessibile al pubblico attraverso il portale dei servizi telematici del Ministero della giustizia.

Sezione II - Dei consulenti tecnici nei procedimenti corporativi
Art. 25. Istituzione e formazione dell'albo.
Art. 26. Iscrizione nell'albo.
Art. 27. Consulenti in materie regolate da norme corporative o da accordi economici.

.

CAPO III – DEI REGISTRI DI CANCELLERIA E DEGLI ATTI DEL CANCELLIERE
Art. 28. Registri di cancelleria.

Con decreto del Ministro di grazia e giustizia, ovvero con decreto del Ministro delle finanze, nei casi di sua competenza, di concerto con il Ministro di grazia e giustizia, sono stabiliti i registri che devono essere tenuti, a cura delle cancellerie, presso gli uffici giudiziari .

Art. 29. Registri di cancelleria della pretura.
Art. 30. Registri di cancelleria del tribunale.

Art. 31. Registri di cancelleria della corte di appello.

Art. 32. Registri di cancelleria della corte suprema di cassazione.

Art. 33. Divisione dei registri in più volumi.
Negli uffici giudiziari aventi un numero rilevante di affari, ogni capo d'ufficio, su proposta del dirigente la cancelleria, può autorizzare la divisione per materia del ruolo generale e della rubrica alfabetica generale corrispondente.
Il capo dell'ufficio può autorizzare inoltre la divisione del registro cronologico in due volumi contenenti uno i numeri pari e l'altro i numeri dispari, o anche in volumi distinti per materia.

Art. 34. Contenuto del registro cronologico.

Art. 35. Volumi dei provvedimenti originali.
Il cancelliere deve riunire annualmente in volumi separati gli originali delle sentenze, dei decreti d'ingiunzione e dei processi verbali di conciliazione, nonché le copie dei verbali contenenti le sentenze pronunciate a norma dell'articolo 281-sexies .

Art. 36. Fascicoli di cancelleria.
Il cancelliere deve formare un fascicolo per ogni affare del proprio ufficio, anche quando la formazione di esso non è prevista espressamente dalla legge.
Ogni fascicolo riceve la numerazione del ruolo generale sotto la quale è iscritto l'affare.
Ogni fascicolo contiene l'indicazione dell'ufficio, della sezione alla quale appartiene il giudice incaricato dell'affare e del giudice stesso, delle parti, dei rispettivi difensori muniti di procura e dell'oggetto e l'indice degli atti inseriti nel fascicolo con l'indicazione della natura e della data di ciascuno di essi. Gli atti sono inseriti nel fascicolo in ordine cronologico .
La tenuta e conservazione del fascicolo informatico equivale alla tenuta e conservazione del fascicolo d'ufficio su supporto cartaceo, fermi restando gli obblighi di conservazione dei documenti originali unici su supporto cartaceo previsti dal codice dell'amministrazione digitale di cui al decreto legislativo 7 marzo 2005, n. 82, e dalla disciplina processuale vigente .

Art. 37. Modo di tenuta dei registri.

Art. 38. Deposito di cancelleria della parte che si costituisce.

Art. 39. Deposito in cancelleria.

Art. 40. Nota dei depositi e delle spese di cancelleria.

Art. 41. Deposito delle somme ricevute dal cancelliere.

Art. 42. Prelievi della somma depositata.

Art. 43. Ingiunzione di pagamento di spese, diritti ed onorari.

Art. 44. Compilazione dei processi verbali.
Oltre che nei casi specificamente indicati dalla legge, il cancelliere deve compilare processo verbale di tutti gli atti che compie con l'intervento di terzi interessati. Nel processo verbale fa risultare le attività da lui compiute, quelle delle persone intervenute nell'atto e le dichiarazioni da esse rese.

Art. 45. Forma delle comunicazioni del cancelliere.
Quando viene redatto su supporto cartaceo biglietto, col quale il cancelliere esegue le comunicazioni a norma dell'articolo 136 del codice, si compone di due parti uguali una delle quali deve essere consegnata al destinatario e l'altra deve essere conservata nel fascicolo d'ufficio .
Il biglietto contiene in ogni caso l'indicazione dell'ufficio giudiziario, della sezione alla quale la causa è assegnata, dell'istruttore se è nominato, del numero del ruolo generale sotto il quale l'affare è iscritto e del ruolo dell'istruttore il nome delle parti ed il testo integrale del provvedimento comunicato .
Nella parte che viene inserita nel fascicolo d'ufficio deve essere stesa la relazione di notificazione dell'ufficiale giudiziario o scritta la ricevuta del destinatario. Se l'ufficiale giudiziario si avvale del servizio postale, il cancelliere conserva nel fascicolo d'ufficio anche la ricevuta della raccomandata . Quando viene trasmesso a mezzo posta elettronica certificata il biglietto di cancelleria è costituito dal messaggio di posta elettronica certificata, formato ed inviato nel rispetto della normativa, anche regolamentare, concernente la trasmissione e la ricezione dei documenti informatici raccomandata .

Art. 46. Forma e criteri di redazione degli atti giudiziari
I processi verbali e gli altri atti giudiziari debbono essere scritti in carattere chiaro e facilmente leggibile .
Quando sono redatti in forma di documento informatico, rispettano la normativa, anche regolamentare, concernente la redazione, la sottoscrizione, la trasmissione e la ricezione dei documenti informatici .
Negli altri casi debbono essere scritti in continuazione, senza spazi in bianco e senza alterazioni o abrasioni. Le aggiunte, soppressioni o modificazioni eventuali debbono essere fatte in calce all'atto, con nota di richiamo senza cancellare la parte soppressa o modificata .
Il Ministro della giustizia, sentiti il Consiglio superiore della magistratura e il Consiglio nazionale forense, definisce con decreto gli schemi informatici degli atti giudiziari con la strutturazione dei campi necessari per l'inserimento delle

informazioni nei registri del processo. Con il medesimo decreto sono stabiliti i limiti degli atti processuali, tenendo conto della tipologia, del valore, della complessità della controversia, del numero delle parti e della natura degli interessi coinvolti. Nella determinazione dei limiti non si tiene conto dell'intestazione e delle altre indicazioni formali dell'atto, fra le quali si intendono compresi un indice e una breve sintesi del contenuto dell'atto stesso. Il decreto è aggiornato con cadenza almeno biennale .

Il mancato rispetto delle specifiche tecniche sulla forma e sullo schema informatico e dei criteri e limiti di redazione dell'atto non comporta invalidità, ma può essere valutato dal giudice ai fini della decisione sulle spese del processo .

Il giudice redige gli atti e i provvedimenti nel rispetto dei criteri di cui al presente articolo .

CAPO IV – DEGLI ATTI DELL'UFFICIALE GIUDIZIARIO
Art. 47. Ora della notificazione.

Nella relazione di notificazione di cui all'articolo 148 del Codice, se la parte interessata lo chiede, deve essere inserita l'indicazione dell'ora nella quale la notificazione è stata eseguita.

Art. 48. Avviso al destinatario della notificazione.

L'avviso prescritto nell'articolo 140 del Codice deve contenere:

1. il nome della persona che ha chiesto la notificazione e del destinatario;
2. l'indicazione della natura dell'atto notificato;
3. l'indicazione del giudice che ha pronunciato il provvedimento notificato o davanti al quale si deve comparire con la data o il termine di comparizione; 4. la data e la firma dell'ufficiale giudiziario.

Art. 49. Nota da consegnarsi al pubblico ministero.

L'ufficiale, che esegue la notificazione a norma degli articoli 142, 143 e 146 del Codice, deve consegnare al pubblico ministero, insieme con la copia dell'atto, una nota contenente:

1. l'indicazione del nome e della qualità della persona che ha chiesto la notificazione;
2. il nome, la residenza o la dimora del destinatario;
3. la natura dell'atto notificato;
4. il giudice che ha pronunciato il provvedimento notificato o davanti al quale si deve comparire;
5. la data e la firma dell'ufficiale giudiziario.

La nota è trasmessa dal pubblico ministero insieme con l'atto al ministero degli affari esteri o al comando militare posto nella circoscrizione del tribunale, i quali provvedono d'urgenza alla consegna.

Art. 50. Istanza di autorizzazione alla notificazione per pubblici proclami.

L'istanza di autorizzazione a procedere alla notificazione per pubblici proclami a norma dell'articolo 150 del codice è fatta con ricorso steso in calce all'atto.

Il pubblico ministero stende il suo parere di seguito al ricorso.

Art. 51. Destinazione della copia dell'atto notificato depositata in cancelleria.

La copia che l'ufficiale giudiziario deposita in cancelleria a norma dell'articolo 150 quarto comma del codice è custodita dal cancelliere per essere inserita nel fascicolo d'ufficio.

Nella copia depositata e in quella da consegnare alla parte che ha chiesto la notificazione, l'ufficiale giudiziario deve certificare la data dell'avvenuto deposito in cancelleria.

Capo V - Delle persone che possono assistere il giudice
Art. 52. Liquidazione del compenso.

Il compenso agli ausiliari di cui all'articolo 68 del codice è liquidato con decreto dal giudice che li ha nominati o dal capo dell'ufficio giudiziario al quale appartiene il cancelliere o l'ufficiale giudiziario che li ha chiamati, tenuto conto dell'attività svolta.

Art. 53. Contenuto ed efficacia dei provvedimenti che liquidano compensi. I decreti con i quali il giudice liquida a favore del custode e degli altri ausiliari i compensi loro dovuti debbono indicare la parte che è tenuta a corrisponderli. Tali decreti costituiscono titolo esecutivo contro la parte stessa.

TITOLO III – DEL PROCESSO DI COGNIZIONE
CAPO I – DEL PROCEDIMENTO DAVANTI AL GIUDICE DI PACE
Art. 54. Determinazione dei giorni d'udienza.

Le udienze di istruzione e di discussione delle cause sono tenute nei giorni e nelle ore che il capo dell'ufficio del giudice di pace stabilisce annualmente con decreto approvato dal presidente del tribunale d'intesa col procuratore della Repubblica. Il decreto deve rimanere affisso per tutto l'anno in ciascuna sala di udienza dell'ufficio del giudice di pace .

Art. 55. Distribuzione delle udienze tra i magistrati.

Il capo dell'ufficio del giudice di pace distribuisce con decreto al principio di ogni trimestre le udienze di istruzione o di discussione tra i magistrati addetti all'ufficio .

Art. 56. Designazione del giudice per ciascuna causa.

Dopo il deposito in cancelleria dell'atto introduttivo del giudizio a norma dell'articolo 319 del codice o, in mancanza, il giorno stesso dell'udienza fissata a norma dell'articolo 316 del codice, su presentazione da parte del cancelliere dell'atto, il capo dell'ufficio del giudice di pace designa il magistrato che viene incaricato dell'istruzione della causa .

Se nel giorno fissato per la comparizione l'udienza è tenuta da un magistrato diverso da quello designato, la causa, dopo la costituzione delle parti, è rinviata d'ufficio alla prima udienza del magistrato designato.

Art. 57. Rinvio dell'udienza di comparizione.

Se non vi è udienza nel giorno fissato nell'atto di citazione o nel processo verbale indicato nell'articolo 316 secondo comma del codice, la comparizione s'intende rimandata all'udienza immediatamente successiva tenuta dal giudice designato .

Se nell'udienza di comparizione non possono essere sentite le parti, il giudice di pace dà atto nel processo verbale della loro comparizione e rimanda la causa all'udienza immediatamente successiva .

Art. 58. Mancanza di dichiarazione di residenza o di elezione di domicilio.
Alla parte, che non ha fatto dichiarazione di residenza o elezione di domicilio a norma dell'articolo 319 del codice, le notificazioni e le comunicazioni durante il procedimento possono essere fatte presso la cancelleria, salvo contrarie disposizioni di legge .

Art. 59. Dichiarazione di contumacia.

La dichiarazione di contumacia della parte non costituita è fatta dal giudice di pace a norma dell'articolo 171 ultimo comma del codice, quando è decorsa almeno un'ora dall'apertura dell'udienza .

Art. 60. Tempo degli atti di istruzione.

Gli atti di istruzione debbono essere assunti dal giudice di pace non oltre la terza udienza successiva a quella in cui sono stati ammessi o alla comunicazione dell'ordinanza di ammissione, se questa non è stata pronunziata in udienza .

Art. 61. Ordine di trattazione e discussione delle cause.

Nella trattazione e nella discussione il giudice di pace deve dare la precedenza alle cause per le quali sono stati abbreviati i termini a norma dell'articolo 163-bis del codice .

Art. 62. Udienza di discussione.

Il giudice di pace , quando dichiara chiusa l'istruzione, invita le parti a formulare nella stessa udienza o in una udienza successiva le conclusioni che, a norma dell'articolo 189 del codice, intendono sottoporre alla sua decisione e a procedere alla discussione della causa .

L'udienza di discussione può essere rinviata soltanto una volta, per grave impedimento dell'ufficio o delle parti da specificarsi nel provvedimento di rinvio.

Art. 63. Giudice decidente.

La causa deve essere decisa dal giudice di pace che ha proceduto all'istruzione, salvo che sia stato sostituito a norma dell'articolo 174 del codice.

Art. 64. Pubblicazione della sentenza.

Art. 65. Querela di falso.

Il giudice di pace , quando rimette le parti davanti al tribunale per il processo di falso, stabilisce un termine perentorio entro il quale le parti stesse debbono riassumere la causa davanti al tribunale .

Art. 66. Tempo degli atti dei conciliatori.
Art. 67. Luogo delle udienze.

Art. 68. Istanza di conciliazione.

L'istanza di conciliazione in sede non contenziosa può essere proposta al giudice di pace con ricorso o verbalmente.

Se l'istanza è proposta con ricorso, il giudice di pace fa invitare dal cancelliere le parti a comparire davanti a lui in un giorno e in un'ora determinati per cercare di conciliarle. Se è proposta verbalmente, il giudice di pace redige di essa processo verbale e dà la disposizione di cui al comma precedente.

Art. 69. Mancata comparizione della parte invitata.

Se la parte invitata non si presenta, il giudice di pace ne dà atto nel processo verbale; di questo la parte istante può ottenere copia.

CAPO II – DEL PROCEDIMENTO DAVANTI AL TRIBUNALE
Sezione I - Dell'introduzione della causa
Art. 69-bis. Determinazione delle udienze di prima comparizione.
Il decreto del presidente del tribunale, che stabilisce, a norma del secondo comma dell'art. 163 del codice, i giorni della settimana e le ore delle udienze destinate esclusivamente alla prima comparizione delle parti, deve essere affisso in tutte le sale d'udienza del tribunale entro il 30 novembre di ogni anno e rimanervi durante il successivo anno giudiziario cui si riferisce

Art. 70. Istanza di abbreviazione dei termini di comparizione.

L'istanza di abbreviazione dei termini di comparizione, prevista nell'articolo 163-bis ultimo comma del codice, è proposta con ricorso diretto al presidente del tribunale, ovvero, se la causa è stata già assegnata ad una sezione, al presidente di questa.

Il decreto del presidente, scritto in calce al ricorso, fissa l'udienza di prima comparizione e deve essere comunicato, insieme col ricorso stesso, ai procuratori delle parti costituite almeno cinque giorni liberi prima dell'udienza fissata dal presidente. Alle parti non costituite il decreto e il ricorso devono essere notificati personalmente in un congruo termine stabilito dal presidente.

Se all'udienza fissata dal presidente non compariscono tutte le parti alle quali deve essere fatta la comunicazione o la notificazione, il giudice istruttore verifica la regolarità della comunicazione o della notificazione, e ne ordina, quando occorre, la rinnovazione, fissando una nuova udienza di prima comparizione. In tal caso deve essere osservato per la comunicazione lo stesso termine stabilito nel comma precedente; per la notificazione alle parti non costituite il giudice istruttore stabilisce un nuovo termine congruo.

Art. 70-bis. Computo dei termini di comparizione.

I termini di comparizione, stabiliti nell'articolo 163-bis del codice, debbono essere osservati in relazione all'udienza fissata nell'atto di citazione, anche se la causa è rinviata ad altra udienza a norma dell'articolo 168-bis quarto comma dello stesso codice .

Art. 70-ter. Notificazione della comparsa di risposta.

La citazione può anche contenere, oltre a quanto previsto dall'articolo 163, terzo comma, numero 7), del codice, l'invito al convenuto o ai convenuti, in caso di pluralità degli stessi, a notificare al difensore dell'attore la comparsa di risposta ai sensi dell'articolo 4 del decreto legislativo 17 gennaio 2003, n. 5, entro un termine non inferiore a sessanta giorni dalla notificazione della citazione, ma inferiore di almeno dieci giorni al termine indicato ai sensi del primo comma dell'articolo 163-bis del codice.

Se tutti i convenuti notificano la comparsa di risposta ai sensi del precedente comma, il processo prosegue nelle forme e secondo le modalità previste dal decreto legislativo 17 gennaio 2003, n. 5 .

Art. 71. Nota d'iscrizione a ruolo.

La nota d'iscrizione della causa nel ruolo generale deve contenere l'indicazione delle parti, nonché le generalità ed il codice fiscale ove attribuito della parte che iscrive la causa a ruolo, del procuratore che si costituisce, dell'oggetto della domanda, della data di notificazione della citazione, e dell'udienza fissata per la prima comparizione delle parti .

Art. 72. Deposito del fascicolo di parte e iscrizione a ruolo.

Insieme con la nota d'iscrizione a ruolo la parte deve consegnare al cancelliere il proprio fascicolo. Esso è custodito in unica cartella col fascicolo d'ufficio che il cancelliere forma a norma dell'articolo 168 secondo comma del codice.

Nella stessa cartella sono custoditi i fascicoli delle parti che si costituiscono successivamente.

Art. 73. Copia degli atti di parte.

Le parti debbono consegnare al cancelliere insieme col proprio fascicolo le copie degli atti di parte, che a norma dell'articolo 168 secondo comma del codice debbono essere inserite nel fascicolo d'ufficio.

Il cancelliere deve rifiutare di ricevere il fascicolo di parte che non contenga le copie degli atti indicati nel comma precedente.

Art. 74. Contenuto del fascicolo di parte.

Gli atti e i documenti di causa sono inseriti in sezioni separate del fascicolo di parte.

Gli atti sono costituiti dagli originali o dalle copie notificate della citazione, della comparsa di risposta o d'intervento, delle memorie, delle comparse conclusionali e delle sentenze.

Sulla copertina del fascicolo debbono essere iscritte le indicazioni richieste per il fascicolo d'ufficio.

Il cancelliere, dopo aver controllato la regolarità anche fiscale degli atti e dei documenti, sottoscrive l'indice del fascicolo ogni volta che viene inserito in esso un atto o documento.

Art. 75. Nota delle spese.

Il difensore al momento del passaggio in decisione della causa deve unire al fascicolo di parte la nota delle spese, indicando in modo distinto e specifico gli onorari e le spese, con riferimento all'articolo della tariffa dal quale si desume ciascuna partita.

Art. 76. Potere delle parti sui fascicoli.

Le parti o i loro difensori muniti di procura possono esaminare gli atti e i documenti inseriti nel fascicolo d'ufficio e in quelli delle altre parti e farsene rilasciare copia dal cancelliere, osservate le leggi sul bollo .

Art. 77. Ritiro del fascicolo di parte.

Per ritirare il proprio fascicolo a norma dell'articolo 169 del Codice, la parte deve fare istanza con ricorso al giudice istruttore. Il ricorso e il decreto di autorizzazione sono inseriti dal cancelliere nel fascicolo d'ufficio.

In calce al decreto il cancelliere fa scrivere la dichiarazione di ritiro del fascicolo e annota la restituzione di esso.

Sezione II - Dell'istruzione della causa
Art. 78. Astensione del giudice istruttore.

Il giudice istruttore, che riconosce l'esistenza di un motivo di astensione a norma dell'articolo 51 del Codice, deve farne espressa dichiarazione oppure istanza scritta al presidente del tribunale appena ricevuto il decreto di nomina.

Se il motivo d'astensione sorge dopo che l'istruzione è iniziata, il giudice istruttore ne dà subito notizia al capo dell'ufficio giudiziario competente e dichiara o chiede di astenersi.

Art. 79. Sostituzione del giudice istruttore.

La sostituzione del giudice istruttore nei casi previsti nell'articolo 174 del Codice è disposta d'ufficio o su istanza di parte.

L'istanza è proposta con ricorso al presidente del tribunale, il quale provvede con decreto designando altro giudice della stessa sezione. L'istanza e il decreto sono inseriti nel fascicolo d'ufficio.

Art. 80. Determinazione delle udienze dei giudici istruttori.
Il presidente del tribunale stabilisce con decreto, al principio ed alla metà dell'anno giudiziario, i giorni della settimana e le ore in cui egli stesso, i presidenti di sezione e ciascun giudice istruttore debbono tenere le udienze destinate esclusivamente alla prima comparizione delle parti, e le udienze d'istruzione. Il decreto deve rimanere affisso in tutte le sale d'udienza del tribunale durante il periodo al quale si riferisce. Se nel corso dell'anno uno o più giudici istruttori cessano di far parte del tribunale, o della sezione, debbono di volta in volta essere apportate al decreto le necessarie modificazioni .

Art. 80-bis. Rinvio al collegio nell'udienza di prima comparizione.

La rimessione al collegio, a norma dell'articolo 187 del Codice può essere disposta dal giudice istruttore anche nell'udienza destinata esclusivamente alla prima comparizione delle parti .

Art. 81. Fissazione delle udienze d'istruzione.

Le udienze d'istruzione per ogni causa sono fissate di volta in volta dal giudice istruttore.

Nello stesso processo l'intervallo tra l'udienza destinata esclusivamente alla prima comparizione delle parti e la prima udienza d'istruzione, e quello tra le successive udienze d'istruzione, non può essere superiore a quindici giorni, salvo che, per speciali circostanze, delle quali dovrà farsi menzione nel provvedimento, sia necessario un intervallo maggiore .

Art. 81-bis. Calendario del processo

I termini fissati nel calendario possono essere prorogati, anche d'ufficio, quando sussistono gravi motivi sopravvenuti. La proroga deve essere richiesta dalle parti prima della scadenza dei termini .

Il mancato rispetto dei termini fissati nel calendario da parte del giudice, del difensore o del consulente tecnico d'ufficio può costituire violazione disciplinare, e può essere considerato ai fini della valutazione di professionalità e della nomina o conferma agli uffici direttivi e semidirettivi. Il rispetto del termine di cui all'articolo 473-bis.14, terzo comma, del codice è tenuto in considerazione nella formulazione dei rapporti per le valutazioni di professionalità .

Quando il difensore documenta il proprio stato di gravidanza, il giudice, ai fini della fissazione del calendario del processo ovvero della proroga dei termini in esso previsti, tiene conto del periodo compreso tra i due mesi precedenti la data presunta del parto e i tre mesi successivi. La disposizione del primo periodo si applica anche nei casi di adozione nazionale e internazionale nonché di affidamento del minore avendo riguardo ai periodi previsti dall'articolo 26 del testo unico delle disposizioni legislative in materia di tutela e sostegno della maternità e della paternità, di cui al decreto legislativo 26 marzo 2001, n. 151. Dall'applicazione del presente comma non può derivare grave pregiudizio alle parti nelle cause per le quali è richiesta un'urgente trattazione .

Art. 82. Rinvio delle udienze di prima comparizione e d'istruzione.
Qualora il giudice istruttore designato non tenga udienza nel giorno fissato per la prima comparizione delle parti, questa si intende rinviata d'ufficio alla udienza di prima comparizione immediatamente successiva, assegnata allo stesso giudice .

La stessa disposizione si applica anche nel caso che il presidente abbia designato un giudice diverso da quelli che tengono udienze di prima comparizione nel giorno fissato dall'attore .

Se nel giorno fissato non si tiene udienza d'istruzione per festività sopravvenuta o impedimento del giudice istruttore, ovvero per qualsiasi altro motivo, la causa s'intende rinviata d'ufficio alla prima udienza d'istruzione immediatamente successiva.

Il giudice istruttore può, su istanza di parte o d'ufficio, fissare altra udienza di istruzione, ferme le disposizioni dell'articolo precedente. Il decreto è comunicato dal cancelliere alle parti non presenti alla pronuncia del provvedimento.

Se le parti alle quali deve essere fatta la comunicazione prevista nel primo e nel terzo comma precedenti, o alcuna di esse, non compariscono nella nuova udienza, il giudice istruttore verifica la regolarità della comunicazione e ne ordina, quando occorre, la rinnovazione, rinviando la causa, secondo i casi, all'udienza di prima comparizione immediatamente successiva, ovvero ad altra udienza d'istruzione.

Art. 83. Ordine di trattazione delle cause.

Il giudice istruttore fissa l'ordine di trattazione delle cause, dando la precedenza a quelle per le quali sono stati abbreviati i termini e a quelle rinviate a norma degli articoli precedenti.

Art. 83-bis. Trattazione scritta della causa.

Il giudice istruttore quando autorizza la trattazione scritta della causa, a norma dell'articolo 180 primo comma del Codice, può stabilire quale delle parti deve comunicare per prima la propria comparsa, ed il termine entro il quale l'altra parte deve rispondere .

Art. 83-ter. Inosservanza delle disposizioni sulle attribuzioni delle sezioni distaccate del tribunale.

L'inosservanza delle disposizioni di ordinamento giudiziario relative alla ripartizione tra sede principale e sezioni distaccate, o tra diverse sezioni distaccate, delle cause nelle quali il tribunale giudica in composizione monocratica è rilevata non oltre l'udienza di prima comparizione. Il giudice, se ravvisa l'inosservanza o ritiene comunque non manifestamente infondata la relativa questione, dispone la trasmissione del fascicolo d'ufficio al presidente del tribunale, che provvede con decreto non impugnabile.

Art. 84. Svolgimento delle udienze.

Le udienze del giudice istruttore non sono pubbliche.

Per ciascuna causa sono ammessi davanti al giudice i difensori delle parti e le parti stesse. Queste debbono assistere all'udienza in silenzio, salvo che non ottengano dal giudice, a mezzo del proprio difensore, l'autorizzazione ad interloquire.

Le parti e i loro difensori non possono dettare le loro deduzioni nel processo verbale se non ne sono autorizzati dal giudice.

Art. 85. Istanza per imposizione di cauzione.

L'istanza del convenuto per l'imposizione di una cauzione all'attore, a norma dell'articolo 98 del Codice, deve essere proposta nella prima udienza di trattazione della causa . L'istanza può essere proposta successivamente quando è giustificata da fatti sopravvenuti o non conosciuti al tempo della prima udienza.

Art. 86. Forma della cauzione.

Salvo che sia diversamente disposto dal giudice a norma dell'articolo 119 del Codice, la cauzione deve essere prestata in danaro o in titoli del debito pubblico nei modi stabiliti per i depositi giudiziari.

Il documento contenente la prova del versamento è inserito nel fascicolo d'ufficio.

Art. 87. Produzione dei documenti

I documenti offerti in comunicazione dalle parti dopo la costituzione sono prodotti mediante deposito ai sensi dell'articolo 196-quater e il relativo elenco deve essere comunicato alle altre parti nelle forme stabilite dall'articolo 170, quarto comma, del codice. Se nel corso dell'udienza emerge la necessità di produrre documenti, il giudice, su istanza di parte, può assegnare termine per il deposito degli stessi nel fascicolo informatico.

Art. 88. Processo verbale di avvenuta conciliazione.

La convenzione conclusa tra le parti per effetto della conciliazione davanti al giudice istruttore è raccolta in separato processo verbale, sottoscritto dalle parti stesse, dal giudice e dal cancelliere.

Quando il verbale di udienza, contenente gli accordi di cui al primo comma ovvero un verbale di conciliazione ai sensi degli articoli 185 e 420 del codice, è redatto con strumenti informatici, della sottoscrizione delle parti, del cancelliere e dei difensori tiene luogo apposita dichiarazione del giudice che tali soggetti, resi pienamente edotti del contenuto degli accordi, li hanno accettati. Il verbale di conciliazione recante tale dichiarazione ha valore di titolo esecutivo e gli stessi effetti della conciliazione sottoscritta in udienza . Se la conciliazione avviene tra i procuratori non autorizzati a conciliare, il giudice ne prende atto nel processo verbale di udienza e fissa un'udienza per la comparizione delle parti e per la formazione del processo verbale indicato nel comma precedente.

Se le parti non risiedono nella circoscrizione del giudice, questi può autorizzarle a ratificare la convenzione conclusa dai procuratori con dichiarazione ricevuta dal cancelliere della pretura della loro residenza o, se il luogo di residenza non è sede di pretura, da notaio, fissando all'uopo un termine. La dichiarazione di ratifica è unita al processo verbale di udienza contenente la convenzione.

Art. 89. Ordinanza sull'astensione o ricusazione del consulente tecnico. L'ordinanza sull'astensione o sulla ricusazione del consulente tecnico prevista nell'articolo 192 del Codice è scritta in calce al ricorso del consulente o della parte.

Il ricorso e l'ordinanza sono inseriti nel fascicolo d'ufficio.

Art. 90. Indagini del consulente senza la presenza del giudice. Il consulente tecnico che, a norma dell'articolo 194 del Codice, è autorizzato a compiere indagini senza che sia presente il giudice, deve dare comunicazione alle parti del giorno, ora e luogo di inizio delle operazioni, con dichiarazione inserita nel processo verbale d'udienza o con biglietto a mezzo del cancelliere.

Il consulente non può ricevere altri scritti defensionali oltre quelli contenenti le osservazioni e le istanze di parte consentite dall'articolo 194 del Codice. In ogni caso deve essere comunicata alle parti avverse copia degli scritti defensionali.

Art. 91. Comunicazioni a consulenti di parte.

Nella dichiarazione di cui all'articolo 201 primo comma del Codice deve essere indicato il domicilio o il recapito del consulente della parte. Il cancelliere deve dare comunicazione al consulente tecnico di parte, regolarmente nominato, delle indagini predisposte dal consulente d'ufficio, perché vi possa assistere a norma degli articoli 194 e 201 del Codice.

Art. 92. Questioni sorte durante le indagini del consulente. Se, durante le indagini che il consulente tecnico compie da sé solo, sorgono questioni sui suoi poteri o sui limiti dell'incarico conferitogli, il consulente deve informarne il giudice, salvo che la parte interessata vi provveda con ricorso.

Il ricorso della parte non sospende le indagini del consulente. Il giudice, sentite le parti, dà i provvedimenti opportuni.

Art. 93. Assistenza alla persona sottoposta all'ispezione.

Chi è sottoposto ad ispezione corporale può farsi assistere da persona di sua fiducia che sia riconosciuta idonea dal giudice.

Art. 94. Istanza di esibizione.

L'istanza di esibizione di un documento o di una cosa in possesso di una parte o di un terzo deve contenere la specifica indicazione del documento o della cosa e, quando è necessario, l'offerta della prova che la parte o il terzo li possiede.

Art. 95. Notificazione dell'ordinanza di esibizione.

Il giudice, nell'ordinanza con la quale dispone l'esibizione di un documento o di una cosa in possesso di una parte contumace o di un terzo, fissa il termine entro il quale l'ordinanza deve essere notificata e indica la parte che deve provvedere alla notificazione.

Art. 96. Informazioni della pubblica amministrazione.

La nota contenente le informazioni, che la pubblica amministrazione fornisce su richiesta del giudice a norma dell'articolo 213 del Codice, è inserita nel fascicolo d'ufficio.

Art. 97. Divieto di private informazioni.

Il giudice non può ricevere private informazioni sulle cause pendenti davanti a sé, né può ricevere memorie se non per mezzo della cancelleria.

Art. 98. Deposito di documenti fatto da pubblico depositario. Il pubblico depositario, al quale è stato ordinato dal giudice istruttore il deposito in cancelleria delle scritture di comparazione a norma dell'articolo 218 del Codice, deve farne copia.

Le copie sono verificate dal cancelliere che della verificazione redige processo verbale. Questo è conservato in cancelleria unitamente alle scritture originali e una copia di esso è consegnata al depositario.

Il pubblico depositario può rilasciare copia delle scritture in base a quella da lui fatta, facendo menzione del processo verbale di verificazione di cui al comma precedente.

Art. 99. Proposizione della querela di falso.

La querela di falso proposta con atto di citazione deve essere confermata nella prima udienza davanti al giudice istruttore dalla parte personalmente o dal difensore munito di procura speciale.

Se la parte che propone personalmente in udienza la querela di falso è analfabeta, la dichiarazione è raccolta dal cancelliere in apposito processo verbale che tiene luogo della dichiarazione scritta.

Art. 100. Copie del documento impugnato.

Il cancelliere non può rilasciare copia del documento impugnato di falso che si trova depositato in cancelleria senza l'autorizzazione del giudice istruttore.

L'autorizzazione è data con decreto.

Art. 101. Rinvio.

Nel procedimento di falso si osservano, in quanto applicabili, le disposizioni del Codice relative alla verificazione di scrittura privata.

Art. 102. Ammissione d'interrogatorio o di prova testimoniale.

Nell'ordinanza che ammette l'interrogatorio o la prova testimoniale non è necessario che siano ripetuti i capitoli relativi, se il giudice fa richiamo a quelli contenuti nell'atto di citazione e nella comparsa di risposta o nei processi verbali di causa.

Art. 103. Termine per l'intimazione al testimone.

L'intimazione di cui all'articolo 250 del Codice deve essere fatta ai testimoni almeno sette giorni prima dell'udienza in cui sono chiamati a comparire . Con l'autorizzazione del giudice il termine può essere ridotto nei casi d'urgenza.

L'intimazione a cura del difensore contiene:

1) l'indicazione della parte richiedente e della controparte, nonché gli estremi dell'ordinanza con la quale è stata ammessa la prova testimoniale; 2) il nome, il cognome ed il domicilio della persona da citare; 3) il giorno, l'ora e il luogo della comparizione, nonché il giudice davanti al quale la persona deve presentarsi;

4) l'avvertimento che, in caso di mancata comparizione senza giustificato motivo, la persona citata potrà essere condannata al pagamento di una pena pecuniaria non inferiore a 100 curo e non superiore a 1.000 euro .

Art. 103-bis. Modello di testimonianza.

La testimonianza scritta è resa su di un modulo conforme al modello approvato con decreto del Ministro della giustizia, che individua anche le istruzioni per la sua compilazione, da notificare unitamente al modello. Il modello, sottoscritto in ogni suo foglio dalla parte che ne ha curato la compilazione, deve contenere, oltre all'indicazione del procedimento e dell'ordinanza di ammissione da parte del giudice procedente, idonei spazi per l'inserimento delle complete generalità del testimone, dell'indicazione della sua residenza, del suo domicilio e, ove possibile, di un suo recapito telefonico. Deve altresì contenere l'ammonimento del testimone ai sensi dell'articolo 251 del codice e la formula del giuramento di cui al medesimo articolo, oltre all'avviso in ordine alla facoltà di astenersi ai sensi degli articoli 200, 201 e 202 del codice di procedura penale, con lo spazio per la sottoscrizione obbligatoria del testimone, nonché le richieste di cui all'articolo 252, primo comma, del codice, ivi compresa l'indicazione di eventuali rapporti personali con le parti, e la trascrizione dei quesiti ammessi, con l'avvertenza che il testimone deve rendere risposte specifiche e pertinenti a ciascuna domanda e deve altresì precisare se ha avuto conoscenza dei fatti oggetto della testimonianza in modo diretto o indiretto.

Al termine di ogni risposta è apposta, di seguito e senza lasciare spazi vuoti, la sottoscrizione da parte del testimone.

Le sottoscrizioni devono essere autenticate da un segretario comunale o dal cancelliere di un ufficio giudiziario. L'autentica delle sottoscrizioni è in ogni caso gratuita nonché esente dall'imposta di bollo e da ogni diritto.

Art. 104. Mancata intimazione ai testimoni.

Se la parte senza giusto motivo non fa chiamare i testimoni davanti al giudice, questi la dichiara, anche d'ufficio, decaduta dalla prova, salvo che l'altra parte dichiari di avere interesse all'audizione .

Se il giudice riconosce giustificata l'omissione, fissa una nuova udienza per l'assunzione della prova.

Art. 105. Forma speciale di esame testimoniale.

La disposizione dell'articolo 255 secondo comma del Codice, relativa all'esenzione della comparizione dei testimoni davanti al giudice, si applica in ogni caso, ai Cardinali che svolgono una funzione di rilievo particolare presso la Santa Sede e ai Grandi Ufficiali dello Stato . Rivestono funzioni di rilievo particolare presso la Santa Sede il cardinale decano del Sacro Collegio, i cardinali prefetti dei dicasteri della Curia romana aventi la qualifica di congregazione, il cardinale prefetto del Supremo tribunale della Segnatura apostolica ed il cardinale che presiede la Penitenzieria apostolica .

Art. 106. Disposizioni relative al testimone non comparso. Il giudice istruttore può pronunciare i provvedimenti di cui all'articolo 255 primo comma del Codice contro il testimone non comparso dopo che è decorsa un'ora da quella indicata per la comparizione.

Il provvedimento di condanna costituisce titolo esecutivo contro il testimone.

Art. 107. Liquidazione delle indennità ai testimoni.

Art. 108. Procuratore autorizzato ad assistere alle prove delegate.

Il difensore munito di mandato alla lite può assistere all'assunzione delle prove che si eseguono fuori della circoscrizione del tribunale a norma dell'articolo 203 del Codice.

Il difensore stesso può anche incaricare un procuratore del luogo mediante delega scritta, che deve essere unita al processo verbale di assunzione della prova.

Art. 109. Ordinanza di pagamento durante il rendiconto.

L'ordinanza prevista nell'articolo 264 ultimo comma del Codice costituisce titolo esecutivo.

Art. 110. Fissazione dell'udienza di trattazione.

Art. 111. Produzione delle comparse.

Le comparse debbono essere inserite nel fascicolo di parte quattro giorni prima dell'udienza che il giudice istruttore ha fissato per la discussione. Il cancelliere non deve consentire che s'inseriscano nei fascicoli di parte comparse che non risultano comunicate alle altre parti e di cui non gli sono contemporaneamente consegnate le copie in carta libera per il fascicolo di ufficio e per gli altri componenti il Collegio. Quando le comparse sono depositate con modalità telematiche, il presente comma non si applica. L'inserzione tardiva delle comparse può essere autorizzata dal presidente del tribunale per gravi ragioni fino a due giorni prima dell'udienza.

Le comparse debbono essere scritte in carattere chiaro e facilmente leggibile, altrimenti la parte può rifiutarsi di riceverle e il cancelliere può non consentire che s'inseriscano nel fascicolo.

Art. 112. Istanza di decisione secondo equità.

L'istanza per il giudizio di equità, consentita alle parti dall'articolo 114 del codice, deve essere espressa in ogni caso nelle conclusioni prese a norma dell'articolo 189 del codice.

Art. 112-bis. Rimessione della causa al collegio in pendenza di reclamo.

Sezione III - Della decisione della causa

Art. 113. Determinazione dei giorni delle camere di consiglio e composizione dei collegi.

Al principio di ogni trimestre il presidente del tribunale o della sezione determina con decreto i giorni in cui si tengono le camere di consiglio e la composizione dei relativi collegi giudicanti.

Se alla camera di consiglio sono chiamati giudici in numero superiore a quello stabilito, il collegio, per ciascuna causa, è formato dal presidente, dal relatore e dal giudice più anziano.

Art. 114. Determinazione dei giorni d'udienza e composizione dei collegi.

All'inizio di ciascun anno giudiziario, il presidente del tribunale stabilisce, con decreto approvato dal primo presidente della Corte d'appello, i giorni della settimana e le ore in cui il tribunale o le sezioni tengono le udienze di discussione di cui ai commi terzo e quarto dell'art. 275 del codice. Il decreto del presidente deve restare affisso per tutto l'anno in ciascuna sala di udienza del tribunale.

Al principio di ogni trimestre il presidente del tribunale determina con decreto la composizione del collegio giudicante per ogni udienza di discussione di cui ai commi terzo e quarto dell'art. 275 del codice.

Se all'udienza sono chiamati giudici in numero superiore a quello stabilito, il collegio, per ciascuna causa, è formato dal presidente, dal relatore e dal giudice più anziano .

Art. 115. Rinvio della discussione.

Si applica alle udienze del collegio la disposizione dell'articolo 82.

Il collegio può inoltre rinviare la discussione della causa per non più di una volta soltanto per grave impedimento del tribunale o delle parti e non oltre la seconda udienza successiva a quella fissata dal giudice istruttore a norma dell'articolo 190 del codice.

Art. 116. Ordine di discussione delle cause.

L'ordine di discussione delle cause per ciascuna udienza è fissato dal presidente ed è affisso il giorno precedente l'udienza alla porta della sala a questa destinata.

Le cause sono chiamate dall'ufficiale giudiziario di servizio secondo l'ordine stabilito, salvo che il presidente disponga altrimenti per ragioni di opportunità.

Art. 117. Svolgimento della discussione.

I difensori debbono leggere davanti al collegio le loro conclusioni e possono svolgere sobriamente le ragioni che le sorreggono.

Essi debbono chiedere al presidente la facoltà di parlare e debbono dirigere la parola soltanto al tribunale. Il pubblico ministero ha la parola per ultimo. Il presidente può consentire una sola replica. Non sono ammesse note d'udienza dopo la discussione; ma il presidente può consentirle quando il pubblico ministero prende proprie conclusioni, produce documenti e deduce prove a norma dell'articolo 3 ultimo comma e la causa non è rimessa al giudice istruttore.

Art. 118. Motivazione della sentenza.

La motivazione della sentenza di cui all'articolo 132, secondo comma, numero 4), del codice consiste nella succinta esposizione dei fatti rilevanti della causa e delle ragioni giuridiche della decisione, anche con riferimento a precedenti conformi .

Debbono essere esposte concisamente e in ordine le questioni discusse e decise dal collegio ed indicati le norme di legge e i principi di diritto applicati. Nel caso previsto nell'articolo 114 del codice debbono essere esposte le ragioni di equità sulle quali è fondata la decisione. In ogni caso deve essere omessa ogni citazione di autori giuridici.

La scelta dell'estensore della sentenza prevista nell'articolo 276 ultimo comma del codice è fatta dal presidente tra i componenti il collegio che hanno espresso voto conforme alla decisione.

Art. 119. Redazione della sentenza.

L'estensore deve consegnare la minuta della sentenza da lui redatta al presidente del tribunale o della sezione. Il presidente, datane lettura, quando lo ritiene opportuno, al collegio, la sottoscrive insieme con l'estensore e la consegna al cancelliere, il quale scrive il testo originale, o ne affida la scritturazione al dattilografo di ruolo, sotto la sua direzione, a norma dell'art.

132 del codice .

Il presidente e il relatore, verificata la corrispondenza dell'originale alla minuta consegnata al cancelliere, sottoscrivono la sentenza e la fanno sottoscrivere all'altro giudice.

Il giudice che ha steso la motivazione aggiunge la qualifica di estensore alla sua sottoscrizione.

Quando la sentenza è pronunziata secondo equità se ne deve dare atto nel dispositivo.

Art. 120. Pubblicazione delle sentenze.

Art. 121. Ordinanza di correzione delle sentenze.

L'ordinanza di correzione delle sentenze è notificata alle parti a cura del cancelliere.

Art. 122. Forma dell'istanza per integrazione dei provvedimenti istruttori. L'istanza per l'integrazione di un provvedimento istruttorio a norma dell'articolo 289 del Codice è fatta con ricorso diretto al giudice istruttore o, in mancanza, al presidente del collegio.

Art. 123. Avviso d'impugnazione alla cancelleria.

L'ufficiale giudiziario che ha notificato un atto d'impugnazione deve darne immediatamente avviso scritto al cancelliere del giudice che ha pronunciato la sentenza impugnata.

Il cancelliere deve fare annotazione dell'impugnazione sull'originale della sentenza.

Art. 123-bis. Trasmissione del fascicolo d'ufficio al giudice superiore.

Se l'impugnazione è proposta contro una sentenza non definitiva, non si applicano le disposizioni dell'articolo 347 ultimo comma del Codice e dell'articolo 137-bis. Tuttavia il giudice dell'impugnazione può, se lo ritiene necessario, richiedere la trasmissione del fascicolo d'ufficio, ovvero

ordinare alla parte interessata di produrre copia di determinati atti .

Art. 124. Certificato di passaggio in giudicato della sentenza. A prova del passaggio in giudicato della sentenza il cancelliere certifica, in calce alla copia contenente la relazione di notificazione, che non è stato proposto nei termini di legge appello o ricorso per Cassazione, né istanza di revocazione per i motivi di cui ai nn. 4 e 5 dell'articolo 395 del codice. Ugualmente il cancelliere certifica in calce alla copia della sentenza che non è stata proposta impugnazione nel termine previsto dall'articolo 327 del codice.

Art. 125. Riassunzione della causa.

Salvo che dalla legge sia disposto altrimenti, la riassunzione della causa è fatta con comparsa, che deve contenere:

1. l'indicazione del giudice davanti al quale si deve comparire;
2. il nome delle parti e dei loro difensori con procura;
3. il richiamo dell'atto introduttivo del giudizio;
4. l'indicazione dell'udienza in cui le parti debbono comparire, osservati i termini stabiliti dall'articolo 163-bis del codice;
5. l'invito a costituirsi nei termini stabiliti dall'articolo 166 del codice; 6. l'indicazione del provvedimento del giudice in base al quale è fatta la riassunzione, e, nel caso dell'articolo 307 primo comma del codice, l'indicazione della data della notificazione della citazione non seguita dalla costituzione delle parti, ovvero del provvedimento che ha ordinato la cancellazione della causa dal ruolo.

Se, prima della riassunzione, il giudice istruttore abbia tenuto l'udienza di prima comparizione, e la causa debba essere riassunta davanti allo stesso giudice, le parti debbono essere citate a comparire in un'udienza di istruzione. Se il giudice istruttore già designato non fa più parte del tribunale o della sezione, la parte che provvede alla riassunzione deve preliminarmente chiedere la sostituzione con ricorso al presidente del tribunale o della sezione.

La comparsa è notificata a norma dell'articolo 170 del codice, ed alle parti non costituite deve essere notificata personalmente.

Art. 125-bis. Riassunzione delle cause sospese durante l'istruzione. Se il giudice istruttore ha sospeso l'esecuzione o la prosecuzione dell'ulteriore istruzione a norma dell'articolo 279 quarto comma del Codice, le parti debbono riassumere la causa davanti a lui nelle forme stabilite dall'articolo che precede, entro il termine perentorio di sei mesi dalla comunicazione della sentenza

che definisce il giudizio sull'appello immediato che ha dato luogo alla sospensione.

Art. 126. Fascicolo della causa riassunta.

Il cancelliere del giudice davanti al quale la causa è riassunta deve immediatamente richiedere il fascicolo d'ufficio al cancelliere del giudice che ha precedentemente conosciuto della causa.

Art. 127. Riscossione della pena pecuniaria a carico dell'opponente.
La riscossione della pena pecuniaria, alla quale sia stato condannato il terzo opponente a norma dell'articolo 408 del codice, è fatta dal cancelliere.

Capo III - Del procedimento d'appello
Art. 128. Determinazione dei giorni d'udienza.

Il decreto del primo presidente della corte d'appello, che stabilisce, a norma dell'articolo 163 secondo comma del Codice, i giorni della settimana e le ore delle udienze destinate esclusivamente alla prima comparizione delle parti, deve essere affisso in tutte le sale d'udienza della corte d'appello entro il 30 novembre di ogni anno, e rimanervi durante il successivo anno giudiziario cui si riferisce.

Il primo presidente della Corte d'appello stabilisce con decreto, al principio e alla metà dell'anno giudiziario, i giorni della settimana e le ore in cui debbono tenersi le udienze destinate esclusivamente alla prima comparizione delle parti, e le udienze d'istruzione. Il decreto deve rimanere affisso in tutte le sale di udienza della Corte d'appello durante il periodo al quale si riferisce.

Art. 129. Riserva d'appello. Estinzione del processo.

La riserva d'appello contro le sentenze previste nell'articolo 278 e nel n. 4 del secondo comma dell'articolo 279 del codice, può essere fatta nell'udienza del giudice istruttore con dichiarazione orale da inserirsi nel processo verbale, o con dichiarazione scritta su foglio a parte da allegarsi ad esso. La riserva può essere fatta anche con atto notificato ai procuratori delle altre parti costituite, a norma dell'articolo 170 primo e terzo comma del codice, o personalmente alla parte, se questa non è costituita.

Se il processo si estingue in primo grado, la sentenza di merito contro la quale fu fatta la riserva acquista efficacia di sentenza definitiva dal giorno in cui diventa irrevocabile l'ordinanza, o passa in giudicato la sentenza, che pronuncia l'estinzione del processo. Da questa data decorrono i termini stabiliti dall'articolo 325 del codice per impugnare la sentenza già notificata, e, se questa non è stata notificata, decorre il termine di decadenza stabilito dall'articolo 327 del codice stesso.

Art. 129-bis. Sospensione dell'istruzione nel caso di riforma di sentenza non definitiva.

Se sia stato proposto ricorso per cassazione contro sentenza di appello che abbia riformato alcuna delle sentenze previste nel n. 4 del secondo comma dell'articolo 279 del codice, il giudice istruttore, su istanza della parte interessata, qualora ritenga che i provvedimenti dati con l'ordinanza collegiale per l'ulteriore istruzione della causa siano dipendenti da quelli contenuti nella sentenza riformata, può disporre con ordinanza non impugnabile che l'esecuzione o la prosecuzione dell'ulteriore istruzione rimanga sospesa fino alla definizione del giudizio di cassazione.

Se la sentenza è cassata, la causa deve essere riassunta davanti al giudice istruttore nelle forme stabilite dall'articolo 125, entro il termine perentorio di sei mesi dalla comunicazione della sentenza che accoglie il ricorso.

Art. 130. Appello contro la sentenza di estinzione del processo.

Nel giudizio d'appello contro la sentenza che ha dichiarato l'estinzione del processo a norma dell'art. 308 del codice o che ha provveduto sul reclamo previsto nell'art. 630 del codice stesso, il collegio, quando è necessario, autorizza le parti a presentare memorie, fissando i rispettivi termini, e provvede in camera di consiglio con sentenza.

Art. 131. Deliberazione dei provvedimenti.

Nel deliberare i provvedimenti la corte d'appello applica le disposizioni dell'articolo 276 del Codice.

Il relatore vota per primo, quindi votano i consiglieri in ordine inverso di anzianità e per ultimo il presidente.

La scelta dell'estensore della sentenza è fatta dal presidente tra i componenti il collegio che hanno espresso voto conforme alla decisione.

Art. 131-bis. Sospensione dell'esecuzione delle sentenze impugnate per cassazione.

Sull'istanza di sospensione dell'esecuzione della sentenza prevista dall'articolo 373 del Codice, il giudice non può decidere se la parte istante non ha dimostrato di avere depositato il ricorso per cassazione contro la sentenza medesima.

Art. 132. Rinvio.

Nei procedimenti d'appello si osservano, in quanto applicabili, le norme dettate nel capo secondo, se non sono incompatibili con quelle contenute nel presente capo.

CAPO IV – DEL PROCEDIMENTO DAVANTI ALLA CORTE SUPREMA DI CASSAZIONE

Art. 133. Riserva di ricorso. Estinzione del processo.

La riserva di ricorso per Cassazione prevista nell'articolo 361 del Codice deve essere fatta nei modi stabiliti dall'articolo 129 primo e secondo comma. Si applicano al ricorso per Cassazione le disposizioni dell'articolo 129 terzo comma.

L'articolo 129, terzo comma, si applica altresì se il processo si estingue dopo la pronuncia delle sentenze previste dall'articolo 360, terzo comma, del codice .

Art. 133-bis. Sospensione dell'istruzione in pendenza di ricorso per Cassazione.

Se sia stato proposto ricorso immediato per Cassazione contro alcuna delle sentenze previste nel n. 4 del secondo comma dell'articolo 279 del Codice, l'istruttore, su istanza concorde delle parti, qualora ritenga che i provvedimenti dati con l'ordinanza collegiale per l'ulteriore istruzione della causa siano dipendenti da quelli contenuti nella sentenza impugnata, può disporre con ordinanza non impugnabile che l'esecuzione o la prosecuzione dell'ulteriore istruzione rimanga sospesa fino alla definizione del giudizio di Cassazione.

Se il ricorso è rigettato o dichiarato inammissibile la causa deve essere riassunta davanti all'istruttore nelle forme stabilite dall'articolo 125, entro il termine perentorio di sei mesi dalla comunicazione della sentenza di rigetto.

Art. 134. Deposito del ricorso e del controricorso a mezzo della posta.
Art. 134-bis. Residenza o sede delle parti
Art. 135. Invio di copie alle parti
Art. 136. Ricorso per regolamento di competenza.
Art. 137. Copie del ricorso e del controricorso.

Art. 137-bis. Fascicolo d'ufficio

Il cancelliere della corte, entro sessanta giorni dal deposito del ricorso, acquisisce il fascicolo d'ufficio dalla cancelleria del giudice che ha pronunciato il provvedimento impugnato. Nello stesso modo procede nei casi previsti dagli articoli 41, 47, 362 e 363-bis del codice.

Art. 137-ter. Pubblicità degli atti dei procedimenti pendenti

Fermo quanto previsto dall'articolo 51 del decreto legislativo 30 giugno 2003, n. 196, sono pubblicati nel sito istituzionale della Corte, a cura del centro elettronico di documentazione:

1) i provvedimenti che dispongono il rinvio pregiudiziale di cui all'articolo 363-bis del codice e i decreti del primo presidente ad esso relativi; 2) i ricorsi proposti dal procuratore generale della Corte di cassazione

nell'interesse della legge e le sue conclusioni scritte, quando formulate.

Art. 138. Procedimento in camera di consiglio.

Art. 139. Istanza di rimessione alle sezioni unite.

L'istanza prevista nell'articolo 376 del Codice si propone con ricorso diretto al primo presidente, contenente l'indicazione del ricorso di cui si chiede la rimessione alle sezioni unite e le ragioni per le quali si ritiene che sia di competenza di queste.

Il ricorso è depositato nel termine previsto nell'articolo 376 secondo comma del Codice .

Art. 140. Deposito delle memorie di parte

Art. 140-bis. Svolgimento della camera di consiglio

La camera di consiglio si svolge in presenza. Il presidente del collegio, con proprio decreto, può disporre lo svolgimento della camera di consiglio mediante collegamento audiovisivo a distanza, per esigenze di tipo organizzativo.

Art. 141. Deliberazione dei provvedimenti.

Nel deliberare i provvedimenti la corte applica le disposizioni dell'articolo 276 del Codice.

Il relatore vota per primo, quindi votano i consiglieri in ordine inverso di anzianità e per ultimo il presidente.

La scelta dell'estensore della sentenza è fatta dal presidente tra i componenti il collegio che hanno espresso voto conforme alla decisione.

Art. 142. Ricorso di competenza delle sezioni unite e delle sezioni semplici.

Se nel ricorso sono contenuti motivi di competenza delle sezioni semplici insieme con motivi di competenza delle sezioni unite, queste, se non ritengono opportuno decidere l'intero ricorso, dopo aver deciso i motivi di propria competenza, rimettono, con ordinanza, alla sezione semplice la causa per la decisione, con separata sentenza, degli ulteriori motivi. Le sezioni unite possono disporre ai sensi del primo comma anche nel caso di rimessione ai sensi dell'articolo 374, terzo comma, del codice.

Art. 143. Formulazione del principio di diritto affermato dalla corte.

La Corte enuncia specificamente, a norma dell'articolo 384 del Codice, il principio di diritto al quale il giudice di rinvio deve uniformarsi.

Art. 144. Forma della domanda di restituzione o di riduzione in pristino.

Le domande conseguenti alla cassazione della sentenza previste nell'articolo 389 del Codice debbono essere proposte con citazione da notificarsi personalmente alla parte a norma degli articoli 137 e seguenti del Codice.

Art. 144-bis. Attestazione del cancelliere in caso di mancata integrazione del contraddittorio.

Qualora non sia stato osservato il disposto di cui all'articolo 371-bis del codice, il cancelliere lo attesta con apposita dichiarazione, da allegare al fascicolo d'ufficio, per gli adempimenti di cui all'articolo 138.

Art. 144-bis.1. Restituzione del fascicolo d'ufficio e dei fascicoli di parte Dopo la definizione del giudizio, il fascicolo d'ufficio trasmesso ai sensi dell'articolo 137-bis e gli atti e i documenti depositati dalle parti e già prodotti nei precedenti gradi del processo sono restituiti, decorsi novanta giorni dal deposito della decisione, alla cancelleria del giudice che ha pronunciato la sentenza impugnata.

CAPO V – DISPOSIZIONI RELATIVE ALLE CONTROVERSIE DI LAVORO ED A QUELLE DI PREVIDENZA E ASSISTENZA
Art. 144-ter. Controversie individuali di lavoro.

Tra le controversie previste dall'articolo 409 del codice non si considerano in ogni caso comprese quelle di cui all'articolo 50-bis, primo comma, n. 5), seconda parte, del codice.

Art. 144-quater. Restituzione del fascicolo d'ufficio e dei fascicoli di parte.

Art. 144-quinquies. Controversie in materia di licenziamento.

Il presidente di sezione e il dirigente dell'ufficio giudiziario favoriscono e verificano la trattazione prioritaria dei procedimenti di cui al capo I-bis del titolo IV del libro secondo del codice. In ciascun ufficio giudiziario sono effettuate estrazioni statistiche trimestrali che consentono di valutare la durata media dei processi di cui all'articolo 441-bis del codice, in confronto con la durata degli altri processi in materia di lavoro.

Art. 145. Termine per la nomina del consulente tecnico. Per le controversie di lavoro e per quelle in materia di previdenza e di assistenza il termine previsto dall'articolo 201 del codice non deve superare i giorni sei.

Art. 146. Albo dei consulenti tecnici.

Nell'albo dei consulenti tecnici istituito presso ogni tribunale debbono essere inclusi, per i processi relativi a domande di prestazioni previdenziali e assistenziali, i medici legali e delle assicurazioni e i medici del lavoro.

146-bis. Accertamento pregiudiziale sull'efficacia, validità ed interpretazione dei contratti e accordi collettivi.

Nel caso di cui all'articolo 420-bis del codice si applica, in quanto compatibile, l'articolo 64, commi 4, 6, 7 e 8, del decreto legislativo 30 marzo 2001, n. 165.

Art. 147. Conciliazione, arbitrati e collegiali mediche nelle controversie in materia di previdenza e di assistenza obbligatorie.

Nelle controversie in materia di previdenza e di assistenza obbligatorie sono privi di qualsiasi efficacia vincolante, sostanziale e processuale, gli arbitrati rituali, gli arbitrati irrituali, le collegiali mediche, quale ne sia la natura giuridica, e le conciliazioni stragiudiziali intervenute anteriormente o posteriormente alla proposizione dell'azione giudiziaria.

Nelle controversie di cui al comma precedente i ricorsi amministrativi hanno effetto sospensivo di ogni provvedimento che implichi l'annullamento del rapporto assicurativo.

Art. 148. Abrogazione delle disposizioni di leggi speciali circa la proponibilità della domanda in materia di previdenza e di assistenza obbligatorie.

Sono abrogate tutte le disposizioni contenute nelle leggi speciali in materia di previdenza e di assistenza obbligatorie che, in difformità da quanto stabilito dall'articolo 443 del codice, condizionano la proponibilità della domanda giudiziaria al preventivo esperimento dei procedimenti amministrativi contenziosi.

Art. 149. Controversie in materia di invalidità pensionabile.

Nelle controversie in materia di invalidità pensionabile deve essere valutato dal giudice anche l'aggravamento della malattia, nonché tutte le infermità comunque incidenti sul complesso invalidante che si siano verificate nel corso tanto del procedimento amministrativo che di quello giudiziario.

Art. 150. Calcolo della svalutazione monetaria.

Ai fini del calcolo di cui all'articolo 429, ultimo comma, del codice, il giudice applicherà l'indice dei prezzi calcolato dall'ISTAT per la scala mobile per i lavoratori dell'industria.

Art. 151. Riunione di procedimenti.

La riunione, ai sensi dell'articolo 274 del codice, dei procedimenti relativi a controversie in materia di lavoro e di previdenza e di assistenza e a controversie dinanzi al giudice di pace, connesse anche soltanto per identità delle questioni dalla cui risoluzione dipende, totalmente o parzialmente, la loro decisione, deve essere sempre disposta dal giudice, tranne nelle ipotesi che essa renda troppo gravoso o comunque ritardi eccessivamente il processo. In queste ipotesi la riunione, salvo gravi e motivate ragioni, è, comunque, disposta tra le controversie che si trovano nella stessa fase processuale. Analogamente si provvede nel giudizio di appello.

Le competenze e gli onorari saranno ridotti in considerazione dell'unitaria trattazione delle controversie riunite .

Art. 152. Esenzione dal pagamento di spese, competenze e onorari nei giudizi per prestazioni previdenziali.

Nei giudizi promossi per ottenere prestazioni previdenziali o assistenziali la parte soccombente, salvo comunque quanto previsto dall'articolo 96, primo comma, del codice di procedura civile, non può essere condannata al pagamento delle spese, competenze ed onorari quando risulti titolare, nell'anno precedente a quello della pronuncia, di un reddito imponibile ai fini IRPEF, risultante dall'ultima dichiarazione, pari o inferiore a due volte l'importo del reddito stabilito ai sensi degli articoli 76, commi da 1 a 3, e 77 del testo unico delle disposizioni legislative e regolamentari in materia di spese di giustizia di cui al decreto del Presidente della repubblica 30 maggio 2002, n. 115. L'interessato che, con riferimento all'anno precedente a quello di instaurazione del giudizio, si trova nelle condizioni indicate nel presente articolo formula apposita dichiarazione sostitutiva di certificazione nelle conclusioni dell'atto introduttivo e si impegna a comunicare, fino a che il processo non sia definito, le variazioni rilevanti dei limiti di reddito verificatesi nell'anno precedente. Si applicano i commi 2 e 3 dell'articolo 79 e dell'articolo 88 del citato testo unico di cui al decreto del Presidente della repubblica n. 115 del 2002. Le spese, competenze ed onorari liquidati dal giudice nei giudizi per prestazioni previdenziali non possono superare il valore della prestazione dedotta in giudizio. A tale fine la parte ricorrente, a pena di inammissibilità di ricorso, formula apposita dichiarazione del valore della prestazione dedotta in giudizio, quantificandone l'importo nelle conclusioni dell'atto introduttivo.

Art. 152-bis. Liquidazione di spese processuali.

Nelle liquidazioni delle spese di cui all'articolo 91 del codice di procedura civile a favore delle pubbliche amministrazioni di cui all'articolo 1, comma 2, del decreto legislativo 30 marzo 2001, n. 165, e successive modificazioni, se assistite da propri dipendenti ai sensi dell'articolo 417-bis del codice di procedura civile, si applica il decreto adottato ai sensi dell'articolo 9, comma 2, del decreto-legge 24 gennaio 2012, n. 1, convertito, con modificazioni, dalla legge 24 marzo 2012, n. 27, per la liquidazione del compenso spettante agli avvocati, con la riduzione del venti per cento dell'importo complessivo ivi previsto. La riscossione avviene mediante iscrizione al ruolo ai sensi del decreto del Presidente della Repubblica 29 settembre 1973, n. 600.

CAPO V-BIS - DISPOSIZIONI RELATIVE AL PROCEDIMENTO IN MATERIA DI STATO DELLE PERSONE, MINORENNI E FAMIGLIE

Art. 152-ter. Procedimenti in camera di consiglio

I provvedimenti previsti negli articoli 145 e 316 del codice sono di competenza del tribunale del circondario del luogo in cui è stabilita la residenza familiare o, se questa manchi, del tribunale del luogo del domicilio di uno dei coniugi. Il tribunale provvede in camera di consiglio in composizione monocratica con decreto immediatamente esecutivo.

Art. 152-quater. Ascolto del minore

Quando la salvaguardia del minore è assicurata con idonei mezzi tecnici, quali l'uso di un vetro specchio unitamente ad impianto citofonico, i difensori delle parti, il curatore speciale del minore, se già nominato, ed il pubblico ministero possono seguire l'ascolto del minore, in luogo diverso da quello in cui egli si trova, senza chiedere l'autorizzazione del giudice prevista dall'articolo 473-bis.5, terzo comma, del codice.

Art. 152-quinquies. Registrazione audiovisiva dell'ascolto

Con provvedimento del Direttore generale dei sistemi informativi e automatizzati del Ministero della giustizia sono stabilite le regole tecniche per la registrazione audiovisiva, la sua conservazione e il suo inserimento nel fascicolo informatico.

Art. 152-sexies. Indagini del consulente

Fermo quanto previsto dall'articolo 90, il consulente tecnico nominato ai sensi degli articoli 473-bis.25 e 473-bis.44 del codice fissa il calendario delle operazioni peritali e lo comunica ai difensori e ai consulenti tecnici di parte se nominati.

Il consulente può chiedere al giudice la proroga del termine per il deposito della relazione, con istanza motivata, su concorde richiesta delle parti o in caso di particolare complessità delle indagini.

Unitamente alla relazione di cui all'articolo 195 del codice, il consulente deposita la documentazione utilizzata e i supporti contenenti le registrazioni audiovisive delle operazioni relative al minore.

Art. 152-septies. Scioglimento o cessazione degli effetti civili del matrimonio

Del ricorso per lo scioglimento o la cessazione degli effetti civili del matrimonio il cancelliere dà comunicazione all'ufficiale dello stato civile del luogo dove il matrimonio fu trascritto per l'annotazione in calce all'atto.

La sentenza che pronuncia lo scioglimento o la cessazione degli effetti civili del matrimonio, quando sia passata in giudicato, deve essere trasmessa in copia autentica, a cura del cancelliere del tribunale o della Corte che l'ha emessa, all'ufficiale dello stato civile del comune in cui il matrimonio fu trascritto, per le annotazioni e le ulteriori incombenze di cui al decreto del Presidente della Repubblica 3 novembre 2000, n. 396.

Art. 152-octies. Esame da remoto dell'interdicendo o inabilitando
Le modalità del collegamento da remoto previsto dall'articolo 473-bis.54, terzo comma, del codice sono individuate e regolate con provvedimento del Direttore generale dei sistemi informativi e automatizzati del Ministero della giustizia.

TITOLO IV – DEL PROCESSO DI ESECUZIONE
CAPO I – DEL TITOLO ESECUTIVO E DELL'ESPROPRIAZIONE FORZATA IN GENERALE
Art. 153. Copia degli atti ricevuti da notaio o da altro pubblico ufficiale
La copia degli atti ricevuti da notaio o da altro pubblico ufficiale deve essere munita del sigillo del notaio o dell'ufficio al quale appartiene l'ufficiale pubblico.

Art. 154. Procedimento per indebito rilascio di copie esecutive

Art. 155. Certificato di prestata cauzione.
Il certificato di prestata cauzione indicato nell'articolo 478 del Codice è rilasciato dal cancelliere del giudice che ha pronunciato il provvedimento costituente titolo esecutivo.

Art. 155-bis. Archivio dei rapporti finanziari
Per archivio dei rapporti finanziari di cui all'articolo 492-bis, quarto comma, del codice si intende la sezione di cui all'articolo 7, sesto comma, del decreto del Presidente della Repubblica 29 settembre 1973, n. 605.

Art. 155-ter. Partecipazione del creditore alla ricerca dei beni da pignorare con modalità telematiche

La partecipazione del creditore alla ricerca dei beni da pignorare di cui all'articolo 492-bis del codice ha luogo a norma dell'articolo 165 di queste disposizioni.

Nei casi di cui all'articolo 492-bis, ottavo e nono comma, l'ufficiale giudiziario, terminate le operazioni di ricerca dei beni con modalità telematiche, comunica al creditore le banche dati interrogate e le informazioni dalle stesse risultanti a mezzo telefax o posta elettronica anche non certificata, dandone atto a verbale. Il creditore entro dieci giorni dalla comunicazione indica all'ufficiale giudiziario i beni da sottoporre ad esecuzione; in mancanza la richiesta di pignoramento perde efficacia .

Art. 155-quater. Modalità di accesso alle banche dati
Le pubbliche amministrazioni che gestiscono banche dati contenenti informazioni utili ai fini della ricerca di cui all'articolo 492-bis del codice mettono a disposizione degli ufficiali giudiziari gli accessi, con le modalità di cui all'articolo 58 del codice di cui al decreto legislativo 7 marzo 2005, n. 82, e successive modificazioni, su richiesta del Ministero della giustizia. Sino a quando non sono definiti dall'Agenzia per l'Italia digitale gli standard di comunicazione e le regole tecniche di cui al comma 2 del predetto articolo 58 e, in ogni caso, quando l'amministrazione che gestisce la banca dati o il Ministero della giustizia non dispongono dei sistemi informatici per la cooperazione applicativa di cui all'articolo 72, comma 1, lettera e), del medesimo codice di cui al decreto legislativo n. 82 del 2005, l'accesso è consentito previa stipulazione, senza nuovi o maggiori oneri per la finanza pubblica, di una convenzione finalizzata alla fruibilità informatica dei dati, sentito il Garante per la protezione dei dati personali. Il Ministero della giustizia pubblica sul portale dei servizi telematici l'elenco delle banche dati per le quali è operativo l'accesso da parte dell'ufficiale giudiziario per le finalità di cui all'articolo
492-bis del codice.

Il Ministro della giustizia può procedere al trattamento dei dati acquisiti senza provvedere all'informativa di cui all'articolo 13 del decreto legislativo 30 giugno 2003, n. 196.

E' istituito, presso ogni ufficio notifiche, esecuzioni e protesti, il registro cronologico denominato "Modello ricerca beni", conforme al modello adottato con il decreto del Ministro della giustizia di cui al primo comma.

L'accesso da parte dell'ufficiale giudiziario alle banche dati di cui all'articolo 492-bis del codice e a quelle individuate con il decreto di cui al primo comma è gratuito. La disposizione di cui al periodo precedente si applica anche all'accesso effettuato a norma dell'articolo 155-quinquies di queste disposizioni.

Art. 155-quinquies. Accesso alle banche dati tramite i gestori Se è proposta istanza ai sensi dell'articolo 492-bis del codice, quando le strutture tecnologiche, necessarie a consentire l'accesso diretto da parte dell'ufficiale giudiziario alle banche dati di cui al quarto comma del medesimo articolo e a quelle individuate con il decreto di cui all'articolo 155quater, primo comma, non sono funzionanti, l'ufficiale giudiziario attesta che l'accesso diretto alle suddette banche dati non è attuabile.

L'istante con l'attestazione di cui al primo comma o con l'autorizzazione del presidente del tribunale ai sensi dell'articolo 492-bis, secondo comma, del codice, ove necessaria, può ottenere dai gestori delle banche dati previste dal predetto articolo e dall'articolo 155-quater le informazioni nelle stesse contenute.

Dal rilascio dell'attestazione di cui al primo comma, o dal provvedimento di autorizzazione del presidente del tribunale, se il precetto è notificato anteriormente, il termine di cui all'articolo 481, primo comma, del codice rimane sospeso per ulteriori novanta giorni. Se il precetto è notificato dopo il provvedimento di autorizzazione del presidente del tribunale, tale termine rimane sospeso sino al decorso di novanta giorni da tale provvedimento. Si applicano per quanto compatibili l'ottavo comma dell'articolo 492 e il decimo comma dell'articolo 492-bis del codice.

La disposizione di cui al primo comma si applica, limitatamente a ciascuna delle banche dati comprese nell'anagrafe tributaria, ivi incluso l'archivio dei rapporti finanziari, nonché a quelle degli enti previdenziali, sino all'inserimento di ognuna di esse nell'elenco di cui all'articolo 155-quater, primo comma.

Art. 155-sexies. Ulteriori casi di applicazione delle disposizioni per la ricerca con modalità telematiche dei beni da pignorare
Le disposizioni in materia di ricerca con modalità telematiche dei beni da pignorare si applicano anche per l'esecuzione del sequestro conservativo e per la ricostruzione dell'attivo e del passivo nell'ambito di procedure concorsuali di procedimenti in materia di famiglia e di quelli relativi alla gestione di patrimoni altrui. Ai fini del recupero o della cessione dei crediti, il curatore, il commissario e il liquidatore giudiziale possono avvalersi delle medesime disposizioni anche per accedere ai dati relativi ai soggetti nei cui confronti la procedura ha ragioni di credito, anche in mancanza di titolo esecutivo nei loro confronti. Quando di tali disposizioni ci si avvale nell'ambito di procedure concorsuali e di procedimenti in materia di famiglia, l'autorizzazione spetta al giudice del procedimento.

Art. 156. Esecuzione sui beni sequestrati.
Il sequestrante che ha ottenuto la sentenza di condanna esecutiva prevista nell'articolo 686 del codice deve depositarne copia nella cancelleria del giudice competente per l'esecuzione nel termine perentorio di sessanta giorni dalla comunicazione, e deve quindi procedere alle notificazioni previste nell'articolo 498 del codice .

Se oggetto del sequestro sono beni immobili, il sequestrante deve inoltre chiedere, nel termine perentorio di cui al comma precedente, l'annotazione della sentenza di condanna esecutiva in margine alla trascrizione prevista nell'articolo 679 del Codice.

Art. 156-bis. Esecuzione sui beni sequestrati in forza di sentenza straniera o di lodo arbitrale.
Se la causa di merito è devoluta alla giurisdizione di un giudice straniero o è compromessa in arbitri, il sequestrante deve, a pena di perdita di efficacia del sequestro conservativo ottenuto, proporre domanda di esecutorietà in Italia della sentenza straniera o del lodo entro il termine perentorio di sessanta giorni, decorrente dal momento in cui la domanda di esecutorietà è proponibile.

La dichiarazione di esecutorietà produce gli effetti di cui all'articolo 686 del codice e diventa applicabile il precedente articolo 156.

Art. 157. Processo verbale di pagamento nelle mani dell'ufficiale giudiziario.
L'ufficiale giudiziario redige processo verbale del versamento eseguito dal debitore delle somme che debbono essere consegnate al creditore a norma dell'articolo 494 primo comma del Codice. Nello stesso processo verbale inserisce l'eventuale riserva di ripetizione della somma versata, prevista nel secondo comma dello stesso articolo.

Il processo verbale è depositato immediatamente in cancelleria insieme con la prova del versamento al creditore della somma consegnata dal debitore.

Del processo verbale si prende nota nel ruolo generale delle esecuzioni.

Alla registrazione del processo verbale provvede il cancelliere.

Art. 158. Avviso al sequestrante.
Quando dall'atto di pignoramento o dai pubblici registri risulta l'esistenza di un sequestro conservativo sui beni pignorati, il creditore pignorante deve fare notificare al sequestrante avviso del pignoramento a norma dell'articolo 498 del Codice.

Art. 159. Istituti autorizzati all'incanto e alla amministrazione dei beni. Gli istituti ai quali possono essere affidate la vendita all'incanto dei beni mobili a norma dell'articolo 534 del Codice o l'amministrazione giudiziaria dei beni immobili a norma dell'articolo 592 del Codice sono autorizzati con decreto del Ministro di grazia e giustizia.

Agli istituti autorizzati alle vendite all'incanto dei mobili pignorati può essere affidata anche la custodia e la vendita dei mobili stessi previste negli articoli 520 secondo comma e 532 del Codice; ad essi può essere inoltre affidata qualsiasi altra vendita mobiliare disposta dall'autorità giudiziaria. Il Ministro di grazia e giustizia stabilisce le modalità e i controlli per l'esecuzione degli incarichi indicati nei commi precedenti, nonché la misura dei compensi dovuti agli istituti .

Art. 159-bis. Nota d'iscrizione a ruolo del processo esecutivo per espropriazione

La nota d'iscrizione a ruolo del processo esecutivo per espropriazione deve in ogni caso contenere l'indicazione delle parti, nonché le generalità e il codice fiscale, ove attribuito, della parte che iscrive la causa a ruolo, del difensore, della cosa o del bene oggetto di pignoramento. Il Ministro della giustizia, con proprio decreto avente natura non regolamentare, può indicare ulteriori dati da inserire nella nota di iscrizione a ruolo.

Art. 159-ter. Iscrizione a ruolo del processo esecutivo per espropriazione a cura di soggetto diverso dal creditore.

Colui che, prima che il creditore abbia depositato la nota di iscrizione a ruolo prevista dagli articoli 518, 521-bis, 543 e 557 del codice, deposita per primo un atto o un'istanza deve depositare la nota di iscrizione a ruolo e una copia dell'atto di pignoramento. Quando al deposito della nota di iscrizione a ruolo procede uno dei soggetti di cui all'articolo 16-bis, comma 1, del decreto-legge 18 ottobre 2012, n. 179, convertito, con modificazioni, dalla legge 17 dicembre 2012, n. 221, e successive modificazioni, diverso dal creditore, il deposito può aver luogo con modalità non telematiche e la copia dell'atto di pignoramento può essere priva dell'attestazione di conformità. Quando l'istanza proviene dall'ufficiale giudiziario, anche nel caso di cui all'articolo 520, primo comma, del codice, all'iscrizione a ruolo provvede d'ufficio il cancelliere. Quando l'iscrizione a ruolo ha luogo a norma del presente articolo, il creditore, nei termini di cui agli articoli 518, 521-bis, 543 e 557 del codice, provvede, a pena di inefficacia del pignoramento, al deposito delle copie conformi degli atti previsti dalle predette disposizioni e si applica l'articolo 164-ter delle presenti disposizioni.

Art. 160. Forma degli avvisi.

Gli avvisi che la legge prescrive siano fatti ai creditori e agli altri intervenuti nel procedimento esecutivo debbono essere sottoscritti dal creditore procedente o dal cancelliere a cura del quale sono notificati.

Art. 161. Giuramento dell'esperto e dello stimatore.

L'esperto nominato dal giudice a norma dell'articolo 568 ultimo comma del Codice presta giuramento di bene e fedelmente procedere alle operazioni affidategli.

L'ufficiale giudiziario che per la stima delle cose da pignorare si avvale dell'opera di uno stimatore, prima che questi incominci le sue operazioni, deve raccoglierne il giuramento di bene e fedelmente procedere alla stima. Il compenso dell'esperto o dello stimatore nominato dal giudice o dall'ufficiale giudiziario è calcolato sulla base del prezzo ricavato dalla vendita. Prima della vendita non possono essere liquidati acconti in misura superiore al cinquanta per cento del compenso calcolato sulla base del valore di stima.

Art. 161-bis. Rinvio della vendita dopo la prestazione della cauzione. Il rinvio della vendita può essere disposto solo con il consenso dei creditori e degli offerenti che abbiano prestato cauzione ai sensi degli articoli 571 e 580 del codice.

Art. 161-ter. Vendite con modalità telematiche.

Il Ministro della giustizia stabilisce con proprio decreto le regole tecnicooperative per lo svolgimento della vendita di beni mobili e immobili mediante gara telematica nei casi previsti dal codice, nel rispetto dei princìpi di competitività, trasparenza, semplificazione, efficacia, sicurezza, esattezza e regolarità delle procedure telematiche.

Con successivi decreti le regole tecnico-operative di cui al primo comma sono adeguate all'evoluzione scientifica e tecnologica. Se occorre, le medesime regole tecnico-operative sono integrate al fine di assicurare un agevole collegamento tra il portale delle vendite pubbliche e i portali dei gestori delle vendite telematiche.

161-quater. Modalità di pubblicazione sul portale delle vendite pubbliche

La pubblicazione sul portale delle vendite pubbliche è effettuata a cura del professionista delegato per le operazioni di vendita o del commissionario o, in mancanza, del creditore pignorante o del creditore intervenuto munito di titolo esecutivo ed in conformità alle specifiche tecniche, che possono determinare anche i dati e i documenti da inserire. Le specifiche tecniche sono stabilite dal responsabile per i sistemi informativi automatizzati del Ministero della giustizia entro sei mesi dalla data di entrata in vigore della presente disposizione e sono rese disponibili mediante pubblicazione nel portale delle vendite pubbliche. Quando la pubblicità riguarda beni immobili o beni mobili registrati, la pubblicazione non può essere effettuata in mancanza della prova dell'avvenuto pagamento del contributo per la pubblicazione, previsto dall'articolo 18-bis del decreto del Presidente della Repubblica 30 maggio 2002, n. 115.

Il portale delle vendite pubbliche deve inviare all'indirizzo di posta elettronica ordinaria o certificata, ad ogni interessato che ne ha fatto richiesta e si è registrato mediante un'apposita procedura disciplinata dalle specifiche tecniche di cui al primo comma, un avviso contenente le informazioni relative alle vendite di cui è stata effettuata la pubblicità.

Il portale delle vendite pubbliche provvede all'archiviazione e alla gestione dei dati relativi alle vendite in esso pubblicate.

Il mancato funzionamento dei sistemi informatici è attestato dal responsabile dei sistemi informativi automatizzati del Ministero della giustizia.

Art. 162. Deposito del prezzo di assegnazione.

La parte del valore della cosa assegnata che eccede il credito dell'assegnatario deve essere depositata nelle forme dei depositi giudiziari.

Art. 163. Ordine di cessazione della vendita forzata.

La cessazione della vendita forzata prevista dall'articolo 504 del Codice è disposta dal giudice dell'esecuzione se questi presiede alla vendita, o altrimenti dall'ufficiale incaricato della stessa, che ne riferisce immediatamente al giudice che lo ha nominato. In questo caso il giudice, sentite le parti, pronuncia definitivamente sulla cessazione.

Art. 164. Atti di trasferimento del bene espropriato.

Il giudice dell'esecuzione, in seguito all'alienazione del bene espropriato, compie in luogo del debitore tutti gli atti necessari al trasferimento del bene all'acquirente.

Art. 164-bis. Infruttuosità dell'espropriazione forzata

Quando risulta che non è più possibile conseguire un ragionevole soddisfacimento delle pretese dei creditori, anche tenuto conto dei costi necessari per la prosecuzione della procedura, delle probabilità di liquidazione del bene e del presumibile valore di realizzo, è disposta la chiusura anticipata del processo esecutivo.

Art. 164-ter. Inefficacia del pignoramento per mancato deposito della nota di iscrizione a ruolo

Quando il pignoramento è divenuto inefficace per mancato deposito della nota di iscrizione a ruolo nel termine stabilito, il creditore entro cinque giorni dalla scadenza del termine ne fa dichiarazione al debitore e all'eventuale terzo, mediante atto notificato. In ogni caso ogni obbligo del debitore e del terzo cessa quando la nota di iscrizione a ruolo non è stata depositata nei termini di legge.

La cancellazione della trascrizione del pignoramento si esegue quando è ordinata giudizialmente ovvero quando il creditore pignorante dichiara, nelle forme richieste dalla legge, che il pignoramento è divenuto inefficace per mancato deposito della nota di iscrizione a ruolo nel termine stabilito.

CAPO II – DELL'ESPROPRIAZIONE MOBILIARE

Art. 165. Partecipazione del creditore al pignoramento.

All'atto della richiesta del pignoramento il creditore può dichiarare che intende partecipare personalmente alle operazioni.

Nel caso di cui al primo comma l'ufficiale giudiziario deve comunicare la data e l'ora dell'accesso, da effettuare entro quindici giorni, con un preavviso di tre giorni, riducibile nei casi di urgenza.

Il creditore, a sue spese, può partecipare alle operazioni di pignoramento eseguite a norma degli articoli 513 e 518 del codice, con l'assistenza o a mezzo di difensore e di esperto o di uno di essi.

Art. 166. Modalità della custodia.

Il giudice dell'esecuzione dà con decreto le disposizioni circa i modi di custodire i titoli di credito e gli oggetti preziosi pignorati.

Art. 167. Processo verbale di consegna al commissionario.

Il cancelliere redige processo verbale della consegna delle cose pignorate al commissionario per la vendita. In esso debbono essere descritte le cose consegnate. La descrizione può farsi con riferimento a quella contenuta nell'atto di pignoramento, del quale il commissionario deve dichiarare di avere presa esatta cognizione.

Art. 168. Reclamo contro l'operato dell'ufficiale incaricato della vendita.

I reclami contro l'operato dell'ufficiale incaricato della vendita sono proposti dalle parti e dagli interessati con ricorso al giudice dell'esecuzione nel termine perentorio di venti giorni dal compimento dell'atto o dalla sua conoscenza.

Il ricorso non sospende le operazioni di vendita, salvo che il giudice dell'esecuzione, concorrendo gravi motivi, disponga la sospensione.

Sul ricorso il giudice dell'esecuzione, previa applicazione dell'articolo 485 del codice, provvede con ordinanza opponibile ai sensi dell'articolo 617 del codice.

Art. 169. Registrazione del processo verbale di vendita.

Il cancelliere del tribunale presso il quale è depositato il processo verbale di vendita, a norma dell'articolo 537 ultimo comma del Codice, cura la registrazione di esso.

Art. 169-bis. Determinazione dei compensi per le operazioni delegate dal giudice dell'esecuzione.

Con il decreto di cui all'articolo 179-bis è stabilita la misura dei compensi dovuti ai notai, agli avvocati e ai commercialisti per le operazioni di vendita dei beni mobili iscritti nei pubblici registri

Art. 169-ter. Elenco dei professionisti che provvedono alle operazioni di vendita.

Nelle comunicazioni previste dall'articolo 179-ter sono indicati anche gli elenchi dei notai, degli avvocati e dei commercialisti disponibili a provvedere alle operazioni di vendita di beni mobili iscritti nei pubblici registri.

Art. 169-quater. Ulteriori modalità del pagamento del prezzo di acquisto.

Il prezzo di acquisto può essere versato con sistemi telematici di pagamento ovvero con carte di debito, di credito o prepagate o con altri mezzi di pagamento con moneta elettronica disponibili nei circuiti bancario e postale.

Art. 169-quinquies. Prospetto riepilogativo delle stime e delle vendite.

I soggetti nominati commissionari a norma dell'articolo 532 del codice, o ai quali sono affidate le vendite con incanto a norma dell'articolo 534 del medesimo codice, al termine di ciascun semestre trasmettono al giudice dell'esecuzione, al presidente del tribunale e all'ufficiale giudiziario dirigente un prospetto informativo, redatto su supporto informatico, riepilogativo di tutte le vendite effettuate nel periodo con indicazione, per ciascuna procedura esecutiva, della tipologia dei beni pignorati, del valore ad essi attribuito ai sensi dell'articolo 518 del codice, della stima effettuata dall'esperto nominato e del prezzo di vendita . Il prospetto riepilogativo contiene i dati identificativi dello stimatore e dell'ufficiale giudiziario che ha attribuito il valore ai beni pignorati a norma dell'articolo 518 del codice .

Art. 169-sexies. Elenco dei soggetti specializzati per la custodia e la vendita dei mobili pignorati

Presso ogni tribunale è istituito un elenco dei soggetti specializzati di cui all'articolo 532 del codice per la custodia e la vendita dei beni mobili pignorati. Alle domande di iscrizione all'elenco è allegata la documentazione comprovante le competenze maturate, anche relativamente a specifiche categorie di beni. L'elenco è formato dal presidente del tribunale, che provvede sentito il procuratore della Repubblica. Si applicano gli articoli 13 e seguenti in quanto compatibili.

CAPO III – DELL'ESPROPRIAZIONE IMMOBILIARE
Art. 170. Atto di pignoramento immobiliare.

L'atto di pignoramento di beni immobili previsto nell'articolo 555 del Codice deve essere sottoscritto, prima della relazione di notificazione, dal creditore pignorante a norma dell'articolo 125 del Codice.

Art. 171. Procedimento per le autorizzazioni al debitore e al custode.
Le autorizzazioni al debitore e al custode previste nell'articolo 560 del Codice sono date dal giudice dell'esecuzione, sentite le parti e gli altri interessati.

Art. 172. Cancellazione della trascrizione del pignoramento.
Il giudice dell'esecuzione deve sentire le parti prima di disporre la cancellazione della trascrizione del pignoramento a norma dell'articolo 562 del Codice e in ogni altro caso in cui deve dichiarare l'inefficacia del pignoramento per estinzione del processo.

Art. 173. Pubblicità dell'istanza di assegnazione o di vendita.

Art. 173-bis. Contenuto della relazione di stima e compiti dell'esperto.
L'esperto provvede alla redazione della relazione di stima dalla quale devono risultare:

1) l'identificazione del bene, comprensiva dei confini e dei dati catastali;

2) una sommaria descrizione del bene;

3) lo stato di possesso del bene, con l'indicazione, se occupato da terzi, del titolo in base al quale è occupato, con particolare riferimento alla esistenza di contratti registrati in data antecedente al pignoramento;

4) l'esistenza di formalità, vincoli o oneri, anche di natura condominiale, gravanti sul bene, che resteranno a carico dell'acquirente, ivi compresi i vincoli derivanti da contratti incidenti sulla attitudine edificatoria dello stesso o i vincoli connessi con il suo carattere storico-artistico;

5) l'esistenza di formalità, vincoli e oneri, anche di natura condominiale, che saranno cancellati o che comunque risulteranno non opponibili all'acquirente;

6) la verifica della regolarità edilizia e urbanistica del bene nonché l'esistenza della dichiarazione di agibilità dello stesso previa acquisizione o aggiornamento del certificato di destinazione urbanistica previsto dalla vigente normativa;

7) in caso di opere abusive, il controllo della possibilità di sanatoria ai sensi dell'articolo 36 del decreto del Presidente della Repubblica 6 giugno 2001, n. 380 e gli eventuali costi della stessa; altrimenti, la verifica sull'eventuale presentazione di istanze di condono, indicando il soggetto istante e la normativa in forza della quale l'istanza sia stata presentata, lo stato del procedimento, i costi per il conseguimento del titolo in sanatoria e le eventuali oblazioni già corrisposte o da corrispondere; in ogni altro caso, la verifica, ai fini della istanza di condono che l'aggiudicatario possa eventualmente presentare, che gli immobili pignorati si trovino nelle condizioni previste dall'articolo 40, sesto comma, della legge 28 febbraio 1985, n. 47 ovvero dall'articolo 46, comma 5 del decreto del Presidente della Repubblica 6 giugno 2001, n. 380, specificando il costo per il conseguimento del titolo in sanatoria ;

8) la verifica che i beni pignorati siano gravati da censo, livello o uso civico e se vi sia stata affrancazione da tali pesi, ovvero che il diritto sul bene del debitore pignorato sia di proprietà ovvero derivante da alcuno dei suddetti titoli ;

9) l'informazione sull'importo annuo delle spese fisse di gestione o di manutenzione, su eventuali spese straordinarie già deliberate anche se il relativo debito non sia ancora scaduto, su eventuali spese condominiali non pagate negli ultimi due anni anteriori alla data della perizia, sul corso di eventuali procedimenti giudiziari relativi al bene pignorato . L'esperto, prima di ogni attività, controlla la completezza dei documenti di cui all'articolo 567, secondo comma, del codice, segnalando immediatamente al giudice quelli mancanti o inidonei.

L'esperto, terminata la relazione, ne invia copia ai creditori procedenti o intervenuti e al debitore, anche se non costituito, almeno trenta giorni prima dell'udienza fissata ai sensi dell'articolo 569 del codice, a mezzo posta elettronica certificata ovvero, quando ciò non è possibile, a mezzo posta ordinaria .

Le parti possono depositare all'udienza note alla relazione purché abbiano provveduto, almeno quindici giorni prima, ad inviare le predette note al perito, secondo le modalità fissate al terzo comma; in tale caso l'esperto interviene all'udienza per rendere i chiarimenti .

La relazione di stima è redatta in conformità a modelli predisposti dal giudice dell'esecuzione .

Art. 173-ter. Pubblicità degli avvisi tramite internet.

Il Ministro della giustizia stabilisce con proprio decreto i siti internet destinati all'inserimento degli avvisi di cui all'articolo 490 del codice e i criteri e le modalità con cui gli stessi sono formati e resi disponibili.

Articolo aggiunto dall'art. 2, D.L. 14 marzo 2005, n. 35, convertito con L.

14 maggio 2005, n. 80.

CAPO IV – DISPOSIZIONI COMUNI

Art. 173-quater. Avviso delle operazioni di vendita da parte del professionista delegato.

L'avviso di cui al quarto comma dell'articolo 591-bis del codice deve contenere l'indicazione della destinazione urbanistica del terreno risultante dal certificato di destinazione urbanistica di cui all'articolo 30 del testo unico di cui al decreto del Presidente della Repubblica 6 giugno 2001, n. 380, nonché le notizie di cui all'articolo 46 del citato testo unico e di cui all'articolo 40 della legge 28 febbraio 1985, n. 47, e successive modificazioni; in caso di insufficienza di tali notizie, tale da determinare le nullità di cui all'articolo 46, comma 1, del citato testo unico, ovvero di cui all'articolo 40, secondo comma, della citata legge 28 febbraio 1985, n. 47, ne va fatta menzione nell'avviso con avvertenza che l'aggiudicatario potrà, ricorrendone i presupposti, avvalersi delle disposizioni di cui all'articolo 46, comma 5, del citato testo unico e di cui all'articolo 40, sesto comma, della citata legge 28 febbraio 1985, n. 47 .

L'avviso è redatto in conformità a modelli predisposti dal giudice dell'esecuzione .

Art. 173-quinquies. Ulteriori modalità di presentazione delle offerte d'acquisto, di prestazione della cauzione e di versamento del prezzo

Il giudice, con l'ordinanza di vendita di cui all'articolo 569, terzo comma, del codice, può disporre che la presentazione dell'offerta d'acquisto e la prestazione della cauzione ai sensi degli articoli 571, 579, 580 e 584 del medesimo codice possano avvenire con sistemi telematici di pagamento ovvero con carte di debito, di credito o prepagate o con altri mezzi di pagamento disponibili nei circuiti bancario e postale. E' consentita la prestazione della cauzione anche mediante fideiussione autonoma, irrevocabile e a prima richiesta, rilasciata da banche, società assicuratrici o intermediari finanziari che svolgono in via esclusiva o prevalente attività di rilascio di garanzie e che sono sottoposti a revisione contabile da parte di una società di revisione. Il giudice dell'esecuzione, con l'ordinanza di vendita, individua la categoria professionale alla quale deve appartenere il soggetto che può rilasciare la fideiussione a norma del periodo precedente. La fideiussione è rilasciata in favore della procedura esecutiva ed è escussa dal custode o dal professionista delegato su autorizzazione del giudice. In ogni caso, è stabilito che l'offerente comunichi, a mezzo posta elettronica certificata, la dichiarazione contenente le indicazioni prescritte dall'articolo 571.

Il versamento del prezzo può essere effettuato con le stesse modalità di cui al primo comma.

Art. 174. Dichiarazione di residenza dell'offerente.

Chi offre un prezzo per l'acquisto senza incanto dell'immobile pignorato deve dichiarare la residenza o eleggere il domicilio nel comune nel quale ha sede il tribunale. In mancanza le comunicazioni gli sono fatte presso la cancelleria.

Art. 175. Convocazione delle parti per l'incanto.

Il giudice dell'esecuzione, prima di ordinare l'incanto a norma dell'articolo 575 del Codice, dispone l'audizione delle parti e dei creditori a norma dell'articolo 569 del Codice.

Art. 176. Comunicazione del decreto di decadenza.

Il decreto col quale il giudice dell'esecuzione dichiara la decadenza dell'aggiudicatario a norma dell'articolo 587 del Codice è comunicato dal cancelliere al creditore che ha chiesto la vendita e all'aggiudicatario. Con lo stesso decreto il giudice dell'esecuzione fissa una udienza per l'audizione delle parti a norma dell'articolo 569 del Codice.

Art. 177. Dichiarazione di responsabilità dell'aggiudicatario.

L'aggiudicatario inadempiente è condannato, con decreto del giudice dell'esecuzione, al pagamento della differenza tra il prezzo da lui offerto e quello minore per il quale è avvenuta la vendita.

Il decreto del giudice costituisce titolo esecutivo a favore dei creditori ai quali nella distribuzione della somma ricavata è stato attribuito il credito da esso portato.

Art. 178. Procedimento di rendiconto.

Quando l'amministratore dell'immobile pignorato ha depositato il conto a norma dell'articolo 593 del Codice, il giudice dell'esecuzione, sentite le parti, provvede all'approvazione del conto.

Le disposizioni per l'assegnazione delle rendite riscosse a norma dell'articolo 594 del Codice sono date dal giudice dell'esecuzione con ordinanza non impugnabile.

Art. 179. Graduazione e liquidazione.

Quando lo ritiene opportuno, il giudice dell'esecuzione può limitare il progetto di distribuzione della somma ricavata di cui all'articolo 596 del Codice alla sola graduazione dei creditori partecipanti all'esecuzione, salva la liquidazione delle quote spettanti a ciascuno di essi dopo che sia approvata la graduazione.

Il giudice che ha disposto a norma del comma precedente forma il progetto di liquidazione delle quote entro trenta giorni dall'approvazione della graduazione.

Al progetto di liquidazione si applicano le disposizioni degli articoli 596 e seguenti del Codice.

Art. 179-bis. Determinazione e liquidazione dei compensi per le operazioni delegate dal giudice dell'esecuzione.

Con decreto del Ministro della giustizia, di concerto con il Ministro dell'economia e delle finanze, sentiti il Consiglio nazionale del notariato, il Consiglio nazionale dell'ordine degli avvocati e il Consiglio nazionale dell'ordine dei dottori commercialisti e degli esperti contabili, è stabilita ogni triennio la misura dei compensi dovuti a notai, avvocati e commercialisti per le operazioni di vendita di beni immobili.

Il compenso dovuto al professionista è liquidato dal giudice dell'esecuzione con specifica determinazione della parte riguardante le operazioni di vendita e le successive che sono poste a carico dell'aggiudicatario. Il provvedimento di liquidazione del compenso costituisce titolo esecutivo.

Art. 179-ter. Elenco dei professionisti che provvedono alle operazioni di vendita.

Presso ogni tribunale è istituito l'elenco dei professionisti che provvedono alle operazioni di vendita ai sensi degli articoli 534-bis e 591-bis del codice.

L'elenco è tenuto dal presidente del tribunale ed è formato da un comitato presieduto da questi o da un suo delegato e composto da un giudice addetto alle esecuzioni immobiliari e da un professionista iscritto nell'albo professionale, designato dal consiglio dell'ordine, a cui appartiene il richiedente l'iscrizione nell'elenco. Le funzioni di segretario del comitato sono esercitate dal cancelliere del tribunale.

Possono ottenere l'iscrizione nell'elenco gli avvocati, i commercialisti e i notai che hanno una specifica competenza tecnica nella materia dell'esecuzione forzata, sono di condotta morale specchiata e sono iscritti ai rispettivi ordini professionali.

Coloro che aspirano all'iscrizione nell'elenco debbono farne domanda al presidente del tribunale. La domanda deve essere corredata dai seguenti documenti:

1) certificato generale del casellario giudiziario di data non anteriore a tre mesi dalla presentazione;

2) certificato o dichiarazione sostitutiva di certificazione di nascita;

3) certificato o dichiarazione sostitutiva di certificazione di residenza nel circondario del tribunale;

4) certificato o dichiarazione sostitutiva di certificazione di iscrizione all'ordine professionale;

5) titoli e documenti idonei a dimostrare la specifica competenza tecnica del richiedente ai sensi del quinto comma.

I requisiti per la dimostrazione della specifica competenza tecnica ai fini della prima iscrizione nell'elenco sono, anche alternativamente, i seguenti:

a) avere svolto nel quinquennio precedente non meno di dieci incarichi di professionista delegato alle operazioni di vendita, senza che alcuna delega sia stata revocata in conseguenza del mancato rispetto dei termini o delle direttive stabilite dal giudice dell'esecuzione;

b) essere in possesso del titolo di avvocato specialista in diritto dell'esecu-zione forzata ai sensi del decreto del Ministro della giustizia 12 agosto 2015, n. 144;

c) avere partecipato in modo proficuo e continuativo a scuole o corsi di alta formazione, organizzati, anche delegando gli Ordini locali, dal Consiglio nazionale forense o dal Consiglio nazionale dei dottori commercialisti e degli esperti contabili o dal Consiglio nazionale del notariato ovvero organizzati dalle associazioni forensi specialistiche maggiormente rappresentative di cui all'articolo 35, comma 1, lettera s), della legge 31 dicembre 2012, n. 247, nello specifico settore della delega delle operazioni di vendita nelle esecuzioni forzate e aver superato con profitto la prova finale di esame al termine della scuola o del corso. La specifica formazione di cui alla presente lettera può essere acquisita anche mediante la partecipazione ad analoghi corsi per i quali sia previsto il superamento con profitto di una prova finale di esame, organizzati da università pubbliche o private.

I professionisti che aspirano alla conferma dell'iscrizione nell'elenco debbono farne domanda al presidente del tribunale ogni tre anni; la domanda deve essere corredata dai seguenti documenti:

1) certificato generale del casellario giudiziario di data non anteriore a tre mesi dalla presentazione;

2) certificato o dichiarazione sostitutiva di certificazione di iscrizione all'ordine professionale;

3) titoli e documenti idonei a dimostrare il mantenimento della specifica competenza tecnica del professionista ai sensi del settimo comma.

Ai fini della conferma dell'iscrizione nell'elenco, devono ricorrere, anche alternativamente, i seguenti requisiti:

a) essere in possesso del titolo di avvocato specialista in diritto dell'esecu-zione forzata ai sensi del decreto del Ministro della giustizia 12 agosto 2015, n. 144;

b) avere partecipato in modo proficuo e continuativo a scuole o corsi di alta formazione, organizzati, anche delegando gli Ordini locali, dal Consiglio nazionale forense o dal Consiglio nazionale dei dottori commercialisti e degli esperti contabili o dal Consiglio nazionale del notariato ovvero organizzati dalle associazioni forensi specialistiche maggiormente rappresentative di cui all'articolo 35, comma 1, lettera s), della legge 31 dicembre 2012, n. 247 , nello specifico settore della delega delle operazioni di vendita nelle esecuzioni forzate conseguendo un numero di crediti non inferiore a 60 nel triennio di riferimento e, comunque, a 15 per ciascun anno. La specifica formazione di cui alla presente lettera può essere acquisita anche mediante la partecipazione ad analoghi corsi da università pubbliche o private.

La Scuola superiore della magistratura elabora con cadenza triennale le linee guida generali per la definizione dei programmi dei corsi di formazione e di aggiornamento, sentiti il Consiglio nazionale forense, il Consiglio nazionale dei dottori commercialisti e degli esperti contabili e il Consiglio nazionale notarile.

Sulle domande di iscrizione e di conferma della stessa decide il comitato di cui al secondo comma. Ogni tre anni il comitato deve provvedere alla revisione dell'elenco per eliminare i professionisti per i quali è venuto meno o non è stato dimostrato uno dei requisiti previsti per il mantenimento dell'iscrizione o è sorto un impedimento a esercitare l'ufficio.

Al termine di ciascun semestre, previa audizione dell'interessato, il comitato dispone la sospensione fino a un anno e, in caso di gravi o reiterati inadempimenti, la cancellazione dall'elenco dei professionisti ai quali in una o più procedure esecutive sia stata revocata la delega in conseguenza del mancato rispetto dei termini per le attività delegate, delle direttive stabilite dal giudice dell'esecuzione o degli obblighi derivanti dagli incarichi ricevuti. I professionisti cancellati dall'elenco a seguito di revoca della delega non possono essere reinseriti nel triennio in corso e nel triennio successivo.

Nessuno può essere iscritto in più di un elenco.

Il giudice dell'esecuzione che conferisce la delega delle operazioni di vendita ad un professionista iscritto nell'elenco di un altro circondario deve indicare analiticamente nel provvedimento i motivi della scelta. Il giudice dell'esecuzione sostituisce senza ritardo il professionista delegato che sia stato sospeso o cancellato dall'elenco.

Art. 179-quater. Distribuzione degli incarichi

Il presidente del tribunale vigila affinché, senza danno per l'amministrazione della giustizia, le deleghe siano assegnate tra gli iscritti nell'elenco di cui all'articolo 179-ter in modo tale che a nessuno dei professionisti iscritti possano essere conferiti incarichi in misura superiore al 10 per cento di quelli affidati dall'ufficio e dal singolo giudice e garantisce che sia assicurata l'adeguata trasparenza del conferimento degli incarichi anche a mezzo di strumenti informatici .

Per l'attuazione di tale vigilanza debbono essere annotate dal cancelliere in apposito registro tutte le deleghe che gli iscritti ricevono e i relativi compensi liquidati.

Il registro è pubblico e liberamente consultabile e dello stesso possono essere rilasciate copie o estratti .

Art. 180. Avviso di pignoramento ai comproprietari del bene pignorato. L'avviso ai comproprietari dei beni indivisi nel caso previsto dall'articolo 599 secondo comma del Codice deve contenere l'indicazione del creditore pignorante, del bene pignorato, della data dell'atto di pignoramento e della trascrizione di esso. L'avviso è sottoscritto dal creditore pignorante.

Con lo stesso avviso o con altro separato gli interessati debbono essere invitati a comparire davanti al giudice dell'esecuzione per sentire dare i provvedimenti indicati nell'articolo 600 del Codice.

Art. 181. Disposizioni sulla divisione.

Il giudice dell'esecuzione, quando dispone che si proceda a divisione del bene indivisi, provvede all'istruzione della causa a norma degli articoli 175 e seguenti del codice, se gli interessati sono tutti presenti.

Se gli interessati non sono tutti presenti, il giudice dell'esecuzione, con l'ordinanza di cui all'articolo 600, secondo comma, del codice, fissa l'udienza davanti a sé per la comparizione delle parti, concedendo termine alla parte più diligente fino a sessanta giorni prima per l'integrazione del contraddittorio mediante la notifica dell'ordinanza.

Art. 182. Intimazione al detentore del pegno.

Il creditore pignorante deve fare l'intimazione di cui all'articolo 544 del Codice con l'atto di pignoramento, se il pegno è detenuto dal debitore, o con atto separato, notificato a norma degli articoli 137 e seguenti del Codice, se il pegno è detenuto da altri.

Art. 183. Provvedimenti temporanei nell'esecuzione per consegna o rilascio.

I provvedimenti temporanei di cui all'articolo 610 del Codice sono dati dal giudice dell'esecuzione con decreto.

Art. 184. Contenuto dei ricorsi d'opposizione all'esecuzione.

I ricorsi previsti negli articoli 615 secondo comma e 619 del Codice, oltre le indicazioni volute dall'articolo 125 del Codice, debbono contenere quelle di cui ai nn. 4 e 5 dell'articolo 163 del Codice.

Art. 185. Udienza di comparizione davanti al giudice dell'esecuzione. All'udienza di comparizione davanti al giudice dell'esecuzione fissata sulle opposizioni all'esecuzione, di terzo ed agli atti esecutivi si applicano le norme del procedimento camerale di cui agli articoli 737 e seguenti del codice. L'articolo che recitava: "All'udienza di comparizione davanti al giudice dell'esecuzione fissata a norma degli articoli 615, 618 e 619 del Codice si applica la disposizione dell'articolo 183 del Codice." è stato così sostituito dall'art. 13, L. 24 febbraio 2006, n. 52.

Art. 186. Fascicolo della causa di opposizione all'esecuzione.

Se per la causa di opposizione all'esecuzione è competente un giudice diverso da quello dell'esecuzione, il cancelliere del giudice davanti al quale la causa è riassunta deve immediatamente richiedere al cancelliere del giudice dell'esecuzione la trasmissione del ricorso di opposizione, di copia del processo verbale dell'udienza di comparizione di cui agli articoli 615 e 619 del Codice e dei documenti allegati relativi alla causa di opposizione.

Art. 186-bis. Trattazione delle opposizioni in materia esecutiva.

I giudizi di merito di cui all'articolo 618, secondo comma, del codice sono trattati da un magistrato diverso da quello che ha conosciuto degli atti avverso i quali è proposta opposizione.

Art. 187. Regolamento di competenza delle sentenze in materia esecutiva.

Le sentenze dichiarate non impugnabili che il giudice pronuncia sulle opposizioni agli atti esecutivi sono sempre soggette a regolamento di competenza a norma degli articoli 42 e seguenti del Codice.

Art. 187-bis. Intangibilità nei confronti dei terzi degli effetti degli atti esecutivi compiuti.

In ogni caso di estinzione o di chiusura anticipata del processo esecutivo avvenuta dopo l'aggiudicazione, anche provvisoria, o l'assegnazione, restano fermi nei confronti dei terzi aggiudicatari o assegnatari, in forza dell'articolo 632, secondo comma, del codice, gli effetti di tali atti. Dopo il compimento degli stessi atti, l'istanza di cui all'articolo 495 del codice non è più procedibile.

TITOLO V – DEI PROCEDIMENTI SPECIALI

Art. 188. Dichiarazione di inefficacia del decreto d'ingiunzione.

La parte alla quale non è stato notificato il decreto d'ingiunzione nei termini di cui all'articolo 644 del Codice può chiedere con ricorso al giudice che ha pronunciato il decreto che ne dichiari l'inefficacia.

Il giudice fissa con decreto un'udienza per la comparizione delle parti davanti a sé e il termine entro il quale il ricorso e il decreto debbono essere notificati alla controparte. La notificazione è fatta nel domicilio di cui all'articolo 638 del Codice se avviene entro l'anno dalla pronuncia e personalmente alla parte a norma degli articoli 137 e seguenti del Codice se è fatta posteriormente.

Il giudice, sentite le parti, dichiara con ordinanza non impugnabile l'inefficacia del decreto ingiuntivo a tutti gli effetti.

Il rigetto dell'istanza non impedisce alla parte di proporre domanda di dichiarazione d'inefficacia nei modi ordinari.

Art. 189. Provvedimenti relativi alla separazione personale dei coniugi.

L'ordinanza con la quale il presidente del tribunale o il giudice istruttore dà i provvedimenti di cui all'articolo 708 del Codice costituisce titolo esecutivo. Essa conserva la sua efficacia anche dopo l'estinzione del processo finché non sia sostituita con altro provvedimento emesso dal presidente o dal giudice istruttore a seguito di nuova presentazione del ricorso per separazione personale dei coniugi.

Art. 190. Documentazione dell'istanza di dichiarazione di assenza o di morte presunta.

Ai ricorsi indicati negli articoli 722 e 726 del Codice debbono essere allegati i documenti comprovanti lo stato di famiglia, il fatto e il tempo della scomparsa.

Art. 191. Efficacia del processo verbale di vendita di beni immobili appartenenti a minori.

Il processo verbale di vendita dei beni immobili appartenenti a minori costituisce titolo esecutivo per il rilascio.

Art. 192. Modalità di chiusura dell'inventario.

L'ufficiale che procede all'inventario deve, prima di chiuderlo, interrogare coloro che avevano la custodia dei mobili o abitavano la casa in cui questi erano posti, se siano a conoscenza che esistano altri oggetti da comprendere nell'inventario.

Art. 193. Giuramento del curatore dell'eredità giacente.

Il curatore dell'eredità giacente, prima d'iniziare l'esercizio delle sue funzioni, deve prestare giuramento davanti al pretore di custodire e amministrare fedelmente i beni dell'eredità.

Art. 194. Nomina dell'esperto nel giudizio di divisione.

Quando per la formazione della massa da dividersi e delle quote è necessaria l'opera di un esperto, questi è nominato, d'ufficio o su istanza del notaio o di uno degli interessati, dal giudice istruttore, che ne riceve il giuramento a norma dell'articolo 193 del Codice.

Art. 195. Decreto di approvazione dell'attribuzione delle quote nel giudizio di divisione.

Il processo verbale dal quale risulta l'attribuzione delle quote nelle operazioni di divisione è approvato con decreto del giudice istruttore se non sorgono contestazioni o con la sentenza che decide sulle contestazioni sorte. Il decreto del giudice istruttore costituisce titolo esecutivo.

Art. 196. Reclamo contro il decreto che nega l'esecutorietà del lodo.

TITOLO V-bis
DEI PROCEDIMENTI COLLETTIVI

Art. 196-bis. Comunicazioni a cura della cancelleria e avvisi in materia di azione di classe.

Tutte le comunicazioni a cura della cancelleria previste dalle disposizioni contenute nel titolo VIII-bis del libro quarto del codice sono eseguite con modalità telematiche all'indirizzo di posta elettronica certificata ovvero al servizio elettronico di recapito certificato qualificato dichiarato dall'aderente. Si applicano le disposizioni in materia di comunicazioni telematiche. Il portale dei servizi telematici gestito dal Ministero della giustizia deve inviare all'indirizzo di posta elettronica ordinaria o certificata ovvero al servizio elettronico di recapito certificato qualificato, ad ogni interessato che ne ha fatto richiesta e si è registrato mediante un'apposita procedura, un avviso contenente le informazioni relative agli atti per i quali le disposizioni del titolo VIII-bis del libro quarto del codice prevedono la pubblicazione. La richiesta può essere limitata alle azioni di classe relative a specifiche imprese o enti gestori di servizi pubblici o di pubblica utilità, anche prima della loro proposizione.

Art. 196-ter.
Elenco delle organizzazioni e associazioni legittimate all'azione di classe.

Con decreto del Ministro della giustizia, di concerto con il Ministro dello sviluppo economico, previo parere delle

Commissioni parlamentari competenti, sono stabiliti i requisiti per l'iscrizione nell'elenco di cui all'articolo 840-bis, secondo comma, del codice, i criteri per la sospensione e la cancellazione delle organizzazioni e associazioni iscritte, nonché il contributo dovuto ai fini dell'iscrizione e del mantenimento della stessa. Il contributo di cui al presente comma è fissato in misura tale da consentire comunque di far fronte alle spese di istituzione, di sviluppo e di aggiornamento dell'elenco. I requisiti per l'iscrizione comprendono la verifica delle finalità programmatiche, dell'adeguatezza a rappresentare e tutelare i diritti omogenei azionati e della stabilità e continuità delle associazioni e delle organizzazioni stesse, nonché la verifica delle fonti di finanziamento utilizzate. Con il medesimo decreto sono stabilite le modalità di aggiornamento dell'elenco.

Titolo V-ter - disposizioni relative alla giustizia digitale
Capo I - Degli atti e dei provvedimenti
Art. 196-quater. Obbligatorietà del deposito telematico di atti e di provvedimenti

Nei procedimenti davanti al giudice di pace, al tribunale, alla corte di appello e alla Corte di cassazione il deposito degli atti processuali e dei documenti, ivi compresa la nota di iscrizione a ruolo, da parte dei difensori e dei soggetti nominati o delegati dall'autorità giudiziaria ha luogo esclusivamente con modalità telematiche. Con le stesse modalità le parti depositano gli atti e i documenti provenienti dai soggetti da esse nominati. Il giudice può ordinare il deposito di copia cartacea di singoli atti e documenti per ragioni specifiche.

Nel procedimento di cui al libro IV, titolo I, capo I, del codice, escluso il giudizio di opposizione, il deposito dei provvedimenti del giudice ha luogo con modalità telematiche.

Il deposito con modalità telematiche è effettuato nel rispetto della normativa anche regolamentare concernente la sottoscrizione, la trasmissione e la ricezione dei documenti informatici.

Il capo dell'ufficio autorizza il deposito con modalità non telematiche quando i sistemi informatici del dominio giustizia non sono funzionanti e sussiste una situazione di urgenza, dandone comunicazione attraverso il sito istituzionale dell'ufficio. Con la medesima forma di pubblicità provvede a comunicare l'avvenuta riattivazione del sistema.

Art. 196-quinquies. Dell'atto del processo redatto in formato elettronico

L'atto del processo redatto in formato elettronico dal magistrato o dal personale degli uffici giudiziari e degli uffici notificazioni, esecuzioni e protesti è depositato telematicamente nel fascicolo informatico.

In caso di atto formato da organo collegiale l'originale del provvedimento è sottoscritto con firma digitale anche dal presidente.

Quando l'atto è redatto dal cancelliere o dal segretario dell'ufficio giudiziario questi vi appone la propria firma digitale e ne effettua il deposito nel fascicolo informatico.

Se il provvedimento del magistrato è in formato cartaceo, il cancelliere o il segretario dell'ufficio giudiziario ne estrae copia informatica secondo quanto previsto dalla normativa anche regolamentare e provvede a depositarlo nel fascicolo informatico.

Se il provvedimento di correzione di cui all'articolo 288 del codice è redatto in formato elettronico, il cancelliere forma un documento informatico contenente la copia del provvedimento corretto e del provvedimento di correzione, lo sottoscrive digitalmente e lo inserisce nel fascicolo informatico.

Art. 196-sexies. Perfezionamento del deposito con modalità telematiche

Il deposito con modalità telematiche si ha per avvenuto nel momento in cui è generata la conferma del completamento della trasmissione secondo quanto previsto dalla normativa anche regolamentare concernente la trasmissione e la ricezione dei documenti informatici ed è tempestivamente eseguito quando la conferma è generata entro la fine del giorno di scadenza. Si applicano le disposizioni di cui all'articolo 155, quarto e quinto comma, del codice. Se gli atti o i documenti da depositarsi eccedono la dimensione massima stabilita nelle specifiche tecniche del direttore generale per i sistemi informativi automatizzati del Ministero della giustizia, il deposito può essere eseguito mediante più trasmissioni.

Art. 196-septies. Copia cartacea di atti depositati telematicamente
Con decreto del Ministro della giustizia sono stabilite misure organizzative per l'acquisizione di copia cartacea e per la riproduzione su supporto analogico degli atti depositati con modalità telematiche nonché per la gestione e la conservazione delle copie cartacee.

Con il decreto di cui al primo comma sono altresì stabilite le misure organizzative per la gestione e la conservazione degli atti depositati su supporto cartaceo a norma dell'articolo 196-quater, primo comma, terzo periodo, e quarto comma.

CAPO II- DELLA CONFORMITÀ DELLE COPIE AGLI ORIGINALI
Art. 196-octies. Potere di certificazione di conformità delle copie degli atti e dei provvedimenti contenuti

nel fascicolo informatico o allegati alle comunicazioni e notificazioni di cancelleria

Le copie informatiche, anche per immagine, di atti processuali di parte e degli ausiliari del giudice nonché dei provvedimenti di quest'ultimo, presenti nei fascicoli informatici o trasmessi in allegato alle comunicazioni telematiche, equivalgono all'originale anche se prive della firma digitale del cancelliere di attestazione di conformità all'originale.

Il difensore, il dipendente di cui si avvale la pubblica amministrazione per stare in giudizio personalmente, il consulente tecnico, il professionista delegato, il curatore, il commissario giudiziale e il liquidatore giudiziale possono estrarre con modalità telematiche duplicati, copie analogiche o informatiche degli atti e dei provvedimenti di cui al primo comma e attestare la conformità delle copie estratte ai corrispondenti atti contenuti nel fascicolo informatico ovvero allegati alle comunicazioni telematiche.

Le copie analogiche e informatiche, anche per immagine, estratte dal fascicolo informatico o dall'allegato alla comunicazione telematica e munite dell'attestazione di conformità hanno la stessa efficacia probatoria dell'atto che riproducono. Il duplicato informatico di un documento informatico deve essere prodotto mediante processi e strumenti che assicurino che il documento informatico ottenuto sullo stesso sistema di memorizzazione o su un sistema diverso contenga la stessa sequenza di bit del documento informatico di origine.

Le disposizioni di cui al presente articolo non si applicano agli atti processuali che contengono provvedimenti giudiziali che autorizzano il prelievo di somme di denaro vincolate all'ordine del giudice.

Art. 196-nonies. Potere di certificazione di conformità di copie di atti e di provvedimenti

Il difensore, il dipendente di cui si avvale la pubblica amministrazione per stare in giudizio personalmente, il consulente tecnico, il professionista delegato, il curatore, il commissario giudiziale e il liquidatore giudiziale, quando depositano con modalità telematiche la copia informatica, anche per immagine, di un atto processuale di parte o di un provvedimento del giudice formato su supporto analogico e detenuto in originale o in copia conforme, attestano la conformità della copia al predetto atto. La copia munita dell'attestazione di conformità equivale all'originale o alla copia conforme dell'atto o del provvedimento.

Il difensore, quando deposita nei procedimenti di espropriazione forzata la nota di iscrizione a ruolo e le copie informatiche degli atti indicati dagli articoli 518, sesto comma, 543, quarto comma, e 557, secondo comma, del codice, attesta la conformità delle copie agli originali.

Art. 196-decies. Potere di certificazione di conformità delle copie trasmesse con modalità telematiche all'ufficiale giudiziario

Il difensore, il dipendente di cui si avvale la pubblica amministrazione per stare in giudizio personalmente, il consulente tecnico, il professionista delegato, il curatore, il commissario giudiziale e il liquidatore giudiziale, quando trasmettono all'ufficiale giudiziario con modalità telematiche la copia informatica, anche per immagine, di un atto, di un provvedimento o di un documento formato su supporto analogico e detenuto in originale o in copia conforme, attestano la conformità della copia all'atto detenuto. La copia munita dell'attestazione di conformità equivale all'originale o alla copia conforme dell'atto, del provvedimento o del documento.

Art. 196-undecies. Modalità dell'attestazione di conformità

L'attestazione di conformità della copia analogica, prevista dalle disposizioni del presente capo, dal codice e dalla legge 21 gennaio 1994, n. 53, è apposta in calce o a margine della copia o su foglio separato, congiunto materialmente alla medesima.

L'attestazione di conformità di una copia informatica è apposta nel medesimo documento informatico.

Nel caso previsto dal secondo comma, l'attestazione di conformità può alternativamente essere apposta su un documento informatico separato e l'individuazione della copia cui si riferisce ha luogo esclusivamente secondo le modalità stabilite nelle specifiche tecniche del direttore generale per i sistemi informativi automatizzati del Ministero della giustizia. Se la copia informatica è destinata alla notifica, l'attestazione di conformità è inserita nella relazione di notificazione.

I soggetti che compiono le attestazioni di conformità previste dagli articoli 196-octies, 196-novies e 196-de-cies, dal codice e dalla legge 21 gennaio 1994, n. 53, sono considerati pubblici ufficiali ad ogni effetto.

Capo III - Dell'udienza con collegamenti audiovisivi a distanza

Art. 196-duodecies. Udienza con collegamenti audiovisivi a distanza

L'udienza di cui all'articolo 127-bis del codice è tenuta con modalità idonee a salvaguardare il contraddittorio e ad assicurare l'effettiva partecipazione delle parti e, se l'udienza non è pubblica, la sua riservatezza. Si applica l'articolo 84.

Nel verbale si dà atto della dichiarazione di identità dei presenti, i quali assicurano che non sono in atto collegamenti con soggetti non legittimati e che non sono presenti soggetti non legittimati nei luoghi da cui sono in collegamento.

I presenti mantengono attiva la funzione video per tutta la durata dell'udienza. Agli stessi è vietata la registrazione dell'udienza.

Il luogo dal quale il giudice si collega è considerato aula d'udienza a tutti gli effetti e l'udienza si considera tenuta nell'ufficio giudiziario davanti al quale è pendente il procedimento.

Con provvedimenti del direttore generale dei sistemi informativi e automatizzati del Ministero della giustizia sono individuati e regolati i collegamenti audiovisivi a distanza per lo svolgimento dell'udienza e le modalità attraverso le quali è garantita la pubblicità dell'udienza in cui si discute la causa.

TITOLO VI – DISPOSIZIONI TRANSITORIE

Le disposizioni transitorie contenute negli artt. 197-231 disp.att.c.p.c devono considerarsi non più operanti per avere esaurito il loro effetto.

Printed by Amazon Italia Logistica S.r.l.
Torrazza Piemonte (TO), Italy

54017107R00098